吴笠谷 著

林在峩

砚史戋记

暨

清中前期闽地爱砚家丛论

中国文史出版社

图书在版编目（CIP）数据

林在峨《砚史》笺证 / 吴笠谷著 . -- 北京 : 中国文史出版社 , 2022.11
（清中前期闽地爱砚家丛论）
ISBN 978-7-5205-3845-9

Ⅰ . ①林… Ⅱ . ①吴… Ⅲ . ①古砚－研究－中国Ⅳ . ① K875.44

中国版本图书馆 CIP 数据核字 (2022) 第 188702 号

责任编辑：方云虎

出版发行：中国文史出版社
社　　址：北京市海淀区西八里庄路 69 号院　邮编：100142
电　　话：010-81136606　81136602　81136603（发行部）
传　　真：010-81136655
印　　装：廊坊市海涛印刷有限公司
经　　销：全国新华书店
开　　本：16 开
印　　张：29.75
字　　数：410 千字
版　　次：2023 年 1 月北京第 1 版
印　　次：2023 年 1 月第 1 次印刷
定　　价：198.00 元

自序：寄情图史片石间　故纸留与后人看

　　观堂先生王国维云："凡一代有一代之文学。"（《宋元戏曲史序》）换言之，文化，本质上是时代的附庸，依傍于人文环境、时代浪潮而兴衰、沉浮。今世是一个极其推崇"传统文化"的时代，但由于历史断层而导致的时代局限性，也是一个与传统文化，尤其与传统主流文化——"雅文化"貌合神离的时代。当代砚文化所处的尴尬境地，其深层原因也正在于此（拙著《名砚辨》的"自序"《论当代砚文化式微之成因及复兴的机缘》对此问题已有详述）。

　　所谓"古调虽自爱，今人多不弹"。古调之所以不弹，多因曲高和寡，不合时宜。但是，每个时代都会有一些人坐冷板凳，致力于做一些小众化的冷僻学问。这或许更契合做学问的本质——寂寞之道。正如钱锺书先生所言："大抵学问，是荒江野老屋中二三素心人商量培养之事。"（《钱锺书致郑朝宗信精选》，见《郑朝宗纪念文集》）此为正说；可视为正话反说的，则有清人项廷纪所言："不为无益之事，何以遣有涯之生？"（《忆云词·甲稿序》）人非圣贤，贤如东坡居士尚有"天下之乐无穷，而以适意为悦"之说，何况碌碌苟世之普罗大众？所以，"无益之事"可能更有益于人的天性与本心需求，经史子集"名山事业"中，集部"杂著"类闲书或许更能适人意、慰人心。

　　清人钻故纸堆，兴考据学，避文字祸固为习说要因，而金石考据之迷人处，一如行山阴道上，光风霁月之境，令人目不暇接。本人历年来搜藏古砚，深究砚学，于个中佳处亦颇有体味。而今世有待挖掘研究的砚学古文献可谓繁多——林在峨《砚史》即是其中一片瑰丽的珍璞。

为林氏《砚史》作笺注的初心，首先是感触于林氏及清中前期闽地爱砚家群体个人遭际之多厄。诸人中，无论官至一品者，还是沉沦下僚者，大多结局不佳。以致于多人的诗文稿皆未付梓刊刻，甚至抄本也已失传。其中砚名、诗名最盛的黄任，七考进士不第，只以举人身份出任县令，且三年即被罢归，晚年困窘，名砚尽散，连藏砚室"十砚轩"也转售他人。林在峨本人更是怀才不遇，虽才名动公卿，被大学士赵国麟目为国士，但科名仅止于监生。晚年流寓吴地，客死他乡，所著诗文集《陶舫集》也未刊刻行世（稿本似亦失传）。一生功业，唯有几枚遗砚、一部《砚史》稿本传世。而作为一个带有区域特性的爱砚群体，闽地诸人砚学的整体成就，在有清一代却堪称卓然大观。因此，总体盖棺论定该群体，可谓宦业三流、文学二流、砚学一流。读诸人砚铭，考诸人行迹，直令人掩卷叹息，感慨系之。

其次，是感动于诸人对砚的笃爱。典型如该群体领袖人物黄任、余甸，尤其黄任，不仅"有研癖，每典衣缩食以求"，且"以耽砚劾归"——被同僚告密其主持开坑时私藏美石，从而被罢归。因黄氏嗜砚名高，后世遂演绎出"千金买婢""蓄尼养砚"等野说美谈。余甸罢官归里，时与黄任赏砚制铭消闲遣兴。因其题铭辞佳字美，时人持砚求题者众。闽地玩砚风气之盛，实由此滥觞而来。林在峨虽曾参与纂修钦定《古今图书集成》，但总其一生，多属在野文人、艺人。其与砚结缘之深，乃如高邮文人续缙题《砚史》跋文所言：

或曰："士当嗜其远者、大者。砚石虽美，犹卷石耳，何必积思蓄精，专事乎是？"呜呼！士达则善天下，穷则寄情图史水木竹石间，古之人皆然。轮川真识穷达之宜者也。

林氏可谓倾心于卷石之美，慰心在名砚之中，从而独善其身了。

上述种种况味，皆于我心有戚戚焉。故不吝笔墨，对该群体中各家其人、其艺、其砚、其事，皆作一碑传式的评注。

就学术研究层面而言，林氏《砚史》并非真正意义上的砚文化史，而是一部辑录清中前期时人砚铭砚诗的书稿，但其内容多出于国学经典，能给后人撰写铭砚以诸多启示与借鉴。古人云"诗以言志""文以载道"，其实艺亦可以言志，器亦可以载道。"言志"与"载道"正是名人砚、铭文砚的特性，亦是林在峨《砚史》之人文价值所在。此外，书中所收诸砚，大多据实物或砚拓注明铭辞、款识的字体及用印，有些还附有拓跋，这为后人按图索骥考证闽中诸人遗砚及部分时人藏砚提供了极大便利，堪称一部砚学要典。因此，对我而言，通过笺注此书并对诸家生平的梳理钩沉，不仅在砚学研究上获益良多，而且深感砚之聚散离合，与世事之盛衰，人生之沉浮，亦多有共通之处。从而对"不为物役"收藏观也有更深刻的自省与体悟。

还要特别说明的是，本书完稿交出版社时，书名原为《清中前期闽地玩砚群体述评暨林在峨〈砚史〉笺证》。但对书名中"玩砚群体"的定义颇为纠结，曾拟用"藏砚群体"，但闽中诸人不仅藏砚，也题铭，黄任、林在峨还兼擅刻铭，与一般收而藏之的"收藏家"有所不同，定位"藏砚家"难以彰显诸人的砚学综合素养。而"玩"字，本身也含有一定贬义成分（比如"亵玩"），且"玩砚"这词流行也较晚近，偏于俚浅，比如著名的"东坡玩砚"只是近现代人的称法，古称"东坡爱砚"，是古典绘画、工艺题材中著名的文人雅士"四爱""八爱"之一。砚界有所谓"美人爱鉴（镜），文人爱砚""武人爱剑，文人爱砚"之说。前者化用于明人陈继儒《妮古录》中语（原文：文人之有砚，犹美人之有镜也，一生之中最相亲傍）。后者出处难考，与林氏《砚史》卷一余甸"首选砚"铭云"武人剑，文人砚"、卷八余甸诗云"武人爱剑文人研（砚），启发清言有好题"意思相同。综上所述，可见"爱砚"是古人对藏砚最常见的称谓（其次尚有"赏砚"），所以，日本国藏砚界，亦称藏砚家为"爱砚家"。

所谓"礼失而求诸于野"，古汉语中的梵文舶来词很多，近现代汉语中的日文舶来词更是不胜枚举。有鉴于此，个人认为，"爱砚家"显然比"藏砚家"词义涵盖面更广，含义更丰富、全面，也更适用于通称闽中爱砚家群体，所以原定书名副题中的"玩砚群体"改为现名"爱砚家"（因已付排，正文中的"玩砚群体"字样未作改动）。

最后想说的是，名砚鉴藏，尤其砚学研究，须有一定的旧学（国学）准入门槛。古时"文人爱砚"，其爱砚群体的主流是文人士大夫，所以古时"砚学"近乎"显学"。由于当代爱砚群体其社会身份、传统学养有所不同，导致审美取向、收藏观念有所异变，但砚学、砚文化作为传统主流文化——"雅文化"之一脉，自有其内在的、穿透时空的生命力。桐城诗人方世举为林氏《砚史》所题诗云：

> 文人大抵砚为田，小史标名亦胜缘。
> 石若能言应笑语，也同学士上凌烟。

——或许，后来的爱砚家，当能从林在峨《砚史》以及本人的诠释中找到更多的共鸣……

吴笠谷
壬寅霜降后四日于北京西二环斫云楼

前　言

《砚史》是清中期福建书画篆刻家、砚学家林在峨编撰的一本砚学著作。

林在峨（？—1752），字涪云，号沦川，福建侯官（今福州）人，书法家、藏砚家、内阁中书林佶之子。好古，工文词，精行楷，擅篆刻，尤长于刊刻砚铭。著有《陶舫集》《砚史》，皆未刊行，前者失传，后者有稿本传世。

清中前期，以福州城三坊七巷的光禄坊为中心，出现了一个以林佶、黄任为代表，以许、林、黄三个世姻家族为核心的赏砚群体，并连带催生出一个"文人砚"治砚流派——"闽派砚雕"。流风所及，一些官闽的外省籍官员也受此熏染，以爱砚、铭砚、藏砚为时尚。因此，这个文人玩砚群体，有一定的地域文化特性，但又不仅限于闽省一地。可以说，在当时以至整个清代，都具有较强的代表性；乃至置之整个中国砚史，也具有一定的典型性意义。

林在峨作为该群体的核心人物之一，留心收集本家族及该群体砚友所铭、所藏之砚的拓片，并扩大范围，兼及其他时人所铭、所藏古今砚的拓片，积少成多，依次编排而成八卷；又遍求当时名流题辞，复得二卷，共计十卷。初名《陶舫砚铭册》，后定名《砚史》。所以，《砚史》的内容，前六卷以记录闽中（此泛指福建地区）玩砚群体诸人所题砚铭为主体，是为"正编"；第七卷为林在峨辑录时人所藏古今砚的铭文，八、九、十卷为闽中玩砚群体及时人名流为《砚史》所题诗文词赋。

砚铭是"砚学"学术研究的重要内容。林在峨《砚史》，并非一部严格史学意义上的砚文化史，只是一部辑录时人砚铭、砚诗的诗文集。所以，其砚学价值主要在于砚铭。闽中诸人，尤其许、林、黄三家姻族，世代书香，诗书画皆出家学，所题铭文亦多引经据典，其文学性、哲理性都深堪玩味。其中对砚石品色之美的咏赞，更是颇多佳句，鲜明地体现出"文人玩砚"的审美趣味。所以，就砚学学术研究而言，《砚史》所收铭辞对后人具有很好的启示和借鉴作用。其次，书中的题拓文字，还涉及诸人的砚事、砚学交流，收录之砚，铭文、款识之外，大多注明铭文、款识的字体及用印，为后人对相关传世铭文砚的考证提供了极大的便利。此外，《砚史》还记载了清中前期制砚界、藏砚界的一些重要信息，此类记载对于后世研究清代藏砚史、制砚史均颇具史料价值。除砚学外，《砚史》对于了解清代福建文坛状况也有一定的史料价值。如通过书中相关记载，可以推断、考知或纠正林佶、余甸、许均等人的生卒年等情况。

《砚史》除收入闽中玩砚群体的藏砚铭跋外，还编征题咏，所收题跋者达八十余人之多，其中不乏钱大昕、钱载、方苞、金农、高凤翰、沈德潜、袁枚等名流。该书总计收入藏砚、题砚作者约一百七十人，收入铭文砚约三百二十方，砚铭及题拓跋文约四百则（条），题砚诗文近五百多首（篇）。就收入砚的数量及铭砚、题砚诗文内容之丰富性而言，也在同时期乾隆内府藏砚绘图本《西清砚谱》、纪晓岚藏砚拓本集《阅微草堂砚谱》、高凤翰制砚藏砚拓本集《砚史》（翻刻本）之上。

作为反映清中前期闽人玩砚盛况的重要文献，一直以来，林在峨《砚史》仅以稿本形式存在，并未刻版刊行，所以传世只有抄本。几种抄本中，按内容的异同大致可分为两个系统：上海图书馆所藏潘承弼先生藏本和国家图书馆所藏朱文钧先生藏本。通过比勘，国图朱氏本的母本大致应为林氏辑成于雍正十一年的初稿本，沪图潘氏本的母本应是成书于乾隆十一年的林氏定稿本。由于从初稿到定稿的编纂过程中，书稿屡经林氏兄弟子侄缀辑增删，两个版本在内容上存在一定的差异，定稿本对初稿本中的内容有所删改。

1994年上海科技教育出版社出版的《说砚》一书，辑录古代砚学文献四十六种，其中所收林在峨《砚史》，系根据沪图潘氏本影印。该书两页合排，不仅字小难辨，且无断句，不利阅读、研究。更重要的是，该本删除的部分朱氏本原始内容，不少是后来失传的孤证。如：砚史上著名的黄任"十砚斋"，朱氏本则记黄任还曾以"十二砚斋"为号；闽籍著名制砚家杨洞一曾从林佶学习书法，林在峨刻铭技艺，曾受儿时所闻其父林佶和杨洞一探讨刻铭刀法的启发；闽籍藏砚家李馥记当时苏州藏书家沈宝研和名医薛雪富藏唐宋古砚，是当时的古砚收藏家……又，朱氏本收入、潘氏本删去时人砚铭二十多则。诸如此类，对于砚究清中前期闽人玩砚群体及当时藏砚界的状况，皆具有重要的史料价值。因此，只有将两本合读，方能窥其全貌。

鉴于上述原因，本书将国图朱氏本、沪图潘氏本汇集合成，庶几弥补缺憾，使成全璧。林氏《砚史》作为一部古砚文献稿本、砚铭集，具有很高的砚学价值，因此，又对该书所收铭辞作出笺释。同时，以《砚史》为主线，参阅闽人玩砚群体及该书中相关人物的诗文集及时人相关笔记文献，对清中前期闽人玩砚群体相关的学术问题——如该群体互相之间的姻亲关系、藏砚情况、由闽人玩砚时风衍生出的"闽派砚艺"、长久以来困扰藏砚界的关于顾二娘制砚"有款论""无款论"悬案，以及对朱、潘两家抄本异同的比勘、《砚史》对鉴定传世闽中诸人铭文砚可资参考的方法等诸多方面，加以论述与分析，并以砚事砚学为主线，为该群体诸人各作生平简介。因此，本书内容分为上下编两部分。为方便读者更好地解读林氏《砚史》，正文将论述文章置于前，是为上编；主题笺证部分置于后，是为下编。

上编《清代中前期闽地玩砚群体丛论》，收文章四篇：《清代中前期闽人玩砚群体概述》《林在峨〈砚史〉研究》《林在峨〈砚史〉对于鉴别传世闽中诸人遗砚的价值》《清代中前期闽地玩砚群体主要人物小传》。配图约百帧。

下编《林在峨〈砚史〉笺证》，以沪图潘氏本为底本，除对《砚史》作出断句及详尽注释外，还厘清、校正了在传抄过程中所导致的错讹、遗漏，并补入国图朱氏本被删相关内容，使该书的文献价值更具完整性。

目　录

下编　林在峨《砚史》笺证

5

上　编

| 清代中前期闽地玩砚群体丛论

第一章　清代中前期闽地玩砚群体概述

砚为文房用品、文人雅玩，随文运之盛衰而兴亡。闽地文风，在两宋时期，尤其南宋时最为鼎盛。其时闽北之"闽学""建茶""建窑""建本"皆声闻海内外。于砚，则宋代闽北之建州砚、凤味砚，亦被苏东坡等文人士大夫推誉一时。今日闽北出土之唐宋砚，尤其宋砚，有一定数量，与邻省江西，为南方出土宋砚最多的两个区域——此亦可印证宋代闽北文化及制砚业兴盛之一斑。但与江西类似，闽北文运随宋亡而式微，闽砚亦然。

逮及明末，"闽中七子"中福建侯官人曹学佺、长乐人谢肇淛，不仅以气节文章为世所重，从二人传世遗砚及遗著中的涉砚文字看，二人皆似有藏砚之好。

天津博物馆藏曹学佺铭"行节端砚"

（砚、拓分刊《天津博物馆藏砚》《天津市艺术博物馆藏砚》）

清初，福建莆田人、明遗民余怀，亦有砚癖，并辑录前人涉砚文献名曰《砚林》刊行于世，以供爱砚人士汲古通览。福建闽县人、明遗民高兆，清初曾亲至端溪，撰有《端溪砚石考》一卷。该书详述端石各坑材质的异同，为后世品鉴端砚之重要文献。

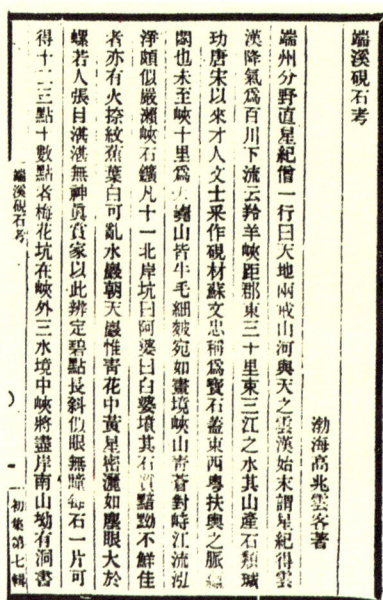

高兆《端溪砚石考》和余怀《砚林》书影

至清中前期，以福州城三坊七巷（地处今福州市鼓楼区南后街）的光禄坊为中心，出现了一个以许、林、黄三个世姻家族为核心的玩砚群体。此群体以林佶、黄任为代表，辐射波及诸人宦游所及的京师、粤东及吴越等地。由于官闽地利之便，及文人爱砚之共性，致使一些官闽的外省官员受到影响，亦加入其中。又由于藏砚风盛，对砚技有所需求，还连带催生出谢士骥、董汉禹、杨洞一等积极参与的文人制砚群体。所以，这个文人玩砚群体，有一定的地域文化特性，但又不局限于地域。本文就该玩砚群体相关问题及其特点分节做以概述。

由于该玩砚群体主要研究文献为林在峨所著《砚史》抄本，而《砚史》传世抄本中，又以上海图书馆所藏、原潘承弼先生藏本，和国家图书馆所藏、原朱文钧先生藏本比较有代表性（关于两种抄本内容上存在的一些差异，详见下一篇《林在峨〈砚史〉研究》）。为行文方便，后文凡引用自《砚史》的内容，两本内容相异者均标明出处"潘氏本"（沪图藏本）、"朱氏本"（国图藏本），内容相同者不再赘注。按学术贯通，下文提及林氏《砚史》者，亦简称《林史》。

第一节 以许、林、黄三家族为中心

考清中前期闽中玩砚群体之形成，家族文化、科举文化是其纽带、要因。

古福州地区，明清时文风兴盛，有"海滨邹鲁"之称，涌现出一些文学世家。其中侯官（今福州市区西部和闽侯县西北部）许氏、林氏，永福（今永泰，福州市辖县。位于福州市西南部）黄氏，均属其例。尤其侯官许氏，《清史列传》称："闽中以诗世其家者，咸称许氏也。"以文学史整体影响论，许氏家族影响最大，永福黄氏、侯官林氏次之。

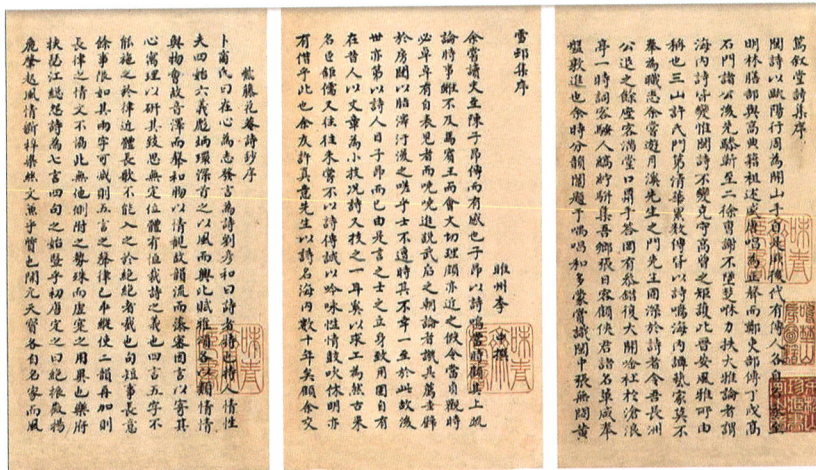

许氏传世家集《笃叙堂诗集》书影（抄本，收录许友《米友堂诗集》、许遇《紫藤花庵诗抄》《月溪集》、许鼎《少少集》、许均《玉琴书屋诗集》、许良臣《影香窗诗集》）

侯官许氏家族，为北宋状元许将后裔。自明末浙江学政许豸始，科甲蝉联，累世以诗名于世，世传"诗书画"三绝。许豸子许友、许宾以降，许遇、许鼎、许均、许良臣、许荩臣、许王臣、许作屏等，仕途之外亦皆能诗擅画，以"诗书画"三绝赓续六世，文采风流，堪称绝代。至乾隆五十年，光禄坊许氏七世同堂，得御赐"海国醇风"匾额及御制诗一首，成为三坊七巷中最荣耀之家族，在福州世家中亦属绝无仅有。

林氏家族，发轫于康熙间任职四川达州知州的林逊，至林逊二子林侗、林佶在金石书画方面皆名重一时。尤其林佶，精小楷，其手书当时名流巨公汪琬的《尧峰文抄》、陈廷敬的《午亭文编》、王士禛的《渔洋山人精华录》与《古夫于亭稿》，后世谓之"林佶四写"，在写刻古籍中享誉极高。林侗、林佶兄弟诸子林在华、林正青、林在峨，及二甥陈治滋、谢道承，或宦业，或文学，亦皆卓然有成。

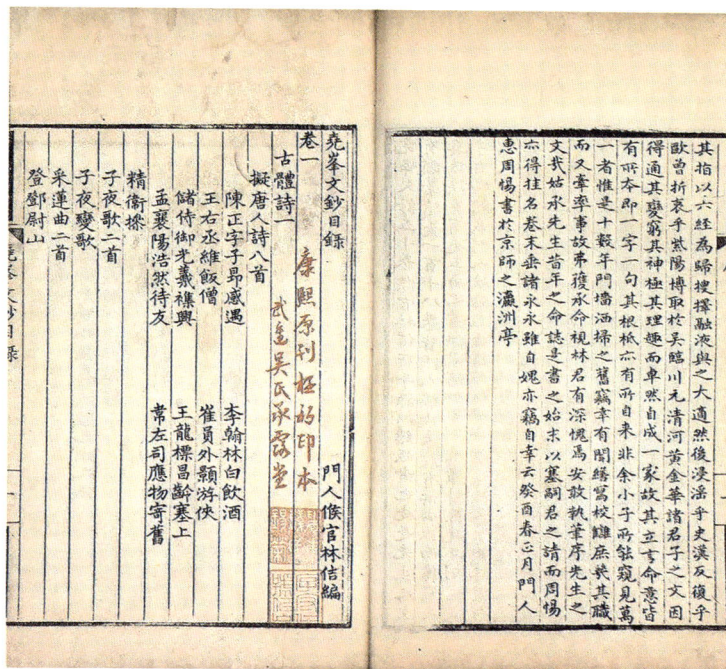

"林佶四写"之一汪琬《尧峰文抄》书影

永福黄氏家族，为南宋状元黄定之后。自明末翰林院编修黄文焕以降，黄璘、黄琇、黄湛（黄任父）、黄任、黄惠、黄度、黄虞世，翰墨文章亦皆称誉一时。尤其黄任，擅七绝，被誉"八闽巨手"，对中国台湾诗坛影响颇大，其诗集《香草笺》一直风靡台湾，乃至成为书房讲授诗学的范本及灯会射虎（猜灯谜）的必备参考书。

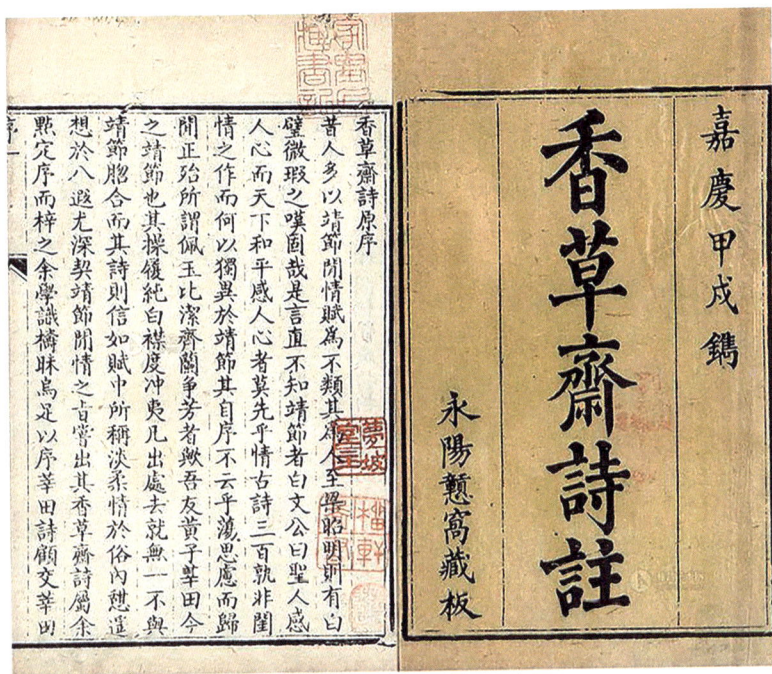

黄任《香草斋诗注》书影

　　许、林、黄三家中，女性亦才媛辈出，如许王臣女许琛，林侗女廖淑筹，黄任妻庄氏，黄任二女淑宛、淑畹及外孙女游合珍，皆能诗擅画，尤以许琛成就最高。

　　所谓文人爱砚，许、林、黄三家族深厚的文学传统，是三家"文人玩砚"的根基所在。

第二节　三家世姻

明清福建地域文学的建构，与家族的力量息息相关，世家之间的互相连姻，起到了重要的促进作用——许、林、黄三家族亦如此。

其中许、黄两家三代联姻：许友为黄文焕女婿，黄文焕孙黄鑨、黄湛（黄任父）为许友女婿，黄任子黄度亦为许家女婿。所以黄任诗《别许贞翁舅氏明府》云："乌衣门巷感铜驼，衰薄其如酷似何。三世崔卢姻娅厚，两家钟李弟兄和。"言许、黄两家，有如隋唐时期之世家清河崔氏与范阳卢氏一样，世代联姻；两家子弟像东汉钟瑾与姑表兄弟李膺一样，友爱无间。

而许友之孙许均又娶林侗女廖淑筹为妻。林佶《朴学斋诗稿》卷十《送许雪邨太史入都》："里巷过从五十春，论交三世缔重姻。羡君门第施行马，涉只骎骎跨要津。"写林、许两家比邻而居五十年，且三世结亲。因此，许均既是黄文焕曾外孙、黄任表兄弟，又是林侗女婿、林正青兄弟姐（妹）夫。

《林史》卷八余甸《题陶舫砚铭册后》诗云："林亭美石几充栋，片片传来有旧题。孔李通家馀我在，相传风雨听鸣鸡。"亦以东汉孔融与河南尹李膺"通家子弟"典故比喻许、林、黄诸人世交、姻亲情意之笃。

许、林、黄三家，襟带姻亲，芝兰玉树，叶茂花繁，子弟门生又多以文学有声于闽中。这种以姻亲为纽带的文化世家，转而成为砚文化世家，根本在于具有良好的亲缘互动和相近的审美志趣。

第三节　以文学而砚学

许氏世居光禄坊许厝里，明末许豸时已建有笃叙堂（董其昌为题匾）、拜云楼等，并在乌石山修有石林别墅。许友又在光禄坊宅邸中，建有米友堂、陶瓶、紫藤花庵、墨庵、茧松楼、拜云楼等。林氏居所与许家只一墙之隔，林佶以其师汪琬赠诗中有"区区朴学待君传"句，因名朴学斋，其中有志在楼、栖鹤巢、陶舫等，尤以陶舫书屋著名，为林佶藏书楼。许、林两家毗邻而居，两家子弟自然过从甚密。

黄任虽家永福，但早年居外祖家，从舅父许遇学诗，亦从林佶学字，罢官归闽亦居外祖旧居。所以三家子弟，既是姻亲，又是近邻，自然互通有无，亲密无间。紫藤花庵为许家召集诗友畅叙文学之所。于是诸人常结社唱酬，文学砥砺，蔚为风雅。游绍安《砚史小传·黄任》："予少时与洙云兄弟（林正青、林在峨）、德泉（陈洁滋）、雪邨（许均）、古梅（谢道承）、瑞峰（周绍龙）、莘田（黄任）定金石交，居同里，朝夕过从无间然。时林鹿原前辈（林佶）以骚雅号召后进，予等均得沾其馀论，田生丈（余甸）亦以文章相往复。"林正青《题陶舫砚铭册后》一诗："石交有癖席平分，曲巷过从得五君。石欲成凹池欲墨，吟台真许与斯文。"次句"五君"有注，指许均、陈治兹、谢道承、周绍龙、游绍安。诗后注："予与诸君所居曰'光禄吟台'（位于光禄坊东北口）"。

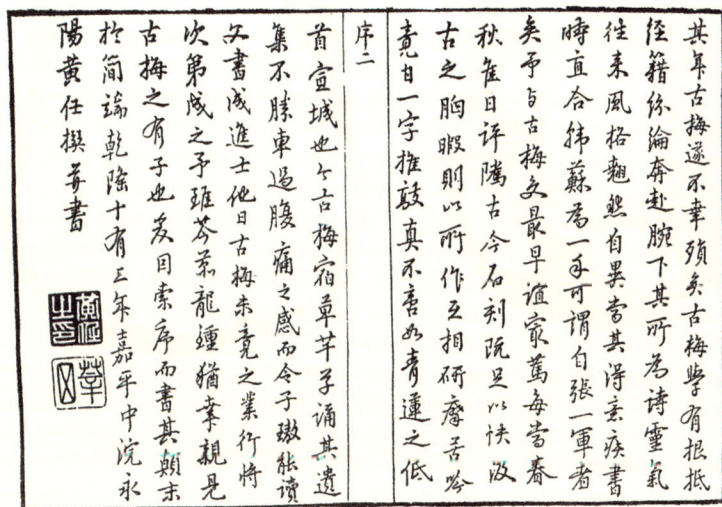

黄任为谢道承《小兰陔诗集》手书序言

　　游、林二人所提及诸人，游绍安为许遇女婿，陈洁滋和谢道承为林佶女婿，亦属许、林、黄家族一脉，只有余甸和周绍龙为外人。林在峨《题陶舫砚铭册后》一诗:"纬联曜合长林研,珍重题铭见楷型。卅载(三十年)人传'光禄派',道山亭是子云亭。"可见闽中诸人玩砚之基础乃是亲友、诗友而转为"石交"砚友。

第四节　许氏开风气之先

清末民初藏砚名家沈汝瑾砚拓集《沈氏砚林》,收入一方许友铭随形云龙纹端砚(实物今藏台北林氏兰千山馆),铭字纵横恣肆,与史载许氏学米之书法风格相符。但这种个别传世砚,或为日用长物而已,并不足以说明许友耽于藏砚。

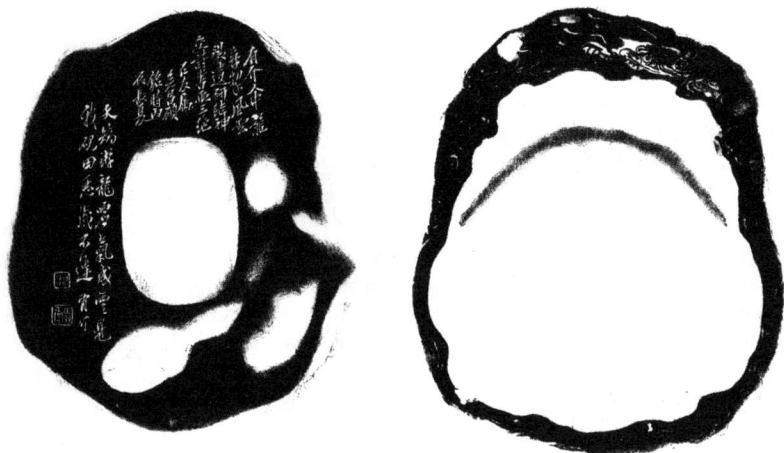

《沈氏砚林》所刊许友铭"随形云龙纹端砚"拓片

林在峨《砚史小引》记其"先世多遗砚",但《林史》所收其祖父林逊只有一方"甘露砚",可见所谓"遗砚"云云,或为林逊先人之砚,林逊本人并不藏砚。

开许、林、黄三家藏砚风气之先者当为许遇。

虽然《林史》只收入一方翁嵩年为许遇所题砚（"双翠砚为许月溪铭"），未收许遇自铭之砚，但传世许遇名款之旧砚见刊及过目多品，且大多近于真，且林正青在《砚史小引》中明确记载许遇与其父林佶为"石交"砚友，可见许遇亦为嗜砚藏砚之人。许遇早年到过端州，康熙二十四年，二十五岁，曾往游粤东，到过罗浮山和端州。依常理，以文人墨客心性所好，应有端砚入囊。

《林史》之所以未载许遇一砚，应是许遇离乡为官时林在峨年尚幼，而许遇又长期远宦中原、江南，且病逝于任上，与林在峨行迹少有交集所致。

林佶《朴学斋诗稿》卷二所收《送许月溪入都十五叠韵》有云："君年长我弟畜予，臭味与俗殊历落。"许遇年长林佶十岁，视林佶如弟，对其关爱有加。许遇对于许、黄两家子弟在藏砚方面的启蒙作用，与林佶之于林家子弟类似，但许遇对林佶也或多或少有一定的引导作用，所以闽中玩砚群体的真正开肇者应是许遇。

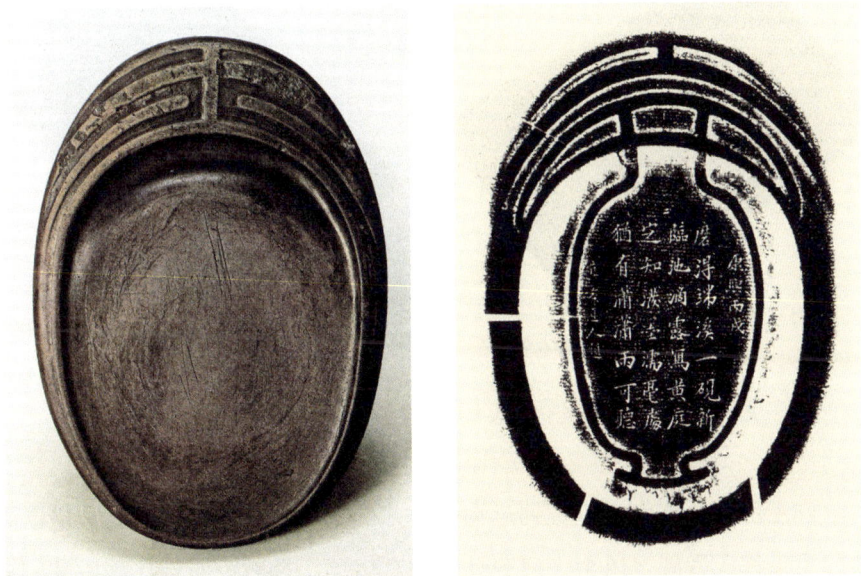

台北林氏藏许遇铭"玉壶端砚"（图刊《兰千山馆名砚目录》）

许遇之子许均是个不折不扣的藏砚家。虽然《林史》卷三只收许均铭砚六方，但据砚铭前许均人物小传，言其"中年游宦，凡所著述散轶居多"，可见或有许均若干砚铭因散轶而未收入《林史》者。黄任《题陶舫砚铭册后》有二诗写许均，皆有注。其一赞誉许均鉴别端砚老坑石眼力高，又言许均砚铭皆许、黄二人寓居苏州福州人会馆（三山会馆）时所刻。另一诗记二人曾相约在各自藏砚上互为题铭，惜此愿未了，许均即已去世。可见许均对砚，尤其对端砚极其喜爱并有相当研究，无疑是位出色的藏砚家。倘非英年病故，《林史》所收许均砚铭砚诗，或不会少于林在峨兄弟。

《林史》卷七收入许遇孙（许均侄、许鼎子）许良臣一方"临池砚"。卷六所收林在峨"素心砚"，亦系许良臣官粤归闽时赠予林氏者。同卷林在峨"学古砚为许甥王臣铭"，则为其堂外甥（许均、林淑寿之子）许王臣所题。

天津博物馆藏许良臣铭"结邻端砚"（图刊《天津博物馆藏砚》）

许王臣之子许作屏，曾到过端州，并撰有《端溪砚史》二卷，惜已失传。可见许氏爱砚之风至许遇曾孙辈尤有传续，只因皆属林在峨后辈，故所铭、所藏之砚，未能入载《林史》。

许作屏房师吴锡麟为许作屏《端溪砚史》所作《砚史序》

（吴氏《有正味斋骈体文笺》卷七《砚史序》书影）

第五节　林氏家族参与者最多

许、林、黄三家，以参与玩砚人数计，林氏最多。造诣较高、堪称藏砚家的，有林佶及二子林正青、林在峨。

虽然许遇玩砚资格更深，但因其长期远宦外乡，所以林佶实为闽中玩砚群体的真正领袖人物。林正青《砚史小引》记："维时许丈月溪、余丈田生与先君子称石交。每得佳砚，互相铭刻以为宝。以是予与雪村两家子弟各以文艺相琢磨。雪村，月溪丈叔子也；黄子莘田则许所自出；而陈子德泉、谢子古梅，又予中表兄弟行，少同学，长同好，临池之余，所收砚材亦略相敌。"可见林对黄任、许均、林在峨兄弟等后辈而言，许遇（号月溪）、林佶与余甸三人，当属闽中玩砚诸人之先驱人物。只因余甸家族玩砚似已无后继者，故而余家对于砚史具有贡献及影响者仅有余甸一人。

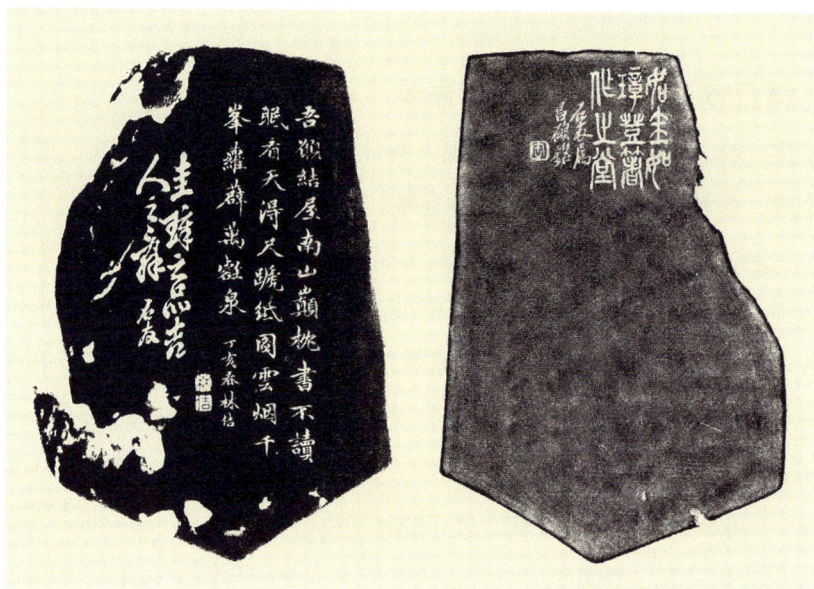

沈汝瑾藏林佶铭"圭璋端砚"（拓片收入《沈氏砚林》，砚图见刊日版《古名砚》）

林佶二子林正青、林在峨兄弟藏砚甚丰，尤其林在峨，不仅擅书法、亲刻铭，还编辑有以记录闽中诸人藏砚、铭砚为主的《林史》一书，为后人研究闽中诸人砚事留下珍贵的一手砚学文献。

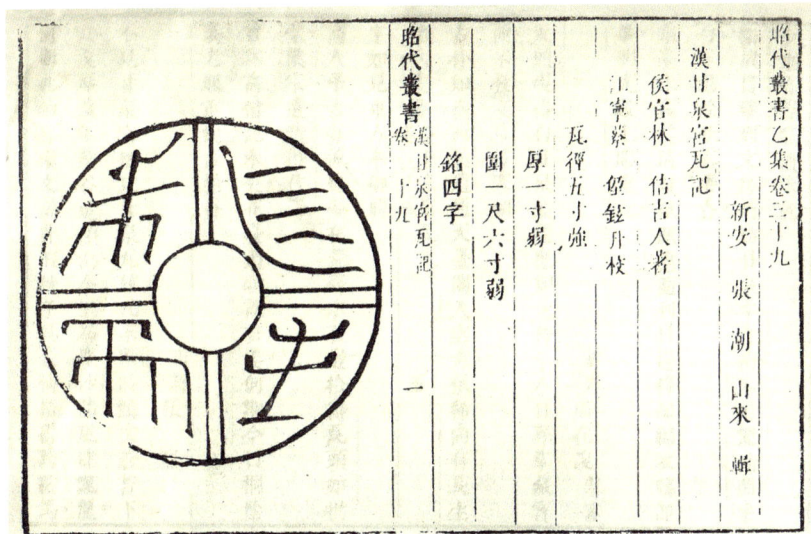

林佶《汉甘泉宫瓦记》书影

林佶兄林侗学术成就主要在金石考据方面，但其曾在汉甘泉宫遗址附近拾得一宫瓦，制砚题铭，并遍征海时名流品题，且由林佶刊刻《汉甘泉宫瓦记》一卷行世，在当时文坛艺林影响甚大。

林氏二甥陈治滋、谢道承，《林史》只各收一砚，但传世偶有谢道承名款砚，颇疑《林史》有所漏收。因陈、谢二人在闽地玩砚诸人中，官位较高，对诸人玩砚之扬誉，应有助力作用。潘氏本卷八朱景英《题陶舫砚铭册后》有一诗："文字原流传世业，高曾规矩守遗型。即看累叶题词砚，都入君家族谱亭。"自注："先生五世砚铭皆在册内。"此言《林史》收入林逊至林正青长孙林琼共五代人之铭砚，可见林家玩砚家风传续之长。

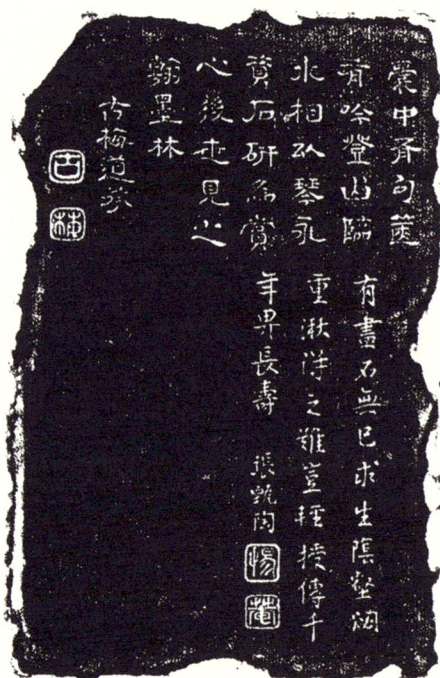

北京故宫藏谢道承铭"长方端砚"

（图刊《故宫博物院藏文物珍品大系·文房四宝·纸砚》）

值得一提的是，或许因林氏爱砚名高，为世人所敬重，纪晓岚曾将一方南宋史学名家郑樵所用遗砚，举赠其在福建学政任上所取举人、林佶曾孙林乔荫。此一砚史佳话，为林氏玩砚世家又增一笔余辉。

第六节　代表人物为黄任

实则，所谓闽中玩砚群体许、林、黄三家族，黄家只黄任一人。其早年学诗于舅父许遇，又曾从林佶学书法，可谓出于许、林二家门下。如果说许遇、林佶是闽中玩砚群体之启蒙者，至黄任则可谓集大成者，将闽人玩砚声名推到顶峰。

黄任曾官端州三年，于任上受命主持开采老坑，去职后尚居端州三年有馀。官端期间，黄任与家乡闽中诸友亦颇有砚事交流，归乡后对闽人玩砚风气之兴盛更起到推波助澜的作用。据朱氏本《砚史》林在峨《后序》："时京兆余君娱老林泉，莘田大令亦解组（解职）归来，为文酒之会，每抚砚必加奖赞。莘田出端溪石赏，京兆必镌以铭，属余镌焉。自是风气相尚，以案头有无片石为雅俗。"可见闽人玩砚最盛期仍在于余甸、黄任相继罢官归里之后。诸人以玩砚题铭消遣馀生，逢诗酒文会，黄任辄出端砚供诸人品赏，这对诸人辨别鉴赏端石端砚显然有莫大的助益。

黄任最为后世津津乐道者为"十砚""十砚斋"。"十砚"为黄任前期所藏十方最名贵之砚，其中有家传之砚，亦有黄任早年漫游各地所购于旧家者，有些还请顾二娘为之改制，故改斋号"香草斋"（原许遇紫藤花庵）为"十砚斋""十砚轩"。可惜晚年处境困窘，十砚斋及"十砚"皆转归他人。

相比许遇、林佶、余甸诸人，黄任之所以影响更大、砚史地位更高，在于其交游广，见识高。如早年漫游幽、燕、齐、豫及江南，访求名砚。加之在端州六年多，对端石的鉴赏水平显然高于许、林、余诸人。再者，其诗才时誉"八闽巨手"，罕有其匹，也决定其砚诗砚铭水平高于诸人。余甸《题陶舫砚铭册后》诗云："四会先生生有癖，前时贮研构新轩。只今乡井多奇石，大半从君好所敦。"可见黄任对闽中玩砚风气所具影响力之大。

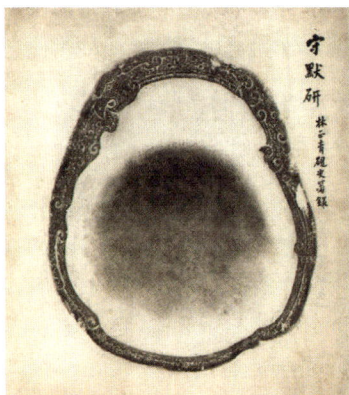

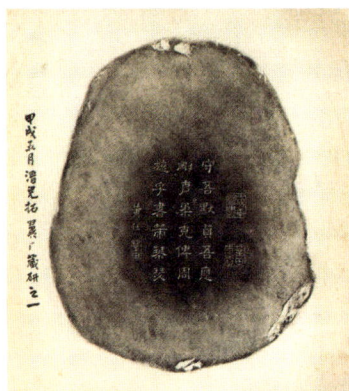

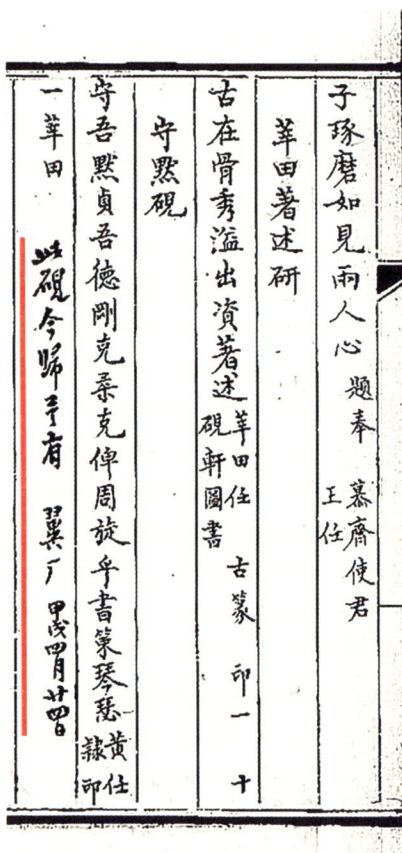

黄任铭"守默砚"，铭载《林史》
（朱文钧先生原藏，朱氏本《林史》有朱先生手书批注。砚拓刊《萧山朱氏藏砚选》）

　　黄任对砚史的一大贡献，是以其在诗坛、砚坛的影响力，与林佶等人一起极力为苏州名砚工顾二娘延誉，客观上致使"苏州砚雕"这种崇尚文雅的砚艺流派更为世人所知，并催生出清中期"闽派砚雕"这一"文人砚"重要流派。

　　所以，闽中玩砚群体，林佶家族参与者最多，但以专、精及对后世之影响而言，黄任无疑是该群体的代表性人物。

第七节 余甸以题铭名世

闽人玩砚群体之外省砚友陈兆仑为黄任《秋江集》所作序文，开篇即云："闽士多文，尤笃于朋友之谊。盖其俗厚而缙绅先生风使然也。"话固难免溢美之辞，但用于玩砚群体诸人，确也恰切。

许、林、黄三家族之外，闽中外姓藏砚家有多人，成就最高者首推余甸。以资历论，对于林正青、林在峨、许均，甚至黄任而言，余甸是与许遇、林佶三足鼎立式前辈；就官位而言，余甸曾官山东按察使，官阶远在林佶、许遇、黄任诸人之上。所以，虽去职归乡闲居，但在闽中诸人间，威望却不可小觑。

《林史》卷一余甸"首选砚"铭云："武人剑，文人砚。颜如酡，花葱茜。席上珍，兹首选。功难言，宝勿倦。"今人论砚，常说"武人爱剑，文人爱砚"，出处未详，余甸铭文"武人剑，文人砚"，其意正与相同，出处或即余氏此铭。

余甸铭"海天旭日砚"（图刊《中华古砚一百讲》）

余甸对砚史的贡献，在于题刻砚铭。林在峨在《砚史》"后序"中曾说，余甸、黄任罢官归闽后，雅集时，黄任出端砚供品赏，余甸则必镌以砚铭，"自是风气相尚，以案头有无片石为雅俗，且不得京兆之铭不为宝贵"。《林史》卷八黄任《题陶舫砚铭册后》有两首咏余甸："片石争求月旦知，不经品题不称奇。何人得似余京兆，叶叶芭蕉幼妇词。""葭湄日日吐清芬，书尽红霞与紫云。一语故应君绝倒，人田多过己田耘。"后首有注："向京兆乞铭者无虚日。"由于铭辞隽永，书法精美，时人藏砚以得余甸题铭为贵，上门求题者络绎不绝。可见余甸题铭声名之高，为人所题砚铭之多。

《林史》共收余甸铭砚达八十一方之多，比其次的黄任三十七方多一倍有奇，亦可证林在峨、黄任诗中所誉不虚。其诗和黄任《题陶舫砚铭册后》次韵、再韵、三韵亦多达五十四首。余甸撰有《篆更堂稿》，推想涉砚文字当有不少，惜已失传。

第八节　其他闽人藏砚家

余甸之外，当时闽籍藏砚家中，水平较高者当属李馥。李馥官至浙江巡抚，为闽中玩砚诸人官位最高者。与余甸、黄任经历相同，李馥亦属被罢黜去官，穷困潦倒。其虽福清人，但晚年归闽后，即寓居福州衣锦坊黄巷，与黄任、余甸等多有交往。《林史》所收李馥《题陶舫砚铭册后》诗十八首中，对余甸、黄任都有提及，其中一诗言余甸曾为其撰题砚铭。或因长期宦游在外，李馥与林在青、林在峨兄弟似无交情，其为《林史》题诗乃应同宗李至和所求，当为林氏兄弟所转托。

天津博物馆藏李馥铭"老子清静经端砚"（图刊《天津博物馆藏砚》

李馥《题陶舫砚铭册后》诗后有跋："余雅有砚癖，每逢佳研叠摩挲不忍释"，"生平无他嗜好，独书与砚结于宿习，今之存者百无一二"。可见藏书、藏砚为其两大癖好，可惜晚年困窘，书、砚均散去。陈兆仑《紫竹山房诗文集》所收其和黄任题林在峨《砚铭册》诗中，其一有注："李鹿山先生馥好研，家蓄名款多出吴门顾二娘手。"可知李馥好藏砚，所藏多请顾二娘所治。李馥曾官苏松常镇道、江苏按察使，请顾二娘治砚当在其官任时期。

余、李之外，李馥同乡、福清人周绍龙亦癖砚甚深。周氏官至顺天府丞，惜宦途亦与许均类似，中道而折，英年早逝。《林史》共收入其铭之砚十一方。其中"兰台侍直之砚""螭头侍直之砚""銮坡侍直之砚"，为周氏在翰林院编修任上当直用砚；"扪参历井"，为周氏出使四川时携用之砚。

其馀如名学者长乐人郑方坤，亦与林、黄二家有姻亲关系。其官山东登州知府时，曾亲自往采辖境内砣矶岛之砣矶石制砚。所著《全闽诗话》一书，为闽地诗学名著。书中收入林佶、余甸、许均、谢道承、周绍龙、黄任六人砚铭砚诗若干，不仅可与《林史》互证，对闽中诸人砚学之传播亦有一定的扬誉之功。

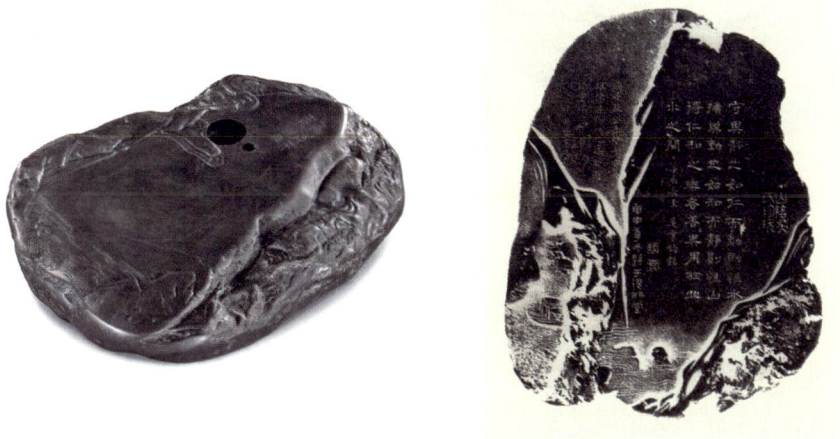

天津博物馆藏高兆铭赤壁端砚（图刊《天津博物馆藏砚》

另外尤值得一提的是明遗民、闽县人高兆。其与许友为莫逆之交，系许遇的父辈之交。与林佶、黄任、余甸等后辈似并无交集。高兆曾亲至端溪，撰有《端溪砚石考》，所述诸坑异同甚详，对许、林、黄后辈诸人的品端赏砚，显然会有间接影响。

第九节　官闽客籍藏砚家

受闽中诸人玩砚影响，官闽的客籍官员亦颇多钟情于砚，故闽人玩砚群体，还应包括客籍藏砚家。其中以下数家，皆藏砚有成。

山东泰安人赵国麟，曾先后任福建布政使、福建巡抚，与闽中诸人颇有交情，林在峨、黄任皆有砚赠赵氏。赵氏对诸人亦多有照应，曾对余甸冤狱予以援手、回护，并欲举荐林在峨出仕，因赵氏被罢官而未成。

《林史》收入赵国麟铭砚十方。国麟子赵震亦爱砚，惜早亡。

天津博物馆藏赵国麟所铭"蟾窟端砚"（图刊《天津市艺术博物馆藏砚》）

江西新建人周学健，曾官福建学政、福建巡抚、闽浙总督，官署皆在福州。任上与黄任等闽士交好，后调任河道总督，还曾作长诗向黄任求取十砚轩"十砚"名品"美无度砚"，黄任忍痛割爱并答诗一首。诗中言周氏素有砚癖，多方购求，不遗余力。

浙江杭州人陈兆仑，曾主持福州鳌峰书院讲席，兼管《福建通志》局事务。任上与闽中诸人交谊甚笃。其作《题陶舫砚铭册后》诗，次韵、叠韵三十六首，言其与诸人交往情事。诸人曾赠陈兆仑佳砚若干，惜陈氏北归途中过仙霞岭均遭窃失去。其中一方砚背有元代学士院"奎章阁图书"款，最为陈氏痛惜。

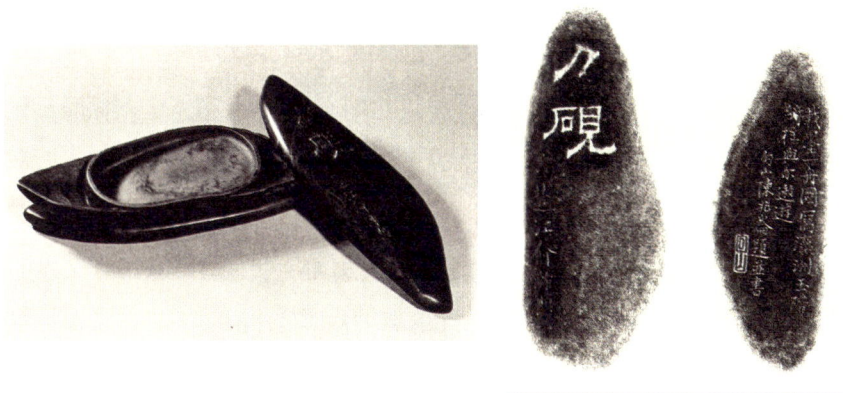

陈兆仑铭舟形端砚（图刊《中华古砚一百讲》）

杭州人沈廷芳，曾任鳌峰书院山长，主修《福建续志》，与黄任、谢道承等人多有交往。后任端州端溪书院山长，在端州时访坑品石。有砚癖，藏砚多达百馀方，因名书舍曰"砚林"。纪晓岚任福建学政时，曾获观沈氏所藏"赵南星东方未明砚"，并记入《阅微草堂笔记》。

安徽桐城人方曰岱，先后官福建沙县、泰宁知县。官闽期间，与黄任交好，时常登门拜访，被黄任视为知音，将十砚轩"十砚"中三方归于方氏，可见二人"石交"之笃。

湖南武陵人朱景英。先后任福建连城、宁德、平和、侯官知县。其间与黄任过从甚密，外县任上去福州公干时常借宿香草斋，与黄任秉烛论学，并与许、林、黄诸子弟相唱和。《林史》收记朱氏藏砚三方。

以上几位官闽客籍藏砚家，对闽人玩砚群体的形成有所推波助澜。尤其赵国麟、周学健，位尊权高，陈兆仑、沈廷芳名振文林，其对黄任、林佶父子诸人的扬誉有较大的助力作用。

第十节　崇尚端砚之风

无论闽籍、客籍，通观《林史》所收之砚，均有一鲜明特点，即除却少数几方歙砚之类其他品种砚以外，所藏所铭皆为端石端砚。究其原因，主要约有三点：

其一，端石质美名高。端砚自唐代初期面世之后，以石质细润、石品华美、坑口众多、品种丰富而被推为诸砚之首。其水岩老坑名品，尤为历代文人墨客推重、搜求。

其二，闽粤地理相近。古代舟车劳顿，交通不便。而闽粤两省交界（福建虽不在五岭之南，但唐代前期福建曾属岭南道），相对于北方诸省，闽人求粤砚相对有地利之便。

其三，砚乡渊源。黄任《秋江集》卷二所收《赴岭南以便道抵家示家人二首》，其一有注："予三世筮仕皆在粤东。"指其曾祖父黄文焕曾任广东海阳、番禺县令，伯祖黄璋曾任广东肇罗道佥事，自己官广东四会令。黄璋所官广东肇罗道佥事，衙署亦在肇庆（端州）。许遇早年亦曾游历粤东，行程中有端州。黄任官端州时，曾携闽中制砚名手董汉禹、杨洞一同行。官端任上，林正青、游绍安亦曾专程往访。诸人亲诣端州砚乡，访石觅砚，对端石端砚之美有直观感受，对端石端砚自然更加情有独钟。

此外，高兆虽与林佶、黄任等人无交往史料，但与许友为莫逆之交，其所撰《端溪砚石考》，作为一部清代较早专论端石文献，对许、林、黄诸后辈之品端赏砚，亦会产生一定的影响。

相比较于对端砚之熟知，闽中诸人有文字可证的，似乎只有林佶曾到过歙砚产地徽州，并先后收藏过两方歙砚。郑方坤官登州知府时，曾采过砣矶石制砚。此外，许均、周绍龙各藏一方歙砚。所以，闽中诸人文字，除偶有言及歙砚，及在《题陶舫砚铭册后》诗中泛言砚品时，偶有涉及洮河砚、红丝砚之外，很少论及端砚之外其他砚种。此当是出于对端石端砚倾心有加，对其他砚种自然有所忽视。

第十一节　失意仕途而寄情于砚

爱砚，固为文人墨客天性使然，但所谓"文王拘而演《周易》，仲尼厄而作《春秋》"，闽中诸人之爱砚，既有类似"东坡玩砚""米颠拜石"对文房长物、雅物的天然契缘，但多少也有因人生多舛、仕途失意而移情于物的因素存在。

许友、黄文焕、高兆等本为入清不仕的明遗民，林逊也"以不能媚事上官"于从五品知州任上早早辞官归隐。其他闽中玩砚群体主要人物于仕途也多无善果——许遇以七品县令终于任上，林佶以从七品内阁中书被免职下狱，许均以五品礼部郎中终于任上，黄任以七品县令被罢职归乡，林正青以从七品淮南小海场盐务大使卸任归乡，林在峨始终未登仕途；余甸虽官至三品山东按察使，却以入狱去职归乡；李馥官至从二品浙江巡抚，亦被罢官入狱。外省诸人，赵国麟官至正一品文华殿大学士，但也曾被弹劾降级，屡次告归；周学健官至从一品河道总督，最终获罪赐死；方曰岱终于七品县令还乡；朱景英终于四品知府病退。只有沈廷芳以正三品河南按察使、陈兆仑以正三品太常寺卿平稳致仕。

上述诸人倾心于砚，尽管与仕途顺逆未必有因果逻辑关系，像李馥、赵国麟、周学健，官闽之日正值青云直上时期。但闽人玩砚群体的几位主角，其爱砚成情深，则确实应与仕途受挫有一定的关涉。比如黄任罢归后，闲居四十馀年，品石赏砚成其心灵慰藉、精神寄托。据《林史》所收林正青题余甸"相随砚"跋语，知书中余氏诸砚，皆其免官归乡后所铭，可见玩砚题铭，亦是余甸归里后之日常。林正青屡考进士不中，至四十二岁时，方因时任礼部侍郎的老同学蔡世远举荐，才得以入京师礼部学习行走，故《林史》所收砚大多应系其入仕前所藏。至于林在峨，则因赵国麟举荐未成，绝望于仕途，才得有大量时间精力专心于砚——这是《林史》成册的要因之一，砚史也由此而多一份弥足珍贵的重要文献。

第十二节　期许科举而寄托于铭

所谓诗言志，除去纪事类题材，砚铭的主要内容多为作者之托物言志。

闽中玩砚群体，尤其闽籍诸人，其砚铭砚诗，除却大量对砚本身材质之美的赞誉之外（主要是对端石端砚），有相当比例系对科举愿景之寄托——这与古代"学而优则仕"的人文大环境有关，也与上节所言之科举失意个人际遇有关。

闽籍几位玩砚主要人物，只有余甸、许均、周绍龙的入仕，系进士"正途"出身。其馀如许遇，以举人而官知县；林佶亦只得举人科名，靠进献康熙书法而破格任职内阁中书；黄任七考进士不第，以举人出任县令；林正青科场受困，以贡生被举荐出仕；李馥官至二品，但出身也只是举人。外省籍如方岱，亦只贡生，因被选派西北，以平定准葛尔有襄助之功而被授县令。林在峨更为不堪，满腹才学，名动公卿，被大学士赵国麟目为国士，但科名仅止于监生。所以，对于上述诸人而言，科举是终其一生未了之情结。

科举得意者，祈望子弟门生亦能鱼跃龙门，光耀家族、增色师门；科举失意者，祈之望之，孜孜以求，希望能圆登科之梦。科举进身之阶，在于熟读儒学经典，因此，《林史》所收诸人砚铭砚诗，充斥诸如"孔颜之乐""君子之德""礼耕义穮""农夫力穑""石田有秋""凤毛""凤池"（翰林院别称）之类儒学典故，以及劝勉勤学苦读、咏赞翰院馆阁之类辞句，这是闽中诸人砚铭的一个重要特性。

比较而言，黄任的个性比较通脱不羁，但受礼教束缚亦甚重。在其所撰《消夏录》中，认为李商隐《马嵬》诗讥刺唐玄宗失政误国，有失人臣伦理，违背儒家温柔敦厚之风。此种陈腐观点，即便出于惧罹文网，也可见胸次终不免有所窒碍，发而为砚铭砚诗，亦必受一定的影响——这也是闽中玩砚群体诸人砚铭的局限性，其境界不可能企及东坡居士砚铭的那种高度。

第十三节　对顾二娘砚艺殊多延誉之功

史上制砚家，制砚技艺之外，本身多以文人墨客的身份为世所重，如明末清初的黄宗炎，清中期的金农、高凤翰，嘉道年间的杨龙石，皆有时名于文坛艺林。真正纯以民间砚匠身份留名砚史者较少，清代顾二娘是个案之一。究其因，技艺过人，以及女性的性别占一定的优势之外，闽中诸人对顾氏砚艺不遗馀力的扬誉是一重要推力——尤其黄任，更是卓有殊功。

后世论黄任藏砚，必津津乐道其与顾二娘的砚事交往，而必举者则为黄氏为顾氏所题《赠顾二娘》诗："一寸干将切紫泥，专诸门巷日初西。如何轧轧鸣机手，割遍端州十里溪。"此诗以春秋名剑"干将"之利比喻顾氏砚艺刀法之精；以女流织布穿梭引线之纤手，衬托琢砚磨石之妙伎，可谓大有奇思，神来之笔，遂成砚诗（铭）绝唱之一。

北京故宫博物院藏"顾二娘款凤形端砚"，背有林佶、黄任二铭。黄任铭即"一寸干将"云云《赠顾二娘诗》，铭文跋语与《林史》所记有所出入。此砚工艺精良，凤砚亦顾氏擅长之题材，故所仿母本应近于顾氏真品（图刊《故宫博物院藏文物珍品大系·文房四宝·纸砚》）

黄任之外，检诸《林史》，余甸、林佶、李馥、陈兆仑、许均、陈治滋、林正青、林在峨等皆有文字对顾二娘咏之赞之，且黄任、余甸、陈兆仑等还一赞再赞。推崇备至如此，不少林、黄诸人所藏之砚自然皆出自顾氏之手。林正青《题陶舫砚铭册后》一诗："曾纪高轩十砚文（原注：予为莘田作《十研轩记》），磨砻大半付钗裙。"此"钗裙"即指顾二娘，言黄任十砚轩砚很多出自顾二娘之手。时人陶元藻《泊鸥庄文集》所收词《石州慢·过黄莘田斋头，纵观所蓄端石诸砚，其为吴门顾二娘制造数枚特胜》，记其曾在黄氏十砚轩获观顾二娘制品数枚。陶氏又有《题林吉人先生〈砚史〉后》长诗，言林佶所编《砚史》（当为林在峨《砚史》之讹）所收五十八人铭文砚，"强半工成顾家妇"，可见其中顾二娘制品之多。陈兆仑《紫竹山房诗文集》所收《题林涪云砚铭拓本册子十首次莘田大令任韵》一诗，有注云："李鹿山先生馥好研，家蓄名款多出吴门顾二娘手。"可知李馥所藏砚，亦多出自顾二娘之手。

显然，顾二娘的砚艺倘无闽人诸藏家为之推毂，尤其黄任为之大力延誉，其名声恐要大为逊色。事实上，除林、黄诸闽人外，当时江南士林道及顾氏者并不多，吴县人黄中坚评顾氏翁媳砚艺，虽赞誉有加，但对顾氏也不乏有微词。这或许是因为相对而言，历来人文荟萃、文物渊薮的吴越文人，审美要求更为严苛之故。

总之，顾二娘乃至吴门顾氏砚艺名重砚史，闽中诸人居功至伟。当然，反言之，闽中诸人与顾氏亦可谓互相成就。尤其黄任，其藏砚高名，如无顾二娘砚艺为之烘托，其影响亦会逊色多多。顾、黄之砚史地位，有一加一大于二之效应。后人说黄必举顾，赞顾必及黄，亦是砚史一段佳话。

第十四节　催生文人制砚流派"闽派砚雕"

因许、林、黄、余诸人的带动，闽中文人藏砚蔚然成风，因此对佳砚之需求骤增。而诸人皆胸富学养，眼界很高，俗料俗工自然难入法眼。但良工如吴门顾氏远在苏州，山高水长，穷目难及，于是本土制砚家应运而生，代表人物为谢士骥、董汉禹、杨洞一。

闽县人谢士骥，嗜学工诗，善草书，与同里周绍龙齐名；又善篆印钮，造诣不在时人名工周彬、杨璇之下，其所制砚被鉴赏家珍如圭璧。不乐仕进，栖隐以老，著有《春草集》。

谢士骥制周绍龙铭、李馥藏"云起端砚"（图刊台版《历代砚台展》）

侯官人董汉禹，善写松竹，精治端砚，复工篆刻，篆书为林在峨所叹服，与时人名工魏汝奋、杨玉璇齐名。对于其人之风骨、其艺之精湛，李馥有《题董沧门行乐图》诗、林佶有《题董沧门移家图》诗赞之。

天津博物馆藏董汉禹铭"三洞神品端砚"（图刊《天津博物馆藏砚》）

侯官人杨洞一，工镌刻。从林佶学篆隶书，曾为林佶刻《兰亭记》《北阡草庐记》。其叔父杨中一，尝从林佶游京师，名动公卿，亦为镌刻名手。

董汉禹与杨洞一同里，且刻艺相埒，故时人多以董、杨并称。黄任官四会，邀二人同往，客寓官署制砚三年，杨洞一且病故于粤地。杨洞一砚艺，在端州盛行一时，以致作伪者仿其工艺并加刻黄任伪款，时称"四会款"。余甸《题陶舫砚铭册后》有二诗，其云董、杨制砚工艺初时摹仿顾二娘，得其精要。

不过，由于董、杨文人本色，其制品之文人审美情趣、书卷气，尤其诗、书、画、印的艺术修养，为顾二娘所不具备。所以，无论从刻工里籍论，从砚艺风格论，从艺术造诣论，谢、董、杨皆足称"闽派砚雕"。

谢、董、杨三人制砚、撰铭、刻铭兼擅。此外林佶、黄任善书法，亦兼能刻砚铭；而林在峨更是精于刻铭，所以林佶父子和黄任亦应属于"闽派砚雕"之列。

林在峨铭许遇《心经》端砚（砚背林氏刻制人物、诗句。斫云楼藏）

可以说，以谢汝奇、董汉禹、杨洞一为代表的闽派砚雕，其所以能横空出世，崛起于砚刻渊源不深的闽中地区（狭义福州地区），其起步应是以许、余、林、黄诸人斋中所藏之砚为标本，尤其以摹仿吴门顾氏风格为主，故云董、杨等属吴门顾氏之私淑弟子，亦无不可。换言之，"闽派砚刻"实瓣香于吴门顾氏，技法源自吴门顾氏之"吴派砚雕"，经由董汉禹、杨洞一挟技客粤，从而也对端砚"粤派砚雕"产生过一定的影响。

由于出自文人之手，"闽派砚雕"在学习顾氏技艺的基础上，赋予了更多的文人气息，是一个"文人砚"代表性流派。这个制砚流派的出现，乃由闽中玩砚群体所摧生，是闽中玩砚群体对砚史的一大贡献。

第十五节　闽人玩砚群体之砚史地位

清中前期闽人玩砚群体，其成员以闽籍，尤以福州光禄坊许、林、黄三个文学世家为主，延及其他闽籍及官闽的外省藏砚家，所以其玩砚之影响亦不仅囿于闽省一地。尤其由于林在峨、林正青携《砚史》稿本四处求题，当时在都中以及江浙文人间即已产生一定影响。

作为一个带有区域文化特性的玩砚群体，闽人玩砚群体的砚学整体成就，在有清一代堪称卓然大观。其与清代不同时期、不同地域的藏砚家相比较——清朝初期，粤地遗民名士屈大均、陈恭尹、陈子升，藏砚固然更有地利之便，但因黄任为官端州，亲与开坑而有所平衡。且屈氏与二陈虽善鉴石，却似乎并不热衷藏砚；江南朱彝尊、吕留良、潘耒，以及河南周亮工、宋荦等名士显宦，虽嗜于砚，却只偶有品评，且不以常聚共赏为时尚。乾嘉间，京中显宦大僚纪晓岚、刘镛、铁保、金士松诸人，虽常聚而论砚，但于鉴石之道多为耳食之论，未得要领；阮元、翁方纲、黄易、张廷济，互有砚学交流，其品砚则偏重于金石意趣，对于石质、砚艺未必刻意求精；金农、高凤翰，砚史有名，且同在扬州鬻画，但二人于玩砚一事似也交流不多。清末沈汝瑾、周庆云等，多是闭门自赏，缺少交流意愿。其馀如旗人官员广玉等人，只是由于任职端州，因缘际会，得以开坑采石、藏砚铭砚。所以，倘以参与人数、交往频次、整体水平论，有清一代，闽中诸人不仅可谓别树一帜，说空前绝后亦不为过。

通观砚史，囿于行迹、宦途乃至才情等综合因素所限，以砚铭之哲理性、砚诗之文学性论；闽中诸人与宋代"苏黄米蔡"四大家，甚至同为清代中前期的朱彝尊、吕留良、金农、纪晓岚等比，整体水平确乎应有所逊色。以制砚工艺技巧论，谢士骥、董汉禹、杨洞一应比高凤翰更专而精。但以砚艺之气格论，谢、董、杨应逊色于高氏。铭文书法亦然，"苏黄米蔡"不论，即便闽中诸人中书名最高的林佶，也与朱彝尊、金农、高凤翰，以及为沈石友藏砚题铭的吴昌硕等书画大家不可同日而语。

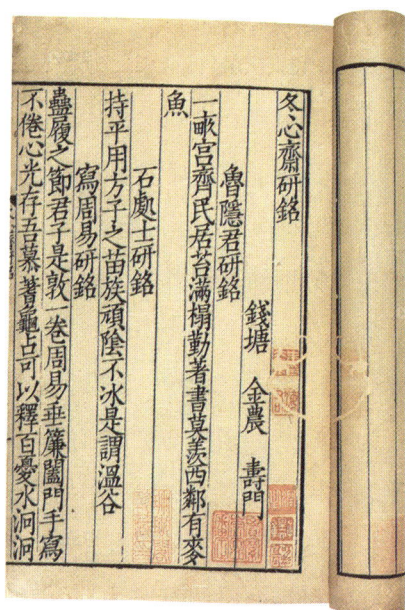

金农《冬心斋砚铭》集

总之，清中前期闽中玩砚群体诸人，多有才名于一时，却终无一人文成巨匠，仕达显宦。而于玩砚一事，林佶、余甸，可称清代藏砚大家。尤其黄任，不仅为清代砚史之杰出代表，亦堪称整个中国砚史的一流人物。总体而论，闽中玩砚群体诸人，或可称为宦业三流，文学二流，砚学一流；以其群体性优势、整体影响力，足可傲视砚史。

第二章　林在峨《砚史》研究

第一节　《砚史》传世抄本大致有初稿本、定稿本两种

《清中前期闽中玩砚群体诸人，宦业闲暇、艺文之馀，相与切磋鉴砚心得，互赠佳石，铭诗唱和，其砚事见于黄任、林佶、谢道承、游绍安等人刊行之诗文集，尤其林在峨所遗《砚史》抄本，纪之最为详备。

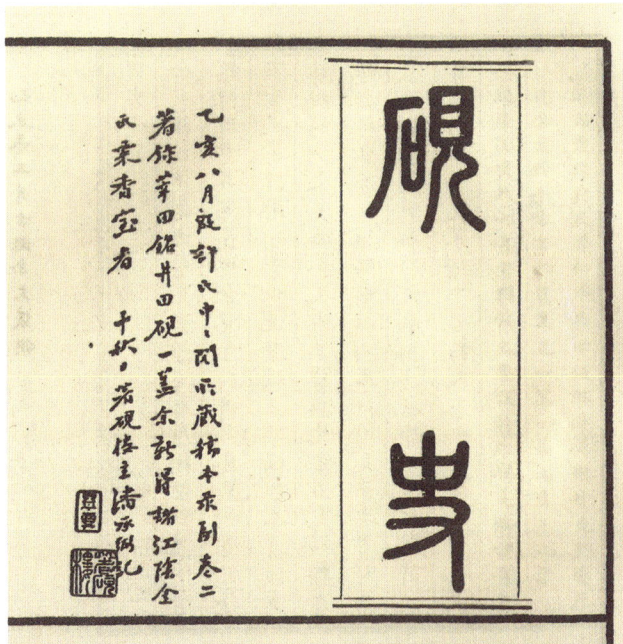

上海图书馆潘承弼原藏本潘先生手书题记

林在峨《砚史》是研究清中前期闽人玩砚群体的主要文献。但《林史》只是稿本，除抄本外，并未刊刻行世。几种抄本中，按内容的异同大致可分为两个版本：一为现上海图书馆所藏、原潘承弼先生藏本；一为现国家图书馆所藏、原朱文钧先生藏本。前者扉页有潘先生手书题记，题记中言卷二黄任"井田砚"为其所藏。后者书中钤有朱先生"翼庵鉴藏"印，以及卷一黄任"守默砚"、卷七王士禛"宣德下岩砚"朱氏手书眉批，言二砚为其藏品。

潘承弼（1907—2004），字良甫，号景郑（后以字行），苏州吴县人，潘世恩、潘祖荫后人，藏书家、目录学家。蓄砚五十馀方，遂取其藏书楼为"著砚楼"。早年受业于章炳麟和吴梅门下，抗日战争时期应顾廷龙所邀，任职合众图书馆。后任职上海图书馆。

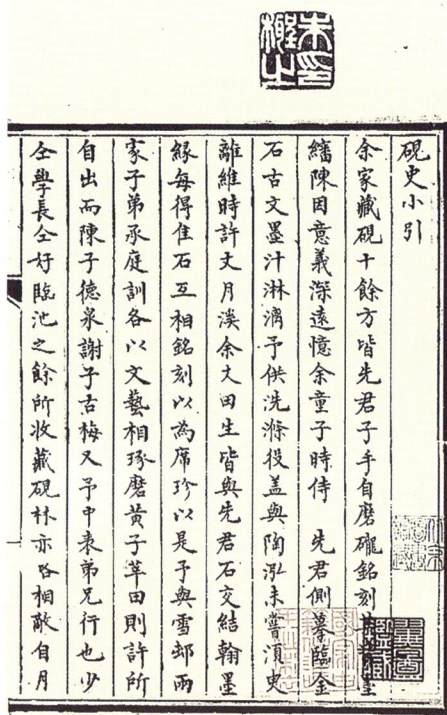

国家图书馆朱文钧先生原藏本书影

朱文钧（1882—1937），字幼平，号翼盦，浙江萧山人，清末民国任度支部员外郎、盐务署厅长、故宫博物院专门委员。酷爱金石，收藏碑帖多精旧拓本。去世后家藏碑帖七百馀种，由其夫人及诸子（朱家溍兄弟）无偿捐赠。生前喜藏砚，后人出版其砚拓集《萧山朱氏藏砚选》。

潘、朱二先生因皆喜藏砚，故亦收辑砚学文献，遂各收《林史》抄本一。

国图朱氏、沪图潘氏两种抄本皆为十卷，但潘氏本内容更全面。据潘氏本《凡例》所记，《林史》初稿本成书于雍正十一年，定稿本成书于乾隆十一年，其间有所增删。比对朱、潘两种抄本内容，差异一目了然，可得结论：朱氏本的母本即是辑成于雍正十一年之《林史》初稿本，潘氏本的母本应为成书于乾隆十一年之《林史》定稿本。

第二节　林家尚有家传抄本传世

关于潘氏抄本之母本即林氏定稿本的结论，有沪图另一《林史》藏本为证。

沪图所藏该本，目录页钤有"先人清芬"印、卷一首页钤有"长林山庄"印。长林山庄为林佶藏书室名，所以此本应系出自于林家的家传原版抄本之一。

此本内容与潘氏本基本相同，极个别字潘氏本略有改动。如卷四林佶"奎砚"，原记"紫薇内史臣林佶"的"林"字后有墨笔作圈，并注明"无林字"。潘氏本则已作"紫薇内史臣佶"，无"林"字。其馀尚有卷七陈奕禧条"官太守"之"太"字用硃笔改为"郡"，卷八何崇条诗"录五首"之"五"字用硃笔改为"六"（其中第二首"来斋金石"云云用硃笔注明"删"），卷九祝德麟诗第一首自注"其心香尊人"之"其"字用墨笔涂抹。以上改动的数处，潘氏本也皆据其改定，可见潘氏本其母本即是以林家此原本为母本的改进本，甚至可能即直接抄录自林家此本，所以内容相较前者更为完备。

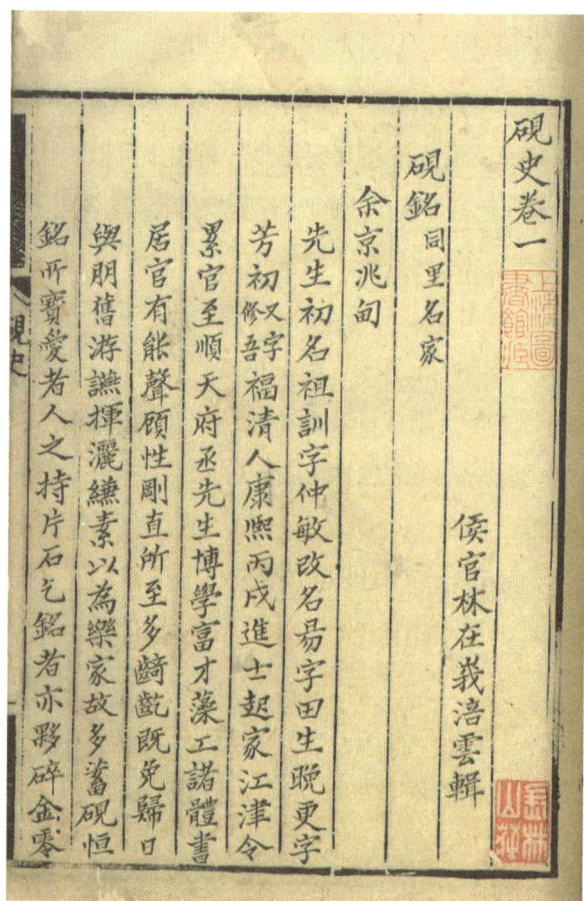

硯史卷一

硯銘同里名家

侯官林在峩滄雲輯

余京兆旬

先生初名祖訓字仲敏改名昜字田生晚更字

芳初又字吾字福清人康熙丙戌進士起家江津令

累官至順天府丞先生博學富才藻工諸體書

居官有能聲顧性剛直所至多齮齕既黜歸日

與朋儕游譔揮灑繡素以為樂家故多蓄硯恒

銘所寶愛者人之持片石乞銘若亦夥碎金零

上海图书馆林家原抄本书影（卷一右下钤有"长林山庄"印）

　　另有一清嘉道间闽籍名士、长乐人（今属福州）梁章钜（1775—1849）藏本。该抄本系 2010 年北京保利拍卖公司春季拍卖会古籍拍品，《林史》十卷存首八卷。扉页有梁氏题于北京宣武门外古瓦研斋寓所的题记，云该本获于嘉庆二十一年丙子（1816）。书内钤有"曾经刘筠川读""古闽黄肖岩书籍印"，刘、黄二人皆侯官人、藏书家，刘氏更系与李馥齐名的闽中藏书名家。李馥去世于乾隆十四年，可见此本至少是乾隆中前期抄本。

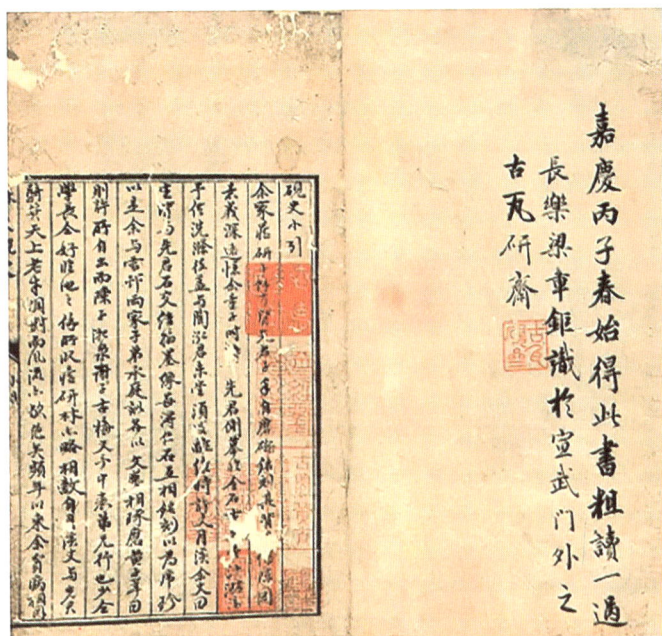

梁章钜藏抄本书影（扉页有梁氏题记）

又阅一民国杭州籍文博学者邵茗生（1905—1966）抄本。后有邵氏民国三十一年（1942）题记，及"邵锐校录之记"印。该本内容与潘氏本基本全同。潘氏本据其题记，抄录于民国乙亥年（1935），略早于邵氏本。

第三节　林在峨辑录《砚史》始末

潘氏本《林史》林在峨所撰《砚史小引》（朱氏本则为《后序》，字句略有出入），自言编辑《林史》始末："先世多遗砚，先君子续所得者亦伙。暇日各系以铭，镌砚背，藏箧衍。""予既拥多砚，又自赏诸名家所储单词剩字，恒用寸笺揾出。岁月积久，楮墨遂多，乃装成八册，不欲私诸家笥也。复重加编次，并辑投赠诸作，付抄胥厘为十卷，目曰《砚史》，用公同好。"《林史》卷六所收林在峨之子林擎天所题林在峨"方砚"长跋云："先世多遗研，续所购得益多，先君子恒题铭镌其上。见同人题研有佳者，辄拓一纸藏弄。积久寝多，装为八册，一时题咏盈卷轴，不忍割弃，重加编葺，此《砚史》所为作也。"

按上述林在峨父子所记，林家先世多遗砚，林佶又陆续有所收集，并各撰写砚铭刻与砚背入藏。

后来余甸、黄任相继罢官归乡，经常雅集赏砚，互相品评题铭，里中评判文人雅俗的标准，以有无藏砚而定高下，玩砚遂成闽中士林一时风尚。林在峨亦承袭父风，于所获砚上题刻砚铭，并作砚拓存留。林家藏砚本既甚丰，林在峨遇黄任、余甸等砚友铭文砚亦作拓收藏，于是积少成多，集腋成裘，遂将砚铭拓片装订成八册，按次序编排。并辑入他人投赠之题赞文字，仿照高士奇《江邨销夏录》体例（高氏该书三卷，按时代为序详记自藏与亲见古书画名迹的原文、题跋，以及尺度、印记等），交给专事誊写的胥吏抄录校勘，共成十卷，取名《砚史》，以供同好欣赏。

可见，林在峨辑录此书，起初只是整理林家自藏自铭之砚，做成拓片留存。后遂扩大范围，兼收砚友余甸、黄任等人所铭所藏的古今砚拓片，汇聚成册，终成大观。

第四节 《砚史》曾两易其稿，屡经增补

据林氏《砚史·凡例》："余之初有《砚铭册》也，盖岁月滋久，迨编为《砚史》，至癸丑始有成书，嗣余屡事缉缀，迄丙寅而是本乃定。中间与伯兄苍岩、季弟泾云商榷数四。而校写之役，则儿子兆显、擎天、畅均从事焉。"可见初编是缘起于《砚铭册》（即《陶舫砚铭册》，陶舫为林在峨斋室名），在此基础上辑成为《林史》，于雍正十一年（1733，癸丑）初编大致成书（以此可知林氏《砚史小引》作于此年）。此后林在峨又陆续收辑砚铭砚拓，以及友人题赠文字，至乾隆十一年（1746，丙寅）《林史》始定稿，其间还经过林在峨与林正青（字苍岩）、林玉衡（字泾云）三兄弟的增删修订。抄录之事则由林在峨三子林兆显、林擎天、林畅担任。可见《林史》之成书，曾屡经增补删改，两易其稿始成。

虽然《林史》大致定稿于乾隆十一年，但潘氏本余文仪序文落款则为乾隆乙未，即乾隆四十年（1775），在乾隆十一年的二十九年之后。其原因应是乾隆十一年大致定稿后，至乾隆四十年之间，尚有个别砚铭增补其中。比如卷四所收林在峨"方砚"，其子林擎天有一长跋，忆及林在峨生平及生前编《林史》始末，该跋显系作于林在峨去世之后。又，卷七所收黄任藏元代吴镇款"梅道人砚"，有时人邵泰题于乾隆十五年庚午（1750）一则砚拓跋文。卷十沈德潜《林史》跋作于乾隆二十二年秋；同卷寥鸿章《林史》跋文，亦是在林在峨去世后，应林在峨之子林畅所请而题——此三例说明《林史》中的个别砚铭、跋文系乾隆十一年定稿之后补入，当是林在峨去世后林擎天兄弟所增补。

而今传朱氏抄本内容，虽大致应是雍正十一年初稿本内容，但也并非原始的初稿本。该本卷八周长发《题陶舫砚铭册后》后有跋，作于乾隆五年。又，朱氏本林佶孙女婿何崇《题陶舫砚铭册后》后一诗有注："装成《研史》以'奎研'压卷。"证明辑成于雍十一年的《林史》初稿本，其前六卷"正篇"所收最后一砚为林佶"奎砚"。而今传朱、潘两稿本，潘氏本置林佶"奎砚"于第三卷第四砚，朱氏本则置于第一卷第二砚，两者第一方皆为林逊"甘露砚"。由此可见朱氏本其母本已在原始初稿本的基础上有所调整、增补。

所以，本文、本书所指朱氏本为雍正十一年初稿本，潘氏本为乾隆十一年定稿本，只是出于行文方便而言，并非确证。

第五节 《砚史》或不止初稿、定稿两种版本

正如林正青《砚史小引》中所言，《林史》中"诸家所蓄及余家世藏遗墨，皆经轮川捃摭而荟萃焉"，《林史》主编显然是林在峨。但林在峨言在编辑过程中，"与伯兄苍岩、季弟泾云商榷数四"，对入选内容林正青、林玉衡也曾参与商定，由《砚铭册》易名《砚史》即林玉衡所定，而金农为《林史》所题跋文则系林正青登门求得。或许因为《林史》内容只是辑录，而林氏兄弟各自所撰的《砚史小引》，又因林正青系长兄而置于林在峨之

前，导致有《林史》为林正青所著之讹说。甚至连朱文钧先生都有此误，朱先生在题所藏黄任"守默砚"拓片上批语即作："林正青《砚史》著录。"

今传朱、潘两种《林史》抄本，以及潘氏本的母本、沪图所藏另一林家原版抄本外，似乎林家当年还存在另一种更原始的版本。

乾隆间"会稽才子"陶元藻（1716—1801），曾于乾隆二十一年游粤闽，在广东番禺县丞何迪亭处获观数方何氏所藏顾二娘制小品砚，其中一方林佶铭者尤佳。陶氏过端州，观端人采石。在福州访谒十砚轩，又获观黄任所藏顾二娘制品数枚。此数事皆有诗文见载陶氏《泊鸥庄文集》。

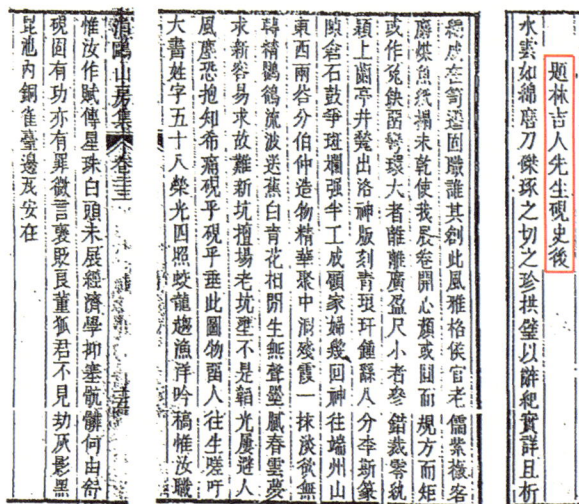

陶元藻《泊鸥庄文集》卷二十三所载《题林吉人先生〈砚史〉后》诗

陶氏集中又有《题林吉人先生〈砚史〉后》长诗，诗有"以辞纪实详且析，编成在笥迁固职。谁其创此风雅格，侯官老儒紫薇客。麝煤鱼纸榻未干，使我开卷开心颜。或圆而规方而矩，或作兔缺留弯环。大者离离广盈尺，小者参错裁零纨。颖上《兰亭》井甃出，《洛神》版刻青琅玕。钟繇八分李斯篆，陈仓石鼓争斑斓。""砚乎砚乎垂此图，物留人往生嗟吁"云云，所题林佶《砚史》似即林在峨《砚史》早期稿本《砚铭册》。但陶氏诗又云"物留人往生嗟吁，大书姓字五十八"，应指该本收入五十八人之砚，与今传本《林史》所收入的四十七人人数不合。

又，据《林史》卷十方苞跋文，言乾隆六年秋，林在峨"持其父与田生铭研墨迹二百馀幅视余"求题。而今传朱、潘两种《林史》共收入林佶藏砚二十六方、余甸八十一方，仅及方氏所题二百馀幅的半数。可见林在峨只是选择性地收入林、余诸人所铭之砚编入《林史》，并未全数收入。检朱氏本收入、潘氏本删去之砚，共有董汉禹、李云龙等人所铭者十八方之多，亦可为此做一旁证。

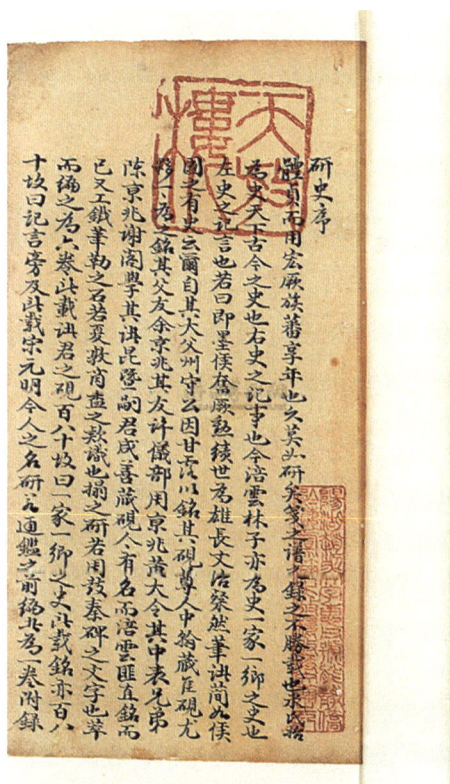

晚清藏书家常熟赵烈文天放楼原藏林氏《砚史》竹纸抄本
（拍品，标为"林正青撰"，讹）

由于抄本流传不广，且林氏《砚史》数易其稿（乾隆十一年大致定稿之后尚有个别砚、跋增补），所以不能排除今传朱氏本、潘氏本之外，尚有其他比较原始的版本，比如陶元藻所谓林佶所撰的《砚史》，只是由于年久已然失传。

第六节 "正编"六卷内容为"一乡一家之史"

严格而言，林在峨《砚史》并非"史"，或者说并非砚史学意义上的砚文化史。和高凤翰《砚史》实为高氏制砚、藏砚拓本集一样，林氏《砚史》也只是一部辑录时人砚铭的铭文集，所以初名《砚铭册》。而该书最主要的内容，是林在峨记录自己家族和姻亲许、黄二家，以及同里文人余甸、周绍龙诸人的砚事砚学交流。所以黄之隽《砚史序》中称该书为"一乡一家之史"。

该书前六卷为"正编"，所收许、林、黄三家族及余甸、周绍龙所藏所铭之砚。

潘氏本所收各家序文及"正编"内容如下：

卷首为余文仪作于乾隆四十年序文。其时林在峨已去世二十八年。余氏在林在峨之子林兆显处见到《林史》稿本，遂为作此序。

次为曾任福建督学的黄之隽于乾隆十一年所作序文。是序作于扬州，乃应时任淮南小海场盐大使的林正青所请而作。

再次为林正青、林在峨兄弟分别所作《砚史小传》。二人从各自角度述及林家及许、黄、余诸人砚事的交往，以及辑录《林史》的缘起、过程。

正文一至三卷所收为"同里"藏家之砚，共收入七人。三至六卷收入林氏"家藏"之砚，共收入八人。此六卷所收十五人皆为闽籍，如《凡例》所言，是为"正编"。目录如下：

卷一：余甸，为余甸个人藏砚铭砚专辑，收入八十一方。

卷二：黄任，为黄任个人藏砚铭砚专辑，收砚三十七方。

卷三：陈治滋、许均、谢道承、周绍龙、游绍安五人，共收陈氏砚一方（井田砚）、许氏砚六方、谢氏砚一方（飞虹饮涧砚）、周氏砚九方、游氏砚二方。共计十九方。

卷四：林逊、林佶父子，所收林逊砚一方（甘露砚），林佶砚二十四方。二人共计二十五方。

卷五：林在华、林正青兄弟，共收林在华砚一方（锄砚），林正青砚二十九方。二人共计三十方。

卷六：林在峨、林兆显、林掣天、林畅父子，共收林在峨砚二十七方、林兆显砚二方、林掣天砚三方、林畅砚一方（鸳鸯砚）。四人共计三十三方。

总计：前六卷"正编"十五人，收入砚二百二十五方。

第七节　"副编"四卷内容为其他古今砚铭及《砚史》名人题辞

《林史》卷七为"砚铭·汇录古砚及诸名人砚铭"。内容皆林在峨所辑时人所藏古今铭文砚。其中既有陆游、赵孟頫、倪瓒、吴镇等宋元名人名款的古砚，也有朱彝尊、王士禛、高士奇、王澍等时人名流所铭砚，以及李馥、李云龙等闽人铭文砚，赵国麟、沈廷芳等官闽外省籍藏砚家所铭砚。其中还收有许氏家族许遇之孙许良臣一方"临池砚"、林在峨儿女亲家李云龙二方"天然砚""芝砚"。该卷所收共计三十二人所藏之砚六十六方。其中宋人阙名氏"政和砚"、元代赵孟頫"松雪斋砚"、元代倪瓒款"书画砚""萧闲官书画研"未记藏家姓名。该卷所收砚以赵国麟最多，计有九方（其中一方"双凤砚"为其子赵震所藏）。

林佶所藏元赵孟頫款"独孤砚"及黄任所藏元吴镇款"橡林精舍砚""梅道人砚"，因属古砚，均收入卷七。

卷八为"题后·七言绝句十八首，倡和诗"（题陶舫《砚铭册》后十八首），收入二十二人七言绝句诗作。首为黄任原题、再题（叠前韵）各十八首，共计三十六首。此后依次为余甸、谢道承、陈治滋、李馥、林正青、林在峨等和黄诗之作。其中余甸次韵、再次韵、三次韵，共达五十四首之多。其馀诸人或三十二首、十八首及十首、数首不等。该卷共收七言诗三百四十四首。

因黄任原诗为十八首一韵，所以诸人和作一般皆有十八首。或许林在峨出于某些考虑，其中九人和诗并非全收，只录部分诗作，比如李馥只收入六首，凌镐、章鹤侪只收入二首。诗未全收者，林氏皆在各人名下标明所收首数。

卷九为"题后·古今体诗，诗馀"（题陶舫《砚史》后）。共收沈廷芳、陈兆仑、刘统勋、李云龙、袁枚、沈大成、钱大昕、钱载等七十人所题诗、词（诗馀）共七十三首（其中颜肇维一人先后三题，周经一人先后两题）。

卷十为"题后·跋"（题陶舫《砚史》跋）。收入方苞、金农、高凤翰、沈德潜等十二人跋文。

第八节　"正编"内容两种抄本的异同

两种抄本"正编"一至六卷的差异：

首先排序上，潘氏本一二卷分别为"同里"余甸、黄任，卷三陈洁滋、许均、谢道承、周绍龙、谢道承、陈洁滋、游绍安五人，四至六卷为林佶家族诸人。朱氏本则一卷林逊、林佶父子，二三卷余甸、黄任，四卷许均、林在华，五卷周绍龙、谢道承、陈洁滋、游绍安五人，六卷林正青、林在峨兄弟。

从此排序看，潘氏本将朱氏本列林逊、林佶于首卷，调整为"同里"的余、黄诸人列前三卷，林氏家族为后三卷，显然是出于自谦之意。

内容上，潘氏本卷一收余甸砚八十一方。朱氏本只收六十三方，其中"慎思砚""井研"二砚，潘氏本未收；且"慎思砚"与潘氏本砚名相同，排序前后也一样，但铭文各异。"美无度砚"潘氏本题名"玉离璞砚"。

潘氏本卷二收黄任砚三十七方，朱氏本只收二十八方，其中有一"青花砚"，潘氏本未收。

潘氏本卷三收陈治滋、许均、谢道承、周绍龙、游绍安五人砚总计十九方。朱氏本四、五卷收入五人砚与潘氏本全同。

潘氏本卷四收林逊砚一方、林佶砚二十四方，共二十五方。朱氏本卷一收林逊砚一方、林佶二十方，共二十一方。

潘氏本卷五收林在华砚一方、林正青砚二十九方,共三十方。朱氏本卷四收林在华砚一方、卷六收林正青砚三十四方,共三十五方。其中林正青"活眼研""春水船砚""鸭绿研"三砚潘氏本未收。而"侍书研""立言不朽砚""白石砚"三砚潘氏本归入林佶名下("白石砚"后者作"他山砚"),"澄泥砚"潘氏本归入陆游"老学庵砚","臼砚"潘氏本归入林在峨名下,"大受砚"潘氏本归入陈亦禧门下,"莲瓣研"潘氏本归入王澍名下。如除去此七砚,则朱氏本实收林正青砚二十七方。

潘氏本卷六收林在峨父子四人砚共三十三方。朱氏本卷六收林在峨砚九方、子林掣天三方,及林正青长孙林琮一方"石田砚",共十三方。其中林琮"石田砚"潘氏本归入林正青名下。

通过比对,两种抄本一至六卷所收砚数,只有林逊、陈洁滋、许均、谢道承、周绍龙、游绍安、林在华七人完全相同。其馀潘氏本皆较朱氏本有所增补,尤其余甸、林在峨增补较多,分别为十八方、二十方。

计入潘氏本未收而朱氏本收入之砚(题名讹误者以潘氏本为准),以及收入卷七的林佶藏元赵孟頫款"独孤砚"、黄任藏元吴镇款"橡林精舍砚""梅道人砚",《林史》前六卷"正篇"两种抄本共收铭砚数目,从多到少依次为:余甸八十三方、黄任三十九方、林正青三十二方、林在峨二十七方、林佶二十五方、周绍龙九方、许均六方、林掣天三方;游绍安、林兆昂各两方;林逊、林在华、陈治滋、谢道承、林畅各一方。总计二百三十三方。

第九节 "副编"内容两种抄本的异同

两种抄本"副编"七至十卷的差异:

内容方面:潘氏本卷七收录三十二人,藏砚题砚六十六方。未记名款者除外,朱氏本所收可确定藏者、铭者二十八人,收砚六十三方(有数砚脱失砚名,潘氏本记为余甸的"美言砚"、林在峨的"永年砚"、许良臣的"临池砚"三砚亦在此脱失砚名之列)。除去此三砚,共收砚六十方。其中董汉禹"井田研"、李云龙"方砚"等十八方未收入潘氏本。此十八方中,有名款者七人。两种抄本相加，可确定名款者三十九人，收砚八十四方。

卷八所收题诗作者，两者相同者二十人：黄任、余甸、李馥、陈兆仑，及林正青、林在峨、林玉衡三兄弟等。潘氏本则多出二人：朱景英、郑念荣；朱氏本多出一人：宋仙女。两者相加共二十三人，收题诗四百三十二首。

卷九所收诗词作者，两者相同者四十人：陈世倌、陈兆仑、庄有恭、刘统勋、李云龙等（其中袁珂《迈陂塘》一词朱氏本置于卷十，内容相同）。潘氏本则多出三十一人：傅王露、方曰岱、沈大成、叶观国、钱大昕、钱载等；朱氏本多出三人：泣永年、林之蒨、王大纬。两者相加共七十四人，收诗词七十八首。

卷十所收跋文作者，两者相同者八人：方苞、雷铉、庄亨阳、周景桂、金农、高凤翰、王延年、续缙。潘氏本多出四人：邵泰、廖鸿章、沈德潜、王孝詠。朱氏本多出一人：方载谷。两者相加共十三人，收跋文十三篇。

两种抄本各卷诗文作者的名字排序有所不同，以上名单皆据潘氏本排序。同卷中又有一人而多篇者，皆只计一人。

又，朱氏本卷九按文体分为"四言""五言""七言古""五言律""七言津""七言绝"，潘氏本则为"题后·古今体诗、诗馀"。朱氏本卷九按文体分为"赋""题跋"，潘氏本则为"题后·跋"。

总计：初稿、定稿两种抄本《林史》，共收入藏砚、题砚作者约一百七十人，所铭砚约三百二十方，题砚诗文近五百二十首（篇）。

第十节　《砚史》初稿本原始资料之文献价值

朱氏本收入、潘氏本删去之砚铭，以卷七为多，达十八方。大多为只录砚铭，而未记落款、印章，或是随手抄自他人砚上之铭，定稿时出于严谨考虑，遂删去。由于朱氏本的底本较早，保留了一些原始资料。其中某些被删内容，比如卷八所删减李馥等数人的部分题诗，林在峨所删目的是"惟于词意重复者间从删剟"，这对于林在峨而言无关紧要，但对于研究闽中诸人砚事及"闽派砚雕"而言，却堪称不可或缺。

朱氏本卷一林正青作于雍正十一年的《砚史小引》，内容与潘氏本林正青《砚史小引》内容大意略同，个别字句措辞更为详尽。但其中被删一则，甚有砚史价值：其记许均、陈治滋、谢道承官北京时，每当南城慈仁寺古董市肆集日，必相约同往寻觅古砚，所获甚丰。

潘氏本所删朱氏本游绍安所作林佶、余甸、许均、周绍龙、谢道承、黄任六人的人物简介《砚史小传》，多数内容亦甚有参考价值。

潘氏本所删朱氏本《砚史目录》，记一至七卷林佶、余甸、黄任等十二人砚铭，皆辑录于各人诗文集或稿本，但这些诗文集、稿本多无刻本传世，只存书名于《林史》。其中值得一提的是，黄任稿本为《十二砚轩稿》（此稿本应为今传刻本《秋江集》之原始稿本）。可见黄任不仅斋号有十砚轩，藏有名品"十砚"，还曾号"十二砚轩"，以所藏名品砚十二方统称。朱氏本成书于雍正十一年，据黄任"十砚轩砚"铭文，十砚轩"十砚"康熙末年已集齐，所以此"十二砚轩"之号，应取于"十砚轩"之后。黄任诗中记

朱氏本《砚史目录》

其曾有两方心爱之砚被人"巧取豪夺",并一直对此耿耿于怀。或许因"十砚"中二品被夺,黄任又补以二砚,遂改称"十二砚轩"。若真相如此,则所补二砚中,"生春红"砚必为首选。

朱氏本卷十之后另有林在峨一篇《后序》,内容与潘氏本林在峨《砚史小引》内容亦大致相同,个别字句措辞略为详尽。但潘氏本所删杨中一、杨洞一叔侄内容,则对砚史关系甚大。此序明确记载杨洞一曾从林佶学书法,并为林佶刻过《兰亭记》《北阡草庐记》。杨洞一可考史料文献罕少,传世所制砚更是未尝闻见。此为研究杨洞一不可多得的原始史料,对于"闽派砚雕"的研究,弥足珍贵。

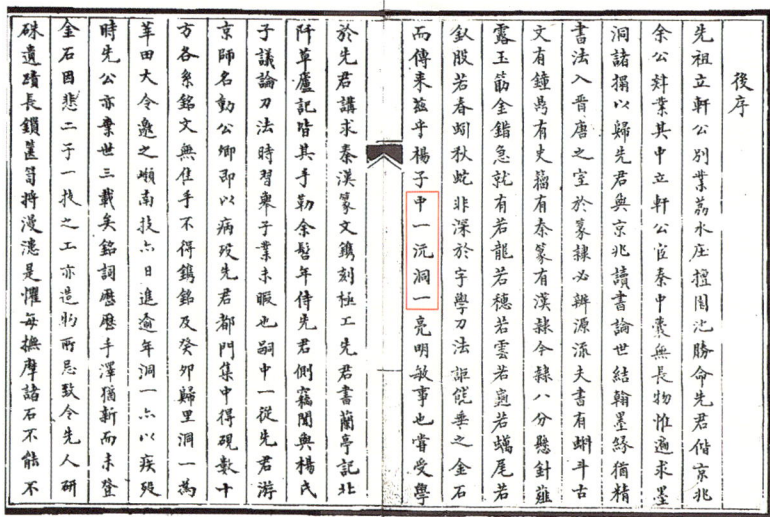

朱氏本林在峨《后序》记载杨洞一的相关内容

其馀如朱氏本卷十所收方载谷《研史赋》,用大量词藻演绎历代涉砚典故,以及对砚形砚质、砚铭书法、藏砚意趣的咏赞,洋洋洒洒,堪称大观,在同类题作中实属上乘。不知何故,潘氏本亦弃而不收,殊为可惜。

第十一节　定稿本删去女眷题诗或有隐情

更令人不解的，是朱氏本卷八所收、潘氏本删去的"宋仙女"题诗。

宋仙女，其人无考。朱氏本卷八所收题诗作者，除姓名外，大多标有籍贯，有些还列有字号。其中只记其名，未标籍贯、字号者只凌镐与宋仙女二人。对作者的排序，以黄任原作十八首开篇，而置林氏家族中人于诸人之后，此应是林在峨出于谦虚之意。宋仙女则更被置于林氏诸人之后压卷，但其却并非林姓。从诗句"羡尔诸君排笔阵，燕吾云女下尘来"及名字"仙女"看，作者应为女性。种种迹象显示，颇疑宋仙女乃林家女眷，即林在峨兄弟或子侄妻室。

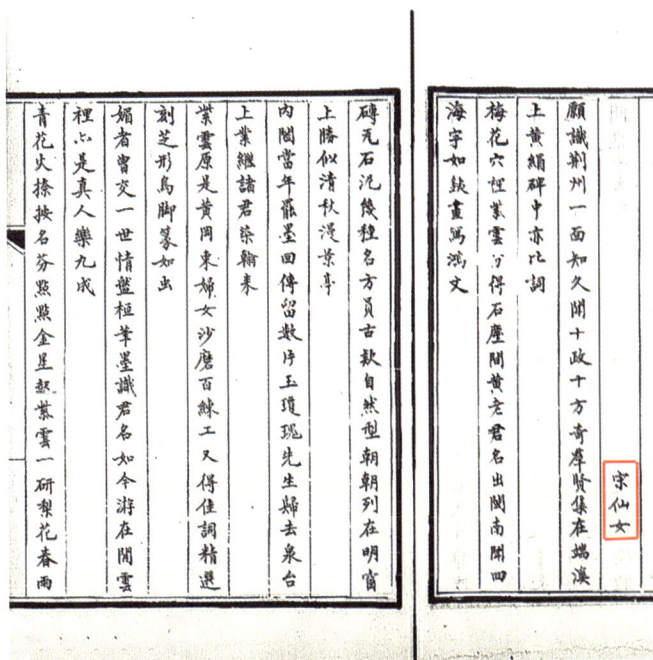

朱氏本所收宋仙女诗

宋仙女《题陶舫砚铭册后》诗共十八首。其中三首分别写黄任、林佶父子和顾二娘——"梅花穴里紫云分，得石尘间黄老君。名出闽南闻四海，字如铁画写鸿文。"次句"黄老君"即指黄任;"内阁当年罢墨回,传留数片玉琼瑰。先生归去泉台上,业继诸君染翰来。""内阁"指林佶所官内阁中书,"业继诸君"指林正青、林在峨兄弟;"天门门下是沉香,世上流传舞剑将。问得深闺精妙品,姑苏台上顾青娘。""顾青娘"即顾二娘。从诗中可见宋仙女对黄任、林佶、顾二娘等人砚事砚艺比较了解。其馀诗中对端石端砚,以及砚史书史典故的运用亦较熟稔,辞句亦颇有文采,显见宋仙女学养有一定根柢,其所作十八首诗,在同卷诸人之中可列中等。

朱氏本卷八所收二十一人中,唯一只有宋仙女未被收入潘氏本。疑雍正十一年《林史》初稿完成之后,林氏家族或生变故,故乾隆十一年林在峨重新编定《林史》,因有隐情难言,所以舍宋仙女而不录。当然,也有可能是林在峨去世后,诸子因其他缘故删去。

总之,这位在林氏《砚史》初稿中出现过,定稿时又被删除,很可能是林家女眷的才女宋仙女,因缺乏可考的古文献资料,其确切身份大概难以揭秘了。

第十二节　初稿本传抄讹误较多

稿本、抄本不同于刻本之处在于,由于传抄者的笔误导致错讹较多,林在峨《砚史》也难免此弊。潘、朱两种抄本皆有不少讹误,相比较而言,朱氏本错讹更多一些。

潘氏本卷二记黄任"写裙砚"款字为"莘田,行书,行书",后一"行书"显然为误抄赘笔。潘氏本最离谱的传抄讹误,是卷七所记朱景英、叶观国二人名下的数方砚,居然乱入于第八卷,显然系传抄时所混淆。

朱氏本的错讹比较杂,如卷九颜肇维误作"颜肇经"、姚培衷误作"姚培根"、陆桂森误作"陆森"、蒋恭棐甚至误作"恭恭棐";而胡宝琳作"胡宝林",琳、林虽然同音,但胡宝林之兄名胡宝琮,"琮""琳"同为玉属,显然"林"为笔误。又,张鹏翀作"张鹏冲",亦属同音而不能混用之例。之所以出现这种讹误,传抄过程中笔误、脱字之外,想必初稿本只记名字大概读音，终稿本时则有所勘误校正。

朱氏本卷七收一"星月砚"，未记名款，铭文"月之从星"云云，系袭用苏东坡《定国砚铭二首》之一，但随后一"松花石砚"铭文与前砚全同。虽然有可能两砚皆录刻东坡同一砚铭，但也不能排除系重复抄录的可能性。而且此铭之后又是另一方"松花砚铭"，铭文开头为"江松花，源长白"，显然这首才是写松花石砚之原铭（潘氏本记为满洲大臣阿金砚铭）。

此外，朱氏本卷七有数砚皆脱记砚名。个别砚名亦较随意，诸如"长方砚"（潘氏作"安矩砚"）之类。还有只记题铭者名字而不标砚名者，如"林垄"砚（潘氏本林垄条目作"守静砚"）和"张瑞图"砚（潘氏本删去未收）。

朱氏本之所以错讹多，传抄笔误因素外，应该与其系初稿本，编辑比较草率，体例不够规范有一定关系。

第十三节　《砚史》之局限性

如前所述，林在峨《砚史》并非真正意义上的砚文化史，只是一部辑录清中前期时人所铭所藏砚的铭文集，因此其学术价值也主要在于砚铭。而对于当时的制砚艺术、制砚产业，也有一些可资研究的信息，但并不多。

总体而言，闽中诸人之砚铭，其长处在于内容较丰富。倘就砚铭的深度、高度而论，除偶有一些上乘之作，如黄任诗《赠顾二娘》、题"生春红砚""坠砚"等之外，大多皆属赞颂石材之美，寄托科举腾达之愿而已，境界难称有多深刻、高远。再者，诸人所玩多专情于端砚，因此铭辞也多局限于端，题材狭窄，难免有繁辞缛句。

而诸人对于古砚鉴别的识见明显有所欠缺，林佶、黄任所藏元代名画家赵孟頫、吴镇之类名款砚，皆为赝品，即为明证。而古董文物，除了历史价值，还在于名人效应，尤其古名人砚，所谓砚贵有铭，铭重在人——高品古名砚的缺失，影响了闽中诸人砚学的高度。

而诸人宦业未称显达，视野胸襟自然有所局限，德、功难立，则立言亦缺厚重感。这些局限性，都体现于砚铭。加上只是文字记录，不如乾隆内府藏砚绘图本《西清砚谱》、纪晓岚藏砚拓本集《阅微草堂砚谱》、高凤翰藏砚制砚拓本《砚史》，对原砚原铭有更直观的感受，所以后人对林氏《砚史》的重视程度，不及前述三种砚谱。

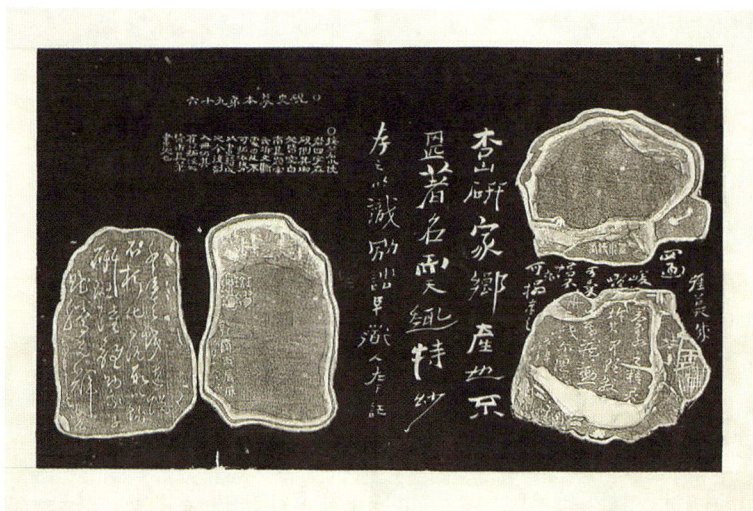

高凤翰《砚史》选页

　　内容方面，有些题跋文字砚学价值亦不甚高，读之颇觉有凑数之嫌。其中个别作者甚至连里籍行迹都难以考知，在当时属于比较边缘化的地方性名人。这与林正青、林在峨兄弟，一个沉寂于下僚、一个以布衣终身的社会地位有一定的关系。所以，为《林史》题跋的外籍官员中，除曾官闽的赵国麟、周学健、陈兆仑、沈廷芳等之外，多为林佶任内阁中书时的师友、同僚。其馀题者多系林氏兄弟足迹所至，以苏州、扬州为中心的吴地文人为主。

　　由于为《林史》题跋者中，多数并非藏砚家，不悉砚学，所以有些论砚之言难免杂有讹说。如卷十所收曾任武英殿誊录、参与校订《古今图书集成》的续缙一跋，即误以歙石坑口"碧里""水舷""水蕨"为端石坑口。又，题跋文字过誉本为通弊，但《林史》所收有些题辞则过于浮夸——如朱氏本卷九所收林之蒨题诗："颜筋柳骨何足云，中即内史差可比。"赞誉林佶诸人的铭文书法胜过颜真卿、柳公权；福清周经诗句："陶舫先生迈褚欧"，赞誉林在峨书法胜过唐代楷书大家褚遂良和欧阳询。又，朱氏本卷八林佶孙女婿何崇《题陶舫砚铭册后》一诗，颂扬黄任官端守廉，不多取砚。实则黄任官端取砚甚多，显然亦属过誉之辞。

汉唐以降，代有其文，此所谓时代气象。闽中玩砚群体诸人所处的康熙中后期至乾隆早期，文网繁密，文人噤若寒蝉，不仅波及诗文，也或多或少会影响到砚铭砚诗。所以，客观而言，闽人玩砚群体，固然为砚文化史添上浓重一笔，但囿于一隅的地理环境、地域文化，以及大的人文环境，其局限性亦显而易见。

第十四节　《砚史》的学术价值

林在峨以一介布衣辑录而成的《砚史》，其于后世砚史的影响，固然不及高官名宦纪晓岚的《阅微草堂砚谱》、书画名家高凤翰的《砚史》，更难与乾隆内府《西清砚谱》相颉颃，但《林史》以所收内容之专精、丰赡，却很好地诠释了"文人玩砚"这个概念。

闽中诸人，尤其许、林、黄三家族，世代书香，诗书画皆出家学，所题铭文不仅铭字书法具有独立的欣赏价值，内容亦多出于国学经典，可堪借鉴。而诸人对端石端砚之咏赞，更是颇多佳句。所以，就《林史》学术影响而言，主要在于所收铭辞所给予后人撰写铭砚的启示与借鉴。其次，虽然黄之隽序文称《林史》前六卷所收余、黄、许、周及林氏家族诸人砚铭，属于"一乡（省）一家（林氏）也"，但《林史》后四卷所收，除林在峨家族及许、黄、余等姻亲、师友藏砚铭跋外；还编征题咏，所收题跋者达八十多人，其中不乏钱大昕、钱载、方苞、金农、高凤翰、沈德潜、袁枚等名流，所以此书稿在当时的影响已不仅限于闽省一地。而就所收砚的规模而言，此"一乡一家"之砚学，当更在高氏《砚史》、纪氏《阅微草堂砚谱》及《西清砚谱》之上。

《林史》对于砚史的意义，还在于史料价值。书中记载了一些清中前期制砚界、藏砚界的珍贵信息。如卷七所记林在峨"素心砚"，据林氏铭文，知当时端砚配匣以取材安南等地的沉香花梨瘿木为首选；卷十所收王孝咏一跋，言康乾时期所传有三方名砚：何焯所藏南梁著名道教学者陶弘景"赍砚"、朱彝尊所藏米芾"海岳庵砚山"、宋荦所藏文天祥"玉带生砚"；朱氏本李馥《题陶舫砚铭册后》一诗，言山水画名家黄鼎曾赠李氏一方从粤东携归之"老坑赤壁砚"。今天津博物馆藏一方高兆铭"赤壁夜游"砚，工不俗，李馥此跋或可证明高兆所铭砚很可能为当地粤工制品。此类记载对于后世研究清代藏砚史、制砚史皆颇具史料价值。

　　除砚学外，《林史》对于福建清代文学史尚有一定的文献价值，从中可以考知多人的生卒年。如林逊、林佶、余甸、许均、周绍龙、游绍安、林正青、林在峨等人的生卒年，皆可在诸人之铭、他人之跋中考知，一些信息作为直接证据，还可纠正其他文献的讹误。且除林佶、黄任、谢道承、游绍安有诗文集刊刻传世，许遇、许均、李馥有抄本诗文集存世外，余甸、周绍龙等人诗文集都未能刻梓行世，稿本似乎亦已失传，所以余、周等人部分诗文（砚铭），实赖《林史》得以传世。尤其书中所记之砚，大多已为历史长河所湮没，幸有铭文借此稿本流传后世。

　　古人以"名山事业"比喻著书立说，林在峨的"名山事业"即为后世留下一部《砚史》。此书以闽中诸人为主干，延及当时南北藏砚界及吴门、端州、闽中三个制砚风格流派。故此书实已超越"一乡一家之史"，不仅是一部记载清中前期闽人玩砚家之专史，置之整个中国砚史，亦堪称一部砚铭大全、砚学经典——就此意义而言，林在峨的砚史功绩更在其父林佶乃至黄任之上。

第三章　林在峨《砚史》对鉴别
　　　　传世闽中诸人遗砚的价值

　　对于研究闽人玩砚诸家，林在峨《砚史》的重要性不言而喻。此外，《林史》更是一部鉴别传世闽中诸人遗砚的要典。其价值在于书中所收各砚，大多一一注明铭文、款识的字体及用印，为后人的考证提供一大便利。但个中又颇有曲折，本文分节分类略作剖析。

第一节　《砚史》可供按图索骥以定真品

　　古董文物收藏讲求传承有绪，所以著录品备受推崇，盖见之古文献记载的古器物属于有明确的出处，是定其真品的可靠依据——林在峨《砚史》的一个重要价值亦在于此。兹举公、私所藏余甸所铭二砚为例：

　　其一北京故宫余甸铭"夔纹端砚"。随形，砚面略凹，夔文边墨池。背覆手刻楷书铭："娲补之馀，昆剑所切。彩翰摇风，翠烟澄澈。若决江河，莫之或掣。壬子莫春余甸书铭。"铭文与《林史》卷二所记余甸"补馀砚"全同，唯落款林氏记为："壬子暮春，余甸书铭。楷书。"莫，古通"暮"。常理，"莫春"较冷僻，小众文人偶用；"暮春"更常见，通俗易懂，如果铭系照抄《林史》仿刻，款当作"暮春"。所以原铭应即作"莫春"，现传《林史》作"暮春"或是传抄过程中所改易。

　　其二矼云楼藏余甸铭"青花端砚"。砚随形，螭纹边墨池，背镌楷书铭云："大小青花，火捺砑碟。蕉白金钱，是不一类。问大夫之富，数砚以对。甸铭。"左下镌印："灌畦暇语。"右边镌行书小字三行，已漫漶不清。此砚青花、火捺、蕉白诸美皆具，尤其砚堂有一片玫瑰紫青花，更甚美艳，状若金钱火捺，即铭文中所比喻状如"叆叇"（眼镜别称）。此砚著录于《林史》，题为"青花砚"，铭文辞句、字体与印文皆丝毫不差。林氏还录有余甸题此砚拓一跋："既铭此砚，乞轮川世好镌之，附以'灌畦暇语'图书（当系印样）。轮川铁笔精工，能掩余书之拙，乃其篆文坚老，亦非余原印所及，故当弃置前印勿使形秽。壬子五月廿八日跋于星槎亭畔。"从此记可知砚铭及印皆余甸请林在峨所手刻。"壬子"为雍正十年（1732），《林史》初稿成书之前一年。

北京故宫藏余甸铭"夔纹端砚"

（图刊《故宫博物院藏文物珍品大系·文房四宝·纸砚》）

研云楼藏余甸铭"青花端砚"

以上二例，砚式文雅，铭字精美，铭文与款印皆与《林史》所记相符。尤其第二方，铭辞与石品契合，显然系为此石所专题。

第二节 《砚史》中砚存在一铭多刻

砚铭，古来多为一砚一题，尤其对于特定之砚。但出于某种特殊原因，如原题之砚已赠人或丢失、损毁，而对原铭又比较满意，重寻一砚复刻原铭的情况亦或有之。如纪氏《阅微草堂砚谱》所收"葫芦砚（墨注）"，被门生伊秉绶索去，纪氏后来又得一葫芦砚，遂将原铭重刻于砚并记此事。纪氏谱中"汗简竹节砚"及"井栏砚"（即周绍龙"扪参历井砚"）亦属此类一铭多刻者。但纪氏此三例一铭两刻，均于重刻时有跋语说明重刻缘由。

《林史》所记之砚，亦有一铭多刻的情况。

潘氏本卷二所记黄任二砚：其一"清风砚"，铭文为："追逐其章，柔嘉维则。穆如清风，君子之德。"款、印："莘田任，康熙庚子长至后一日。篆书。印三：黄任、神品、子子孙孙。"而朱氏本所收黄任"风字砚"铭文亦为："追逐其章，柔嘉惟则。穆如清风，君子之德。"只有"维""惟"一字之差。款、印则为"雍正二年七月。黄任。印一：黄任。"前砚题于康熙五十九年庚子（1720），后砚题于雍正二年甲辰（1724），显然应是一铭二题。或是前砚已被别人持去，而黄氏对此铭辞比较满意，遂相隔四年后将此铭又重刻于别砚。

纪晓岚《阅微草堂砚谱》所刊"汗简竹节砚"拓片

其二"著述砚"，铭文为："古在骨，秀溢出，资著述。"款、印："黄任铭。篆书。印三：十砚轩图书、莘田真赏、水崖之精。"而朱氏本记此砚，虽铭辞全同，但款、印则为："莘田、任。古篆。印一：十砚轩图书。"款、印全不相同。黄任是否有两方著述砚？或许前砚因故归于他人，后补一砚复刻相同之铭，亦未可知。

两种抄本所记一砚，铭文有出入，究属传抄讹误或是一铭多题，较复杂，多属难以分辨。但也有可以辨明者，如潘氏本卷七李云龙一"芝砚"，朱氏本记为"香菇研"。两本李氏跋语皆同，但潘氏本铭文首句为"精于美璞滑于脂"，朱氏本则为"温于蕴玉腻于脂"，有五字之差。据李氏跋文，此砚石材为林在峨所赠，李氏宦游南北携用三年，此铭乃特定铭辞题特定之砚，不宜一铭多刻，故两个版本中必有一种系讹误。

因此，鉴于上述三例，当今传世闽中诸人名款砚的铭文，尤其款、印，若与《林史》有所出入，不可一概归入赝品、仿品，须从形制、纹饰、铭字、款识诸方面综合考辨，方能厘清是否属于题者一铭多刻。

第三节　铭文见载《砚史》而作者张冠李戴者必伪

传世林、黄、余诸人旧款铭文砚，相对有量。亦常见有一铭二题者，即同一铭辞，落款则为两人。常理，与上节所论同一作者一铭二题不同，这类一铭二署，两者必有一伪。如台北林氏《兰千山馆名砚目录》所收黄任款"蕉月砚"与许遇款"云月砚"，两砚砚背皆刻一老僧坐禅，铭文"危坐觉蒲团"云云一诗二砚全同。然黄任和许遇甥、舅二人自然不会互抄，因此二者必有一伪。此类一铭二署，即便其中有一真品，铭文不见《秋江集》《林史》，究系何人原创也无从考辨。

而《林史》中收载原铭的一铭二署，则易辨其真伪，此类伪铭在传世闽人玩砚群体赝品砚中不乏见。下举三例：

其一，北京故宫博物院所藏"雪邨款椭圆形端砚"。砚附漆盒，盒盖有明代吴宽款铭文。砚背覆手内满刻行书"羚羊峡暗秋月高"长诗，款为许均之字"雪邨"。此砚铭诗，系黄任砚铭名作，原铭题于"蕉白砚"，《秋江集》《林史》皆有收录。

北京故宫藏"雪邨款椭圆形端砚"

（图刊《故宫博物院藏文物珍品大系·文房四宝·纸砚》）

其二，天津博物馆所藏"林佶款海天旭日端砚"。砚背刻篆书铭："星精水英，地灵天成。林佶。"此铭见载《林史》卷七，乃赵国麟题黄任所赠赵氏"十砚"之一"十二星砚"之铭。

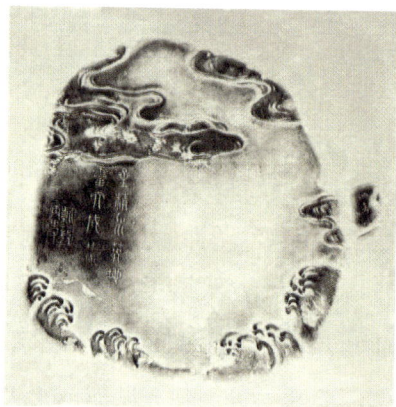

天津博物馆所藏"林佶款海天旭日端砚"（图刊《天津博物馆藏砚》）

其三，广东省博物馆所藏"云海日出端砚"。砚背镌隶书铭："傍龙沼，挥风翰。华日卿云光纠缦。"款林佶之号"鹿原"及谢道承款楷书"沧海日分巫峡云"云云诗铭。此砚谢道承铭不见《林史》，林佶款铭文则抄自《林史》卷七所收乾隆间礼部侍郎齐召南所题"龙池浴日砚"。

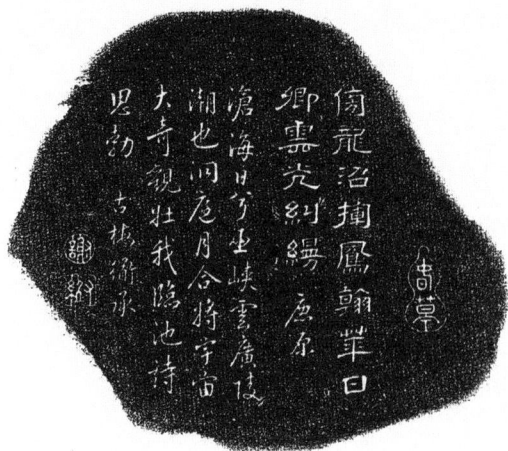

广东省博物馆所藏"云海日出端砚"（图刊《紫石凝英——历代端砚艺术》）

上述一铭二署之类，是否因砚铭文采出众、寓意可取，砚友之间相互抄用之可能？答案显然是否定的。盖古人讲求文德，引用他人诗文多会注明出处。除特殊情况，故意掠美砚友铭文之事，应无可能。

上举三砚，虽属托名赝铭，刻工、铭文皆较精，配盒亦属讲究，雕刻风格也颇可观，疑是乾嘉时高手所炮制出品，或即端人仿制杨洞 制品之"四会款"。此种赝品，工艺与真品相近，不失为"下真迹一等"。

所以，出于某种特殊原因，闽中林、黄诸人或偶有一铭多刻。但如果砚铭见载《林史》，实物砚铭文作者却张冠李戴者，则必系伪品。

第四节 《砚史》所记黄任砚铭比《秋江集》所载更有权威性

收入《林史》中的少数砚铭砚诗，亦有见载于其他文献者，如黄任的《秋江集》、郑方坤的《全闽诗话》等。

《秋江集》所收部分《林史》黄任砚铭砚诗，有些个别字句有出入。如《秋江集》卷三《题砚阴》诗跋："余在端州十月，末尝得一砚。其冬，端之人伐东西岩，群采取焉，馈予片石，予制井田砚，并系以诗。雍正三年十二月八日。"此铭诗《林史》记为题"井田砚"，跋语大略相同，不同者《秋江集》"十阅月"，《林史》作"八阅月"。之所以二者不相符合，应是前者乃林在峨据砚拓实录，原铭即为"八阅月"；后者为黄任校定诗稿时，认为砚铭所记时间有误，应为"十阅月"，故在收入《秋江集》时改正。同理，《秋江集》所载黄任"生春红砚"，跋语开头为："予宰端江日，孺人蓄一砚。"《林史》则记为"余在端州日，室人畜此砚"，显然《秋江集》所记已非"生春红砚"砚上原铭。所以，倘有传世"生春红砚"铭跋与《秋江集》全同，则伪品可能性很大。

之所以出砚《秋江集》所记铭诗与《林史》有差异，原因是《秋江集》定稿于乾隆二十一年左右，在《林史》终稿之后，故《秋江集》所收个别砚铭砚诗已经黄氏校改过，并非刻于原砚上之原始铭文。

郑方坤《全闽诗话》所录《林史》中砚亦有类似情况。《全闽诗话》成书于乾隆十九年，收入林佶、余甸、许均、谢道承、周绍龙、黄任六人砚铭砚诗各若干首。《林史》卷四所录林佶"凤池砚"记有方苞题识，《全闽诗话》所引该砚跋语则记为余甸所跋。郑氏注明此诗引自《林史》，所以应以《林史》为准，即题跋作者为方苞。

要点：《林史》所辑林佶、余甸、黄任、许均等与林在峨兄弟亲近之人所铭之砚，是据诸人砚铭拓片实录，原砚原铭，所以铭辞、字体、款识、印章皆原始资料，而黄任等人比《林史》后出之诗文集所收砚铭，尤其砚诗，在原铭基础上有所改动、润色，故而往往与刻于砚上的原始铭、诗有所出入。

所以，从鉴赏角度而言，传世闽中诸人砚，铭文同于诗文集而不全合于《林史》者，赝品可能性较大。

第五节　《砚史》所录有黄任、林佶赝品古砚

闽中诸人倾心于端石、端砚，对于古砚的收藏，远逊于对新砚之热忱。诸人中，只有林佶、黄任、谢道承、李馥偶尔涉及古砚。所以对古名砚的

鉴赏，林在峨有其局限性，《林史》卷七所收三方元代书画大家名款古砚，即为赝品。

其一，林佶藏元代赵孟頫款"独孤砚"。砚有赵孟頫题于至大二年铭文一则，另有明代文徵明楷书跋、项元汴隶书收藏款。林佶跋文记此砚为康熙四十八年秋末，其自京回闽过吴门时，从桃花坞汤氏手中购得。林氏嫌砚池略小，遂请顾二娘将之改扩，并镌铭纪之。

此砚赵铭之伪，在于铭文是从赵孟頫《兰亭帖十三跋》拼凑而成。明末时，古书画收藏大家冯铨将赵氏《兰亭序十三跋》纸本墨迹刻入《快雪堂帖》，此砚伪铭当是此帖行世后，作伪者照帖摹刻而欺世牟利。

其二，赵孟頫款"松雪斋砚"，林氏未记此砚为何人藏品。砚上刻赵孟頫所题行书铭文一则，与前砚一样，伪铭亦从赵氏《兰亭帖十三跋》刻本拼凑而成。

其三，黄任藏元代吴镇款"梅道人砚"。砚刻元代山水画大家吴镇题于至正二十一年（1361）草书铭文一则，铭云砚为吴镇游湖州时，黄公望所举赠，归而题识。考诸吴、黄二人行迹，黄公望出生于南宋度宗咸淳五年（1269），卒于元顺帝至正十四年（1354），终年八十六岁；吴镇出生于元世祖至元十七年（1280），亦卒于元顺帝至正十四年（1354），终年七十五岁。砚铭所记黄、吴二家赠砚、书铭之至正二十一年，二人皆已去世七年，砚铭之伪可知。

第六节　黄任在世时即有赝铭黄氏砚

据游绍安《涵有堂稿·二砚记》载，杨洞一随黄任赴任粤东四会，客居端州制砚，客死他乡。端州本地砚工仿其工艺制砚，并刻上黄任伪铭，配以紫檀砚盒，且在盒上镶嵌美玉，号称"四会款"，以之索高价牟利。可见杨洞一死后不久，端州坊间就有黄任赝铭砚行世。

又，袁枚《随园诗话》卷下第三十四条，记时人杭州书法家何琪（字春巢）在金陵得一端砚，背刻时人刘慈款绝句一首："一寸干将切紫泥，专诸门巷日初西。如何轧轧鸣机手,割遍端州十里溪。"跋云砚为吴门顾二娘所制。此诗为黄任题赠顾二娘名作,铭伪可知。

刘慈为康熙间举人,曾官福建将乐知县,《林史》收有其《染翰砚铭》及题《林史》诗三首,其一有云:"记得洙云乌石畔,高楼杯酒共论诗。"刘氏与林正青(字洙云)在福州相识,二人曾于乌石山把酒论诗。故何琪砚上伪铭自然是好事者托名刘慈,实与刘慈本人无关。袁牧与黄任未必有交往,不过曾读过黄任诗,《随园诗话》卷九对黄诗推誉极高,亦为《林史》题诗二首。但《随园诗话》成书远在《林史》之后,且当年袁氏题《林史》只是受托捧场,应景而已,未必细读《林史》书稿(即便细读,也未必过目不忘),故致此误。

由于黄任"一寸干将切紫泥"云云《赠顾二娘》诗名垂砚史,致使后世藏砚家倘得一顾二娘雕制、黄任题铭之砚,皆视为双美合璧,无上至宝。所以自清中期一来,坊间流传的顾二娘赝品砚与黄任赝品砚皆多于其他赝品名人砚,且多为顾氏制款、黄氏题铭合于一砚之赝品。

据乾隆年间福建总督伍拉纳之子舒仲山所撰《批本随园诗话·补遗》卷三所记,乾隆后期福州画师姚根云一人所藏托名顾二娘的赝品砚即多达二十一方。可知早在乾隆时期,赝品顾二娘砚已屡见不鲜。姚氏所藏众多赝品顾砚中,刻有黄任伪铭者当亦不在少数。

第七节　不堪《砚史》验证的赝品不乏良工佳作

林氏《砚史》既是鉴定黄任等闽中玩砚群体遗砚之文献宝典,自然也是作伪者用以制作伪铭的天然范本。

传世闽中诸人名款旧砚,公私所藏均不鲜见,偶有形制、品色、铭辞、款印皆与《林史》所记相契合者,此类砚真品可能性极大。但传世者更多的是赝品、仿品,其中不乏公藏中屡见刊出者。兹举二品为例:

其一,北京故宫博物院所藏"顾二娘款洞天一品端砚"。砚面刻"莘田真赏""十砚轩图书"二印及行书"非君美无度,孰为劳寸心"铭文,楷书

"康熙己亥六月任"款。砚侧刻篆书"吴门顾二娘造"。砚背刻余甸楷书、林佶篆书各一铭。

此砚黄任铭，即黄氏题十砚斋"十砚"中之极品"美无度"者。但此砚所谓林佶铭文在《林史》卷七中，明确标为赵国麟"崇德砚为起夏铭"。林在峨绝无将自己父亲砚铭张冠李戴于赵国麟名下之理，故此砚必伪无疑。

北京故宫博物院藏"顾二娘款洞天一品端砚"

（图刊《故宫博物院藏文物珍品大系·文房四宝·纸砚》）

其二，天津博物馆藏"黄任款墨雨端砚"。此砚因石上遍布黑色纹点如细雨而得名。砚额镌黄任"困学""冻井房山"二印，另有周绍龙楷书铭。周氏铭文言黄任官四会，得老坑石数十枚制为砚，选其中精品十方，自号"十砚翁"，此砚即十砚之一云云。砚背刻"黄任"头戴斗笠荷锄执砚小像，旁刻黄任铭文一则。

此砚黄任铭见载《林史》卷二，系黄氏为"小影（像）砚"而题，只个别字有出入。然周绍龙铭文所言黄任十砚斋"十砚"得于端州任上，则大谬。《林史》所载黄任自题"十砚轩砚"铭文及林正青"十砚轩记"，皆记黄任十砚轩"十砚"早在黄任官端州之前即已集齐，故天津博物馆此砚铭文亦必伪无疑。

天津博物馆藏"黄任款墨雨端砚"

（图刊《故宫博物院藏文物珍品大系·文房四宝·纸砚》）

第八节　实物砚铭文全同《砚史》亦可能反是赝品

传世闽中诸人旧刻铭款砚中，还有一些砚，石质、工艺、铭字书法皆属上乘，而铭辞与林氏《砚史》所记却略有小异，此种砚之真伪则需综合考辨。

如上文所言，黄任《秋江集》所收个别砚铭砚诗，已在题于实物砚的原铭基础上有所改动，郑方坤《全闽诗话》引用《林史》中的砚诗也有舛误，所以《林史》所收砚铭砚诗本系原始资料，更为可信。但《林史》中也有个别砚，因特殊原因并非实录原铭，因此，若有实物砚铭文与之全同，反而必伪。承德避暑山庄博物馆所藏"黄任藏宣德下岩端砚"，即属此类情况。

承德避暑山庄博物馆所藏"黄任藏宣德下岩端砚"拓片（《萧山朱氏藏砚选》刊图）

该砚原为朱文均先生遗命家属捐予避暑山庄博物馆的八方古砚之一。长方形，夔纹池边。砚背刻王士禛行书铭，铭文大意为康熙四十一年夏至日，王士禛与名流梅庚、朱载震、查慎行雅集于林佶都中寓所，品赏林佶所藏端石下岩砚。砚左侧镌楷书铭"十研轩神品"，印"莘田黄氏珍藏"。

　　《林史》卷七载此铭，差异在于《林史》记最后两句为"夙好良缘，堪传盛事"，避暑山庄砚作"夙好良集，一段因缘，堪传胜事"；《林史》记落款为"济南王士正识"，避暑山庄砚为"济南王士禛识"；且《林史》未记此砚有黄任"十研轩神品""莘田黄任珍藏"款、印。朱氏本此砚有朱文钧先生手书眉批，认为实物铭文与《林史》所记有出入，是传抄过程中产生的脱漏、错讹；多出的黄任款、印，乃砚归黄任后所加。

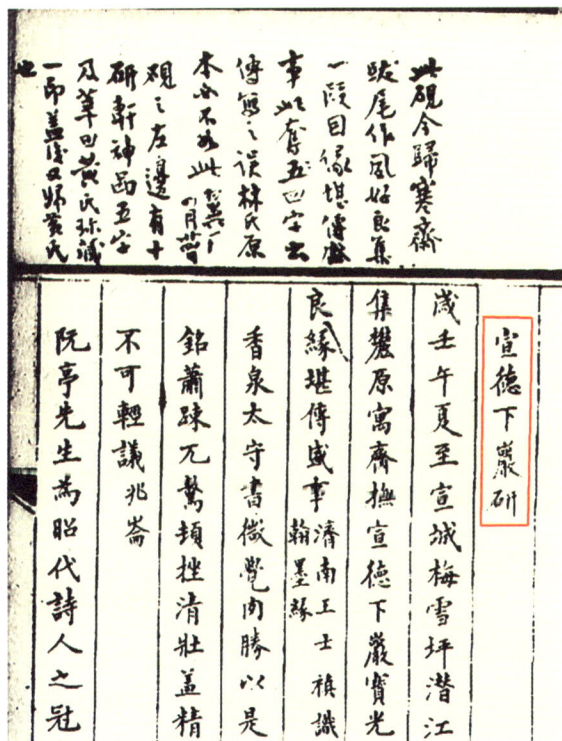

朱氏本"宣德下岩端砚"条目朱文钧先生手书眉批

如果此砚是在乾隆十一年《林史》定稿之后归于黄任，则黄任后加款、印未收入《林史》当属正常。但两者铭文"夙好良缘，堪传盛事"与"夙好良集，一段因缘，堪传胜事"则并非个别字之差异，似乎很难以"传抄讹误"所能解释。

此外，名款"王士正"与"王士祯"之别，亦颇值一说。士祯为王氏本名，王氏去世十二年后，雍正继位，因避雍正帝胤禛名讳，时人改称其"王士正"；至乾隆时，又下诏赐名"王士祯"。所以，王士祯本人不可能用"士正""士祯"之名，砚上若刻"王士正""王士祯"名款，则必为伪铭。因此，至少避暑山庄砚之铭文可排除直接抄袭《林史》的可能。

又如潘氏本凡"玄"字皆缺笔移位作"糸"，系出于避清圣祖康熙帝玄烨名讳（朱氏本"玄"字不作移位缺笔，或是传抄者改正）。《林史》卷四收一林佶为周绍龙所铭歙石"玄玉砚"，砚为明末闽籍名士谢肇淛所藏明代益宣王朱翊鈏遗物。砚上原有"玄玉"二字，故名"玄玉砚"。如果传世有一方林佶铭"玄玉砚""玄玉"之"玄"字亦作移位缺笔，则铭亦必伪，盖原砚"玄玉"二字仍明代人所题刻，自然没有避清人玄烨名讳之可能。

第九节　实物砚铭文内容少于《砚史》所记者应伪

由于林在峨《砚史》并未刊行，只有抄本传世，传阅范围有限，所以闽中诸人赝铭砚中，相当比例的伪铭应当并非抄自《林史》。其中一些赝铭不排除有此种可能：母本即原砚真铭，但在作伪者传刻过程中，或因疏忽而出现错讹，或出于刻意改动，铭文遂逐渐失真，与原铭有出入。其中台北历史博物馆所藏"黄任铭生春红砚"，或即此类情况。

台北历博"生春红砚"为民国著名报人林白水原藏，林氏购自北京琉璃厂，后由其女林慰君女士捐予台北历博。见刊此砚为长方形，砚冈处浅刻夔龙纹。砚背覆手内刻小楷黄任题"生春红"砚铭全诗，款："乾隆甲子二月。十研老人。"印："香草斋诗史。"铭文与《林史》所记"生春红"砚铭大致相同，但《林史》记原砚落款为："乾隆甲子二月，莘田。"印二：

"黄绢幼妇""香草斋诗史"。砚侧有篆书"生春红"三字（据林慰君记，林白水所藏砚侧有篆书"生春红"三字），印三："神品""莘田真赏""十砚轩图书"。

台北历史博物馆藏"黄任铭生春红砚"（图刊《东方收藏》2010年第05期《十砚轩珍得其二，海峡两岸各藏——林白水与"生春红"古砚。图片由台北历史博物馆提供》

台北历博砚比《林史》所记多出"神品""莘田真赏""十砚轩图书"三印。此三印亦有可能为《林史》定稿后，黄任所增刻。但缺原砚"香草斋诗史"一印，则难以圆说，因为砚上之印只可后补，而不可能磨去。且题款"十研老人"与"莘田"之差异，也很难说是笔误所致。故台北历博所藏此砚应为赝品。

类似传世实物砚铭文内容少于《林史》所记者，还有纪晓岚《阅微草堂砚谱》所收周绍龙"扪参历井砚"。该砚风字形，砚堂略凹，井字墨池，墨池右侧镌篆书四字："扪参历井"，印："瑞峰"。砚背刻有纪氏题记，言此砚系纪氏为内阁学士吴玉纶（号香亭）诗文集作序，吴氏奉赠此砚为谢。

纪晓岚《阅微草堂砚谱》所刊"扣参历井砚"拓片

砚上周绍龙篆书铭四字与《林史》所记相同，但《林史》记原砚有三印："瑞峰""绍龙""益都使星"，而纪氏砚缺"绍龙""益都使星"二印。虽然纪晓岚、吴玉纶和周绍龙都曾供职翰林院，但周绍龙大约早在乾隆二年即已去世，而河南固始人吴玉纶乾隆二十六年始中进士、入翰林，与周绍龙并无交集。所以，吴氏误收一方赝品周绍龙砚赠予纪氏，而纪氏又未识其伪收入谱中，亦属正常。

第十节　《砚史》未能破解顾二娘制砚"无款论"

顾二娘治砚有款无款，一直是砚史悬案，至今并无定论。从现存文献看，"无款论"的始作俑者似为乾隆间刑部侍郎、淮安人阮葵生，其在所撰《茶馀客话》中云顾二娘制砚："特无款识，不易辨别；凡细书八分款'吴门顾二娘制'六字者，大抵皆伪。"甚有讽刺意味的是，传世所谓顾二娘砚大多为篆隶书"吴门顾二娘制"六字款。

《林史》所收闽中诸人所藏顾二娘制品、改制品共计十一方：余甸"蕉白砚""水月镜花砚"、黄任"青花砚""元吴镇款橡林精舍砚"（旧砚改制）、陈治滋"井田砚"、许均"月仪砚"、林佶"奎砚""宋坑砚""元赵孟𫗧款独孤砚"（旧砚改制）、林在峨"杏花春燕砚"、林兆显"凤砚"。此外林在峨《题陶舫砚铭册后》一诗言许均有一碧玉色歙砚，系"藏藏龙尾大家雕"，亦为顾二娘（别称顾大家）制品。此十二砚，林在峨皆未记录砚上顾二娘名款状貌。

《林史》中唯一一方明确记有顾二娘名款之砚，为卷七所载王士正（即王士禛）"星月砚"，砚侧镌"吴门顾大家制"隶书。此砚有朱彝尊所题篆书"月之从星，时则风雨"八句铭文，铭文抄自苏东坡为好友王巩所题《定国砚铭二首》其中一首，只个别字有出入。古人引用前贤整首诗文，一般皆会注明出处，以朱彝尊、王士禛各执南北诗坛牛耳之身份，应不致于掠前贤之美，所以此砚铭文颇为可疑，顾氏款自然也难以采信。

王士禛本为林佶之师，但林佶早在雍正元年即已去世。而王氏此砚只见载潘氏本，朱氏本并未收入，可见此砚应是雍正十一年《林史》初稿成书之后林在峨所增补，其铭真伪自然无从就教于其父。

《林史》所收赞誉顾二娘砚艺的文字中，有几处似乎倾向于"有款论"。如余甸"水月镜花砚"句"征雅款，顾大家"，《题陶舫砚铭册后》句"董杨曾如顾氏工，步趋名款细磨砻"；陈兆仑《题陶舫砚铭册后》句"别样豪奢阗径畦，各持名款斗新题""李鹿山先生馥好研，家蓄名款多出吴门顾二娘手"。但此类"雅款""名款"，并非指砚上刻有顾二娘名款，而是指顾二娘制品其工艺特点、艺术格调高，此处之"款"指样式、款式。与朱氏本泣永年《题陶舫〈砚史〉后》所谓"雅制顾二娘"之"雅制"意思相同。

因此，从《林史》看，似无确证可以推翻所谓顾二娘制砚"无款论"。

依照常理，砚贵有铭，铭重在人，藏砚家如此，制砚家亦如此。鉴别名家作品的最重要依据，即在于名字款识，顾二娘制品自然也不例外。否则除了直接请顾氏制砚的当事人，旁人谁知砚为顾氏制品？而且顾氏的客户中，除了林、黄此类藏砚家，自然也有砚商、送礼者，如不刻名款，买者、受礼者何以知砚为顾氏制品？

第十一节 《砚史》不录砚工甚至失记题铭者名款

不唯顾氏砚，董汉禹、杨洞一两人，与余甸、林佶父子、黄任及游绍安诸人，既为同乡又皆交情深厚；且杨洞一又为林佶弟子，与董汉禹曾一同客居黄任四会官署治砚三年，林、黄诸人，尤其黄任斋中之砚，出自董、杨二人之手者必不在少数。又，朱氏本卷八周绍龙之子周正思《题陶舫砚铭册后》一诗："杨董旧传玉楮工，屠龙人去倩谁砻。铜台雀瓦平泉石，须仗阿奴一□（原文此处缺一字，或为"手"字）攻。"此诗赞誉杨洞一、董汉禹砚艺高超，叹息二人去世后，佳石自此难寻良工。可见周绍龙之砚大约多为董、杨二人所制。

"闽派砚雕"本即应闽中诸人藏砚需求而生，主、客皆闽中诸人，但遍检林氏《砚史》，其中所记诸人之藏砚铭砚，竟无一方明指为董、杨所制。仅有一方，见于朱氏本卷七所收、被潘氏本删去的十八则砚铭之一，铭为"凿乎耕乎，留方寸地"八字，记为董汉禹"井田研"，但亦未记砚上有无董氏款、印。

或云顾二娘制砚不留名款，乃囿于其为女流之辈，不便镌名款于砚。但董汉禹、杨洞一本身即文人雅士，所制之砚，与其书画篆刻作品一样，绝无不留名款之理。再者，《林史》卷一所收余甸"云锦砚"铭云："切玉如截筒，云锦夺天工。谁能奏此技，德邻顾老翁。"砚为顾二娘公爹顾德邻制品。顾德邻亦是文人出身，因"读书未就，工琢砚"，所制之砚按常理，亦必刻有名款。但林在峨亦未记余甸"云锦砚"有顾德邻名款。此外，《林史》所收三百馀砚，除疑似赝品王士禛"星月砚"记有顾二娘隶书款外，馀皆未录制砚者名款，如此众多砚作，显然不可能皆为无名氏所刻。

以此可作一符合情理的推断：《林史》之所以不录刻者名款，当是林在峨撰是书之目的，主要在于记录诸人砚铭及题拓文字，实为一本砚铭诗文集，故只记题铭者的款识、用印。为此推断可作有力旁证的是——实际上《林史》所收砚中，有一小部分甚至连题铭者的款识、用印都未收记。如卷一所收余甸砚铭，竟有二十六方只录铭文，只字未记余氏款识、用印，另有数方也只记铭文字体，款、印皆无。大名如余甸，题铭显然不可能不留名款，尤其求题者众，众人所求正是余氏的高名。另《林史》所收林正青砚铭总计约三十二方，而未记名款者竟也有二十一方之多；甚至林在峨自己亦有约十方砚铭未记名款。馀如许均、周绍龙等人也偶有个别未记名款者。

题铭者款、印失记如此之多，显非脱漏，实乃重视不够。至于砚雕图饰、雕工何人，在林氏看来更属无关紧要，故略而不录。甚至林在峨自己亲手所刻砚铭，也不记刻者名款，比如余甸铭"青花端砚"，《林史》只记余甸铭文、款印，但据余甸题拓跋语，砚铭乃余甸请林在峨所手刻。又《林史》卷九谢璇跋文注云："册中诸铭半为轮翁（林在峨号轮川）手镌。"言《林史》中所收闽中诸人藏砚的铭文，很多皆为林在峨所刊刻，但《林史》中诸人砚并未注明铭文系林在峨所刻。林在峨自己尚且如此，何况他人。

天津博物馆藏一"黄任云月端砚"，砚面琢云月纹饰，砚侧刻"汝奇作"款，背刻"曾浸银河湿不干"云云隶书铭一则，楷书款"辛未花朝，黄任题"及"黄任""莘田真赏""环翠楼"三印。此铭见载《林史》，记为题"月砚"。但林在峨未记此砚黄任年号款及名、印，更无谢士骥"汝奇作"名款。从实物看，津博此砚其材质、工艺皆属上乘，铭字亦甚流美，综合看真品的可能性极大。这或许可为上述《林史》不录刻工名款之说做一反证。

天津博物馆藏"黄任云月端砚"（图刊《天津博物馆藏砚》）

第十二节　未收入《砚史》的闽中诸人铭砚尚多

黄任《题陶舫砚铭册后》十八首，内容朱、潘两本相同。其中一诗自注云："余尚有数砚铭未附，当补入之。"朱氏本卷三为黄任铭砚专辑，共收入二十八方。潘氏本卷二为黄任铭砚专辑，收入三十六方，加上卷七黄任所藏"元吴镇款橡林精舍砚""元吴镇款梅道人砚"，共三十八方。可见黄任所言初稿本未收入的数方砚，大多应已补入。

黄任铭"坠砚"，铭诗见载黄任《秋江集》卷五，题为《坠砚诗》。黄氏此砚铭于乾隆二十八年，在《林史》成书之后，故未载《林史》（此砚民国时为许修直所藏，砚照见刊《文物》杂志。砚拓见刊《史树青金石拓本题跋选》）。

黄任十砚轩藏品中，有家传砚，但更多的是黄氏自己游历南北及官端州所得，虽然晚年已然散尽，但所藏定然不止三十六方。游绍安《黄任小传》记黄任官粤时，主持开采端石老坑，言其曾"搜括数十石"，加上为友人题砚之作，黄任所铭之砚应远多于《林史》所收录之数。

潘氏本卷一系余甸铭砚专辑，共收砚多达八十一方，数量占书中各家榜首，但这些砚皆为余氏免职归乡之后所铭，其平生所藏所铭之砚，料应不止此数。况且其题铭声誉极隆，求题者众，所题之砚流布闽中甚多，所以余氏题铭之砚未被收入《林史》者当更不知凡几。

潘氏本卷四收入林佶砚二十五方，加上卷七"元赵孟頫款独孤砚"，林佶砚共有二十六方。据《林史》卷十所收方苞题跋，言林在峨所持登门求题的林佶与余甸砚铭手迹多达二百馀品（主要应是余甸砚铭），而《林史》共收入林佶藏砚二十六方、余甸八十一方，仅及二百馀幅半数。可见尚有一些林佶砚铭未收入《林史》。

据沈大成《学福斋集·跋李霖邨砚铭册》，其记李云龙"蓄砚尤多，所至访求名贤诗若干，搨而装潢之"，"日久遂得十册，其兴方未艾也"。可见李云龙不仅藏砚多，且亦辑有时人题砚拓本十册。而《林史》只收入李氏三砚，可见未入《林史》之李氏藏砚也必不在少数。

另外，《林史》并未收入许遇、李馥这两位闽中玩砚群体重要藏砚家所铭之砚，而传世二人名款旧砚并不鲜见，且大多精美。因此，《林史》对于鉴别许、李二人传世名款砚，其价值仅限于作综合性参考资料看。

要而言之，清中前期闽中玩砚群体诸人题铭之砚，尤其余甸、黄任、林佶、李云龙，乃至许遇、李馥等人铭文砚，未载《林史》而流传后世的真品应有一定数量。所以，鉴别闽中诸人传世砚，林在峨《林史》作为第一手资料，其重要性、权威性自不待言，但不能全然以砚铭见载《林史》与否而定真伪。

第四章　清代中前期闽地玩砚群体主要人物小传

第一节　许氏家族

◎许友

许友并无一砚收入林在峨《砚史》，但其属于闽中许氏文学家族兴盛百年的肇启者，而且是许、黄两家族的第一代姻亲，故亦为作小传。

许友（约1615—1663），原名宷，曾名宰，后更名友，字有介，又更名眉，字介寿、介眉，一字瓯香，室名拜云楼，侯官人。晚明浙江学政许豸长子，早年随父宦游江浙。少从倪元璐学，亦与曹学佺交好。精草书，晚慕米芾为人，构米友堂祀之，堂内供藏米芾及其子米友仁真迹多幅。其早年明尚未亡，生活优渥，娈童舞女，诗酒任侠，目空一切。明亡后生活困窘，亲友绝交。受友人周亮工牵连，曾入狱。病逝于康熙十二年，年约四十馀。

据周亮工《印人传》描述，许氏大腹而无须，望之如乳媪，面横而肥，不似文人。但诗翰恒多逸致，善画枯木竹石。诗尤孤旷，钱谦益、朱彝尊亦称赏之。著有《米友堂诗集》等。其本明末诸生，入清不仕，归闽以遗民终老，可见其甚重气节。

许友妻黄氏，为黄文焕女。黄文焕二孙：长子黄璡之子黄鑲、次子黄琠之子黄湛（黄任父）又皆娶许友两女为妻，所以许友既是黄家女婿，也是黄家丈人，所谓世姻。

清兵入闽，许友妻舅（亦是儿女亲家）黄璡以在乡起兵接应清兵之功，于顺治十四年被授广东肇罗佥事，任职肇庆。其间许友曾诣肇庆探访，所谓文人爱砚，此次粤东端州砚乡之行当有佳砚入囊。

《沈氏砚林》收入一方许友铭随形端砚，实物今藏台湾林氏。砚额刻饰云龙，背覆手左侧刻行书铭："天矫游龙，嘘气成云。见我砚田，恶岁不逢。"字纵横恣肆，与史载许氏学米字风格相符。

◎许遇

许遇（1650—1719），许友次子（庶出，非许友正妻黄夫人所生）。字不弃，一字真意，号花农、月溪，室名鸡黍山堂、薜萝书舫、紫藤花庵。顺治间贡生。康熙四十三年，授河南陈留知县，时已五十五岁。康熙五十三年，调任苏州长洲知县，并有惠政。任上，曾重修苏州沧浪亭，公馀辄邀士大夫酬唱其中，文采风流，照映一时。康熙五十八年，以劳卒于官，年七十。少时受诗于王士禛，长于七绝，情韵缠绵，丰神婉约。亦工画松竹梅石。著有《紫藤花庵诗抄》。

许遇早年倜傥风雅，喜交游，户外之履常满。余甸早年得识许遇，对许氏词翰丹青极为钦佩，其《题陶舫砚铭册后》中有二诗赞誉许氏。林佶有《送许月溪入都十五叠韵》，诗中赞许氏书画双绝、热情好客，嗜藏金石图书。许、林两家光禄坊居处本即相邻，许遇年长，对林佶关爱有加，二人声气相通，一日不见如隔三秋。

黄任诗《别许贞翁舅氏明府》："乌衣门巷感铜驼，衰薄其如酷似何。三世崔卢姻娅厚，两家钟李弟兄和。山堂烛影围鸡黍，古巷书声出薜萝。今日风尘两行泪，魏舒恩受外家多。"许、黄两家皆官宦门第，诗书世家，又为世姻，黄任自幼受教舅家，其学有所成，外家许氏之恩多多。许遇文名画名皆称誉一时，但从任职陈留知县开始，至病卒长洲知县任上，一官县令十六年而未升迁，黄任为之大抱其屈，其《哭真意舅氏》诗有"少曾结客称名士，老尚为郎困盛才"云云。

许遇早年到过端州。其于康熙二十四年，年方二十五岁，曾往游粤东。

文友们在许宅陶瓶馆为其送行。时文坛耆老、许友诗友黄晋良有《集宴陶瓶馆奉送许不弃游东粤分得两字》记其事。诗有云："东望罗浮宅,穿巉过千丈。因登七星岩（端州名胜）,列仙所游赏。"可见许遇此次游粤之行曾到过罗浮山和端州。

过目及见刊许遇铭款古砚多方,多近真品,可知许遇亦是一位藏砚家。余甸、林佶、黄任的砚学成就,当亦有许遇之一分熏陶之功。

◎许均

许均,许遇四子。字叔调,一字雪邨。其生卒年相关史料、书籍似皆无定说,据黄任《秋江集》卷五祝许妻廖淑筹六十寿一诗推断（详见《林史》卷三《许均小传》注释）,应出生于康熙二十二年癸亥（1683）,卒于雍正七年己酉（1729）。康熙五十七年进士,历官礼部郎中。性严正,勇于任事,冰心铁面,人不敢干以私。与人交,久而不忘。工诗善书画。著有《玉琴书屋诗抄》。

许均是许、林、黄三个家族纽带式人物。其妻廖淑筹,本为林佶兄林侗之女,出继舅家廖氏,故姓廖,人称"寿竹夫人",亦工诗画,颇有文采。平日夫妻二人唱和,闺房清课,感情笃厚。妍词妙染流布人间,世人以之比赵孟頫、管夫人,可谓神仙眷侣。可惜许均有才有德,伉俪琴瑟和鸣,但天妒才人,不假寿矢,卒年四十八岁。

许均与余甸、谢道承交厚。余甸《题陶舫砚铭册后》一诗云："暑门生死见交情,政事文章早擅名。妙绝铭词盈砚底,鼻酸终读不能成。"许均中进士后,点翰林,携夫人在京师十馀年,与谢道承为翰林院同僚三年。谢道承与廖淑筹为中表,两家过从无间。一次时值腊月大雪,谢过访许寓,围炉拥酒,许氏夫妇合作一巨幅梅花,许均画树干,寿竹夫人圈花,精致超绝,极闺房之韵事。乾隆四年,谢道承在京与林在峨夜话,谈及此事,犹感叹不已,于是展《砚铭册》,题许均"月仪砚"后记之。

与许均交情最深者为中表兄弟黄任。二人同龄,黄任早年又读书舅家,自然手足情笃。黄氏《秋江集》中言及"许三雪邨"者甚多。其《题陶舫砚铭册后》一诗云:"岩分上下洞西东,丁卯词人鉴最工。苦忆清秋池馆静,银钩铁画对雕虫。"诗有注:"雪邨砚铭,皆同予寓吴门三山会馆中所刻。"记许均善于鉴别端石坑口,并云许均砚铭皆与黄任同寓苏州三山会馆(福建会馆)时所刻(应是许均题铭,黄任刻字)。此诗后又一首云:"四十年来砚席情,相期砚背互题铭。木棉花下音尘绝,此意千秋竟不成。"诗亦有注:"予在岭南、寄雪邨一观。雪邨书来,以予未镌铭为憾。因约他年当尽出两人所藏砚,互题铭词以志久要(旧约)。予未归,而雪邨已逝。对此可胜人琴之感耶!"可见二人在品鉴砚方面之默契无间。

《林史》收入许均铭砚六方。其中所题"翰墨砚",可谓道出大朴不雕的"砚道"真谛:"亦雕亦琢,未离于璞;蕴翰墨之精华,还天地之淳朴。"

◎许良臣

许良臣(1694—1763),字思夔,号石泉。许遇孙,许鼎次子。雍正元年与父许鼎同举于乡。历任广东增城、镇平、电白知县,崖州、化州知州,信宜知县、理徭同知、连州知州、广州海防同知暨澳门同知。卸任后返闽,生活贫困,七十岁病逝。著有《梅岩集》《石泉诗抄》《影香窗存稿》等。有女许琛,字德瑗。工诗,善书画,为闽中一代才媛,著有《疏影楼稿》一卷传世。

《林史》卷七收入许良臣一"临池砚",铭云:"云根月窟此陶冶,一泓縠纹凝不泻。临池秋露日盈把,清且涟猗我心写。"遣词清新。

《林史》卷六收一林在峨"素心砚",铭云:"装砚以洋瘿为上品,往来余心将及纪。石泉出宰岭南,归以相贻。适惬素心,用勒志喜。"砚为许良臣官粤时所获,卸任返闽后赠予林在峨。砚配洋瘿木盒,此种砚盒取材安南等地沉香花梨瘿(故称"洋瘿"),颇不易得。林在峨希求多年而未得,获赠了却夙愿,勒铭志喜。

◎许作屏

自明末许矛以降，侯官许氏第六代的代表人物，是许良臣之女许琛，和许王臣之子许作霖、许作屏。其中许作屏亦是许氏玩砚世家砚学上的后起之秀，其于砚史尤有殊绩。

许作屏（1761—1819），字子锦，一字画山。少聪颖好学，二十二岁中举，乾隆五十五年进士。以知县即用，后授山东曲阜县知县。上任未满一月，丁母忧去职。服阕，分发奉天，署广知知县，赈灾救民，改岫岩州知州。因积劳成疾，回籍休养，在家乡结社吟诗。嘉庆二十四年七月病卒，终年五十九岁。著有《青阳堂文集》《拜云楼诗》以及《端溪砚史》二卷。

《林史》除收入许良臣"临池砚"及其赠林在峨"素心砚"外，还收入一方林在峨为许王臣所题之"学古砚为许甥王臣铭"。可见许氏爱砚之风，至许鼎、许均之后尤有传续。尤其许作屏，撰有《端溪砚史》二卷，似已失传。幸其房师（明清举人、贡士对推荐试卷考官的尊称）、国子监祭酒吴锡麟《有正味斋全集》中尚存为许氏《端溪砚史》所作序言，可窥该书大概内容。

据吴氏序文所记：肇庆知府广玉开采老坑水岩端石，历时凡七月，获"合于谱法者"之上等石材二百馀枚，"镂之黼黻之华，装以琉璃之匣"，雕琢成砚，配之以盒。许作屏"各因体状，用勒铭辞"，"前则有启，以告经始；后则有记，以庆落成"。可知许氏《端溪砚史》的主要内容，应是记录此二百馀砚的铭文及广玉开端石老坑所历诸事。

许作屏《哭亡儿庆保后八章》序："儿以嘉庆元年生于粤东肇庆，故小字庆保。"其第三子庆保出生于肇庆，故名庆保（后早夭）。广玉于乾隆末嘉庆初任肇庆知府，据其《开坑记》碑记，采石始自嘉庆元年八月，至次年二月封坑，共得大西洞石六千馀枚，小西洞石约千枚，共计采水岩石多达七千馀枚，可知许氏《端溪砚史》所收铭文砚二百馀石，乃个中优选之物。义各配以精美砚匣并题以铭文，无疑皆端石铭文砚之高品。

许作屏之作《端溪砚史》，从吴锡麟《序》看，其体列大略应是仿效林在峨《砚史》之作，以记录砚铭为主。但就铭文的广度、深度而言，显然不能与林在峨的《砚史》同日而语。

◎游绍安

游绍安，字鹤洲，号心水，福建福清人，寓居福州光禄坊。据游氏《涵有堂稿·题林苍岩正青一砚归耕图》诗注，游氏作此诗时已六十九岁，长黄任一岁。黄任出生于康熙二十年（1681），则游绍安出生于康熙十九年（1680）。其曾祖游廷柏为明代书法家，曾任都察院司务；父游禄勉，官上杭县教谕。游绍安幼受庭训，雍正元年进士，后任刑部郎中，迁南安知府，在任二十年，颇有惠政。乾隆年间，曾任福州鳌峰书院山长。工诗文，曾协助黄任修《鼓山志》。卒年不详，当享年七十以上。著有《涵有堂诗文集》四卷。

游氏文集有《己亥春妻弟庶常许雪邨均》诗，《赋送崖州牧许石泉良臣入觐》更注云："婿于许，石泉为妻侄。莘田，许甥也。"则游绍安乃许遇女婿、许鼎妹夫、许均姐夫，亦是黄任之表姊（妹）夫。

《林史》游绍安小传："先生风格伟岸，殚力希古，豪于为文。领郡逾十稔，号梅花郡长，其标致可想也。"游氏于南安任上集资兴建南山书院，书院落成后，游绍安"暇则携儿孙从群弟子游"，在山中寻幽访胜，"啜茗静观"，可见亦一风雅人物。

《林史》游绍安小传记游氏一段砚事，大意为游氏在康熙五十七年，科举失意，林佶举白居易早年"长安米贵"故事题于一囊砚举赠游氏，意在勉励游氏不必气馁，再接再厉，终有登第显达之日，后游氏果然登第。由此砚事，也可见林佶爱护后辈之长者风范。

《林史》收入游氏"箕砚""心水砚"两铭。两砚之石皆为游氏访黄任于端州时，一为黄任所赠，一为端州前县令余氏转让。游氏将两石请杨洞一琢成。"心水砚"铭文："动与君行，静与君止；适性陶情，一泓心水。"

游绍安志尚淡泊，不在仕进，故官南安知府二十年未得升迁，此铭用其号"心水"作文章，可谓以铭言志。

朱氏本《林史》收有游绍安所作林佶、余甸、许均、周绍龙、谢道承、黄任五人小传，是研究五人生平及砚事的重要史料。

第二节　林氏家族

◎林逊

林逊（1619—1701），字敏子，号立轩。其先世家福建莆田，自元代进士林重器迁福州侯官，四传至明代江宁知县林真，凡历十二世而至林逊。林逊于顺治十一年中举。康熙间，任陕西三原县令，在任上旁搜广辑石刻拓本，"三十馀年，共聚为三百帙"。后擢升四川达州、开州知州，在任有惠政。以不能媚事上官，归隐于福州乌石山西园，构筑荔水庄终老。家居三十馀年，多蓄异书，闭户教子孙。卒于康熙四十年，享年八十二岁。有《棕桐书屋稿》，似已失传。

林在峨《砚史小引》记："先世多遗砚，先君子续得者亦多。"但祖父林逊"自宦秦归，无长物，惟收藏金石拓本最富"，故林家"先世多遗砚"恐是林逊父祖辈所传，林逊无藏砚嗜好，因此《林史》只收入林逊一方"甘露砚"。砚上林逊铭："静而寿，朴弥光。唯甘露之降祥，征永宝乎青箱。时康熙戊寅秋八月望前二日，甘露降于松、楸。八十老人立轩书砚后以勖子孙。"古人墓地常种松、楸两种树木，故"松楸"亦代称墓地。林氏家族墓地谓之北阡草庐，林佶有文记之。康熙三十七年，因天降甘露于林家墓地松楸树上，林逊认为祥瑞之兆，取予儿孙辈品尝，又铭于砚上纪事，祈望借此瑞兆勉励子孙。

林逊砚铭"静而寿，朴弥光"，应是其养生哲学、处世法则，故能得享高寿。其"以勖子孙"的愿望，确也得以实现，子林侗、林佶，孙林在华、林正青、林在峨、林玉衡，外孙陈治滋、谢道承皆为一时俊彦。

◎林侗

林侗（1637—1724），林逊长子。字同人，号来斋，室名兼葭草堂。康熙间贡生，以博雅闻。后随父官寓秦中，遍观三辅名胜，寻周秦遗址，晋谒唐昭陵，广搜金石文字，加以考证。康熙十五年任尤溪教谕，后因失明归里，筑荔水庄兼葭草堂，以著述自娱。康熙五十五年卒，享年八十九岁。工隶书，著有《来斋选古》《来斋金石考》《荔水庄诗草》《昭陵石迹考》等。

林侗主要成就乃金石考证。其名列砚史，在于所藏一方汉瓦砚，轰动一时，林佶特撰《汉甘泉宫瓦记》一卷纪之。该记刻有瓦图，瓦文四篆字"长生未央"。图后林佶记得瓦始末：瓦为康熙六十年，林侗随侍父亲林逊官陕西三原县任上，往游淳化县甘泉宫遗迹。道中休息时，偶获瓦于路边瓦砾中，遂剔土拾归。此瓦后制成砚，林正青作有《甘泉宫瓦砚铭》。

汉代甘泉宫遗址，位于今咸阳市淳化县城北之甘泉山南麓，传为黄帝升仙处。汉起甘泉宫于此，地位仅次于未央宫。清代以来，甘泉宫遗址时有"长乐未央""长生未央""长勿相忘"宫瓦出土。

汉宫遗瓦，今日三秦之地不鲜见，但清人不易获得，故时人对林家此瓦颇感惊艳，题咏者众，朱彝尊、王士祯等名公巨卿皆有诗。此瓦后被张燕昌收入《金石契》。

林侗有二子，长子林在防，监生，声名不著。次子林在华及女儿廖淑筹、女婿许均，皆有文名于时。尤其许均，更系林氏《砚史》中要角之一。

◎林佶

林佶，林逊次子。字吉人，号鹿原，别署麓原子、鹿原叟、鹿原学者、紫微内史、道山亭长等，室名朴学斋。据《林史》卷四林佶"奎砚"林在峨题拓跋语推断，其出生于顺治十七年庚子（1660），卒于雍正元年癸卯（1723）。弱冠，北上受业于长洲汪琬。以拔贡入成均（国子监），拜于王士祯、陈廷敬门下，才学受到宋荦、王鸿绪等器重。康熙三十八年中举。其行楷学米芾、赵孟頫，尤以小楷成就最高。康熙四十五年九月，清圣祖玄烨北游还京驻跸密云时，林佶献赋及手书《御制诗集》二函进呈，受到玄烨赏识，特旨入直武英殿抄写御制诗文集。康熙五十一年，特赐进士出身，官内阁中书。雍正元年，因受诚亲王胤祉（康熙三子，林佶曾拜其门下）、亲家陈梦雷（《古今图书集成》主编）"争储案"牵连，被免职下狱，罢官放归，不久去世，享年63岁。

林佶酷爱藏书，藏书室名陶舫书屋、鹿眠庵、荔水庄、长林山庄、警露轩、竹声柏影轩等，以藏书宏富闻名，遍搜名家藏本及闽中文献。为求善本，甚至不惜变卖家产。徐乾学刻《通志堂经解》、朱彝尊选《明诗综》皆就传抄。著有《朴学斋诗文集》《焦山古金鼎诗》《汉甘泉宫瓦记》等。

林佶虽曾拜重臣陈廷敬、王士禛为师，但因也曾拜入胤祉门下受到牵连被罢归，旋即去世，所以宦业并不显赫（内阁中书为缮写文案之从七品京官）。其最为时人称道者为书法，尤其小真书，其手书汪琬《尧峰文抄》、陈廷敬《午亭文编》、王士禛《渔洋山人精华录》与《古夫于亭稿》，后人谓之"林佶四写"，在写刻古籍中声誉极高。

林在峨《砚史小引》记其父闲暇日，将祖传及自己陆续所得共计十馀砚，"各系以铭，镌砚背"。朱氏本《林史》林在峨《后序》记林佶曾与门人、制砚名师杨洞一探讨镌铭刀法，可见林佶不仅精于书法，而且也擅镌砚铭。

林佶藏砚，部分得于其官北京时。黄任《题陶舫砚铭册后》一诗有跋，记其于康熙五十三年曾偕林佶在北京南城慈云寺古肆购砚（慈云寺今名报国寺，犹为古董市场）。而林家所藏砚中最有名的"奎砚"，亦是林佶于康熙五十一年购石于慈云寺，再请顾二娘制成。该砚硕大，上有活眼七颗，正合北斗七星之数（北斗星又名奎星，故此砚名奎砚）。林佶内阁中书任上用此砚十二年，其卒后一年砚被盗，但又失而复得。种种情事，林家及闽中诸人多有文字道及，堪称砚林一段佳话。

《林史》收入林佶砚共二十六方。但据《砚史》卷十所收方苞题跋，林在峨持林佶与余甸铭砚墨迹二百馀品登门求题，可知应有不少林佶所铭砚未被收入《林史》。

林氏祖辈虽或有藏砚者，至林佶，在其带动下，门生子弟皆倾心于砚；就林、许、黄玩砚三世家而言，林佶家族参与者最多，且根深叶茂，四代传绪不绝，这是许、黄二家难以比拟的。朱氏本《林史》游绍安《林佶小传》云："吾闽多故家大族，然诗书之泽数世相承，应推林氏为巨擘焉。"不仅诗书传统，就藏砚传统而言，以林佶为代表的林氏家族，也堪称清中前期闽中砚林之巨擘。

◎林在华

林在华，林侗次子。生年不详。字渭云，自号北陇惰农。国子生，诗宗韩孟。工行书，萧疏古淡。曾参与编纂《福建通志》，多所考订。据其"锄砚"谢道承拓跋，于乾隆十一年丙寅（1746）客死苏州。著有《隋农遗稿》《荔水庄稿》，似无刻本传世。

《林史》林在华小传记其为人为文："少承家学，被服淳古，诗以幽峭为宗，书法别有逸致，萧疏兀傲，肖其为人，亦吾宗畸士也。"可见林在华是一位特立独行之士，在"教子弟务循谨守礼法"（陈廷敬《林逊墓志铭》评林逊语）的林逊家族中，确实是一位"畸士"。

《林史》只收入林在华一方"锄砚"。铭文："携之深山，一握为笑。松风谡然，助我长啸。"林在峨跋语："似自写其胸臆者。"铭辞确实洒脱不羁，读之令人神清气爽。余甸跋语："渭云世好所书，气色甚旧而饶有逸致。光禄林氏以书法世其业，此独于家学中别开生面，可人！可人！"可以想见，此砚的铭文书法也必不落俗套，别具一格。

◎林正青

林正青，林佶长子。字洙云，号苍岩居士。据游绍安《涵有堂稿·题林苍岩正青一砚归耕图》诗推断，当出生于康熙十九年庚申（1680）。幼承家学，倾心经典。但屡困场屋，久考不第。雍正六年，时已四十二岁，由时任礼部侍郎之同学蔡世远举荐，得以贡生资格在礼部学习行走，判刑部山西司。雍正十二年，出任淮南小海场盐务大使，衔从七品，任所在泰州。任上十余年，未得升迁，萧然返里，绘《一砚归耕图》为纪。据《涵有堂稿·哭林苍岩正青》，卒于乾隆二十一年丙子（1756），终年七十七岁。著有《榕海旧闻》《榕海诗话》《盐法志》等。

林正青学博而富，于取材识卓而精于辨古，又熟悉乡邦文献。林佶次子在衡、三子在峨、四子玉衡所学，多经长兄正青指授。其为林在峨所题"为轮川弟铭砚"砚铭："子不力田矜泼墨，几见成名钟鼎勒。只愁能事来相迫，费尽平生稽古力。"即寓勉励之意。

林正青与黄任相交甚契，曾在雍正二年至端州访黄任于任上，其和黄任《题陶舫砚铭册后》有诗纪之。

潘氏本《林史》收林正青铭砚二十九方，加上所删朱氏本《林史》所收"活眼研""春水船砚""鸭绿研"三砚，两种抄本共收林正青铭砚三十二方，尚多过林在峨二十七方，可见其藏砚之癖好不在林在峨之下。

由于林正青曾官京师和泰州，林在峨将《砚史》稿本寄予其兄代请名流品题，所以《林史》中不少题跋，乃林正青请都中及扬州一带官吏、文人所题。比如金农，即林正青官泰州任淮南盐务大使时所结识，并请金农为题《林史》。

◎ 林在峨

林在峨，林佶第三子。生年不详，字涪云，号轮川。自幼染濡家学，诗文皆得家法。康熙末，林佶官内阁中书，随父侍养于京邸。以贡生入国子监，参与纂修钦定《古今图书集成》，才名动公卿，被大学士赵国麟目为国士。将特荐之，未上，而赵国麟被罢官。遂失意南归，约于乾隆八年流寓苏州，日与雅流诗酒过从。或写意作花卉，尺楮寸缣，人争宝之。据《林史》卷六林擎天所撰林在峨小传，林在峨客居苏州七年，于乾隆十七年壬申（1752）客死苏州。著有《陶舫稿》，似无刻本传世。

林在峨博雅好古，工词翰。且能继承林佶工书擅刻之家学，并在砚铭镌刻上更进一筹。林正青《为轮川弟铭砚》记其："运刀如棉，宛然铁画。"余甸《青花砚》评云："轮川铁笔精工，能掩余书之拙，乃其篆文坚老，亦非余原印所及。"对林在峨之书法、刀法极为推誉。《林史》卷九谢璇跋文注云："册中诸铭半为轮翁手镌。"可见《林史》所收林氏家族及许、黄、余诸人砚铭，多为林在峨所刊刻。其在《砚史小引》中自道编书缘起，亦是因所存刻铭拓片积少成多，遂生编辑成册以飨同好之念。

林在峨于砚史之功绩，自然是留下一部《砚史》。黄之隽在《林史》序言中评此书属"一乡一家之史也"，而此"一乡一家之史"，置之整个中国砚史，亦堪称名著、经典。

林在峨有三子：林兆显、林擎天、林畅。

长子林兆显（生卒年不详），字永谟，号心香，生平无考。《林史》收入林兆显一方"凤砚"。铭有"姿回翔""制自顾大家""吾欲扬先芬"云云。知此砚为一回头凤砚，出自顾二娘之手，为其家传父祖旧藏。

次子林擎天（生卒年不详），初名晥，字永奎。府学增生（秀才），参与乾隆《福州府志》的分修校勘。乾隆后期任台湾府儒学训导。幼有才学，得时任福建学政的周学健赏识。儿时曾随父在峨往拜访余甸，时余甸已卧病在床，唯以笔书作手谈，且应在峨请为擎天一小菱龙砚作铭首。未几，余甸即去世，夔龙砚铭即成余甸绝笔。《林史》收入林擎天"青花""龙尾""锦囊"三砚，"龙尾砚"铭作于十二岁时，受到林在华、林正青夸赞。"青花砚"铭云："质之美矣，宁用追琢；文之粹矣，日彰不觉。慎尔出话，安此良璞。"家学渊源，眼界自高，故有"大朴不雕"之审美观。

三子林畅(生卒年不详)，字永修。生平无考。《林史》收入一"鸳鸯砚"。

◎陈治滋

林佶两甥陈治滋、谢道承，在林氏家族中宦业较显，尤其谢氏，官至侍郎。

陈治滋，字以树，别字德泉，侯官人。据游绍安《涵有堂稿·奉天府府丞陈德泉墓志铭》，生于康熙二十二年癸亥（1683），与黄任同年，卒于乾隆二十年乙亥（1755），享年七十三岁。康熙五十二年进士，选庶吉士，授编修，改江西道监察御史，累官奉天府丞。以养亲告归里居，筑学圃，读书其中。有《学圃集》，似无刻本传世。

陈治滋、谢道承幼年皆从学于舅父林佶，但陈氏似不好藏砚，《林史》只收入一方"井田砚"。砚为端石，顾二娘所制。陈氏曾携之入都，告归后又携之归里，随身取用二十年，为陈氏临池长物。《林史》亦收入陈氏《题陶舫砚铭册后》十八首，纪咏余、黄、林氏父子、许均及顾二娘诸人。

《林史》又收一余甸所铭"长宁砚"，系为陈治滋所铭。此砚原石并非砚石，乃采自川南长宁县"虞公峡"的河滩杂石。此石本系明代纪念抗倭名将、福州人张经所建木坊上之构件。至康熙时，木坊塌颓，石被陈洁滋购得，请人琢制为砚。陈氏以抗倭名将木坊遗石制砚，在于石以人重，有寄托敬仰先贤之意。

◎ 谢道承

谢道承（1691—1741），字又绍，号古梅，别署种芋山人、高盖山人。闽县人。林佶甥。幼孤力学。康熙六十年进士，选庶吉士。雍正元年，授翰林院编修。雍正三年，辞官还乡，与时官福建的陈兆仑、罢官归乡的黄任等人结社，作诗唱和。雍正六年，续修《福建通志》，任总纂，历时九载，于乾隆二年成书。乾隆三年，入京授太子中允、侍读、国子监祭酒，居监内讲正学，斥浮华，太学风气为之一变。后升内阁学士兼礼部侍郎，诸生挽留，遂仍兼国子监祭酒，年五十一岁卒于任上。擅书，以褚体见长。工诗，学白居易，多写实之作，诗句通俗易懂，梁章钜推誉"敦品励学，实为儒宗"。有《小兰陔诗集》等传世。

谢道承肆力于收藏古帖、金石，研摩不倦。黄任为其《小兰陔诗集》所作序文中记其与谢志趣相投、惺惺相惜："予与古梅交最早，谊最笃。每当春秋佳日，评骘古今石刻，阮足以快汲古之胸。暇则以所作相研摩，苦吟竟日，一字推敲，真不啻如青莲（李白）之低首宣城（谢朓）也。"黄任官四会时，曾寄赠谢氏一方"锄砚"。谢道承与表姐夫许均相交亦笃，有题许均"月仪砚"一跋，忆俩人同宦都中时围炉拥酒、联辔看花的交游时光，时许均已去世，读之令人唏嘘不已。

谢道承因嗜爱梅花，尝于屋后穿池，植梅于池上，题曰"二梅亭"。许均为作《二梅亭记》，记花开之季，许均与林正青、黄任诸人及主人谢道承坐花醉月，纵谈骚雅，大有花人两忘之情境。

虽然谢道承为闽中林、许、黄玩砚圈中重要人物之一，但《林史》中只收入谢氏一方"飞虹饮涧砚为庄犀水铭"，似乎与姨表兄弟陈治滋一样，谢氏志不在此。不过谢氏名款旧砚偶有所见，且不乏佳品，疑《林史》有所漏收。

谢道承次子谢璜，字征云，一字琅亭，号云门。能衍家法。乾隆十三年进士，官户部主事。《林史》卷九收谢璜长诗一首，咏赞闽中诸人砚事，及林在峨铁笔之精工。

◎李云龙

李云龙长女李锦，嫁林在峨子林畅，李云龙与林在峨为儿女亲家。故亦附列入林氏后。

《林史》卷八所记李云龙甚简略："字玉和，号霖邨，侯官人，官州牧。"朱景英《畲经堂文集·李州牧墓志铭》则记李云龙甚详，言其出生于康熙四十九年（1710），祖籍福清，曾祖时汧家闽县。生而颖异，幼孤力学，但屡不得志于科场，以祖父命，援例就选通判苏州府权督粮同知，理漕政有声。乾隆十九年，授贵州平远州州牧。在黔任上，严猾吏，慎刑狱，兴学校。七年后迁独山州牧。乾隆二十六年，以劳卒于由贵州前往四川公干途中，时年五十二岁。

李云龙渊雅善文，工汉隶，藏书极富。又好玩古，"客至，辄出以资其辨识，雅不欲谈鄙事"，清雅如此。亦嗜砚，沈大成《学福斋集·跋李霖邨砚铭册》，记李氏"蓄砚尤多，所至访求名贤诗若干，拓尔装潢之"，"日久遂得十册，其兴方未艾也"。可见李云龙不仅藏砚甚丰，且辑有时人名流所题砚拓十册。可惜似乎并未流传下来，否则堪与林在峨《砚史》并称双璧。

《林史》载李氏"芝砚""方砚""天然砚"三砚。"芝砚"有跋云："辛酉客京师，古肆见兹石，窥心赏之。他日轮川适以相贻，携归制就。"所谓物归有缘人，李氏当初见石心喜，后石为林在峨购得，举赠李氏。二人本为亲家，情交如此亦自然之事。

黄任修辑《鼓山志·艺文》，收入福清人叶观国一诗，序言记李云龙曾与黄任等人同游福州鼓山涌泉寺。《林史》所收李氏三砚中，"秋水砚""天然砚"皆黄任所赠，可知黄、李二人交情亦甚深。

首都博物馆藏一李云龙名款"端石瓜瓞砚"。铭云："砚为吴门顾女史所制，经三阅月始成，感其功之精而心之苦也，因书以识。李云龙。"砚有林佶、李馥、钱泳收藏印，工甚精。

第三节　黄氏家族

◎黄文焕

黄任《秋江集》所收《喜惠侄成进土归里》诗："我家本儒术，名山开旧藏。力学如力稼，土物维心藏。""汝祖中允公，少壮能穿杨。捧檄三令尹，晚乃登岩廊。"诗系黄任弟黄起凤之子黄惠登科归乡，黄任作此为贺。诗中以诗书世家为荣，且对其曾祖父"中允公"黄文焕仰慕不已。

黄文焕（1595—1667），字维章，号坤五，福州府永福县人。天启五年进士。崇祯间，任广东潮州海阳、番禺及陕西山阳知县，颇有政绩。官至翰林院编修、左春坊左中允（故黄任称其为中允公）。在位耿直敢谏，崇祯十四年，因与黄道周等人登坛讲学，纵论当轴是非，被捕下狱，狱中著《陶诗析义》四卷。年馀得释，乞归。卜居南京钟山山麓，筑草屋数间，纵情山林。入清为遗民，拒绝洪承畴举荐，流寓南都。卒于康熙六年，享年六十九岁。平生著述极丰，惜多毁于明末清初战火，传世及存目者有《陶诗析义》《楚辞听直》《诗经考》等近二十种，堪称经学名家。

从黄任赠黄惠诗"汝祖中允公，少壮能穿杨"句看，黄文焕当是位文武兼通之才。

黄、许二家三代联姻：许友为黄文焕女婿，黄文焕孙黄镳、黄绍洽（黄任父）为许友女婿，黄任子黄度亦为许家女婿。所以黄任诗《别许贞翁舅氏明府》云："三世崔卢姻娅厚，两家钟李弟兄和。"言许、黄两家有如隋唐时期世家高门清河崔氏与范阳卢氏一样，世代联姻；两家子弟像东汉钟瑾与姑表兄弟李膺一样，友爱无间。

谢道承《小兰陔诗集》卷四所收诗《林洙云以唐〈琅琊王碑〉赠黄莘田且赋长篇索和》，其"坤五先生最博雅，大宝法物最燕诒"句后有小注："莘田大祖维章先生，著述收藏极富。"可见黄文焕博雅好古，富于收藏。

未闻见有黄文焕遗砚，但黄文焕却是应该载入砚史之人。朱氏本《林史》游绍安"黄任小传"："家有旧研数方，当年丹黄甲乙所用，莘田少时知宝之。"潘氏本《林史》卷二"黄任小传"："先生少时承大王父中允文焕所遗，并自购砚，凡十，筑'十砚轩'藏之。"从游、林二记可知黄任所藏砚，有家传数方黄文焕当年批校书稿（丹黄甲乙）所用遗砚，著名的十砚轩"十砚"中，也有黄文焕遗物。所以，黄文焕也极可能有藏砚嗜好。

黄文焕子黄璂，擅诗文书画，曾官肇罗道金事，官署在砚乡端州（肇庆）。黄任家藏旧砚中，极可能有黄璂当年官粤时，于端州任上所得携归之物。

◎黄任

黄任（1683—1768），字于莘，更字莘田，以字行，自号十砚先生，室名香草斋、十砚（研）轩、冻井山房等，福建永福人。早岁居福州光禄坊外祖家从舅父许遇学诗。康熙四十一年中举，此后七次进京会试，均不第。往返京闽，流寓吴越，与姜宸英等名流酬和应答，诗益精进。雍正二年，铨选得任广东四会县令，时已四十二岁。次年兼署高要县事。任上捐赀修河堤、赈济灾民，多有惠政。但官粤仅三年，被劾"纵情诗酒，不理民事"而去职。归闽退居外祖光禄坊旧宅，卜居许氏笃叙堂，筑香草斋，绝意功名，闲散度日。曾应时任福建巡抚王士任所请出任书院山长。居乡三十馀年，晚年困窘。卒于乾隆三十三年，寿八十六。诗集初名《十砚轩随笔》，既而有《秋江集》，最后曰《香草斋集》。

朱氏本《林史》游绍安"黄任小传"记黄任："有研癖，每典衣缩食以求。"其官砚乡端砚高要，天假其便，自然不会错失良机，所以黄任邀请闽中刻砚名手董汉禹与杨洞——同赴粤，居官衙长驻制砚。据《林史》所收"井田砚"黄任跋，上任砚乡八个月（《秋江集》作"十阅月"》），尚未获一砚。但据游绍安"黄任小传"所记，随后驻节端州的两广总督孔毓珣命开老坑采石，因黄任精于鉴石，受命主持采石事宜，"公乃得间，搜括数十石"。可见此次官方采石，黄任得佳石颇丰。所以，阮元主编《广东通志》所记黄任罢官归乡时，箧中"惟端州坑石数枚，诗束两牛腰而已"，黄任自愧于包公官端"不持一砚归"，便绕过"掷砚洲"而归。事实上，应如游绍安所言"公乃得间，搜括数十石"，黄任携归闽中的端砚、美璞应远不止数枚（"数枚"或虚指）。又，据陈兆仑《紫竹山房集·黄任诗集序》说法：黄任以才干被同僚所忌，进谗言于上司，云黄任主持开坑时私藏美石不上交，于是被上司借口"纵情诗酒，不理民事"而罢职。所以，阮葵生《茶馀客话》卷十二云黄任"以耽砚劾归"，细究之，似也并非空穴来风，甚至更合情理。

黄任在四会任上，曾分别寄赠许均、余甸、谢道承各一砚。其妻庄夫人最宝爱之生春红砚，亦获于黄氏官粤任上，此砚可谓黄任十砚轩中第一品，但并非"十砚"之一。据《林史》卷二所收黄任自题"十砚轩砚"铭跋，记"十砚"收齐于官粤五年前的康熙五十八年，"十砚轩"则建成于次年康熙五十九年春天。黄任晚年困窘，两女嫁人，两子及孙先后病亡，连十砚轩且转售他人，所藏名品十研轩砚、元吴镇款橡林精舍砚、十二星砚等"十砚"生前亦已散出，分归方曰岱、李云龙、纪晓岚等人。

黄任早年曾从林佶学书法，亦善铁笔，常自刻砚铭。康熙五十三年，黄任客京，曾随林佶在慈仁寺购砚数枚，其《题陶舫砚铭册后》有诗忆之。

黄任官端州三年，去职后复寓端三年馀，故辨端溪老坑三洞石的眼力在闽地诸人中最高，有林在峨和黄任《题陶舫砚铭册后》一诗可证："由来嗜好始深知，耳食如何共赏奇。欲向端州评甲乙，好从仙令看题词。"余甸和黄任《题陶舫砚铭册后》其一云："四会先生生有癖，前时贮砚构新轩。只今乡井多奇石，大半从君好所敦。"也指明黄任罢官归里后潜心于砚，对其时闽乡玩砚风气之盛行，起着推波助澜的作用。由此可见，清代中前期闽地砚学兴盛一时，许遇、余甸、林佶可算中坚人物，但黄任与众人的互动最为关键，故黄任玩砚高名盖过诸人，成为有清一代最著名的砚史名人。其鉴石水平之精、藏砚品质之高，尤在金农、高凤翰、纪晓岚诸人之上。

《林史》收黄任铭砚三十七方。又收黄任砚诗共计三十六首之多。其诗多言与余甸、林佶、许遇、许均、谢道承及顾二娘、董汉禹、杨洞一等人砚事交往。

黄任为人诙嘲谈笑，口若悬河，常令一座尽倾。因性情通脱，且平生嗜砚，遂流传有"千金买婢""蓄尼养砚"等美谈，实则皆属演绎讹说。同理，黄任玩砚名高，古肆赝品也屡见不鲜。

◎郑方坤

福建长乐（今福州市长乐区）玉田郑氏为书香世家，与黄、林二家亦为世姻。郑方坤母黄昙生，字护花，明工部主事黄晋良女，与黄任为表亲，故郑方坤与黄任为中表兄弟。郑方坤膝前九女，皆工吟咏，有"一门风雅"之称。郑方坤兄郑方城女郑翰莼，嫁予林佶后人（应为孙子）林其茂。林、黄二家渊源如此，故姑列郑方坤于黄氏家族之后。

郑方坤（1693—约1770），字则厚，号荔乡，长乐人，后迁建安（今建瓯）。四川新繁知县郑方城弟。康熙五十六年举人，雍正元年进士，历任河北邯郸知县、景州知州、登州知府权兵备道，终官兖州知府，以足病自免。

在任多善政。一生著述不辍，四库全书收入二十部之多。其代表作《全闽诗话》一书，影响尤深。

《全闽诗话》成书于乾隆十九年，是第一部囊括闽省的地域性诗话。该书收入林佶、余甸、许均、谢道承、周绍龙、黄任六人砚铭砚诗各若干首。由于林氏《砚史》并未刊行，只有抄本流传，见者范围有限，而《全闽诗话》作为诗学名著，传播甚广，所以该书是可与林在峨《砚史》互证的砚史文献。

《林史》卷八收入郑方坤和黄任《题陶舫砚铭册后》诗十八首。其一云："蓬莱阁下砣矶石，坡老当年有旧型。我向鲛宫亲割取，只无奇字仿玄亭。"诗写郑方坤任山东登州知府时，曾亲自往采辖境内砣矶岛的砣矶石制砚。其写黄任一首："端州仙令出心裁，岩谷雕镂骋笔才。持向君家斗奇品，珊瑚七尺孰将来。"其赞林正青、林在峨兄弟一首："君家昆季廱西东，镂月裁云意匠工。此日淋漓论盐铁，胜如《尔雅》注鱼虫。"对黄任及林在峨兄弟藏砚、铭砚、撰《砚史》之事赞誉有加。

第四节　其他闽地藏砚家

◎高兆

许、林、黄三家外，清中前期闽籍藏砚家尚有多人，如高兆、余甸、李馥，周绍龙。其中后三人皆与黄任、林佶父子交厚，只高兆早于诸人，属于前辈，行迹少有交集。但高兆与许友却是莫逆之交，而且曾亲至端溪，撰有《端溪砚石考》，对许、林、黄诸后辈之品端赏砚，显然会有间接影响，故亦为作小传。

高兆出生年月无考，约与黄文焕相近。字固斋，号云客，闽县人。明末诸生，游幕江浙。与钱谦益、朱彝尊等交好。工文翰，尤工小楷。康熙三十八年（1699），与遗民诗人卓尔堪自浙江同行返闽，此后行迹不见于史料。有研究者认为此后不久去世，享年过八十。著有《端溪砚石考》《观石录》等。

高兆明亡不仕，恪守民族气节，在当时江南遗民中享有声誉，赢得魏禧、陈恭尹等遗民名士慕名神交。与同里遗民名士许友，同为明末清初福州"平远台诗社"七子、社友。许友受周亮工案牵连入狱，出狱还闽，家中萧条困窘。因怕受连累，亲友多与绝交，唯高兆与其往来，尽管高兆自己时亦穷困潦倒。可见二人相交之笃。

高兆精于鉴赏寿山印石，撰有寿山石名篇《观石录》。与黄任精于寿山印石亦精于砚一样，高兆亦善辨砚。其于康熙二十六年冬，应两广总督吴兴祚之邀赴粤东游历（吴兴祚曾官福建按察使，二人或相识于闽地），时正值开采老坑，得以遍观端坑佳石。并与粤地名士屈大均、陈恭尹、梁佩兰，以及流寓粤地的潘耒等名流访坑论石，求教于石工砚匠，撰成端砚史上重要文献《端溪砚石考》。该考"综括诸坑，条分缕析，尽石之变态"，所述诸坑异同，多能发前人所未言者，为后来吴兰修等论端石端坑所袭用。

传世高兆铭款二砚，皆为吴兴祚子吴秉钧原藏。其一北京故宫所藏"凤字形夔纹端砚"，砚上高兆铭文言及游粤访石情事。其二天津博物馆所藏"赤壁夜游端砚"，背镌高兆楷书铭："个是苏公赤壁，千古英雄陈迹。聊供几案卧游，珍重端溪片石。"铭文有咫尺江山之气概。两砚石质华美，刻手工艺也颇不俗，当是高兆游奥东时所留手迹。

◎余甸

余甸（1655—1733），原名祖训，字仲敏，改名易字田生；晚字修吾，号芳初。福建福清人，寄籍南平，后移居福州。少颖悟，无书不读。尝游学京师，历吴下，遍交名士，书法冠绝一时。曾应福建巡抚张伯行聘请，主持福州鳌峰书院。康熙四十五年进士。康熙五十三年，任四川乡试主考官，旋官四川江津县令。为人励名节，曾因拒绝大将军年羹尧额外征饷，缚年氏催征使者，将杖之，丞簿力请方释。后升吏部主事。以刚直称，深受吏部尚书张鹏翮器重，为同僚所忌，辞归。康熙六十年，因河道总督陈鹏年举荐，任山东济宁道，升任山东按察使。在任一年，转顺天府丞。未儿，因属官贪污案发，以失察罪入狱。得时任福建巡抚赵国麟援手，宽其狱，被免职。归闽后，筑葭湄草堂，著书其中。卒于雍正十一年秋（据林擎天"小夔龙砚"林在峨跋推断），享年七十九岁。有《千卷楼集》，似未刊行。

余甸博学，富才藻，工诸体书。居官有能声，性格刚直，所以仕途多舛，终抱屈而终。

《林史》所收余甸题一"青花砚"有云："问大夫之富？数砚以对。"以藏砚为乐事。免官归乡，日与朋旧游燕、挥洒缣素遣兴。其家本多蓄砚，遂取其中宝爱者撰词刻铭。因辞佳字美，友人纷纷持砚求题，于是余铭之砚流布闽中甚多。黄任《题陶舫砚铭册后》第一首即咏余甸："片石争求月旦知，不经品题不称奇。何人得似余京兆，叶叶芭蕉幼妇词。"言经余甸绝妙好辞品题，寻常片石皆成奇珍，身价百倍。

《林史》共收余甸铭砚达八十一方，数量占书中各家榜首，比其次的黄任多出一倍有奇，确实堪称是一砚田大富豪。且据书中林正青题余甸"相随砚"跋语，书中所收余氏诸砚仅是余氏免官归乡之后所铭。又据《砚史》卷十所收方苞题跋，言林在峨所持登门求题的林佶与余甸铭砚墨迹多达二百馀品，可知余甸所铭所藏之砚远不止百方之数，尤其众多应人求题之铭，应大多未被收入《林史》。所以，余甸所铭所藏之砚，论质论量，皆堪称闽中玩砚诸人之冠，甚至置之有清一代，亦罕有可与比肩者。

◎李馥

李馥（1662—1749），字汝嘉，号鹿山，又号信天居士、李二使。福建福清人，幼失怙。康熙二十三年举人。约康熙四十五年，以荐任工部员外郎。康熙四十八年，转刑部郎中。次年以治九门提督陶和器狱有声，出守重庆。康熙五十五年，迁河东运使。时逢亢旱，请截漕米济民，民不知饥。后历任苏松常镇道、江苏按察使。康熙五十九年，任安徽布政使。康熙六十一年，升浙江巡抚。雍正二年，以失纠属员被谤罢官，削职入狱。

次年在监中写《狱中》诸诗，道尽罹难之苦。后被释，蜗居苏杭，十馀年未能回乡。晚年归闽，穷困潦倒，但怡然自乐，与士大夫诗酒往还。卒于乾隆十四年，享年八十八岁。有《居业堂诗稿》未刊本传世。

李馥官至封疆大吏，在清代闽人藏砚家中，宦业最为显赫，作为举人出身的汉臣，非逢迎而得上位，更为不易。李家本饶有资产，但李馥乐善好施，为官又以廉慎称，家道遂中落。归田二十年，借屋以栖。其本藏书有名，所藏多钤印"曾在李鹿山处"。晚年因生计所迫，无奈典琴鬻书，所藏皆散佚。

李馥于藏砚亦堪称名家，与藏书相似，其砚亦常镌"曾在李鹿山处"藏印；如北京故宫藏吴秉钧原藏高兆铭"风字形夔纹端砚"，即有此印，可证吴秉钧后此砚曾归李馥庋藏。

陈兆仑《紫竹山房诗文集·题林涪云砚铭拓本册子十首次莘田大令任韵》之一云："昌谷新词雅树标，吴门妙手善开雕。多情才子时留佩，细意佳人解剥蕉。"此诗《林史》首句不同，为"大雅吴趋颇建标"，注为"谓顾大家"。陈氏诗文集则复有注："李鹿山先生馥好研，家蓄名款多出吴门顾二娘手。"可知李氏佳石多请顾二娘琢制，想必其官苏松常镇道、江苏按察使时，与顾二娘有所交往。

李馥与同里名士黄任、余甸等人应有过交往，黄任《秋江集》有一诗《寄李鹿山观察》。《林史》所收李馥《题陶舫砚铭册后》诗中，也提及黄、余及谢道承。其中一诗言余甸撰题砚铭，常构思至半夜，所谓苦心孤诣。

李馥与林在峨兄弟应无交往，晚年回闽，其《题陶舫砚铭册后》十八首乃应同宗李至和（或名玉和）所请。诗后跋文中，李氏自言平生无他嗜好，唯藏书、砚为其所癖，但仕途遭重挫，晚年所藏书、砚已然散佚殆尽。

李馥《题陶舫砚铭册后》一诗注文记其在苏州期间，曾获观藏书家沈宝研和名医家薛雪所藏唐宋古砚。另一诗注文言其曾藏一方明末吴门名书家赵宧光（字凡夫）手制"合砚"。其砚当即石函砚，一石所剖，有底有盖，故名。《西清砚谱》收入一例，形制略同，侧皆有赵宧光篆书铭。此种石函砚应是灵岩山崵村石所制，当是李馥官江苏时获于吴地。

◎周绍龙

周绍龙（生年不详），字允乾，号瑞峰，福建福清人。少颖敏，雍正元年举进士。雍正五年，以荐授翰林院庶吉士，出使四川。雍正十一年归，授翰林院编修。未满月，改御史，巡察山西。晋顺天府丞，卒于官（据其子周正思《林史》卷七《题陶舫砚铭册后》诗注，约卒于乾隆二年）。有《绿玉窗稿》，似未刊行。

周绍龙幼时即以善书名乡里，书法出入欧、苏，人得其尺幅皆庋藏之。在史馆日，图史枕籍，沉酣富有，故诗文皆具根柢。其人长身玉立，仪表秀挺，风度清整，潇洒出尘，见者无不爱重。遇事果决，颇受上官重用，为当时闽中官员中之新贵，惜宦途半道而折。

周绍龙有砚癖，与许均及林正青兄弟交好。《林史》共收入其所铭砚九方。其中"兰台侍直之砚""螭头侍直之砚""銮坡侍直之砚"，皆只题砚名，为馆阁当直所用。"紫云堆砚"铭文较佳："端溪初割紫云堆，望里森森玉笋开。恰似江郎山下过，三峰我竟入袖来。"此铭"三峰我竟入袖来"，颇有气势，与其人之潇洒风度甚相契。

《林史》卷四所收林佶所铭歙石"玄玉砚"，亦周绍龙藏品。砚原为明末闽籍名士谢肇淛所藏明代益宣王朱翊鈏遗物，原有"玄玉"二字，故名"玄玉砚"。

周正思《题陶舫砚铭册后》其一云："杨董旧传玉楮工，屠龙人去倩谁砻。铜台雀瓦平泉石，须仗阿奴一□（原文此处缺一字，或为"手"字）攻。"此诗赞誉杨洞一、董汉禹砚艺高超，二人去世，佳石难寻良工，可见周绍龙之砚大约多为董、杨二人所制。而周绍龙与谢士骥亦交好，且两人书法齐名于时，所以谢氏很可能也为周氏制过砚。周正思另一诗末句有注，言其父曾从山西获一青花大端砚，可惜因病未及题铭即去世。周绍龙曾于雍正十一年任御史，巡察山西，此砚当即官晋时所获。

周绍龙最宝爱之砚为"扪参历井"，为周氏出使四川时携用之砚，砚名取自李白《蜀道难》诗"扪参历井仰胁息，以手抚膺坐长叹"。"井"与"参"皆为星宿名，分别为蜀秦分野。铭以"扪参历井"形容蜀道山势高峻，道路险阻。

纪晓岚《阅微草堂砚谱》收一"扪参历井砚"。砚系纪氏为内阁学士吴玉纶（号香亭）诗文集作序言，吴氏奉赠此砚为谢。砚上周绍龙铭，辞与《林史》所记相同，但少"绍龙""益都使星"二印。

周绍龙子周正思（生卒年不详），原名正峰，后改正思。字谦亭，闽县人，周绍龙子。雍正八年进士，授编修，典试河南。行楷有父风。《林史》卷七收入《题陶舫砚铭册后》十八首，多记其父周绍龙及闽中诸人砚事。

第五节　外省籍藏砚家

◎赵国麟

赵国麟（1673—1750），字仁圃，号拙庵、跛道人，山东泰安人。原籍浙江上虞，先世儒家。康熙四十五年进士，历官福建、安徽巡抚，刑部、礼部尚书。乾隆四年，拜文渊阁大学士。一生潜心治学，文章不求时趣，有订正文体之志。卒于乾隆十五年，终年七十八岁。后人奉为"泰山五贤"之一。著有《拙庵近稿》等多种。

赵国麟清廉有官声，其出任福建布政使时，因闽俗"尚贞烈"，女子多有殉夫之举，赵上疏严禁之（游绍安官南安，亦有类似举措）。可见其虽"理学名儒"，却并非腐儒。

赵国麟爱才，喜启迪后学。两度官闽，前后七年，与闽地文人士大夫尤其省城福州名流交往甚多，林、黄、余诸人与赵氏皆颇有交情，赵氏对诸人显然也多有照应，余甸的冤狱即赖赵氏援手、回护，方得从宽处理。林在峨早年在京师时，更被赵氏目为国士，本欲举荐出仕，无奈赵氏自身被罢官，林氏遂断仕进之路。

《林史》收入赵国麟铭砚九方。其中"壶庐砚"为林在峨所赠，"云月砚"为黄任所寄赠。黄任还赠赵国麟子赵震一方"十二星砚"，乃"十砚"之一。事在雍正十一年，赵国麟时任闽抚，其子赵震请友人借此砚一观，得砚爱不释手，派人奉上金银诣黄宅求购，黄任遂慷慨举赠。赵国麟为颜回六十八世孙、临海知县颜肇维所藏一方"朴砚"题铭云："存其朴，去其角。孟视带，曾守约。孔之卓，颜之乐。"以砚铭阐释儒家崇尚安贫乐道的"孔颜之乐"精神，可谓体显其儒家本色。

《林史》所收一方赵震所藏"双凤砚"。后有赵国麟题于乾隆五年一铭，其时赵震已亡故。从对黄任"十二星砚"砚宝爱之情看，赵国麟子赵震亦一嗜砚之人。

◎周学健

周学健（1693—1748），字勿逸，号力堂，江西新建人，雍正元年进士。自编修累官四川乡试副考官、福建学政、户部侍郎。乾隆八年，出任福建巡抚，次年署闽浙总督加太子少保。乾隆十二年，授江南河道总督（总督江南河道提督军务）。曾两次赴江南治灾赈，兴水利。后坐乾隆孝贤皇后丧中剃发，被罢官、抄家，寻发现贪赃罪证，赐自尽。著有《治河方略》《力堂集》等。

周学健所任福建学政、福建巡抚、闽浙总督，官署皆在福州。官间其间与黄任交好，离任之后仍保持书信往来。黄任《秋江集》卷五收有《送宫保西昌公（周学健里藉新建，古名西昌）总制南河》四首及《赠砚行寄呈西昌公》一首，后者乃周氏于河道总督任上作七言长诗远寄黄任求砚，黄任作诗以答。诗有黄氏自注："公来诗有'携将碧玉美无度，静写山水归元音'之句。美无度，余研名。"显然，周氏诗中点名索取美无度砚，黄任遂割爱，以"美无度砚"举赠并以此诗答之。黄诗又云："西昌制府癖爱研，勤买惨淡千经营。"可见周新建亦有砚癖，四处购求，不遗馀力，亦是当时一藏砚家。而以周氏之历任要职，位高权重，他人或赠或贿，自己或购或索，所得必多上品。

周学健与林在峨也有交往。据《林史》卷六所收林擎天"龙尾砚铭"林正青拓跋，周氏雍正十七年时（当在福建学政任上），即对幼年的林在峨子林擎天之才学大为赏识，许以重望。

《林史》收周学健《题陶舫砚铭册后》诗计五首。其一云："细读铭词皆古意，每关书法见先型。闲来披对予心乐，水满逢源月满亭。"可谓得赏砚品铭之乐。

◎陈兆仑

陈兆仑（1700—1771），字星斋，号勾山（亦作句山），浙江钱塘人。幼聪慧，年十五毕儒家十三经。雍正八年进士，以知县分发福建。闽浙总督郝玉麟重其才学，延其主持福州鳌峰书院讲席，并兼管《福建通志》局事务。雍正十三年，授内阁中书。乾隆元年，试博学鸿词，授翰林院检讨。后历官湖北乡试正考官、侍讲学士、顺天府府尹、翰林院侍读学士、太常寺卿、太仆寺卿等职。卒于乾隆三十六年，年七十二。

陈兆仑精六书之学，尤长经义。其诗文醇古淡泊，清远简放，时人推誉为"文章宗匠。尝自云："我书第一，文章次之。"著有《紫竹山房诗文集》等。其孙女即著《再生缘》之陈端生。

陈兆仑在闽，与黄任为诗社社友，与谢道承为志局同事，与光禄坊诸人交亦甚笃。陈氏和黄任《题陶舫砚铭册后》诗，次韵、叠韵达三十六首，言其与林、黄、余、谢等交往情事及诸人砚事交流。但《林史》并未收有陈氏一砚，似乎陈氏之角色只是闽地诸人砚事之一记录者、见证人，实则不然。陈氏《题陶舫砚铭册后》之一云："光禄坊前镇往回，家珍历落数玫瑰。巧偷豪夺吾何敢，运至还能一觊来。"《紫竹山房诗文集》有诗注："承诸君颇惠佳石，过岭（仙霞岭），为偷儿所疑，窃去殆尽。"原是林、黄诸人曾馈赠陈兆仑佳砚若干，惜陈氏北归途中过仙霞岭时，被偷儿窃走。据《林史》陈氏《题陶舫砚铭册后》诗"神物销沉强自裁"句后注文，知彼次被窃砚中，有一砚背有"奎章阁图书"款，最为陈氏痛惜。奎章阁为元廷宫殿名，后改为学士院，有此阁款，当是一古砚。可见陈氏亦甚留意古砚，曾为查礼所得"谢枋得桥亭卜卦砚"作有长歌。

天津博物馆藏一陈兆仑铭"舟形端砚"。背行楷铭："载墨一舟，图写瀛洲。玉阶绮柱，与尔遨游。"铭字颇有骨气。

◎沈廷芳

沈廷芳与陈兆仑行迹颇相似，不仅杭州同乡，博鸿词科同年，又同与闽地有缘：陈氏曾任鳌峰书院山长，兼管《福建通志》局；沈氏亦曾任鳌峰书院山长，主修《福建续志》。

沈廷芳（1702—1772），字畹叔，一字萩林，号椒园，室名隐拙斋。浙江仁和人。外祖父为名士查昇，父沈元沧亦有文名。沈廷芳曾学诗于查慎行，乾隆元年，举博学鸿词，选庶吉士，次年授编修。乾隆六年，出任山东道监察御史，在任七年，以古谏臣自勉。乾隆十二年，以御史充顺天乡试同考官，官至河南按察使。晚年曾掌教于广州粤秀、福州鳌峰、端州端溪、安庆敬敷书院。嗜藏书，建有藏书楼名隐拙斋，以"古柱下史"自称。卒于乾隆三十七年，享年七十一。著有《隐拙斋诗集》《读经义考》等。

沈廷芳于致仕次年主讲福州鳌峰书院，后又主修《福建续志》（该志乃谢道承所主纂《福建通志》之补编），所以与黄任、谢道承等人多有交往。

乾隆三十一年，沈廷芳出任端州端溪书院山长，在端州时访坑品石，留诗多首。所作《过端溪采砚处水阻不得往观》诗云："我生嗜砚逾拱璧，几席纵横数盈百。唐镌宋制错落陈，特于端产尤成癖。"可见沈氏藏砚多达百馀方，其中有不少古砚。沈廷芳为吴绳年《瑞溪砚志》所作序文，亦开篇即云："余有砚癖，藏端溪石甚夥，因名书舍日'砚林'。"《隐拙斋集》所刊沈氏藏砚计有：注经砚、钟砚、四水归源砚、七星砚、井田砚、风字砚、映碧砚、行笈砚、壶中日月砚、归田著书砚、双鸳砚。

《林史》收记沈氏三砚：其一"双芝砚"，为乾隆二十九年正月初一，沈廷芳赴光禄坊黄宅拜年，黄任所赠。时黄任已是八十四岁老翁，四年后即病逝。其二"隐拙斋勘经砚"，上有林佶所题隶书四字"三洞精英"。其三曹溶铭"鸢形砚"，后有沈德潜题识，云砚归沈元沧，元沧授子沈廷芳。

沈氏隐拙斋中最名贵之砚，当属"赵南星东方未明砚"，砚背有晚明清流名臣赵南星款铭文，乃沈氏任鳌峰书院山长时所得。乾隆二十七年，纪晓岚出任福建学政，获观此砚，并记入《阅微草堂笔记》。

沈廷芳有门人盛百二，亦为清代砚学史上之重要人物，其所撰《淄砚录》对鲁地诸砚之考述详尽严谨，堪称经典。《隐拙斋集》收有沈氏为盛氏《淄砚录》所作一序。

◎ 方日岱

方日岱，生卒年不详，乾隆初年尚在世。字慕斋，安徽桐城人，出自桐城名门"桂林方氏"，其先宋末元初自徽州迁桐城。据《道光续修桐城县志》卷十三"宦迹下"等文献，方日岱十五岁时补县学生，雍正七年，以拔贡入都。时值兴兵征准噶尔回部，被拣派陕甘，宣谕化导朝廷出兵用意，事毕，铨补福建沙县令，调福建泰宁知县，在任十年引退，"归装惟炉砚数事，人高其廉洁"。

方日岱父方将，岁贡生，曾任浙江孝丰、安吉、长兴县令。方日岱为长子，亲、从兄弟十六人，以友爱闻。据同族文学名家方苞所作《方日崑（方日岱弟）妻李氏墓表》，方母病重，方日岱曾"割股以进"，可见孝行过人。

方日岱为官清廉，因非正途（进士）出身，宦途受跟，止步于县令，卸任行李也只炉、砚等雅物。其宦业及秉性，皆与黄任类似。其所官之沙县、泰宁皆在闽地（据方苞所撰《方日崑妻李氏墓表》，其另一弟方杭曾客居福州），其与黄任交好当即官闽时期。虽然黄、方二人交往史料不多，但从《林史》卷二所收黄任《紫云砚为方慕斋使君铭》一诗，足可见二人交情之深："紫云一握胜兼金，寄上仙郎索赏音。不负端溪吾与子，琢磨如见两人心。""不负端溪吾与子"，显然指方氏和黄任一样，也是一位喜爱端砚之士。黄氏能将贵逾黄金（兼金）的紫云砚寄赠知音方氏，可见黄、方"两人心"之默契。

《林史》收方曰岱《题陶舫砚铭册后》二诗。其一有"十砚奇珍我得三，故人情义重如山"句，黄任十砚轩十砚中竟有三方归于方氏，更可见黄任与方曰岱交情之深之笃。

黄任《秋江集》卷五收《柬方慕斋》二诗。其一有云："闻君早晚要休官，我亦沉吟意不欢。万一满天风雪大，有谁冲冷看袁安？"末句典出"袁安卧雪"：东汉名臣袁安，幼贫寒，心高洁，大雪封门犹高卧苦读。诗中黄任以袁安自比，言方曰岱即将休官归皖，再难来访。可见黄任罢官归乡后生计困窘，方曰岱常常登门拜访，遂成挚友、砚中知音。

◎朱景英

朱景英（生卒年不详），字幼芝，号莳汀、梅墅，晚号研北翁，湖南武陵人。雍正十一年诸生，乾隆十五年解元。历任福建连城、宁德、平和、侯官知县，擢台湾鹿耳海防同知，后署汀州、邵武等府。乾隆四十三年，告病归里，除图书数千卷外，别无他蓄。其为政行所无事，而以文学饰吏治，公馀流览图籍，博雅自喜。工汉隶，善诗文，著有《畲经堂诗文集》《海东札记》，后者专记宦台时见闻，每为治台史者所取资。又善编戏曲，作有《桃花缘》传奇、《群芳》乐府。

朱景英任侯官县令期间，与黄任过从甚密。《畲经堂诗文集·榕城叩钵吟自叙》记其于乾隆十八年春末入闽，未逾月，即"得晤黄丈莘田"，从此订交。此后朱氏先后官连城、宁德、平和，每诣省城公干，辄就香草斋借宿，与黄任秉烛论学。因此，亦与黄任子黄度、孙黄秉元及林正青、陈治滋、游绍安、李云龙、林在峨子林擎天、许均子许王臣等相唱和。其曾为谢道承《小兰陔诗集》作序，黄任、许良臣、林擎天亦皆为朱氏《桃花缘》作序。黄任《秋江集》中，有诗十四首与朱景英相关，可见其对朱氏青眼有加。黄任去世，朱景英诗《汉铜砚滴乃莘田二丈遗物》，有"青山知己今埋骨，清泪蟾蜍滴未干"句，伤感不已。或是朱景英对前辈持礼甚恭，而黄任对后学视同己出，后人竟演绎出朱景英为黄任亡子转世之奇说。

朱景英《题陶舫砚铭册后》第一首，即状当年光禄坊中诸人赏砚雅集景况："结邻几席乐相知，兰话堂中臭味奇。照眼芭蕉三百叶，晴窗一叶一通词。"《林史》卷八收入朱氏藏砚三方：圭砚、石客砚、水月砚。朱氏铭"圭砚"云："稽古之力吾何有？圭田于此终其亩。"据注文可知砚为黄任所赠，铭文意在勉励朱氏稽古研学。

《林史》卷八朱景英条目后，附有其子朱和壕一方"双芝砚"。朱和壕字笏宾，附贡生，工诗，善分书，兼通天文历算。以其父朱景英任福建陋规（清代征收钱粮或捐税外，允许地方官另征一部分附加税，称为"陋规"）事株连，追没家赀。晚年以医术自济。

第六节　闽地制砚家

◎谢士骥

因闽中诸人玩砚风盛，但福州本地不产砚，吴地名工又穷目难及，本土砚工便应运而生。其中书画篆刻家谢士骥及董汉禹、杨洞一诸人，原为刻治寿山石印钮的高手，遂兼及制砚。所谓触类旁通，砚印一理，诸人所琢之砚，其艺品之高非专业俗匠所能望其项背，且影响深远，完全可称为"闽派砚刻"。

谢士骥（生卒年不详，乾隆十二年尚在世），字宏卿，一字汝奇，闽县人。幼颖异，嗜学工诗。性故萧疏，诗境如其为人。善草书，波折清劲，得黄庭坚法，大者尤苍劲。精篆印钮，所镌虫鱼兽，须鳞欲动，造诣不在当时名工漳州人周彬、漳浦人杨璇之下。好蓄端溪砚材，一经磨琢，即成佳制，鉴赏家珍如圭璧。不乐仕进，构逸斋居之，几榻间图史纵横，栖隐以老。著有《春草集》十卷。

谢士骥与同里周绍龙交好，互相切磋书法，书名遂相伯仲。台版《历代砚台展》刊一谢士骥制"云起端砚",上有周绍龙隶书铭文一则,及李馥"曾在李鹿山处"藏印。

谢士骥为人潇洒,与客清淡竟日,毫无倦意,不顾无米为饮,淡然处之。其洒脱不羁的处世态度,确然近乎"魏晋风度",所以黄任评曰:"嵇康好锻、阮孚蜡屐,谢君之癖将毋同。"赞誉谢汝奇为嵇康、阮孚之类魏晋人物。以此种高旷胸次,发为刻艺,所作印、砚自然境界高远,非坊间俗匠可比。所以,谢士骥堪称清代"文人砚"代表名家之一。

传世谢士骥名款砚,以津博所藏林佶款"海天旭日砚"与黄任款"云月砚"最著名。前者明显伪品,后者有黄任铭,铭词与《林史》黄任"月砚"同,但款、印有异。

◎董汉禹

董汉禹(生卒年不详),字沧门(尝见一董氏旧端小品,款云"柱峰汉禹制",印"沧门"。"柱峰"或董氏之号),侯官人。善写松竹,精治端砚。工篆刻,与时人寿山石雕名工魏汝奋、杨玉璇齐名。与杨洞一同里,且刻艺相埒,故时人多将二人相提并论。

黄任《题陶舫砚铭册后》其中一诗即写董、杨:"三载衙斋丽泽工,桄榔树下看磨砻。董先老病杨生殁,谁复他山我错攻。"诗有注:"余友董沧门、杨洞一,皆精于制砚,兼工篆刻,客予衙斋三年。今沧门病且老,而洞一宿草芊芊矣。"黄任官四会任上只三年,董、杨亦客县衙觅石制砚三载,与黄任任职共始终。余甸和诗中有二首专言董、杨砚艺,(和韵)"董杨曾如顾氏工,步趋名款细磨砻。由来丘壑胸中有,得有真同鬼斧工。"(再叠前韵)"最是文人运斧工,董杨雅制善磨砻。开池深浅凭心曲,错识吴趋女手攻。"前诗,余甸认为董、杨砚艺曾经摹仿顾二娘风格,得其神髓。后首,则认为董、杨文人本色,虽然初期曾经摹仿过顾氏风格,但以胸中丘壑所生发之书卷气制砚,其制品之文雅气息更符合文人审美取向。所以,前诗言二人砚艺之源流,后诗言二人砚艺之成就。

因此，纯以传统技巧论，董、杨或有不及吴门顾氏精倒之处；但以文气及襟怀论，受限于识见的"女手"顾氏显然要逊色多多。又则，所谓砚贵有铭，文人制砚的一个重要特征是擅长撰刻砚铭，而砚铭自然是董汉禹、杨洞一及谢士骥等文人制砚家的本色、胜场。这相对于至今尚有"有款论""无款论"争议的顾氏制品，虽不至于有文野之分，但两者的人文价值显然不可同日而语。

李馥作有《题董沧门行乐图》诗，其笔下之董氏是一有风骨、重友情、轻钱财、精刻艺的大丈夫。林佶亦作有《题董沧门移家图》诗，诗中言董氏因轻财重义，导致生活窘迫，须借屋安身，但其贫也不改其乐。

陈兆仑题《题陶舫砚铭册后》诗之一："漫兴诗篇嫩未裁，风云休姑孟郊才。兹乡旗鼓峰峰好，一揽都教入袖来。"《紫竹山房诗文集》此诗后有注："董二沧门工铁笔，小篆为涪云所服。"林在峨铁笔篆刻技艺为余甸所心折，而董汉禹篆刻技艺又为林在峨所佩服，可见董氏刻艺修为之高，传世董汉禹所制印纽、砚作真品也可为之印证。

◎杨洞一

杨洞一，生年不详，应与董汉禹年龄相仿，俩人或比黄任略年长，故黄任《题陶舫砚铭册后》时，董氏病且老，杨氏更已去世多年。

据朱氏本《林史》林在峨《后序》所记：杨洞一曾从林佶学书，镌刻极工，林佶《兰亭记》《北阡草庐记》皆杨洞一所镌。林在峨儿时在京随侍林佶，旁听过林佶与扬洞一探讨镌刻刀法。雍正元年，杨洞一应黄任邀请去端州，制砚技艺更为精进。惜在粤只一年多即病故。

杨洞一有叔父名中一。杨中一曾从林佶游京师，名动公卿，以病殁。林在峨叹惜杨氏叔侄之死："因悲二子一技之工，亦造物所忌。"可见杨中一亦是以擅镌刻而名扬京师。

游绍安《涵有堂稿》所收《跋陶舫砚史》序言（未载《林史》）及《二砚记》，记其曾于雍正三年夏，访黄任于端州任上，获得黄任所赠一端石，及原县令余氏所转让的一方上品端石。二石皆由时客端州的杨洞一刻成，一为箕砚，一即心水砚，皆载《林史》。

林在峨《砚史·后序》记杨洞一去世时，林佶已去世三年。林佶卒于雍正元年（1723）。黄任官四会县令在雍正二年，董、扬客居黄任官署三年。由此推算，杨洞一应卒于雍正四年（1726）左右。

游氏《二砚记》又记杨洞一"凤擅李少微（南唐名砚工、砚务官）艺"，去世后，"粤工犹有师其法，制石赝莘田鉴识，匣以紫檀，漆里嵌玉，号'四会款'。珍重炫肆，索价无量，见者咸朵颐含呀焉。"可见杨洞一砚艺，当年曾在端州盛行一时，去世后甚至被作伪者仿其款式工艺，并加刻黄任伪款、配以精美砚匣以谋取暴利，时称"四会款"。

林在峨和黄任《题陶舫砚铭册后》有一首注明"谓杨二洞一"："中坑远赠见交情，谁料天工最忌名。一去罗浮同一梦，惟留遗制类天成。"诗中言其有一方老坑中洞石砚，乃杨洞一客粤时所寄赠。所谓"天工最忌名"应是指杨氏中年即故去，未能享高寿。

杨洞一遗作绝少见，其风格或可从清中期一些做工精美、砚匣讲究的赝品黄任款端砚中窥探一二。

第七节　外省籍相关制砚家

◎顾二娘

顾二娘，生卒年不详。本吴门邹氏女，因嫁予专诸巷制砚世家顾氏，人称顾二娘、顾青娘、顾家娘、顾大家。公爹（亦是邹氏舅父）顾圣之，读书未就，工琢砚。丈夫顾启明继其艺，惜早逝，顾二娘遂传其伎。所作古雅之中兼能华美，时无匹俦。其论砚艺名言："砚系一石，琢成必欲圆活而肥润，方见镌琢之妙，若呆板瘦硬，乃石之本来面目，琢磨何为？"顾二娘无子，养子二人，皆得砚艺真传，惜其一早亡。存者顾公望，字仲吕，实为顾二娘之侄，曾以砚艺供奉康熙内廷。顾公望亦无子，吴门顾氏砚艺遂绝。

顾二娘名重砚史，堪称史上最著名的专业砚工（野史遂有"脚尖识石""非老坑不雕"之佳话流传，实属不合情理之演绎）。但由于其砚作究竟有款、无款至今尚未能有定论，缺少可信的实物标准器为佐证，致使对其砚艺之研究有类隔靴搔痒。退而求其次之法，可从其子顾公望砚艺中探求。惜顾公望供奉内廷所制宫廷砚，按例不能留刻者名款；且清宫砚题材、工艺皆有一定的局限性，并无太多参考价值。幸而亦偶有顾公望为私人所制之砚传世，比如北京故宫所藏顾公望制"磲砢"端砚。该砚缘石赋艺，工、艺俱佳，应是顾公望真品，顾二娘砚艺风格可以从中窥得一斑。

顾二娘砚艺超群自是无庸置疑。但客观而言，顾氏名动雅流，闽中玩砚诸人尤其黄任之大力延誉，最有殊功。诸人赞誉顾二娘文字甚多，不胜枚举，尤以黄任诗《赠顾二娘》为论顾者所必引："一寸干将切紫泥，专诸门巷日初西。如何轧轧鸣机手，割遍端州十里溪。"诗有跋，言黄氏藏一青花端石十年，后携往吴门，请顾二娘为制成一"青花砚"。黄任喜顾氏艺之精、意之笃，赋此诗以赠，并刻于砚背，遂成砚史绝唱之一。

陈兆仑《题陶舫砚铭册后》其一"谓顾大家"有云："多情才子时留佩，细意佳人解剥蕉。"多情墨客输金解佩，换取顾氏巧手所琢一石，此种风雅事应常发生在林、黄诸人身上。其中余甸不仅藏顾二娘所制"蕉白砚""水月镜花砚"，还藏有一方顾德邻制"云锦砚"，可见其与吴门顾家交往之早。除余甸所藏两方顾二娘制品外，只《林史》所记闽人诸家所藏顾氏砚即有：林佶"奎砚""宋坑砚""元赵孟頫款独孤砚"、黄任"青花砚""元吴镇款橡林精舍砚"（旧砚改制）、许均"月仪砚""碧玉砚"、陈治滋"井田砚"、林在峨"杏花春燕砚"、林兆显"凤砚"，加上余氏二砚，闽中诸人共藏顾二娘砚共十二方。

上述十二砚仅为记入《林史》者，实则尚有不少闽人诸家所藏顾氏砚未收入。如林正青《题陶舫砚铭册后》一诗写黄任，有"曾纪高轩十砚文，磨砻大半付钗裙"句，此"钗裙"即指顾二娘，言黄任十砚轩砚很多出自顾二娘之手；其在《十砚轩记》中更言黄任"十砚"全系顾氏制品（部分应系旧砚改制）。时人陶元藻于乾隆间游粤闽，也在黄任十砚轩中见到顾二娘精品数枚，有诗纪之。陶氏更有《题林吉人先生〈砚史〉后》长诗，言林佶《砚史》所收入五十八人所铭之砚，半数以上皆出自顾二娘之手，可见闽中诸人斋中顾氏砚之多。

顾二娘对于闽地砚学之贡献，不止直接为林、黄、许、余诸人制砚，更重要者是闽地本土名工董沧门、杨洞一，皆从闽地诸人所藏"顾砚"上，揣摩吴派砚艺门径，得以取法乎上，直入堂奥。从此意义而言，董、杨实属顾氏之私淑弟子。因此，清中期兴盛一时的"闽派砚刻"，就工艺而言，实与"苏派砚刻"渊源一脉。

传世顾二娘名款旧砚不少见，多刻工繁琐，诸如笸箩砚、蘑菇砚之类，品味皆不甚高，实多属托名赝作。从《林史》所收诸人文字看，顾氏擅制凤砚，故传世顾氏款凤砚亦多，其中不乏精品。

下　编

| 林在峨《砚史》笺证

《砚史》笺证凡例

◎沪图潘承弼先生、国图朱文钧生原藏两种抄本皆为十卷，但以潘氏本内容更全面，故笺注以潘氏本为底本。凡两种抄本内容有不同处，引用时皆以"潘氏本"或"朱氏本"标明出处。

◎由于本书内容繁杂、条目多样，故分别以字体、字号及符号"●""◎""【】"等作区分。书中原铭正文用宋体，原铭款、印用楷体。题拓文字亦用宋体，但条目前标以"△"以与原铭正文作区别。题拓文字的款、印亦用楷体。原文偶有原注，按原文位置以括号内楷体与宋体原文作区分，不另作注。笔者注文中偶有注释，以括号内宋体作区别。

◎朱氏本收入而潘氏本删除者，皆据朱氏本补入相关卷目。如朱氏本卷一正文之前所收游绍安"砚史小传"，及"砚史目录"；朱氏本卷十所收林在峨"后序"；一至六卷中，个别砚铭、题拓跋文的字句，朱、潘两本互有不同，或朱氏本收入而潘氏本删除者，标明出处补录于相关条目之后；整则砚铭潘氏本皆未收者，如朱氏本卷二余甸二铭、卷三黄任一铭、卷七有张瑞图等人十八则砚铭，则全部补录于相关卷末；朱氏本卷八《题陶舫砚铭册后》有李馥等多人诗作，潘氏本只选录一部分，据朱氏本补全，并于作者名下标示所补数量及原诗排列顺序。

◎潘氏本原文卷七陈朝础"方砚"条目铭文之后，有朱景英三砚，附录其子朱和塿二砚及叶观国二砚，因传抄讹入第八卷谢道承《题陶舫砚铭册后》诗第四首之后，兹将其复位，重移至第七卷，正文不另标注。

◎原文每卷卷首皆标有"侯官林在峨涪云辑"，卷尾标有"《砚史》某卷终"，不赘录。

◎本书内容为林在峨据所藏砚、所见砚的铭文拓本所辑录，但铭文正文之后所附部分条目并非砚上原铭，而是对砚拓的题跋。两者的区别：一砚有两则以上条目，首则以外的条目，后面未注明字体、印章者，大多应是题拓文字。凡属疑似题拓的内容，均以"△"标出，因一些内容难定是原砚砚铭、还是题拓跋文，故仅供参考。

◎砚学文献，除林在峨《砚史》外，尚有米芾《砚史》、高凤翰《砚史》，且比林氏《砚史》影响更大。故按学术通例，文中亦以《林史》简称林氏《砚史》，以作区分。

◎书中所收砚铭砚诗，其中涉砚典故、赞砚词句多屡有重复，故同一典故、类似词句只于首次出现时作注，后文复见不赘。个别与正文关系较大者，酌情适当复注。一些常见的文史典故、名词，不作赘注。

◎因林氏《砚史》系抄本，偶有字迹模糊难辨者，均以"□"代替。

◎《清代中前期闽人玩砚群体主要人物小传》一文中专门有传者，注文不再重复作人物简介。其他相关人物注文中均作生平简介。

◎关于避讳字：潘氏本为避清圣祖康熙帝玄烨名讳，原文"玄"字皆作缺笔移位"𤣥"，注文改正作"玄"字。

◎关于通假字：原文"员"字多通假"圆"字，指砚圆形者，注文作"圆"。"邨"通假"村"，今天"邨"字尚有用者，故许均字雪邨，文中仍用"雪邨"，不作改易。"峩"通假"峨"，林在峩原文皆作"在峩"，但"峩"字今人弃用已久，故原文、注文均作"在峨"。剩馀之"馀"字，今简化为"余"（文言中专指第一人称代词），但以字意差别较大，从古，不混用。古人所称"砚搨"，今人多作"砚拓"。"搨""拓"互为异体字，但"搨"意摹揭，多用于复制碑帖。"拓"指椎拓，多用于拓制金石古器，用"砚拓"更准确。故原文仍用"搨"字，注文则用"拓"字。

◎因古人皆按虚岁计年龄，从旧制，文中亦用虚岁；月份亦然，用农历。

《砚史》序（余文仪）

余文仪（1687—约1782），字叔子，号宝岗，诸暨人。乾隆二年进士，授刑部主事。历官福宁、漳州、台湾知府。乾隆二十九年，任福建按察使，擢侍郎，巡抚福建台湾。召为刑部尚书。逾年，以老病乞休，加太子少傅。有《嘉树堂集》。

世传制研始于帝鸿氏①，而《太公金匮》②所载有"石墨相著"之说，则砚铭所由来旧矣。予素有兹癖。昔岁出守长溪，获交黄君莘田。君故官端州，又精赏鉴，归装所贮皆羚峡精华③，榜所居轩为"十研"。予每过从，辄玩赏未忍去。洎④予膺内召，复建节闽中，则黄君下世已久，轩中故物不知存佚若何？摩挲旧所贻研，弗胜感喟！适林子心香⑤馆予使院，得见尊甫轮川先生⑥所辑《研史》十卷。公馀稍一津逮⑦，窃叹"即墨侯"⑧勋绩彪炳汗青。而先生之富甄综而萃评林，有伦而有要⑨也。

按林氏，自立轩先生⑩宦三秦，雅好古金石图书，再传而鹿原先生⑪，以紫薇内史直禁鬭⑫，声望遍海内。至先生染擩家学，学邃文钜。早岁纂修《钦定古今图书》，肆力浩博，为名公卿所倾倒。既而不乐就一官，里居却轨⑬，撰著益富。而余田生、谢古梅、陈德泉与莘田诸先辈，皆先生所共数晨夕者，每得佳研必泐铭⑭。今编掌录铭词，林氏累叶所宝名研，暨十研轩藏研为多，炳炳麟麟，信伟观也。廼先生既重先芬，更怀旧雨⑮。举凡游涉所经，与名流投契，见题研佳者，更摹拓之。自是诗歌酬唱，积久寖多，遂衰成卷轶，以视高氏之笺、米氏之谱⑯，有远过无多让焉。

士大夫幸生承平之世，居闲无事，得以讨论今古，讲求于一名一物，皆有精义可传不朽，况乎石交耐久？一时文酒追趋，结缘翰墨，浣花叟所谓"文章有神交有道"[17]，循览是编，如或遇之。且其后人又克绍旧德，守先畴[18]以无荒，其千秋之业宜其大书而特书之也。故因其剞劂[19]而乐为弁于简端[20]。

乾隆乙未春三月古越余文仪撰。

①帝鸿氏：指"帝鸿氏之砚"，传为黄帝所用。典出北宋苏易简《文房四谱·砚谱》。

②《太公金匮》：指西汉《大戴礼记》所引传为西周姜太公（吕尚）所作《太公金匮》。其载"研之书"云："石墨相著，邪心谗言，无得污白。"

③羚峡精华：端砚名品。羚峡，即端州西江河羚羊峡，端石水岩等名坑产地。

④洎：及。

⑤林子心香：林在峨子林兆显（号心香）。

⑥尊甫轮川先生：即林在峨。尊甫，古时对他人父亲的敬称。

⑦津逮：原指由津渡而到达，比喻通过途径而达目的。

⑧即墨侯：即石虚中，虚拟人物。出自唐代文嵩《即墨侯石虚中传》，代指砚。

⑨有伦而有要：即"有伦有要"，指合规则。语出《尚书·吕刑》。

⑩立轩先生：林在峨祖父林逊（号立轩）。

⑪鹿原先生：林在峨父亲林佶（号鹿原）。

⑫禁簌：即"禁苑"，内廷。指林佶官内阁中书，即所谓"紫薇内史"（唐代中书舍人的别称）。

⑬里居却轨：即"闭门却轨"，闭门谢客。典出《后汉书·党锢传·杜密》。

⑭渤铭：刻铭。渤，同"勒"。

⑮先芬、旧雨：祖先、老友。

⑯高氏之笺、米氏之谱：南宋高似孙所撰《砚笺》、北宋米芾所著《砚史》。

⑰指杜甫诗《苏端、薛复筵简薛华醉歌》句："文章有神交有道。"意指为文需有神采，交友需有原则。浣花叟，亦称"浣花翁"，即杜甫；因杜宅位于成都浣花溪畔，故称。

⑱先畴：先人所遗田地，代指先人美德。亦即前句之"旧德"。

⑲刳剧：雕刻用曲刀，代指雕版。

⑳弁于简端：将想表达之意置于书籍开头。弁，原指古人冠帽，后代指置于篇卷前面的序文，称弁言。

【按】余文仪此序原无标题，标题为笔者所加。

余氏此序作于乾隆四十年（1775，乙未），是其在林在峨子林兆显处见到《砚史》稿本，遂为作此序。其时林佶、黄任、余甸、许均、林正青、林在峨皆已去世。

从序文中"予素有兹癖"看，余文仪亦有砚癖，当系一藏砚家。其官闽时获交黄任，曾得黄氏赠砚（"摩挲旧所贻研"）。

《砚史》序（黄之隽）

黄之隽（1668—1748），字若木，号吾堂，江南华亭人，原籍徽州府休宁县。康熙进士，历任翰林院编修、福建督学等，后被革职。曾任《江南通志》总裁。

体贞而用宏^①，厥族蕃^②享年也久莫如砚矣。笺之、谱之、录之，不胜载也。米氏始为史，天下古今之史也，右史^③之记事也。今轮川林氏亦为史，一乡一家之史也，左史之记言也。若曰"即墨侯"奋厥勋绩，世为雄长，文治灿然笔诸简，如侯国之有史云尔。

自其大父州守公，因甘露以铭其砚，尊人中翰藏佳砚尤夥，一一为之铭。其父友余京兆，其友许仪部、周京兆、黄大令，其中表兄弟陈京兆、谢阁学，其诸昆暨嗣君^④咸喜藏砚，人人有铭。而涪云匪直铭而己^⑤，又工铁笔^⑥。勒之石，若夏敦商盉之款识^⑦也；搨之墨^⑧，若周鼓秦碑之文字^⑨也。萃而编之为六卷。所载砚且数百，故曰一乡一家之史。所载铭亦如其数，故曰记言。旁及所载宋、元、明、今人之名砚，若《通鉴》^⑩之前编者为一卷，附录时贤题咏，若《史》《汉》^⑪之评林者为三卷。于是，难兄洙云氏^⑫持副本乞言，不知予之恶于^⑬砚也甚。歊予故乡，端游迹所至，曾于赏鉴^⑭，未尝蓄一佳石。惟赐砚，先砚敬铭，余未尝措一辞，役砚劳而报砚薄。读是史，且心恶焉，其何言之有。窃惟古之铭砚者，曰"石墨相著而黑，邪心谗言，无得污白"，纪其事功；继之以训戒，兼乘檮杌之义焉。器形下，道形上^⑮，一以贯之矣。

是史也，诵其先芬，称其邦彦⑯，扬其友声，仁孝之心油然。其铭辞皆光坚响厚⑰，追《金匮》于千古，言以载道⑱，岂一器一艺之詹詹⑲也者。

乾隆丙寅秋九月云间黄之隽撰于维扬之梅花书院。

①用宏：可供取用者宏大而精。

②族蕃：宗族庞大，支脉繁衍。

③右史：周代史官名，后亦代称史官。

④诸昆暨嗣君：诸兄弟子侄。昆，兄弟。嗣，子孙。

⑤匪直铭而己：不只擅长撰铭。匪，非。

⑥铁笔：金石篆刻。

⑦夏敦商盉之款识：夏商青铜器之铭文，指金文。

⑧搨之墨：以墨作拓。搨，同"拓"。

⑨周鼓秦碑之文字：周代石鼓、秦代碑刻文字，指石鼓文、小篆。

⑩《通鉴》：北宋司马光主编之《资治通鉴》。

⑪《史》《汉》：《史记》《汉书》的并称。

⑫难兄洙云氏：即林正青（字洙云）。"难兄"，即兄，典出"难兄难弟"。

⑬恧于：惭愧而畏缩。此作谦词。

⑭曹于赏鉴：不精悉鉴赏。曹，同"懵"。

⑮器形下，道形上：即"重道轻器"，《易经·系辞》："形而上者谓之道，形而下者谓之器。"指人伦、道德重于技艺、器具。

⑯邦彦：邦国优秀人才，此指乡邦人物。

⑰光坚响厚：形容辞藻华丽典雅。

⑱言以载道：意同"文以载道"。

⑲詹詹：言词烦琐、喋喋不休。

【按】黄之隽此序于乾隆十一年丙寅（1746）作于扬州，乃应林正青所请而作。林正青于雍正十二年甲寅（1734）任淮南小海场盐大使，赴任泰州，《林史》卷五林在峨所撰林正青小传，云其"盖淹滞邗江者，十数年矣"。泰州时属扬州府所辖，可见请黄氏作序即林氏泰州任上。

《砚史》小引（林正青）

　　余家藏砚十馀枚，皆先君子手自磨礲，铭刻其背。墨绣①陈因，意义深远。忆余童时侍侧，日供洗涤役，盖与陶泓君②未尝须臾离。

　　维时许丈月溪、余丈田生与先君子称石交③，每得佳砚，互相铭刻以为宝。以是予与雪邨两家子弟，各以文艺相琢磨④。雪邨，月溪丈叔子也。黄子莘田，则许所自出⑤。而陈子德泉、谢子古梅又予中表兄弟行⑥。少同学，长同好，临池之馀，所收藏砚材亦略相敌。

　　自月溪丈与先君子先后下世，频年来，田生丈老卧林泉，莘田自粤东罢官旋里，予与雪邨、德泉、古梅宦京师。既雪邨奉使江南，寻瘁殁⑦，德泉、古梅皆乞养归；而予独以观政秋曹⑧留都下，每抚砚太息，以为贤豪生不常聚，唯兹石能永年耳。

　　今春三弟轮川寄所撰《砚史》来京邸，予翻阅之，则诸家所蓄及余家世藏遗墨，皆经轮川捃摭⑨而荟萃焉。其从事于斯也，可谓勤矣。欧阳文忠公云"物常聚于所好，而常得于有力之强"⑩，又云"好之己笃，则力虽不足犹能致之"⑪。以予数家所收藏若此，岂非物聚于所好，而好之己笃，力虽不足犹能致之者乎？夫君子寓意于物，而不留意于物⑫。砚之精粗多寡，岂足深较，而轮川用心于此者，良以游艺墨林，笔砚精良，人生乐事。且汇其铭词，置诸座隅，触目警心⑬，亦古人盘盂刀剑之义⑭也。

　　独念老辈云"亡故人解手"⑮，而予兄弟犹斤斤焉⑯。惟此是嗜，毋亦结习⑰使然乎。然而，盛衰聚散之感，予与轮川不能抚卷而交集也。

　　雍正十有一年季秋霜降日林正青书于都门宣武坊之警露轩。

①墨绣：即"墨锈"，积墨浸蚀所呈墨垢。

②陶泓君：代称砚。

③石交：石友。此指砚友。

④相琢磨：互相探讨。

⑤许所自出：指黄任为许氏外甥。古制：姓是族号，氏为其分支。

⑥中表兄弟行：陈治滋（字德泉）、谢道承（字古梅）皆林侗、林佶外甥，故与林正青、林在峨兄弟为中表兄弟。

⑦瘁殁：病故。

⑧观政秋曹：指在刑部实习政事。明清时期进士及第后并不立即授官，而是被派遣至六部九卿等衙门实习政事，称为"观政"。秋曹，刑部的别称。

⑨捃摭：摘取；搜集。

⑩⑪二则出自欧阳修《集古录·自序》。主旨在于阐述金石鉴藏之道要在执着、专一。

⑫二句出自苏东坡《宝绘堂记》："君子可以寓意于物，而不可以留意于物。"意指可寄情于物，但不能为物所役。

⑬触目警心：指读之深受启示、警示。

⑭盘盂刀剑之义：古时常将铭言或功绩刻于盘盂，以为法鉴。盘盂，盛食物或水之器皿。

⑮亡故人解手：似指旧日临死之人排便"净身"（实为大小便失禁）。此处用以比喻人去世以后，生不带来，死不带走。

⑯斤斤焉：即"斤斤计较"。此指嗜砚情笃，不能超然物外。

⑰结习：即"积习"，久而难改的习惯。

【按】此引文为林正青作于雍正十一年癸丑（1733）秋。林正青一直科场失意，直到雍正六年戊申（1728），已届耳顺之年，方由早年同学、时任礼部侍郎蔡世远举荐，得以在刑部学习行走（类似实习），至雍正十二年任淮南小海场盐大使。因此，此文作于刑部实习时期，其寓所即宣武坊警露轩。

从林正青此文可知，林佶亦自刻砚铭，林家早期所藏十馀方砚，铭文皆其亲手所刻。林在峨刻铭之技出于家传渊源。

朱氏本所收林正青此文，内容大意相同，个别字句措辞略详尽。其中有一则甚有砚史价值，其记许均、陈治滋、谢道承任职京官时，每当南城慈仁寺古市集日，必相约同往觅古寻砚，所获砚甚丰。

《砚史》题识（林在峨）

先大父立轩公自宦秦归，无长物，惟收藏金石搨本最富。先君子少承庭训，读书荔水庄，馀事研究书法，沿泝六书源流。凡蝌斗①古文钟鼎款识，与夫史籀篆隶书飞白章草行楷诸体，靡不一一辨析其家数②。而于时代升降之故③，尤别有会心。以是先君子书格屡变益，上足以追踪古人，盖其来有自④。

先世多遗砚，先君子续所得者亦夥。暇日各系以铭，镌砚背，藏箧衍⑤，有年矣。夫六书⑥一道，不精求古器铭，及石鼓、石经、泰山、峄山、秦望、两汉诸碑字，沿泝其源流而辨析其家数，则从俗从讹皆所不免。余不敏⑦，追惟先君子向所研究者而津逮焉。偶师其意，铭所获砚书刻之，未敢谓有得于古人也。第于先君子所由，追踪古人者，少求形似焉耳。维时余丈田生以少京兆归老，每见必古赏，盖田生丈铭砚极浩博。而同里黄君莘田有砚癖，亦时出其所蓄砚与所刻铭相质，自是里中以案头有无片石为雅俗，且以不得佳砚为憾事，亦一时风尚然也。

予既拥多砚，又自赏诸名家所储单词剩字，恒用寸笺搨出。岁月积久，楮墨遂多，乃装成八册，不欲私诸家笥⑧也。复重加编次，并辑投赠诸作，付抄胥⑨厘为十卷目，曰《砚史》，用公同好，而予之费心力于此者亦略可睹矣。夫六书之学，先君子所为研究者如彼，而予之费心者仅出于此。然即此区区⑩，心力之费，而源流家数、时代升降之故，胥⑪于行墨间遇之，是亦先君子研究之所不遗也。录既成，因识其缘起如此。

雍正癸丑岁花朝前二日⑫侯官林在峨涪云氏书于陶舫。

①蝌斗：即"蝌蚪文"，先秦时期一种古文字。

②家数：脉络；流派。

③时代升降之故：因朝代变革、社会变迁所产生的风格变化。

④其来有自：指事物发生、发展有其来由。出自《孔子家语·冠颂》。

⑤箧衍：方形竹箱。

⑥六书，词首见《周礼》。指象形、指事、会意、形声、转注、假借六种汉字构造条例。

⑦不敏：不聪明。常用作自谦。

⑧私诸家笥：指秘藏不示人。家笥：私家箱箧。

⑨抄胥：旧日专事誊写的胥吏、书手。

⑩区区：微小；此为自谦。

⑪胥：皆；都。

⑫雍正癸丑岁花朝前二日：雍正十一年癸丑（1733）花朝节前二日（二月十日）。花朝，即二月十二日花朝节。也叫花神节，俗称百花生日。

【按】林在峨此题识原无标题，标题为笔者所加。

林氏此文中提及清中前期闽人玩砚圈兴起之肇因：始自林佶，推波助澜于余甸，至黄任，遂名动闽中，品藏砚成闽乡一时风尚，文人雅士以是否蓄砚以分雅俗。林、余、黄三人于砚，各有特点：林佶擅书法、镌铭，余甸善撰铭辞，黄任选石最精。

《砚史》凡例

是编托始于《砚铭册》。盖砚铭从砚背揭出，款识不一，字体亦殊，兹专录铭词，曷能①仿肖。惟于铭前标目，铭下细注名款、书体、印章，少存梗概，俾阅者仿佛形似，盖窃取江邨先生《销夏录》体②也。

同里诸家砚铭，惟余、黄两家最富，用列前二卷。馀均依次排缵。第三卷内义主擅场，志期集美，不分存殁为先后也。

家藏砚铭，自立轩公下逮琮孙，凡五世，厘为三卷。无美弗备③。虽细分遗，所以督我世耕，期于先畴永服，匪敢自炫私家，夸多乡国④。

此录以前六卷为正编，至于前代古砚及海内诸家砚铭，经揖藏者，不忍割弃，汇录第七卷内，亦原始举类⑤之义也。第名砚滋多，佳砚甚夥，末由遍采，仍付阙遗。

里中耆旧、平生执友⑥，因录铭词，各系小传，所以存其须眉，供我晤对也。若夫先世清芬、雁行懿迹⑦，亦申扬推⑧，式我后人。他如曩贤时彦⑨，则事纪史编，名传海内，毋庸多赘，致滋繁冗。

一砚也，而各家题铭，则分录各家卷内，盖是编从人不从砚也。惟铭后间有评跋，仍依铭附纪。卮言⑩丛话，亦资谈柄，要不以璅缀⑪为嫌。

自莘田题《砚铭册》后十八绝，余京兆三赓⑫其韵，而海内和者竞起，触目琳琅，难为去取，惟于词意重复者间从删剟，匪敢撞碎珊瑚⑬也。至《砚史》题词，不名一体，依体掌录，视投赠为先后，别无轩轾⑭，有虚良觊。

余之初有《砚铭册》也，盖岁月滋久，迨编为《砚史》，至癸丑⑮始有成书，嗣余屡事缉缀⑯，迄丙寅⑰而是本乃定。中间与伯兄苍岩、季弟泾云商榷数四，而校写之役，则儿子兆显、擎天、畅均从事焉。

轮川又识。

①曷能：何能、怎能。用于反诘询问。

②江邨先生《销夏录》体：仿照高士奇《江邨销夏录》体例。

③无美弗备：无美不备，诸美齐备。

④夸多乡国：夸于乡梓。

⑤举类：举荐善类。

⑥耆旧：耆老。执友：挚友。

⑦雁行懿迹：同辈手迹、行迹。

⑧扬摧：略举大要。

⑨曩贤时彦：昔日贤士，时人才俊。

⑩卮言：即"卮言"。自然随意之言，多用于自己著作谦词。

⑪璅缀：赘言。璅，同"琐"。

⑫三赓：连续三次。赓，连续。

⑬撞碎珊瑚：即"击碎珊瑚"。形容豪奢癫狂，唐突名物。典出《晋书·石崇传》石崇、王恺斗富故事。

⑭别无轩轾：不分高下、轻重。

⑮癸丑：雍正十一年癸丑（1733）。

⑯缉缀：编辑缀合。

⑰丙寅：乾隆十一年丙寅（1746）。

【按】此凡例三个要点：

其一，《林史》成书过程：初编是为《砚铭册》，后改编为《砚史》，雍正十一年大致成书。后又屡经增补，乾隆十一年始定稿。

其二，《林史》体例仿照于高士奇《江邨销夏录》。高氏该书分三卷，以时代为序著录自藏与亲见书画，起自晋王羲之，迄于明沈周（其中参杂不少赝品）。详载书迹原文、画面布局、画法和跋尾，以及卷轴、纸绢、尺度、印记等，并附有高氏评语、跋语。

其三，卷八"题陶舫《砚铭册》后"、卷九"题陶舫《砚史》后"，两卷题辞的由来，是滥觞自黄任题《砚铭册》十八首。此后余甸三和其韵，于是众人效仿之，遂哀然成帙。

朱氏本补遗（砚史小传、砚史目录）

砚史小传

林佶，字吉人，又字鹿原，闽之侯官人。康熙壬辰[①]科钦赐进士，官内阁中书。

公先人立轩先生逊，以开州刺史归田，在林下三十馀年，多蓄异书及古今金石录，闭户教子孙。公弱冠，先生具书币遣出岭，从丘南汪钝翁琬[②]游，讲明正学以及汉唐宋元明文章之林府[③]。以故公问学根抵深固。及拔贡入京，从新城王阮亭士□[④]游，而诗学亦精进。当代巨公如泽州陈午亭廷敬[⑤]、商丘宋牧仲荦[⑥]、华亭王俨斋鸿绪[⑦]，三先生尤折节倾心，争推毂[⑧]焉。

公精篆隶学，行楷临米南宫、赵文敏[⑨]两家，不能别其真赝。圣祖仁皇[⑩]屡称其书法，留直武英抄写御制诗文集者十年。外而高丽、流求[⑪]无不购纸乞书，如得拱璧。公诗文数十卷，曰《朴学斋集稿》，公长君正青为编刻焉。

正青字洙云，又字苍岩，今以为举观政刑部[⑫]，铮铮有声，出为两淮盐官。仲在衡，叔在峨，季玉衡，皆能以文章名，德世其家。在峨字涪云，又字沧川，精隶楷，工雕刻，今所传《研史》皆其手镌。

吾闽多故家大族，然诗书之泽数世相承，应推林氏为巨擘[⑬]焉。

①康熙壬辰：康熙五十一年壬辰（1712）。

②丘南汪钝翁琬：汪琬（1624—1691），字苕文，号钝庵、尧峰，苏州长洲人。有别业在虎丘，曰丘南小隐。顺治十二年进士，康熙十八年举鸿博，历

官户部主事、刑部郎中、编修。文与侯方域、魏禧，合称明末清初散文"三大家"。

③林府：指事物众多之处。

④新城王阮亭士□：即王士禛（1634—1711），为避雍正帝胤禛讳，被改名士正、士祯，字子真，号阮亭、渔洋山人，谥文简，山东新城人。顺治十五年进士，康熙时官至刑部尚书。诗倡"神韵说"，著述甚丰。原文"士"字后空一格，应为避讳。

⑤泽州陈午亭廷敬：陈廷敬（1638—1712），字子端，号说岩，晚号午亭，山西泽州阳城县人。顺治十五年进士。历任经筵讲官、文渊阁大学士、吏部尚书、《康熙字典》总修官等职。有《午亭文编》收入《四库全书》。

⑥商丘宋牧仲荦：宋荦（1634—1714），字牧仲，号漫堂，河南商丘人。顺治四年，应诏以大臣子列侍卫。累擢江苏巡抚，官至吏部尚书。康熙帝誉为"清廉为天下巡抚第一"。性嗜古，精鉴赏。有《西陂类稿》等。

⑦华亭王俨斋鸿绪：王鸿绪（1645—1723），字季友，号俨斋，江南华亭人。康熙十二年进士，授编修，官至工部尚书。曾入明史馆任《明史》总裁。书学米芾、董其昌。有《横云山人集》等。

⑧推毂：荐举：

⑨米南宫、赵文敏：即宋代书画名家米芾（曾官"礼部员外郎"，唐宋时别称礼部管文翰之官为"南宫舍人"，故后世称其"米南宫"）、元代书画名家赵孟頫（谥号"文敏"）。

⑩圣祖仁皇：清圣祖康熙，其谥号为"合天弘运文武睿哲恭俭宽裕孝敬诚信中和功德大成仁皇帝"。

⑪流求：即琉球国（今日本冲绳县），明清时期藩属国。

⑫观政：明清时期，新科进士正式任官前分往各部衙门实习，称"观政进士"。但林正青久试不第，于雍正六年蒙老同学蔡世远（时任礼部侍郎）举荐，方得以在刑部学习行走，性质类似"观政进士"。

⑬巨擘：比喻在某一方面具有杰出成就之人或事物。

【按】此传记林在峨"精隶楷，工雕刻，今所传《研史》皆其手镌"，应是指《林史》所收林、黄、许诸闽人砚铭，大多皆林在峨所手刻（其中少数几方应为林佶所刻）。其他大多数借拓、录铭他人之砚，尤其古砚原铭，显然不可能为林氏所镌。

余甸，初名祖训，字仲敏，改字田生。闽之福清人。

康熙丙戌①进士。初选四川江津县，携两仆之官。终日危坐堂上，事可即判，与大吏抗，亦不能阨②之。寻行取入吏部，以刚直称，为冢宰张遂宁鹏翮③所器重。然忌之者多，公遂拂衣归。

陈沧州鹏年④总督南河，特疏起公济宁道，未三年被议。山东百姓为公呼冤者，埜⑤不绝声。宪皇帝⑥特召入京，赐廷对，擢山东按察使司。未几复以文字为观风振俗使⑦所纠，幸太山赵大中丞⑧宽其狱焉。

公才情杰出，足任天下事，然过于刚直，随起随踬⑨，不能久于其位，识者伤之。公文章，初纵横超轶，晚年益严谨有法度。其字学亦然，笔皆中峰，直透纸背。《研史》诸铭暮年所作，游戏翰墨，直达己意，亦足称焉。文集数卷，未付剞劂⑩。

①康熙丙戌：康熙四十五年丙戌（1706）。

②阨：同厄。困窘。

③冢宰张遂宁鹏翮：张鹏翮（1649—1725），字运青，号宽宇，四川遂宁人。康熙九年进士，授刑部主事，累擢河道总督，主持治理黄河十年。雍正初官至吏部尚书（别称"冢宰"）、武英殿大学士。卒谥文端。有《张文端公全集》。

④陈沧州鹏年：陈鹏年（1663—1723），字北溟，又字沧洲，湖南湘潭人。康熙三十年进士，授浙江西安知县。历浙江西安、江南山阳知县、江宁知府。官至河道总督，卒于任。卒谥恪勤。有《道荣堂文集》等。

⑤埜：同"野".

⑥宪皇帝：即清世宗爱新觉罗·胤禛。卒谥"敬天昌运建中表正文武英

明宽仁信毅睿圣大孝至诚宪皇帝"。

⑦观风振俗使：雍正为配合文字狱而设，职责以"教化"百姓、监察地方官员为主。

⑧太山赵大中丞：即赵国麟（人物简介见"清代中前期闽人玩砚圈人物小传"）。太山，即泰山，赵国麟里籍。中丞，明、清两代巡抚别称。赵国麟于雍正八年任福建巡抚，故称其为"大中丞"。

⑨踬：绊倒。

⑩未付剞劂：雕版；刻书。此指余甸诗文集未刻版刊行，其集当即本节补遗后文"砚史目录"所列余氏《篆隶堂稿》。

【按】此传记余甸"《研史》诸铭暮年所作"，可见余甸玩砚尤其铭砚，主要在其去官归乡之后，平生砚铭当不止此数。因余氏《篆隶堂稿》未能行世，所以余氏所撰砚铭亡佚者当尚不少。

许均，字叔调，又字雪邨，侯官人。

曾祖平远公豸①，以甲第督学浙水，称得人。祖瓯香公友，以布衣有诗文名，钱牧斋②收入《吾炙集》。父真意遇，亦以诗画为新城王阮亭先生高弟名。少沾被家学，从父宦中州，又量移江南长洲，辙迹周游，以故襟怀开豁，问学渊深。登康熙戊戌③科进士，入词林散馆，转吏部，以刚果闻。寻升礼部祠祭郎，特命清查江南钱粮，驻扬州，未二年卒于官。

公年方强仕，时方向用，未及倾困倒廪④，遽尔山崩本颓⑤，论世者不能不三太息也。

公文字皆清矫，绝无时态⑥。初亦得力于同里林鹿原先生，晚乃自成一家，有《玉琴书屋集》行世。

①平远公豸：许豸（约1595—？），字玉史、玉斧，宋状元许将后裔。明崇祯四年进士，历户部主事、浙江按察使司佥事、浙江学政、福建提学副使。工书善画，诗文亦佳。晚年在福州乌石山南筑石林别业。有《春及堂诗》诸集。

②钱牧斋：钱谦益（1582—1664），字受之，号牧斋，明南直隶常熟人。

万历进士，历官至礼部侍郎。南明为礼部尚书，降清，以礼部侍郎署秘书院学士。明末文坛领袖，与吴伟业、龚鼎孳并称为"江左三大家"。有《初学集》等。

③康熙戊戌：康熙五十七年戊戌（1718）。

④倾囷倒廪：倾倒出粮仓中的全部储藏。比喻尽其所有或所知。

⑤山崩本颓：意大山崩塌，根本颓丧。指许均去世。

⑥时态：当时人的流风俗习。

【按】此传记许均文字"初亦得力于同里林鹿原先生"，可见林佶之与许均，是亦师亦友的关系。

周绍龙，字允乾，又字瑞峰。

公年十二三即以善书名，登雍正癸卯①科进士。以内艰②归。丁未以荐授庶吉士，是年即出差四川丈粮。公清理得宜，不病民。归授编修，未匝月③改选，以谏官用特简巡察山西。任满，巡抚乞留，再任以通政右参议内升嗣。以生母忧乞归葬④。上予回籍，悬缺以待。候补少京兆，卒于官。

公萧洒出尘，气度渊深，见者无不爱重。而遇事果断不委随⑤，故能受特达之知⑥。吾乡数十年来无大位⑦，方及柄用⑧，遽殒文星。前则瑞峰⑨，后则古梅，岂南国之精华尚蕴畜而未开豁⑩耶？悲夫！

公有子正思，以庚戌词林标长木天⑫，能世其家学焉。

①雍正癸卯：雍正元年癸卯（1723）。

②④内艰：旧时遭母丧称"内艰"，此指周父正妻亡故。后"乞归葬"特别点明为"生母"，盖周绍龙为庶出。

③未匝月：未满月。

⑤不委随：不随顺、妥协。委，通"萎"。

⑥特达之知：特殊恩遇。

⑦大位：显贵官位。

⑧柄用：被信任而掌权。

⑨"瑞峰"，原文作"瑞华峰"，"华"字当系传抄所误加。

⑩开豁：开通明朗。

⑪木天：原指宏敞高大的木构建筑。此为秘书阁、翰林院的别称，指周正思曾官翰林院编修。

谢道承，字又绍，别字古梅，侯官人。

少受业于舅氏林鹿原先生，授以诗文正宗①，而隶楷古法亦得其传。康熙庚子②，以省元③取上第，授庶常④。公少失怙⑤，依母氏承欢膝下，不离左右。及成名，即欲乞终养，太夫人弗许。三年授编修，即告假归。

公初承遗荫，薄产足用。及在官，尽弃去。归田日，三径⑤就荒，昆弟⑦无以糊口，公处之漠然。菽水⑧奉母，闭门不与外事。当事⑨思造门一见，不可得，甚至绝炊。因授徒以给朝夕。中丞泰安赵公聘修省志，币聘不入其门，是非必轨于正，识者以为良史焉。家居十馀年，太夫人告终，公为襄葬事。乾隆三年始出补官，时泰安初入相，特荐公引见，授侍讲。一岁三迁，至大司成⑩。五年升阁学⑪，薨于位。

公家居日，倍于居宦，年不足酬其志，位不只称其德。国子一席，远足追美阳城⑫，近足比德李时勉⑬，时论以为不诬⑭云。

①正宗：原指各佛教嫡派，后泛指正统派。

②康熙庚子：康熙五十九年庚子（1720）。

③省元：即解元。各省乡试举人第一名。

④庶常：翰林院庶吉士。名称源自《尚书·立政》篇"庶常吉士"之意。

⑤失怙：丧父。出自《诗·小雅·蓼莪》："无父何怙？"

⑥三径：意为归隐者家园或是院子里小路。

⑦昆弟：同昆仲，指兄弟。

⑧菽水：豆与水。形容生活清苦。常以"菽水"指晚辈对长辈的供养。

⑨当事：地方官吏。

⑩大司成：国子监祭酒的别称。

⑪阁学：内阁学士。

⑫阳城：阳城（736—805），字亢宗，唐代定州北平人。隐于中条山，远近慕其德行，多从之学。唐德宗诏为谏议大夫，以上书直斥奸佞，被贬国子司业，出为道州刺史，有善政。

⑬李时勉：李懋（1374—1450），字时勉，以字行，号古廉，江西吉安安福人，明初翰林侍读。曾上书反对迁都北京。官至国子监祭酒，卒谥"文毅"，后改"忠文"。

⑭不诬：指不妄，不假。

黄任，字于莘，又字莘田，永福人。

曾祖中允文焕公，前明遗老也，著作等身，有《诗经琅环》《老子知常》为时所宗；又有《庄子因》《杜诗解》，未行世。家有旧研数方，当年丹黄甲乙①所用，莘田少时知宝之。及长，有研癖，每典衣缩食以求。时同里林鹿原先生，以风雅标长一时。公每进则请益，退则与其诸子洙云等相砥砺②，以故诗文日益进。曾贮轩以居，榜曰"十砚"，人争传焉。

少举于乡，老于公车③。晚得四会县，寻摄高要，端溪即其所辖，未能割一片石。旋孔制府④命凿山⑤，以公精于鉴，主其事，公乃得间，搜括数十石。未几，为忌者所扼，以公耽于诗酒，不治事。拂衣归。公时方强仕，为林泉之盟⑥，人疑其有不释然者。而公与余少京兆公，从容三洞之石⑦，铸铭赠词无虚日，人尤服其度⑧焉。晚年有《秋江集》，人雒诵⑨之。王中丞⑩聘主书院长，岂天将以待后之业，为一方陶冶风雅耶？真鲁灵光⑪巍然独存矣。

论曰：予少时与洙云兄弟、德泉、雪邨、古梅、瑞峰、莘田定金石交，居同里，朝夕过从无间然。时林鹿原前辈以骚雅号召后进，予等均得沾其馀论，田生丈亦以文章相往复⑫。是时也，意气甚盛，谓天下事无不可为。未几各取科第以去，冠冕一时。三十年来烟销云散，不待栋折榱倾⑬，老成凋谢。而雪邨、古梅、瑞峰相继登鬼录⑭，而莘田老于泉石，洙云隐于下吏，予出守南安，德泉以少京兆在奉天。思曩日游戏翰墨，恍如隔世。

今读《研史》一篇，吉光片羽，即小见大，亦足传之无穷。因叙其爵里、行略。乌乎！聚散无常，生死交情，不朽盛事，感慨系之矣。

乾隆七年暮春望日，福清游绍安心水氏识于南安公署。

①丹黄甲乙：指点校书籍，评定次第。旧时点校书籍用丹砂朱笔书写，遇误字，涂以硫化物类矿物雌黄，故称丹黄。

②砥砺：磨刀石（砥指细石，砺指粗石）。指磨炼锻炼，亦喻相互勉励。

③公车：汉代以公家车马递送应征的人，后因以"公车"代称科举应试。

④孔制府：孔毓珣（？—1730），字东美，号松庵，山东曲阜人，孔子六十七世孙。康熙中赐恩贡生。历官徐州、顺宁知州，广西按察使，四川布政使，广西、两广、河道总督，卒谥"温僖"。明清两代尊称总督为"制府"，孔毓珣于雍正二年任两广总督，其间开采老坑，故制孔制府。

⑤凿山：开砚坑采石。

⑥林泉之盟：退居林下。指黄任被罢官归乡。

⑦三洞之石：端石老坑（水岩）东、西、中三洞之石。

⑧服其度：佩服其气度。

⑨雒诵：反复诵读。雒，通"络"。

⑩王中丞：即王士任（1686—1744），字咸一，号莘野，山东文登人，雍正元年进士。历官新阳县知县、汀州知府、台湾司盐务、福建布政使、福建巡抚。乾隆五年，因王德纯案受到牵连，被罢官发配新疆军台。乾隆九年病故于新疆台所。汉代御史大夫下设御史丞、御史中丞。清代巡抚例兼右都御史衔，因此也称中丞。王士任于乾隆元年升任福建巡抚，兼都察院右副都御史。故此处称其为王中丞。

⑪鲁灵光：即"鲁殿灵光"。比喻仅存之有声望的人或事物。出自东汉辞赋家王延寿《鲁灵光殿赋》。

⑫徃复：即"往复"。往而复来，循环不息。

⑬栋折榱倾：榱，椽子。正梁和椽子皆毁坏。比喻当政之人倒台或死去。

出于《左传·襄公三十一年》："栋折榱崩，侨将厌焉。"

⑭鬼录：阴间亡灵名簿。

【按】传中记黄任四会任上："公乃得间，搜括数十石。"可见黄任在端州获砚亦丰，故其"罢官归，惟砚石压装"，用以压船的砚当不少。

《砚史》目录

《砚史》卷一

砚铭（同里名家）

●余京兆甸

先生初名祖训，字仲敏，改名易字田生，晚更字芳初（又字修吾），福清人。

康熙丙戌进士，起家江津令，累官至顺天府丞。先生博学，富才藻，工诸体书。居官有能声，顾性刚直，所至多齮龁①。

既免归，日与朋旧游燕、挥洒缣素以为乐。家故多蓄砚，恒铭所宝爱者，人之持片石乞铭者亦多。碎金零璧②，散落人间。掇其菁华，归我掌录。洵石友之古欢③，惟结邻之鸿宝④也。

①齮龁：侧齿咬噬，引申为毁伤、龃龉、倾轧。

②碎金零璧：零碎的金器玉璧。比喻残存的珍贵文物。意同吉光片羽。

③古欢：借称旧好，旧谊。

④鸿宝：道教修仙炼丹之书，泛指珍贵书籍；大宝，珍宝。

◎业在研田砚

洞有石，工则度之；美如英，匠斯削焉。得诸他山可以错①，安兹几案殊不恶。客谓主人曰：是固多取之而不为䨥。

壬子冬日甸书，行书。印：业在研田。

①错：打磨玉石，攻错。指制砚。

◎青花砚

大小青花，火捺瑷瑓^①；蕉白金线，是不一类。问大夫之富，数砚以对。

甸铭，楷书。印：灌畦暇语^②。

△既铭此砚，乞轮川世好^③镌之，附以"灌畦暇语"图书。轮川铁笔精工，能掩余书之拙。乃其篆文坚老，亦非余原印所及，故当弃置前印，勿使形秽。壬子五月廿八日跋于星槎亭畔。

①瑷瓃：原指眼镜。南宋赵希鹄《洞天清录》：瑷瓃，老人不辨细书，以此掩目则明。此指砚上有大如眼镜之端石石品玫瑰紫青花。

②灌畦暇语：灌畦指浇灌菜畦，意归耕田园。唐人佚名氏有《灌畦暇语》一卷。据其书中所述，作者曾登第从宦，后归园治以莳蔬，时与邻人谈论，得隙而编录成书，因以名编。

③世好：世交。

【按】此砚铭文系余甸请林在峨所刻。

◎玉田砚

物可宝，因人彰。器适用，睿斯良。耕兹田，慎勿荒。

【按】此砚原文即未记余甸款、印。本卷未记款、印的余氏砚铭有二十余则，下文不赘。

◎一握砚为赵中丞铭

一握^①不馀，所向空阔。正直聪明，文理密察。惟君子使，活活泼泼。

甸铭，楷书。

①一握：一掌所握。形容砚小。

【按】此铭系为赵国麟所题。赵国麟雍正八年任福建巡抚，巡抚别称"中丞"，故余氏称其为赵中丞。

◎识者寡砚

宝物无假，识之者寡。晋旷审音①，孙阳顾马②。

甸铭。楷书。

①晋旷审音：指春秋后期晋国宫廷乐师师旷，精于审音识曲。

②孙阳顾马：同"伯乐一顾"。伯乐，姓孙名阳，善相马。唐殷尧藩《暮春述怀》诗："此时若遇孙阳顾，肯服盐车不受鞭。"

◎知新砚

柔不茹①，刚不吐。欲知新，在温故。

癸丑春王芳初铭，楷②。

①茹：本义指喂牛马。《诗·大雅·庶民》："柔则茹之，刚则吐之。"引申为吃、吞咽。

②原文此后尚有"初铭，楷书"。当为赘抄。

【按】朱氏本砚名作"不刚不柔砚"。

◎琼莹砚

敦琢其旅①，尚以琼莹②。天立厥配③，隃糜管城④。

壬子黝九⑤，甸书，楷书。

印二：田生⑥、甸，田生。

①语出《诗经·有客》："有萋有且，敦琢其旅。"原指客人贤良，此指砚材精美。

②语出《诗经·齐风·著》："充耳以青乎而，尚之以琼莹乎而。"指似玉的美石。

③语出《诗经·大雅·皇矣》："天立厥配，受命既固。"原指皇天所赐佳偶，此指天赐美石（砚）。

④隃糜：墨的别称。管城：笔的别称。

⑤黝九：农历正月二十九。为福州古"黝九节"（"拗九节"）。当地习俗吃拗九粥和太平面，以被"九"之不祥。

⑥此"田生"二字应为赘录。朱氏本作：印二：甸，田生。

◎青花砚

出匣剑，光芒射人。青花研，文章有神。与君交如饮醇①，纪君寿如大椿②。

甸铭，楷书。印：田生。

①饮醇：饮醇酒。典出周瑜与程普故事，后指受到宽厚对待而心悦诚服。

②大椿：《庄子·逍遥游》记古代有大椿树，以八千年为春，八千年为秋。后以此典祝人长寿。

◎长寿砚赠赵中丞

尔寿命长矣，致用最良矣。岂弟君子，俾尔作尔①，宝食墨尔常矣。

芳初，篆书。

①此二句出自《诗经·大雅·卷阿》："岂弟君子，俾尔弥尔性"。原意是祝周王长命百岁，此指金石长寿。

◎经史库砚

几案珍，经史库。发清音，接韶护①。

余甸，楷书。

△田生此书有子昂《过秦论》②气象，同辈罕其匹也。佳铭好研未忍释手，当宝藏之。

奕禧③识。

①"韶护"。亦作"韶護"。殷汤乐名。后亦指庙堂、宫廷之乐，或泛指雅正的古乐。

②子昂《过秦论》：元代赵孟頫（字子昂）所书西汉贾谊《过秦论》。

③陈奕禧（1648—1709），浙江海宁人，字六谦，号香泉，贡生。有书

名，王士禛弟子。康熙时由安邑县丞累官至南安知府。有《春蔼堂集》等。

【按】朱氏本砚名作"经史库砚赠赵中丞"，砚亦赠予赵国麟。

◎蕉白砚

蕉白隐现朱螺文，大朴不雕含奇芬，宝此可以张吾军。

己丑冬十月客吴门，顾大家为造此砚。用铭三语，索何屺瞻[1]先生书之，镌手亦先生所素许者。越三日而竣事。

[1]何焯（1661—1722），字屺瞻，号义门，苏州长洲人。康熙四十二年（1703）进士。曾为皇八子胤禩伴读。以通经史百家之学，长于考订而享盛名。与笪重光、姜宸英、汪士铉并称康熙年间"帖学四大家"。

【按】此砚为顾二娘制品，何焯书铭。

朱氏本砚名作"太朴不雕砚"，词意相同。

◎紫苔砚

其质沃若，其文紫苔。静以长智，动无见猜。终始如一，厥德不回。

壬子重阳前，甸。楷书。

◎锄砚

因其势，而勿削。形如锄，可用斵[1]。勇冠万夫姿辞酌。

芳初。

[1]斵：斩；削。

◎渥赭砚

龙尾砣矶，澄泥古瓦，总不及端赫如渥赭[1]。

辛亥深冬，余甸书铭。楷书。

[1]渥赭：出自《诗经·秦风·终南》："颜如渥丹，其君也哉！"原指面容红润如朱砂，此指紫红色端石色泽鲜艳。

◎ **汲古砚**

坚而不涩，柔而能立。厥思①既集，心手相习。有古皆汲，无遗不拾。

壬子上元，余旬书。楷书。印二：宫砚玉蟾蜍、此乐为甚。

①厥思：其思。

【按】朱氏本砚名作"汲古拾遗砚"。

◎ **相随砚**

静极而动，如意指挥。动而复静，敛手①无为。藏修游急镇相随，吾自乐此岂其疲。

旬。楷书。

△忆丙戌岁②，予承仪封③公召，预鳌峰讲习④，得晨夕与田生丈上下千古。嗣田生丈宦游者十年，归隐塔湖，复得过从。及再出山，南北参商⑤二十馀年，逐成永诀矣。此册所制砚词，皆壬子归田后作，余不及追随，幸予弟之得所依归也。更忆鳌峰七年，与蔡公梁邨⑥、蓝子玉霖⑦皆称石交。玉霖与予齐年，梁邨少予二岁，今皆墓草宿矣⑧。每念故人，不胜于邑。

正青。

①敛手：缩手。意不敢妄为。

②丙戌岁：康熙四十五年丙申（1706）。

③仪封公：即张伯行（1651—1725），字孝先，号恕斋，河南仪封人。康熙二十四年进士。康熙四十五年官福建巡抚，累官至礼部尚书。学宗程、朱，及门受学者数千人。卒赠其太子太保，谥清恪。其为河南仪封人，故林正青称其为"仪封公"。

④鳌峰讲习：鳌峰书院讲习。清代福州有鳌峰、凤池、正谊和致用四大书院，鳌峰书院藏书规模为四大书院之首。

⑤参商：参星与商星，二者在星空中此出彼没。比喻彼此隔绝，不能相见。

⑥蔡公梁邨：即蔡世远（1682—1733），字闻之，号梁邨，因世居福建漳浦梁山，学者称之为"梁山先生"。康熙四十八年进士，后入值上书房，侍

诸皇子读书。历官内阁学士、礼部侍郎，卒谥文勤。其为林正青早年同学，林得其举荐，方得以贡生资格出仕。

⑦蓝子玉霖：即蓝鼎元（1680—1733），字玉霖，号鹿洲，福建漳浦人。随族兄蓝廷珍出师入台，平台后在台年余。后入内廷校书，分修《大清一统志》，官至广州知府。

⑧墓草宿矣：墓草很长，指去世之久。

【按】朱氏本砚名作"藏修息游相随研"。

◎粹盎砚

练而紫，光熊熊。隐而显，花青葱。忽有两道走迸空，宛如银汉亘天中，又如鸿沟割西东。粹面盎背君子容①，名言在兹运无穷。

辛亥长至，匋铭。楷书。

①盎：充溢。此句典出《孟子·尽心上》："其生色也睟然，见于面，盎于背。"

【按】朱氏本砚名作"粹面盎背砚"。

◎巨璞砚①

龙尾之溪，孕此巨璞。其光雷电，其章追琢。即之也温，叩之如镯。一书九万，而墨常渥，而手不觉，以佐君子之学。

辛亥深冬，余匋书铭。楷书。

①朱氏本作"龙尾巨璞砚"。

【按】闽中诸人品藏歙砚较少，此其一。

朱氏本砚名作"龙尾巨璞砚"。

◎光明磊落砚

亦光明，亦磊落。可经常，可盘错①。处不争，慰离索②。

匋铭。楷书。

①盘错：盘绕交错；比喻事情错综复杂。

②离索：意指独居或形容萧瑟之相。

◎精理砚

紫白青黄，宝光参错。精理内含，花纹绰约。万类包藏，鸢飞鱼跃①。

芳初，楷书。印：甸。

①鸢飞鱼跃：意为鹰在天空飞翔，鱼在水中腾跃。形容万物各得其所。
出自《诗经·大雅·旱麓》：鸢飞戾天，鱼跃于渊。

【按】朱氏本砚名作"精理内含砚"。

◎敦厚砚

烟云看墨起，风雨莺峰落。他山切琢资，聊厚不为薄。

田生。楷书。

◎朗彻①砚

外似拙，中朗彻。若悬河，不可竭。而初无藉乎唇舌。

甸铭。楷书。

①朗彻：明白透彻，爽朗通脱。

【按】朱氏本砚名作"中郎彻砚"。

◎珪璧砚

用之可以过珪璧，弃置还为一片石。

芳初。行书。

△亦解嘲，答宾戏也。动有古意。

句山，兆仑。

△予尝用此二语铭砚，今睹此未审谁采骊也。

方嶰谷①

①方嶰谷：据本书卷七，其名载谷，字嶰谷，桐城人。馀皆无考。

【按】珪璧砚，即圭璧砚，古砚常式。其形常作圭璧合一（圆璧作砚堂，圭首作墨地）。圭璧为古代瑞信之物，祭祀、朝会用玉器。以之入砚有"君子比德于玉"之意。

◎上客砚

文章有神交有道①，方寸不使尘埃到。叔兮伯兮唱予和，延君上客予末座。

草书。

印二：余甸之印、田生。

△儿大小兮论世，床上下兮知人。君居末座兮谁与上宾？

正青。

①此句语出杜甫《苏端薛复筵简薛华醉歌》。指文人之间以文会友，心意契合。"神交"的词源。

【按】朱氏本砚名作"延君上客砚"。

◎一勺砚

受墨如落箨①，淬笔如霜锷②。利用无穷，得水不及一勺。

甸。楷书。

①落箨：竹笋脱掉笋壳。

②霜锷：白亮锋利的刀。

◎竹节砚（旧刻"秘书之宝"印文）

巧匠琢紫云①，圆满饱所欲。犹恐墨华②流，环以此君束。求用贵虚心，失节焉足录。

修吾氏③。楷书。

①此句出自李贺《杨生青花紫石砚歌》："端州石工巧如神，踏天磨刀割

紫云。"后人以"紫云"代指端石。因端石多紫色，故名。

②墨华：墨花。

③朱氏本作"铭竹节研，修吾氏"。

◎执友①砚

大叩小叩②，群疑皆剖。游刃有余，龙蛇其走。幽人②之贞，君子之守。笃实辉光，莫逆执友。

旬铭。壬子徂暑积雨新凉，清晓偶书。

①执友：即挚友。

②语出《礼记·学记》："善待问者如撞钟，叩之以小者则小鸣，叩之以大者则大鸣。"比喻善于学习者善于提问。

③幽人：指隐居之人。

◎青花云砚

直方温栗能容受，此款此制得未有。端溪一片青花云，飞来燕市①落吾手。

壬寅十月几望②，客京城，见此研于小市，以青蚨③二百四十购归。口占题识。楷书。

①燕市：燕京。即北京。

①壬寅十月几望：即康熙六十一年壬寅（1722）十月十四日。几，近；望，农历十五。

③青蚨：青蚨还钱，出自《淮南子》。后代称钱。

【按】朱氏本后有跋："研颖如小盘而底薄。涪云世好运刀成风，甫镌毕，而借搨者无虚日，遂至损裂。今不敢推敲矣！"

此砚因小而薄，林在峨铭文刻毕，借砚作榻者众，直至损裂方罢。可见砚之佳、铭之精。

◎水月镜花砚

水中月，镜中花。品美石，不争差①。征雅款①，顾大家。

旬铭。楷书。

①争差：差别，区别

②雅款：指砚的款式、形制很雅致。

【按】此砚为顾二娘制品，"顾大家"即顾二娘。

◎耐久朋砚

奇气所聚，其光上升。云乃蒸露，斯凝不折①。尔肱匪，尔之能②，其惟兹耐久之朋③。

①不折：不打折扣，表示完全。

②尔肱匪，尔之能：肱，指胳膊。匪，意非。典出《尚书·周官》："举能其官，惟尔之能，称匪其人，惟尔不任。"意指被推举之人能胜任，则举荐者有功，反之则失职。

③耐久之朋：能够长久交好之友。语出《旧唐书·魏玄同传》：玄同素与裴炎结交，能保终始，时人呼为'耐久朋'。"

◎方寸风云砚

千顷波文，横江叠注。方寸风云，将军武库①。

旬。楷书。

①此八字意思：文人之用佳砚的重要性和将军使良兵（兵器）一样，器以用为功。

◎玉德金声砚

天命以石，玉德金声。人制为砚，含章可贞。子墨①浓淡，吞吐纵横。落笔工拙，此浑不争。安敦几案，神明默成。慎尔出话③，先民是程④。

旬铭。

①子墨：虚构人名，出自《汉书·扬雄传下》。泛指辞人墨客、文章风采。

③慎尔出话：意慎言。语出《诗经·抑》。

④先民是程。先民，古人。程，典范；法度。语出《诗·小雅·小旻》，意为守古人法度。

【按】朱氏本铭后有跋：歙邑之龙尾石，面方，有漱金小纹，而制造不精。自山左携至京城，徐潜昭大兄见而悦之，为觅良工磨洗，顿改旧观。

砚为歙石，故云玉德金声。"漱金小纹"应为金星金晕之类石品。山左：即山东，古人坐北朝南，山东因在太行山左侧，古又名山左。徐潜昭，其人无考。

◎作砺砚为林轮川铭

老坑石，用汝作砺。既端庄，杂以流丽。好是正直益聪慧，索我铭之学汉隶。

隶书。

印二：甸、书八分。

【按】朱氏本砚名作"作砺砚"。

◎席上珍砚

丹峡钟灵数，苍璧鬼工剖。庖羲作龙书①，高阳志科斗②。君若丁③其时，神奇无不有。展也席上珍，淡淡皆可人。

雍正壬子闰五月朔，修吾氏芳初题并书。楷书。

①庖羲：即伏羲。龙书，相传伏羲时龙负图出河（河图洛书），因以龙纪事，创文字，称"龙书"。

②高阳志科斗：高阳，即颛顼高阳氏，黄帝之孙，"五帝"之一。传其创"蝌蚪字"。科斗，即蝌蚪。

③丁：遭遇；碰到。

【按】此铭作于雍正十年壬子（1732）。

◎美无度砚

不方不圆，不雕不琢。略事磨砻①，德修罔觉②。如金在冶③，如玉离璞。端州多才此超卓④，晤言一室君子乐。

匋铭。

△此十砚轩之一砚也。莘田所谓"劳寸心"者是。

①磨砻：亦作"磨礲""磨垄"。意磨治、切磋。此指琢砚。

②罔觉：不觉；无知。

③冶：熔炼。

④超卓：超绝；卓越。

【按】此砚为黄任十砚轩中名品，黄氏自亦有铭纪之。

朱氏本砚名作"玉离璞砚"。

◎素为绚砚

素为绚①，砚葱倩②。紫气隐，黄气现。精白可以荐，经书皆贯穿，如水淡交久而善。

修吾。楷书。

①素为绚：洁白质地画绚丽图案。语出《论语·八佾》。

②葱倩：草木青翠而茂盛；亦作"葱倩"。

◎风字砚

右军古式①，是生两翼，灂起波文君子德②。

楷书。

①北宋时山阴王羲之后人所出一方紫石风字砚，传为王羲之遗砚。被石扬休购得。苏米等皆有文字记之。

②灂：水名。即今谷水，洛水支流。此句应是化用苏东坡《孔毅夫龙尾砚铭》句："瓜肤而縠理，金声而玉德。"

【按】朱氏本铭后有跋："获材石风研，质小而中洼，陈易箧先生旧物也。为永安陈伊□老人所得，己巳仲转售于余。今勒铭以永之。"

◎ **慎思砚**

闲雅甚都[①]，有目共赏。远近幽深，不思则罔[②]。

壬子黔九，旬书。

①典出《史记·司马相如传》："相如之临邛，从车骑，雍容闲雅甚都。"指姿容很美。

②语出《论语·为政篇》："学而不思则罔，思而不学则殆。"此指人不慎思，则会陷入迷惘。

【按】朱氏本"风字砚"后，与下条"井田砚"之间亦为《慎思砚》，但铭文不同，为："澄泥研，色如炭，腻如面。虫蛀缘，光满面。交久善，金可断。铭者旬。楷。"

◎ **井田砚**

相期[①]努力耕，先公后私计。君莫石田嫌，留取商周制[②]。

楷书。

①相期：互相约定。

②商周制：即井田制。先秦奴隶社会时期土地制度。奴隶主为计算封地大小及监督奴隶劳动，将土地划分成许多方块，因像"井"字形，故名井田制。

【按】朱氏本铭后有跋："此井田砚也，画为九区，中间略平，其畛为受墨之地，前有小牛憩焉，其款甚古趣。"

井田砚为古砚常式，取汲古（谓钻研或收藏古籍、古物，如汲水于井）、笔耕之意。其形制大略有两种，其一即跋文中所记，砚面以"井"字笔画凸起为界，分为九块，中间最大者为砚堂。另一种以"井"字中空作墨池，或琢一卧牛，以喻笔耕。

◎不孤砚

混沌①既凿开，众好在端砚。得一可不孤，多多且益善。

旬。楷书。

①混沌：指宇宙形成前模糊一团之景象。出自《庄子·应帝王》："南海之帝为倏，北海之帝为忽，中央之帝为混沌。"

【按】朱氏本砚名作"得一不孤砚"。

◎云锦砚

切玉如截筒①，云锦②夺天工。谁能奏③此技，德邻顾老翁。

芳初。楷书。

①筒：箇，粗大的竹管。

②云锦：种历史悠久的高级提花丝织物，色彩鲜艳，花纹瑰丽如彩云。

③奏：取得。

【按】此为顾德邻所制砚。从等二句看，所刻应是精细的云锦之类纹饰。

◎奇赏砚

奇文欣共赏，疑义相与析①。旦昼之所为，念兹勤夕惕②。

芳初铭。印：旬。

△田生先生砚铭，大抵自写胸臆，而复随时随地而为之，故所出不穷。世谓先生何苦痴于是哉？予独以寓意如是而不留意者，莫先生若也。九原可作③，或者许为知言。

旬山、仑。

①首两句语出陶渊明《移居二首》，为陶诗名句。"欣共赏"，原句作"共欣赏"。

②勤夕惕：形容从早至晚皆勤奋谨慎，毫无疏忽懈怠。出自《周易·乾》。

③九原可作：春秋时晋国卿大夫的墓地在九原，后世因以"九原"代称墓地。作，起，兴起。设想死者再生。

【按】朱氏本砚名作"奇文欣共赏砚"。

◎ 袖珍砚

蕉叶如剪，青花满身。不逾三寸，恰称袖珍。

余甸书。楷书。

【按】朱氏本铭后有跋：友人李云甫之研。青花充溢，小池如荇藻然。

◎ 角折砚

瑜[①]在握，肤凝雪。角微折。载方策[②]，征轧茁[③]。

甸铭。楷书。

△丙午浴佛日，四会令君黄莘田札至[④]，附砚为赠，喜故人别来无恙也。为作铭。

①瑜：美玉。《礼记·玉藻》：世子佩瑜玉。

②方策：即方册，简册、典籍。

③轧茁：喻诘屈聱牙，晦涩难通。

④札至：来信。

【按】铭作于雍正四年丙午（1726）四月八日释迦诞生日（浴佛日）。余甸接到黄任来信，随信附赠此砚。其时黄任在粤东四会任上。

◎ 蒸云砚

云气蒸，苗勃兴。苗则槁[①]，石田宝。

辛亥三月，甸铭。楷书。

①苗则槁：语出《孟子》"揠苗助长"故事。

◎ 神妙砚

用贵有恒，词尚体要[①]。相对无言，不测神妙。

修吾。楷书。

①首八字化用自《尚书·毕命》："政贵有恒，辞尚体要。"原意为政贵在以爱民、讲求仁义为常，文词要崇尚具体概括，不可喜好标新立异。体要：精要。

【按】朱氏本砚名作"相对无言砚"。

◎瓶口砚

渺然寸莛①，质润心灵。皇皇②敬口，守此如瓶。

修吾氏。楷书。

①寸莛：典出"以莛撞钟"。比喻才识浅陋者的发问。亦用为谦词。莛，草茎。

②皇皇：即"惶惶"，恐惧不安。

◎海涛砚

盈尺之石，神灵所凭。紫气喷薄，黄气上升。光摇碧落①，色衬青缯②。目极溟海③，怒涛层层。不测者生物，无所不有。切琢者鬼斧，称之曰能。

①碧落：道家称东方第一层天，碧霞满空，叫作"碧落"。后泛指天上（天空）。

②缯：锦帛，泛指丝织品。

③溟海：神话传说中之海名；泛指大海。

◎掌砚

立不易方①，大不盈掌。吐露文光，熊熊万丈。

余甸。楷书。

①句出《周易·象传》："雷风恒，君子以立不易方。"指君子要树立恒久不变的道德原则。

【按】朱氏本铭后有跋：细腻庄雅，一望而知为顾氏制也。位置在友人云甫几案间。

跋云砚亦吴门顾氏所制，与"袖珍砚"同为李云甫所藏。

◎矩砚

自我作古①，折旋②中矩。俯仰之间，其利甚溥③。

楷书。

①自我作古：由自己创始，不依傍前人或旧例。

②折旋：转折。

③语出《左传·昭公三年》："仁人之言，其利溥哉。"指益处广大。溥，广大。

【按】朱氏本砚名作"阴阳砚"。且"自我作古"四句前尚有："一开一阖，其制维新。互为蔽障，不受点尘。"四句后又有："不用敛翼而藏，用之双启其户。张弛之道如斯，岂是翻云覆雨。"

◎漱芳砚

美石难得，三寸以长。匪惟把玩①，六艺漱芳②。

①匪惟把玩：非徒为玩赏之用。匪，非。惟，只。

②六艺漱芳：荟萃六艺辞采于笔端。典出西晋陆机的《文赋》："倾群言之沥液，漱六艺之芳润。"六艺：周朝贵族所习六种技能：礼、乐、射、御、书、数。只处指"六经"，即《易经》《尚书》《诗经》《礼记》《乐经》《春秋》。

◎锦云砚

锦云堆，分一割。寒不冰，暑不渴。以陈词①，莫之遏。

匋铭。楷书。

①陈词：此处指著述辞赋。陈，陈述。

◎中洞活眼砚

莫精于中洞①粹然②者，其出水之芙蓉。莫良于眸子瞭然③者，如晓星④之当空。

匋。楷书。

①中洞：清景日晗《砚坑述》：老坑有中洞、西洞、东洞之分。

②粹然：纯正。

③瞭然：清楚、明了。

④晓星：启明星。

【按】此铭所赞带活眼中洞水岩石砚，其材当为上上品。

◎片玉砚

片玉可以奇，何必待盈尺①。

①句出明末清初陈子升《续成语四首·其一》："片玉可以琦，奚必待盈尺。"

◎天然妙质砚为轮川铭

冰雪为肌间紫碧，落落晨星手可摘。天然妙质世间无，虽十五城不与易①。

楷书。

①此句典出《史记·廉颇蔺相如列传》所记秦昭王想用十五座城，换取赵国和氏璧，蔺相如献计完璧归赵的故事。蔡襄诗《徐虞部以龙尾石砚邀予第品仍授来使持还书府》句："相如间道还持去，肯要秦人十五城。"

【按】朱氏本砚名作"十五城不与易砚"。铭后有跋："光禄林氏藏砚虽多，当以此方为冠。"

◎长宁砚

石产长宁①，温润密致。纳诸华表②，不解此义。二百年来，坊废石堕。器得所归，高斋③位置④。出处有时，神品无弃。既经破壁，物色焉避。

隶书。

此石出长宁虞公峡，而藏于前辈张半洲公木坊⑤上。近日坊颓，乡人拾此售于德泉先生。先生制为砚以示余，予因纪其事而铭之。

壬子上元，匋书。楷书。

①长宁：今四川宜宾市长宁县。虞公峡在县东。昔有石闭塞水道，不通舟楫。南宋嘉定间，中兴名相虞允文幼子虞杭孙官长宁，开凿大石，舟楫始通，故名"虞公峡"。

②华表：原指顶端横木相交的巨大木柱，用以表示王者纳谏，后多石质，立于宫殿、城阙前，有纪功、装饰等作用。

③高斋：高雅书斋。

④位置：放置，摆放。

⑤张经（1492—1555），字廷彝，号半洲，福建侯官县洪塘乡人。正德进士，历官至南京兵部尚书兼右都御史。后总督南军诸军御倭，为抗倭名将。遭诬陷以失律处死。著有《半洲稿》。木坊：木制牌坊。

【按】此砚并非砚石所制，以人（抗倭名臣张经）见重。

朱氏本砚名作"长宁石砚"。余甸跋后尚有二跋：

其一、虞山陕（当为"峡"字笔误），色如黑。制作砚，维食墨。经品题，踰珪璧。贻哲匠，为镌石。（壬子春日。印一：在峨篆）。

其二、张半洲先生经，明嘉靖间为大司马，总督沿海七省。在王江泾破倭，为东南战功第一。后赵文华陷之以死，士论惜之。木坊在福州文儒里，今圮，石归太史陈德泉家，余京兆为之铭。研两旁一余京（应脱一"兆"字）书，一涪云弟跋。

二跋其一为林在峨所作，其二应为林正青所作。

◎补馀砚

娲补之馀，昆剑①所切。彩翰②摇风，翠烟澄澈。若决江河，莫之或掣③。壬子暮春，余甸书铭。楷书。

①昆剑：用昆吾石冶炼成铁制作之剑。

②彩翰：彩笔。

③掣：拽；拉。

【按】朱氏本砚名作：娲补馀砚。

◎溜川砚①

溜川石，净无垢。德比玉，才良厚。直谅②多闻真吾友，朝昏③造次在座右。

①"溜"：当系"淄"之讹，似应为"淄川石"，即产自山东淄川的淄砚石。

②直谅：正直诚信。语出《论语·季氏》："友直，友谅，友多闻，益矣。"

③朝昏：早晚

【按】朱氏本砚名作"溜川石砚"。铭后有跋："有以溜川石砖相赠者，甚润而发墨。属薛友若辉开池磨面，漫草铭于其背。若雕镌固非能他手所能办也。"

◎贞默砚

多文为富①宜重厚，贤良方正②无其偶。所贵抱贞③默默守，时而染翰蛟龙走。挥洒何止供十手。

①多文为富：以多学知识、技能为富有。《礼记·儒行》："不祈多积，多文以为富。"

②贤良方正：指德才兼备。

③抱贞：保持真性、本性。

◎奇珍砚

绝世奇珍，采自丹窭。紫气重重，青花灼灼。上溯邃初①，先民有作。鸟迹龙文，考据凿凿，而况乎汉魏之碑、元和之脚②。

岁在癸丑春王正月③，芳初铭并书。

①邃初：远古，始初。

②元和之脚：即"元和脚"，刘禹锡对柳宗元书法的戏称（刘《酬柳柳州家鸡之赠》诗："柳家新样元和脚，且尽姜芽敛手徒"）。后亦指柳公权书法。脚，指笔形中的捺，俗称捺脚，代指书法。

③癸丑春王正月：雍正十一年癸丑（1733）正月。按《春秋》体例，鲁隐公元年均应书"春王正月公即位"，有些地方因故不书"正月"二字，后遂以"春王"指代正月。

【按】朱氏本砚名作"绝世奇珍砚"。

◎交修砚

古人与稽①，伦②可拟。尔交修予，罔予弃③。

①古人与稽：与古人相合。语出《礼记·儒行》。稽：合。

②伦：条理；次序。

③此两句化用《尚书·商书·说命下》："尔交修予，罔予弃，予惟克迈乃训。"天子要求臣下匡助之词。交修：交好、修好。

【按】朱氏本砚名作"林南溪砚"。

◎石鼓砚为黄莘田铭

古石鼓，科斗字。与岣嵝①，等奇邃。今石鼓，兴所寄。象其形，会斯意。出人工，均天瑞。古雄俊，今细腻。古莫致，今同嗜。古有十，今可二。主人曰：谈何易。

句。楷书。

①岣嵝：即岣嵝碑。原在湖南衡山云密峰，早佚。字似缪篆，又似符箓，传为夏禹所写，实为后世伪托。

◎月窟砚

古在骨，秀溢出。蹑天根，探月窟①。

芳初。

①天根：星名，即氐宿，东方七宿第三宿，凡四星。月窟：传说月的归宿处；指月宫、月亮。北宋诗人邵雍的《观物吟》："因探月窟方知物，未蹑天根岂识人。"

◎井砚

云一握，纺绿縠^①。凝绀雪，泉涌出。可用汲，冽乃食^②。惟勿幂^③，并受福。

楷书。印：田生。

①縠：即"楮"，造纸原料，代指纸。

②冽乃食：典出《周易·井》："井冽寒泉食。"意指需井洁净、水清冷明澈方可饮用。喻明君任用贤臣。冽，清澈。

③惟勿幂：亦出《周易·井》"井收勿幂，有孚元吉。"意井不加盖，水供众取，分享福祉。幂，盖。

◎世宝砚

莫草草，希世宝。恣探讨，倾怀抱。墨花老，勤浴澡。石田好，子孙保。

◎称心砚

案头位置，不无轩轾^①。逸品^②称心，凡才勿弃。所不解者，玩物丧志。

①轩轾：车子前高后低称轩，前低后高称轾。比喻高低优劣。

②逸品：超凡脱俗之品。

◎医俗砚

秀出南离^①，实维我仪^②。爰有美制，尤而效之。所最忌者，俗不可医。

①南离：指南方。《易》离卦位在南，故称。

②实维我仪：心仪的对象。语出《国风·鄘风·柏舟》。

◎无逸砚

墨待砚，砚亦待墨。笔择砚，砚不择笔。君子所，其无逸^①。亦复退，藏于密^②。

①无逸：不图安逸。

②此句语出《周易·系辞》："圣人以此洗心，退藏于密，吉凶与民同患，神以知来，知以藏往。"意退隐秘处，不露行迹。谓哲理精微深邃，包容万物。

◎会心砚

手与心谋，心与手得。神而明之，不远其则①。

①不远其则：即"其则不远"，语出《诗经·豳风·伐柯》。意指规则就在自身，不必外求。

◎留赠砚

宁使颖秃①墨枯，莫教来者揶揄。

①颖秃：笔秃。

◎经史砚

杓斗①横天，蝃蝀②可指。锦织七襄③，文呈冰绮④。利用注经，及勘子史。

①杓斗：指北斗柄部三星。杓：同"勺"。

②蝃蝀：虹的别名。

③七襄：织女星。

④冰绮：冰纹。绮，有文彩的丝织品。

◎首选砚

武人剑，文人砚。颜如酡①，花葱茜。席上珍，兹首选。功难言，宝勿倦。

①酡：醉后脸泛红晕。语出《楚辞·招魂》："美人既醉，朱颜酡些。"

【按】今人论砚常用"武人爱剑，文人爱砚"，出处未详。与此铭"武人剑，文人砚"意正同。

160

◎美言砚

琼瑶在佩，萍藻在沚[1]。如蚌含珠，如月临水。中心藏之，美言可市[2]。

①沚：水中小块陆地。

②美言可市：美好的言辞可换来别人的尊重。语出《道德经》。

【按】此铭朱氏本收入卷七，未标何人所作。

◎德邻砚

蔼然[1]者，无久近而皆亲。介然[2]者，逢知己而必伸。语则惊人，书贵通神。企彼德邻君，其问诸水滨[3]。

①蔼然：和气友善。

②介然：专一；坚正不移。

③问诸水滨：比喻不承担责任或两者不相干，出自《左传·僖公四年》。

◎三寿砚

维端岩之下层，结彩云而为冰。兹哲匠[1]所物色，宜拳拳而服膺[2]。文明以止[3]，三寿作朋[4]。汝惟不矜，天下莫与汝争能[5]。

①哲匠：技艺高超的工匠。

②服膺：衷心信服。

③文明以止：语出《周易·贲·彖》。指礼仪文彩。文明，文饰。止，处。

④三寿作朋：语出《诗经·鲁颂·閟宫》，意与三位长寿之人为友。

②此二句语出《尚书·大禹谟》。意为自己不自夸贤能，则天下无人与之争贤能高下。矜，自夸贤能。

◎照乘砚

照乘[1]奇光不盈尺，投非其所如抛掷。置之安贞守上策，尚慎旃哉[2]匹夫璧[3]。

①照乘：即"照乘珠"，光亮能照明车辆的宝珠。

②尚慎旃哉：意要谨慎小心。语出《诗经·魏风》。

③匹夫璧：即"匹夫无罪，怀璧其罪"，语出《春秋左传·桓公十年》。原指财宝能致灾祸。后亦比喻因有才华、有理想而受害。

◎七星砚

如霞之赤，如蕉之白。其眼莹然，其数维七。朝夕摩挲，殆不忍释。三洞多才，头地出一①。

①头地出一：即"出一头地"。典出欧阳修《与梅圣俞书》："读轼（苏轼）书，不觉汗出。快哉快哉！老夫当避路，放他出一头地也。"

【按】所铭之砚有石眼七颗，水岩三洞上品。

◎韫匮①砚

购得奇珍韫匮藏，斗牛②夜夜现光芒。未须深羡淡交久，邂逅相逢极不忘。

①韫匮：藏之于柜。

②斗牛：二十八宿中之斗宿和牛宿。

◎奎砚

厚重则少文，孰坚而秀也；迟钝者匿采①，孰朴而茂也。昭昭乎若揭日月而行也，落落乎若引列星而就也。上窥苍颉造字之初，何问乎程邈史籀②也。长留浑浑噩噩之遗，矧兹毛苌、伏生③所指授也。

①匿采：藏匿风采、锋芒。《菜根谭》第十章：哲士多匿采以韬光，至人常逊美而公善。

②程邈史籀：程邈：秦朝书法家，官内史。传其将篆书改革为隶书。史籀，周宣王史官。善书，创大篆。

③毛苌，西汉大儒，与毛亨共注《诗经》，称"毛诗"。伏生（伏胜），秦博士。秦焚书，于壁中藏《尚书》，汉初复传于世。

◎老坑砚

何物老坑，生此宁馨①。紫白相间，启我心灵。金兰之契②，永历尧夔③。不啻其口④，于是乎铭。

①宁馨：晋、宋时俗语，意为如此、这样。

②金兰之契：指交情投合的朋友。出自《周易·系辞上》。

③相传帝尧阶前所生的瑞草。

④不啻其口：别人之言如同出于自己之口。化用《文心雕龙·事类》："凡用旧合机，不啻自其口出。"不啻，无异于。

【按】朱氏本记有此铭落款："旬"。

◎取法砚

有伦有脊①，取法乎上。意在笔先，犹运诸掌。

①有伦有脊：即有条理。语出《诗经·小雅·正月》："维号斯言，有伦有脊。"

◎藏匦砚

文之麤，如远山①。质之秀，可订顽。寻乐处，对孔颜②。

①首六字应典出"远山眉"。原意形容卓文君眉色如望远山，泛指女子秀眉。南宋范成大《次韵陈季陵寺丞求歙石眉子砚》："宝玩何曾救枵腹，但爱文君远山麤。"

②末六字即"孔颜乐处"，语出《论语》。孔子和颜回都崇尚朴素的生活。代指儒家安贫乐道、达观自信的处世态度与人生境界。

【按】此砚从首六字看，似乎是题一方歙石砚。文：通纹，砚之纹理。参考范成大诗，应是一方眉子纹歙砚。

朱氏本记有此铭款、印："旬、楷书。"

《砚史》卷一终

朱氏本补遗（二砚）

【按】朱氏本所收"慎思砚""井研"二砚，潘氏本未收。其中"慎思砚"与潘氏本砚名、排序皆相同，但铭文完全不同。

◎井研

人惟求旧，器惟求旧①。日盥濯之无纤尘，新者如旧，旧者如新。

壬子上元，甸书。

①前二句语出《尚书·盘庚》篇："迟任有言曰：人惟求旧，器非求旧，惟新。"原意指用人要用旧人，器物要用新制品。此砚铭"器惟求旧"意思与之相悖，应是"器非求旧"或"器惟求新"之传抄笔误。

◎慎思砚

澄泥研，色如炭，腻如面。虫蛀绿，光满面。交久善，金可断。铭者甸。

楷书。

《砚史》卷二

砚铭（同里名家）

●黄四会任

先生字于莘，更字莘田，永福人。康熙壬午举于乡，需次为县令，宰粤之四会，寻摄高要邑，故端州也。先生少时承大王父①中允公文焕所遗，并自购砚凡十，筑十轩砚藏之。至是领端溪，值大吏弛禁开东西洞，稍有获者，然品价无逾十砚，故人仍以十砚翁称焉。先生工为诗，善书法，声誉满海内。一行作吏，为妒者所中，罢去，晏如②也。既有砚癖，缄縢③堆几，大小错落，坐卧其间，摩挲谛审④，制款裁铭，如是者数十年。而先生亦已老矣。今所录铭词，奥如峭如⑤，动与古会。其诸缘情，体物之流，于既溢者乎？

①大王父：祖父。

②晏如：晏然，悠闲安适。

③缄縢：原意指绳索；封固。此指各类包装之砚。

④谛审：仔细审核辨认

⑤奥如峭如：深邃峭直貌。

【按】此文指出黄任著名的十砚轩十砚，主要得自于家传及官端州之前自己所购。

◎活活泼泼砚

活活泼泼，元气淋漓兮流行触发，沛然莫之能遏[1]，确乎其不可拔[2]。虚中开豁，方外包括，匪斤斤乎风批而月抹[3]。

康熙五十八年六月三日，莘田。行书。

①沛然莫之能遏：语出《孟子·尽心上》、意思是汹浦澎湃，无人能够阻挡。

②确乎其不可拔：语出《周易·乾·文言》。意为刚强坚决，不可动摇。

③风批而月抹：即批风抹月，意指以风花雪月为吟诵题材以状其闲适。出自苏轼《和何长官六言次韵》。

◎紫云砚

雨暗羚羊[1]半壁昏，何年浸着紫云根。野夫割去山窗玩，认得蛮溪[2]旧涨痕。

行书。印：黄任。

△别有洪蒙[3]自晓昏，泠泠碧水透山根。中生灵石天然相，绝去人间斧凿痕。

田生次韵。

△余曾至羚羊峡，水落石出，木脱云寒，以未割一片石为过岭恨事。兹展莘田二兄诸铭，精神魂梦犹在蛮溪旧涨间也。何日道山亭前，蟠桃坞上[4]，各出所有，分赋赠铭，为陶泓公增重声价，不亦乐乎？

正青。

①羚羊：羚羊峡。在今肇庆市东郊。端石老坑、坑仔岩、麻子坑等名坑即出自峡以东斧柯山、端溪水一带。

②蛮溪：南方的溪流，此指端溪。王安石《元珍以诗送绿石砚所谓玉堂新样者》："玉堂新样世争传，况以蛮溪绿石镌。"王氏此诗当是写端溪绿石砚。

③洪蒙：天地形成前之混沌状态。

④道山亭、蟠桃坞：福州乌山三十六奇景其二。乌山又称乌石山，北宋郡守程师孟改其名为道山。唐宋八大家曾巩曾作《道山亭记》。

◎蕉白砚

羚羊峡暗秋月高，紫云一片沉江皋①。欲散不散能坚牢，风纹水纹相周遭。

穷渊蕴结而甄陶②，石工下缒斤斧操③。深求窟宅④驱鲸鳌，羊肝鲜割微腥臊。

拊不留手濡其膏，白叶芭蕉青蒲萄。中有浮动千溪毛，纱帷昼静松风骚。

琉璃匣底鸣嘈嘈，夜郎之波牂牁涛⑤。百川砥柱归宣毫⑥，赓⑦金石声宁非豪。

康熙五十八年六月既望，黄任。行书。

△旧冬⑧十一月，道承北行，莘田己先期入粤，请开复⑨。余至京师，连得莘田二札，始知其踰限格例⑩，垂翅⑪南归。世无韩张⑫，溧水酸寒⑬，孰与嗟悼！近都门一二同志颇有促其赴浙中海塘之役⑭者。又越南安太守游心水，订与入都，未审果行与否？行迈靡靡，我劳如何矣。秋宵不寐，重读莘田题砚诸制，怆然有怀，口占二截句寄意：

蹋遍蛮溪琬琰空，诗人笔墨尚熊熊。文昌乐府三千旨，谁为修书李浙东⑮。

牂牁一叶下闽江，十砚萧然锁夜窗。起剔秋缸拜东野⑯，寒风袭袭影幢幢。

乾隆己未秋九月既望，道承题。

①江皋：江中。皋，沼泽，湖泊。

②甄陶：孕育，培养造就。

③斤斧操：斤：斧子一类砍伐工具。操，拿；握。此处指用锤凿取石。

④窟宅：神怪所居巢穴。

⑤夜郎之波牂牁涛：夜郎，即"夜郎自大"之云贵地区古夜郎国。牂牁：贵州境内古国名。牂牁江位于今贵州省六盘水市境内。

⑥宣毫：宣州所产毛笔。

⑦赓：续；连。

⑧旧冬：前一年冬天。

⑨开复：官吏被降革后恢复其原官或原衔。

⑩踰限格例：超过律令条例的限额或限期。

⑪垂翅：失意；落败。

⑫韩张：韩愈和张籍的并称。张籍《祭退之》诗："公文为时帅，我亦有微声。而后之学者，或号为韩张。"

⑬溧水酸寒：典出韩愈《荐士（荐孟郊于郑馀庆也）》诗："酸寒溧阳尉，五十几何耄。"

⑭浙中海塘之役：浙江海宁修筑海堤工程。浙中，即浙中。海塘：海潮防护堤。

⑮李浙东：即浙东都团练观察使兼御史中丞李逊。韩愈曾写信《代张籍与李浙东书》，向李逊推荐患有眼盲症的张籍。

⑯起剔秋缸拜东野：起床挑亮灯芯拜孟郊。典出韩愈《醉留东野》："东野不得官，白首夸龙钟。韩子稍奸黠，自惭青蒿倚长松。低头拜东野，原得终始如駏蛩（形容关系密切）。"剔，挑。秋缸，油灯。东野，即孟郊（字东野）。

【按】此诗极尽端石品色之美、端砚研用之良，辞藻华丽，洋洋洒洒，为黄任咏端名篇。

黄诗作于康熙五十八年己亥（1719）六月，谢道承题拓跋文作于乾隆四年己未（1739）九月，相隔20年以后。此时黄任56岁。此前一年冬天，黄任入粤，谋求复职，但未能如愿。谢道承夜读黄任砚铭，对黄氏仕途之多舛，大发感慨。叹惜黄氏未能得遇举荐张籍、孟郊那样的名流显宦韩愈，致使抱负不得舒展。从跋文可见黄、谢交情之笃，非同一般。

朱氏本谢道承跋意大略相同，诗全同，字句略简。

◎青花砚

一寸干将①切紫泥，专诸门巷②日初西。如何轧轧鸣机手③，割遍端州十里溪。

余此石出入怀袖将十年。今春携入吴，吴门顾二娘见而悦焉，为制斯砚。余喜其艺之精，而感其意之笃，为诗以赠，并勒于砚阴，俾后之传者有考焉。顾家于专诸旧里。

莘田。

△割来青紫玉如泥，几度经营日驭西。一自神君④拂袖去，至今魂梦绕端溪。

田生次韵。

△淡淡梨花黯黯香，芳名谁遣勒词扬？明珠七字端溪吏⑤，乐府千秋顾二娘。

勾山兆仑。

△"谁倾几滴梨花雨，一洒泉台顾二娘。"莘田句也。哀感顽艳能移我情，故作断句美之。

勾山又笔。

①干将：春秋末期著名铸剑师。传为吴国人，妻子为莫邪。传为吴王阖闾间作雌雄剑名干将、莫邪。后干将、莫邪泛指宝剑。

②专诸，吴国堂邑人，春秋战国四大刺客之一。受伍子胥荐为公子光效命，置匕首于鱼腹中刺死吴王僚。专诸巷在苏州阊门内，传专诸葬于此，巷由此得名。明请时此巷为江南手工业者尤其琢玉艺人聚集地，明代"苏作"玉雕名家陆子冈即居此巷，顾氏制砚世家亦居于此。

③鸣机：开动机杼。谓织布。

④⑤神君、端溪吏：皆指黄任。"神君"为旧时对贤明官吏之敬称。《后汉书·荀淑传》："出补朗陵侯相，莅事明理，称为神君。"

【按】此铭比前一首更为著名，可排黄氏咏砚铭诗第一。但诗固出色，其出名，要因更在于写顾二娘。盖后世每论及顾氏砚艺，则必举此诗；论黄氏砚事，亦必举此诗。所以此诗遂名冠诸诗。

此青花砚为"十砚轩"十砚之一。

◎ **天然砚**

伴朱丝琴，和秋虫①吟。古貌古心，唯汝赏音。

水岩有东、西、中三洞，中洞石久已绝响。萝轩先生以此石，尚是中洞旧坑，尤可宝也。

癸卯②十月，莘田识。

①秋虫：促织。

②癸卯：雍正元年（1723年，癸卯）。

【按】此砚亦十砚轩十砚之一。

◎写裙砚（旁镌"端友"二字）

汝是端人质有文，相将致雨更兴云。而今护落持无旧，只写羊欣白练裙①。
莘田。行书。行书。

①羊欣白练裙：典出《南史·羊欣传》。南朝宋羊欣年十二作隶书，为王献之所爱重。羊欣夏日穿新制白绢裙昼寝，献之见之，书裙数幅而去。白练裙，白绢所制之裙。

◎美无度砚

非君美无度，孰为劳寸心①。

康熙乙亥六月②，任。行书。

印二：莘田真赏、十研轩图书。

△两番通籍忝金闺③，铅椠依然手自携。乞得上方蕉叶白，白坑后历贱如泥。

振以词科④再入词馆⑤。丁未⑥十月蒙恩赐端砚一方，火捺青花，乃水坑蕉叶白之至佳者，子孙珍之以为世宝。其制正类此。于振恭记。

①此铭两句，引自南朝诗人谢朓《郡内高斋闲望答吕法曹诗》。谢诗原意：若非你的胸襟开阔，又如何会为我费尽心思呢？黄任借以形容砚石之美，自己为之倾心。美无度：出自《诗经·汾沮洳》，原意赞美男子美到极致，没有限度。劳寸心：费尽心事。

②康熙乙亥六月：康熙三十四年乙亥（1685）六月。

③通籍忝金闺：指进士及第。通籍，宫中有了名籍。金闺，金马门，代指朝廷。

④词科：博学鸿词科。

⑤词馆：翰林院。

⑥丁未：雍正五年丁未（1727）。

【按】此砚为十砚轩十砚之一。

题跋者于振（1690—1750年），字鹤泉，号秋田，江苏金坛人。雍正元年恩科状元，授翰林院修撰。雍正四年督察湖北学政，因擅增学额遭罢黜。乾隆元年，应博学鸿词科考列一等，授职翰林院编修。历官至侍读学士。

◎囊砚

昌谷爱苦吟，古锦制方底①。我以石为之，晓窗临乞米。

莘田。隶书。印：冻井山房。

①此二句典出"李贺诗囊"。李商隐所撰《李长吉小传》，记"苦吟诗人"李贺经常独自骑驴吟诗，得佳句便写下，投入随身所背锦囊中。昌谷，李贺别号。

◎清风砚

追琢其章，柔嘉维则。穆如清风①，君子之德。

莘田任，康熙庚子②长至后一日。篆书。

印三：黄任、神品、子子孙孙。

①此三句皆出《诗经·大雅》。"追琢其章"指雕琢到极致，"柔嘉维则"指柔和美善，"穆如清风"指和煦之风化养万物。

②康熙庚子：康熙五十九年庚子（1720）。

【按】朱氏本砚名作"风字砚"。并记此砚铭款、印为："雍正二年七月。黄任。印一：黄任。"

一砚铭于康熙五十九年，一砚铭于雍正二年甲辰（1724），两者相差四年。显然是一铭两题。

◎紫云砚为方慕斋使君铭

紫云一握胜兼金^①，寄上仙郎索赏音。不负端溪吾与子，琢磨如见两人心。

题奉慕斋使君，黄任。

①兼金：价值倍于常金之好金。

【按】此砚为方曰岱所铭，从中也可见二人石交友情之笃。

◎著述砚

古在骨，秀溢出。资著述。

黄任铭。篆书。印三：十砚轩图书、莘田真赏、水崖之精。

【按】朱氏本作"莘田著述砚"。此砚为十砚轩"十砚"之一。但朱氏本记此砚铭文款、印为："莘田、任。古篆。印一：十砚轩图书。"倘两者所记皆无笔误，则此铭也当是一铭两题。两者孰为十砚轩"十砚"原物，孰为砚铭复制品，则难以辨明。

◎守默砚

守吾默^①，贞吾德^②。刚克柔克^③，俾周旋乎书策琴瑟^④。

黄任。隶书。印：莘田。

①守吾默：安于暗昧，保持玄寂。"守默"即"守黑"，典出《老子》"守其黑"。汉河上公注："黑以喻默默。"

②贞吾德：坚守自己的德操。

③刚克柔克：意即视实际需要，而采取以刚制胜或以柔制胜之策略。

④此句意砚与书籍和睦相处。书策琴瑟：语出《礼记·曲礼上》："先生书策琴瑟在前，坐而迁之，戒勿越。"书策，指书册，书籍。琴瑟，琴瑟两者合奏，声音和谐，用以比喻感情融洽。俾，使。

◎毓凤砚

承家①翰墨，报国文章。毓凤毛于池上②，俾沐浴乎古香。

雍正乙巳③六月，铭于端州署斋付岱儿④，莘田。隶书。

①承家：承继家业。

②此句化用"池上凤毛"。池：指凤凰池，禁苑中池沼，唐代多以凤凰池代指宰相。凤毛：指子孙遗传长辈才情。《南史·谢灵运传》载谢灵运之孙谢朓字好学有文辞，宋孝武帝赞叹："超宗殊有凤毛，灵运复出。"毓，生养、孕育。

③雍正乙巳：雍正三年乙巳（1725）。

④岱儿：黄任之子黄岱。

【按】砚为黄任官端州时送给其子黄岱，以寄勉励之意。

◎玉成砚

惟直方大，含章可贞。兹焉丽泽①，玉汝于成②。

黄任铭。印：十研轩图书。

①丽泽：惠及，泽惠。

②玉汝于成：语出北宋张载《西铭》。意指像打磨璞玉一样磨炼你，直至使你成功。玉汝：像爱惜玉一样爱护、帮助你。

◎汲古砚

（旁镌"冻井"二字，隶书。又镌"一八五八，飞泉仰流"①八字，篆书。）

猗②呵冻而哦环堵③兮，嚼寒冰于肺腑④。惟鼠须其修绠兮，晨不爨以汲古⑤。

莘田、任。篆书。印一：十研轩图书。

印二：黄任、冻井山房珍藏。

①语出南朝鲍照《字谜》："一形二体，四支八头，一八五八，飞泉仰流"，谜底为"井"字。前两句言井之形，第三句"一八"言井有八角；"五八"为四十，言井由四个十字组成。飞泉仰流则是形容井水上涌的形状。

②猗：叹词。常用于句首，表示赞叹。

③环堵：形容狭小、简陋的居室；指贫穷人家；围聚如墙。

④此句化用《庄子·人间世》："今吾朝受命而夕饮冰，我其内热与？"比喻内心对国事的忧虑。

⑤此两句以井作比，寓意勤于笔耕。韩愈《秋怀》句："汲古得修绠。"鼠须：鼠须笔的省称。修绠：汲水所用长绳。晨不爨：早晨不能做饭。杜甫的《空囊》："不爨井晨冻，无衣床夜寒。"汲古：形容钻研古籍获取知识，如汲水于井。

【按】朱氏本记此砚名款："莘田、任。印一：十研轩图书。"

又，朱氏本此"汲古砚"条目后为"井砚"，铭文为："一八五八，飞泉仰流。篆。"

◎云月砚

奉云望舒①，取水方诸②，斯乃青虹③贯岩之美璞，以孕兹五色珥戴之蟾蜍④。

莘田、任。篆书。印二：黄任、冻井山房珍藏。

①望舒：神话中为月驾车之神，借指月亮。

②方诸：古代月下承露取水的器具。

③青虹：彩虹。

④五色珥戴之蟾蜍：应是言石品绚丽，如五色蟾蜍身上之斑斓花纹。珥，用珠子或玉石所做耳环。

◎井田砚

他山①半亩佃秋烟，琢得方形井地连。自笑不曾持一砚，留将片石当公田。

余视端州事八阅月②，未尝得一砚。其冬端之人伐东西岩，群采取焉。因馈片石，予制井田砚，并系以诗记于其上。

莘田。

△霞光片片罩轻烟，崖别东西短剑连。自是天工怜傲吏，研才假手遗莘田。

田生次韵。

①他山，指别处之山。泛指山石。取自《诗经·小雅·鹤鸣》："他山之石，可以攻玉。"

②阅月：经过一月。

【按】此铭言黄任官端州八个月，尚未获一现。直至此年冬天，端州人开采老坑东西洞，方才获赠一石。所以，余甸诗中说老天看不过眼，可怜这位爱砚而又孤傲的县令，借石工之手赐予此砚。《秋江集》"八阅月"作"十阅月"。

◎东井砚

井宿八星主泉水①，予琢砚得眼适符其数，盖有协②于东井之象焉。铭曰：汝端既明③，我道既平。天一资生④，汝司其衡。原泉盈盈，雨施云行。人文郁蒸⑤，猗欤⑥化成。

莘田。

①井宿：二十八宿之一，有八星。分两排，一边四个，将中间四颗连线即呈一个"井"字。主水，《史记·天官书》："南宫朱鸟权衡，东井为水事。"因在玉井之东，故又称"东井"。

②协：合，合手。

③既明：天色明亮。

④天一资生：即"天一生水"，语出《易经》。意思是水为万物之始，是仅次于天道一性而生的圣物，。

⑤郁蒸：凝聚和蒸腾。

⑥猗欤：叹词，表示赞美。

【按】朱氏本此铭接续前砚"井田砚"余甸铭后，或抄录者所讹。

◎结邻砚

抱兹美璞，蕴此贞珉①。是雕是琢，席上之珍。包涵万象，富有日新。资吾尚友，为尔结邻。

①贞珉：石刻碑铭的美称。此指砚石。

◎十二星砚

踏得穷渊①得紫英，濡毫犹听溜泠泠②。夜光一□西岩罅，斜浸秋天十二星。

康熙庚子③初秋十有三日，题于冻井山房，莘田。

①穷渊：深渊。

②溜泠泠：山泉声。

③康熙庚子：康熙五十九年庚子（1720）。

【按】此砚为十砚轩十砚之一。

◎方砚

上下三百年，纵横一万里。天下文章，莫大乎是①。

①莫大乎是：莫大于此。莫大乎：语出《孟子·公孙丑章句上》："君子莫大乎与人为善。"意为正人君子所能做到最大的事情，就是与人为善。

◎秋水砚赠李霖邨

秋水泠泠浸一泓，下岩西洞第三层。与君细腻风光写，丽泽如斯得未曾①。

余自岭南归，以兹石赠玉和他山之助②，知不忘琢磨鄙意③耳。乾隆四年④八月，黄任。

①未曾：不曾；未及。

②他山之助：比喻借助外力，弥补不足。

③鄙意：谦辞，称自己的意见。

④乾隆四年：乾隆四年己未（1739）。

【按】朱氏本记此砚名为"赠霖邨砚"。

此跋作于乾隆四年，距黄任雍正八年庚戌（1730）去职归闽已过八年，所以应为题拓之作。

诗载《秋江集》卷五，题为《以端砚赠李霖邨并镌一诗》。

◎方砚为李霖邨铭

温而栗[①]，丽以则[②]。是错是攻[③]，刚克柔克。动而宣哲人之言，静则蕴恭人[④]之德。

莘田。

△兹石购于古肆，气体雄浑。莘田先生鉴定，系之以铭。予其得所宝耳。

霖邨。

①温而栗：温和而庄严，刚正而不苛刻，简易却不傲慢。语出《尚书·舜典》。

②丽以则：出自扬雄《法言·吾子》。意指文章应辞藻华美但不失法度，仍有诗言志之讽喻精神。

③是错是攻：错，磨玉石。攻错，指琢磨。语本《诗经·小雅》。

④恭人：宽厚谦恭之人。《诗经·小雅·小宛》："温温恭人，如集于木。"

【按】朱氏本记此砚名为"大长方砚为李霖邨铭"。

◎安矩砚

静而能专，动而能圆。安安而能迁[①]，是用永年。

①语出《礼记·曲礼上》。意心安于所安，而能迁以从善，则不至沉溺于于安逸而消磨意志。安安：心安于环境或习惯。

【按】朱氏本记此砚名为"长方砚"。

◎井田砚

率彼阪田，宣猷作原[①]。原隰既坦，疆田蓄蓄。大田不搜，君子何求。

有谋有始，周爰止于是②。

①此二句语出先秦石鼓文《作原》鼓。因石鼓文注释自古以来人言言殊，故不作解读。

②此六句皆语出石鼓文《吴人》鼓。

◎我心写兮砚

他山之石，如琢如磨。我心写兮，独寐寤歌①。

庚子长至②后二日，任。印二：莘田真宝、十研轩图书。

①独寐寤歌：语出《诗经·卫风·考槃》。意为孤寂度日，坚守高洁的理想。

②庚子长至：康熙五十九年（1720）夏至日。夏至白昼最长，故称长至。

◎石鼓砚

蒸彼淖渊①，迄涌盈盈②。我水既静，我导既平③。君子渔之④，君子爰猎。爰猎爰游，君子何求⑤？宪宪文武⑥，振振复古⑦。

我来自东，灵雨奔流⑧，出于水一方⑨，君子之求⑩。致其方艺，朝夕敬惕⑪。余及如兹邑，曷不余及⑫。

右集石鼓文二章以为之铭。雍正三年乙巳六月，永阳黄任书于端州厅事。篆书。印：黄任。

①④此两句语出先秦石鼓文《汧殹》鼓。

②⑧⑨语出《零雨》鼓。

③此二句语出《吾水》鼓。原作：吾水既清，吾道既平。

⑤此三句语出《我车》鼓。原作：君子爰猎，爰猎爰游。麀鹿速速，君子之求。

⑥此句语出《马荐》鼓。

⑦此句语出《而师》鼓。

⑩此句语出《我车》鼓。

⑪此二句语出《吴人》鼓。

⑫此二句语出《我水》鼓。

◎ 井田砚

不学临池不力田①，散衙②高咏晚凉天。野夫本是农桑客，多写《幽风·七月》③篇。

丙午④初秋八日。印：莘田。

①力田：努力耕田。亦泛指勤于农事。

②散衙：意为结束公事。

③即《诗经·豳风·七月》，描写幽地人民从事丝绸生产的诗篇。

④丙午：雍正四年丙午（ 1726 ）。

【按】此铭诗当写于端州任上，所以说"散衙"。

◎ 十研轩砚

己亥①过吴，余有诗云：箧装谀墓②千秋纸，囊贮蛮溪十片岩。或有嗤余者："人生能着几两屐③？研固不必如是之多也。东坡云："墨将磨人，况于研乎？"④余笑而谢之："彼世之役役⑤于宝珠玉者，亦不一而足也。"遂构十研轩以贮十石，非质之美兼制之善者不得与焉。兹亦其一云。

康熙庚子上巳⑥，任。行书。印：黄任。

①己亥：康熙五十八年己亥（1719）。

②谀墓：唐代韩愈为人作墓志，多溢美之辞。后泛指为人作墓志而称誉不实为"谀墓"。

③此句典出《世说新语·雅量》。意谓人生需求有限，不应为外物所累。东坡诗《次韵答舒教授观余所藏墨》亦引用之。

④此句亦典出东坡诗《次韵答舒教授观余所藏墨》："非人磨墨墨磨人，瓶应未罄罍先耻。"

⑤役役：役使；奴役。

⑥康熙庚子上巳：康熙五十九年上巳（1720）三月三日。旧历三月三日：古时称为"上巳节"。

【按】此为十砚轩十砚之一。

按此铭说法，有人对黄任痴迷于砚颇不以为然，出言讥讽，黄氏遂构十砚轩以明志。

此铭之重要价值在于，可确定十砚轩建成时间：康熙五十九年三月三日以前。

◎嘉鱼砚

嘉鱼独产于砚峡①，其乐在砚乎？余既知鱼之乐，又喜其与余同嗜，遂镌而玩之。相亲而笑，莫逆于心。

雍正七年②，舟过端溪书，莘田。印：端溪长吏。

①嘉鱼：淡水鱼中之珍品，多产于西江德庆河段。

②雍正七年：1729年己酉。

◎赠雪村砚

经月凿洞，难得佳石。此片尚是吴制府①开坑旧物，殊可宝玩。直庐②染翰，应记忆岭外劳人也。

奉寄雪村足下，莘田。

①吴制府：即吴兴祚（1632—1697）。浙江山阴人，汉军正红旗籍，字伯成，号留村。贡生。因与总督姚启圣等发兵拒台湾明郑政权。官至两广总督（制府）。生平喜与文士交游，诗亦清雅。有《留村诗抄》等。曾于康熙二十六年两广总督任上督采老坑。

②直庐：旧时侍臣值宿之处。

③劳人：忧伤之人。词出《诗经·小雅·巷伯》。

◎箕砚

汝张其口，饱墨一斗。簸之扬之，精华在后。

篆书。

◎彩笔砚

取才于端，知自何昉①。刻画临池，彩笔千象。

莘田铭。隶书。印三：黄任、真宝、香草斋。

①昉：起始。

◎磨崖砚

元气淋漓劈乍开，如何肤寸①墨兼苔。破窗彻夕惊风雨，飞入磨崖一片来。

①肤寸：古代长度单位。一指宽为寸，四指宽为肤。也用以比喻极小。

◎月砚

曾浸银河湿不干，支机濡染彻霄寒。谁偷砍桂吴刚斧，琢出文窗七宝①团。贯虹美璞育蟾蜍，长养珠胎满又虚。怪底津津流欲滴，的应此水是方诸②。

①七宝：多指佛家金、银、琉璃等七种珍宝，又称七珍。不同历史时期品目又有不同。

②方诸：月下承露取水器具。出自《淮南子·览冥训》。

◎生春红砚

旁镌"生春红"三字，篆书。又印三：神品、莘田真赏、十砚轩图书。

余在端州日，室人①蓄此砚，余戏名"生春红"，盖取东坡"小窗书幌相妩媚，今君晓梦生春红"②之句。室人摩挲不去手。迩来③砚匣尘封，启视尚墨渖津津欲滴也。而室人已逝兼旬④矣，悲何可言！因镌一诗云：

端江共汝买归舟，翠羽明珠汝不收。只裹生春红一片，至今墨渖泪交流。

乾隆甲子⑤二月，莘田。楷书。印二：黄绢幼妇、香草斋侍史。

①室人：古时妻妾别称。即黄任夫人庄氏。据袁枚《随园诗话》云又称月鹿夫人。才女，工诗，也好赏砚。夫妇所育两女淑窕、淑畹亦皆能诗善文、妙解音律，可见一门风雅。

据黄任此铭落款时间推断，庄氏卒于乾隆九年一、二月。

②生春生：春红，指春花或落花。东坡原句"小窗虚幌相妩媚，令君晓梦生春红"（《眉子石砚歌赠胡阆》）。原意似是指明窗净几之间研墨之趣。黄铭误苏诗"虚幌"为"书幌"，疑闽语方言"虚""书"音略近，致有此误笔。

③迩来：近来。

④兼旬：两个十天；二十天。

⑤乾隆甲子：乾隆九年甲子（1744）。

【按】本书卷八所收朱景英《题陶舫砚铭册后》一诗跋语云："莘田丈庄夫人砚，名'生春红'。夫人殁后，丈赋《悼亡》诗中一绝：'端江共汝买归舟，翠羽明珠汝不收。只裹生春红一片，至今墨渖泪交流。'取镌砚背。"黄任丢官后，谋生无术，赖妻子勤俭持家。庄氏不幸病故，莘田写有《悼亡》诗二十八首，情真意切，凄婉动人。此题"生春红"砚四句，正为《悼亡》诗中一首。"生春红"为黄任端州任上所购，黄夫人庄氏生前宝爱之物。面对亡妻生前遗珍，睹物伤情，莘田无限感伤，遂在砚上镌刻识记一首寄托哀思。

此砚因有黄任和亡妻庄氏凄婉情事之渲染，民国时又曾为著名报人林白水获藏（后由林氏后人捐予台北历史博物馆。但其款、印与林氏此记不符），林氏广为延誉，故名气更在"美无度"砚之上。关于此砚，有二谬说：

一、将"生春红"砚归为"十砚"之一。据"十研轩砚"所记，黄氏"十砚"康熙末年已备，"生春红"砚即是雍正初年莘田官四会任上所得，则自属"十砚"以外之物。也由此可知，"十砚"只是黄氏早期玩砚所选精品，并非黄氏平生藏砚之最，至少"生春红"砚即不输"十砚"中砚；以名气论，"生春红"砚更是堪称"十砚轩"中第一品。

二、近人谢章铤《稗贩杂录》，记"生春红"砚为黄任宠姬金樱所藏。朱景英《题陶舫砚铭册后》诗跋明确砚乃夫人所藏，可见谢氏所记非信史。

◎ 小影砚

匪仙匪儒，其形则癯①。宜丘壑居，带经而锄②。

莘田。

①癯：清瘦，一般形容有气质但较清贫的文人寒士。

②带经而锄：生活贫苦仍坚持苦读。典出《汉书·倪宽传、朱买臣传》。

《砚史》卷二终

朱氏本补遗（一砚）

◎**青花砚**

白石青花出水鲜，羚羊峡口晚生烟。紫云一片刚如掌，染得山阴九万笺[①]。

[①]山阴九万笺：语出唐陆龟蒙《送浙东德师侍御罢府西归》句："芙蓉散尽西归去，唯有山阴九万笺"。"山阴笺"，应是借指《兰亭序》，代指书法。

【按】此铭朱氏本原文即无铭者款、印。

《砚史》卷三

砚铭（同里名家）

●陈京兆治滋

先生字以树，别字德泉。侯官人。康熙癸巳[①]进士，选庶吉士，授编修，改御史。累官奉天府丞。先生与谢阁学道承均为先君子宅相[②]，文体诗律得所指授，故蔚然成家。既入词馆，以养亲告归里居，筑学圃，读书其中。学老文钜，为一时职志[③]。今涉历[④]显达，卓有治绩。然凝香森戟[⑤]间，井田片石，依然如影随形。先生殆以斯铭为息壤[⑥]欤！

①康熙癸巳：康熙五十二年癸巳（1713）。

②先君子宅相：先君子：已故父亲，先父。宅相：外甥。典出晋魏舒舅宅出贵甥故事。

③职志：旗帜，领袖。

④涉历：经历。

⑤凝香：凝聚香气。森戟：武库兵器林立。宋王罙高《水调歌头》：暂对袴襦欢颂，森戟护凝香。

⑥息壤：休养生息的土地。

◎井田砚

产于粤，游于燕。吴顾氏[①]，画井田。伴我芸阁[②]归林泉，如影随形二十年。德泉。行书。

①吴顾氏：吴门顾氏。当指顾二娘。

②芸阁：即芸香阁，汉唐秘书省的别称。因秘书省司典图籍，故亦以指省中藏书、校书处。陈治滋曾官翰林院编修，故称其当值处为芸阁。

【按】陈治滋为林佶外甥，为林佶、黄任后辈，当不可能请顾德麟制砚，故此砚必为顾二娘制品。

●许祠部均

先生字叔调，自号雪邨居士，侯官人，瓯香友孙，真意遇子。康熙戊戌①进士，授庶吉士，改部署以礼部祠祭司郎中，奉使江南，卒于扬州行馆②。先生胎前蕴秀③，学有渊源。诗格画品泓峥萧瑟，肖其风仪。内子淑筹，余世父来斋公女，所称寿竹夫人者也，亦工诗善绘事，与先生闺房清课，妍词妙染，流布人间，世以赵、管④目之。先生早岁趋庭⑤，中年游宦，凡所著述散轶居多，今录其砚铭数章。青花在匣，翠墨生香，固当秀绝寰区⑥，珍为名宝者矣。

①康熙戊戌：康熙五十七年戊戌（1718）。

②有关许均生卒年，相关史料、书籍皆无定说。据黄任《秋江集》卷五《癸亥长至前二日雪邨内子廖恭人六十寿令子雍乞言余为诗以祝之时雪邨殁十四年矣》一诗题，及"而夫与我同生长，四十馀年内外兄"句，知许均与黄任为同年生人。黄任出生于康熙二十二年癸亥（1683）。此诗作于乾隆八年癸亥（1743），"时雪邨殁十四年矣"，前推十四年，则许均当卒于雍正七年己酉（1730），享寿只有四十八虚岁。故黄任诗谓"四十馀年内外兄"。

③胎前蕴秀：才具天生。

④赵、管：宋末元初书画名家赵孟頫、管道升夫妇。

⑤趋庭：指孔子之子伯鱼趋而过庭，并闻孔子言诗礼事。后引申为晚辈接受长辈的教诲。

⑥寰区：天下；人世间。

◎论交可久砚

岁之辛卯①，余初入都，即携此石偕行。从此囊箧往返，玉白花红②，马蹄驴背③，批肝胆吐，离奇④回首十三寒暑，相对犹记忆历历。人生几何，计惟此论交为可久耳。

癸卯九月九日，雪邨道人客于吴兴之鸥波亭⑤畔识之。行书。

△雪邨居士，风流儒雅人也。官部曹⑥日，著清节。奉使江南，厘奸弊，无少回护，至今维扬⑦乐道之。时周太史瑞峰，亦使蜀有声，贤者皆不可测如此。今瑞峰以最⑧，归擢谏官，列银台⑨，而雪邨独以瘁没。每翻遗墨，辄为坠泪，不特存亡升沉之感，亦为国家重惜此劳臣⑩也。

乙卯⑪五月六日，正青书于小海此君亭。

①辛卯：康熙五十年辛卯（1711）。

②玉白花红：比喻文辞优美的诗篇。

③马蹄驴背：即"驴背诗思"。典出唐诗人郑綮"诗思在灞桥风雪中驴背上"故事。

④离奇：此作奇异而不寻常解。

⑤鸥波亭：在湖州东南隅。赵孟頫、管道昇夫妇游息吟咏之所。取鸥鸟浮游，随波上下之意，喻退隐生活悠闲自在。

⑥部曹：六部司官。许均曾官礼部郎中，故名。

⑦维扬：扬州。

⑧最：考核优等。

⑨银台：明清通政使司之别称。

⑩劳臣：功臣。

⑪乙卯：雍正十三年乙卯（1735）。

◎玉局清风砚

温文蕴质，坚润弘中。资文章于林府，追玉局①之清风。

癸卯嘉平②，雪邨为师夔三俉铭。隶书。

①玉局：指苏东坡，因其曾任玉局观提举，后人遂以"玉局"称之。

②癸卯嘉平：雍正元年癸卯（1723）十二月。嘉平，腊月别称。

【按】此铭乃许均为"师夔三侄"所题。"师夔"其人无考。许均同胞兄弟只有兄许鼎，许鼎有子二人：许良臣、许莐臣。良臣字思夔，"师夔"有传抄讹误之可能。"三侄"或指族中排行。

◎月仪砚

端溪璞玉夜珠色，探向骊龙①颔下得。吴趋孀女②女娲手，炼石如泥工剪刻。蚌形琢出月初圆，秋水澄江练一幅。案傍亦有玉蟾蜍，对此垂涎敢吞蚀。镂肝刻肾玉川子③，笺奏天工枉费墨。何如研露写乌丝，翠袖佳人勤拂拭。

壬寅九月九日④，雪邨居士。行书。印：雪邨

△余与雪邨同馆阁⑤者三年。每敝车羸马骈辔⑥，看天坛牡丹、丰台芍药。月夕花朝，无胜不与。内子寿竹，则来斋舅氏女也，诗翰绘事皆精绝，方之管仲姬⑦未多让焉。雍正丙午腊月⑧，大雪，余过访雪邨邸舍，围炉拥酒。雪邨扫梅花大幅，发干⑨，竟属寿竹圈花。笔墨清温，极闺房之韵事。诗所云：滴露乌丝，翠袖拂拭。余皆目睹其事。兹岁薄宦⑩京师，故人长谢。回想曩年文酒纵谈，月斜灯炧时，有如隔世。己未⑩九月二日，与涪云五弟夜坐守瓶斋，谈及都门旧话，展册题记。古梅。

①骊龙：传说中一种颔下有宝珠之黑龙。典出《庄子·列御寇》。

②吴趋：吴门。孀女：居妇。即顾二娘。

③镂肝刻肾：同"雕肝琢肾"，意即刻意锤炼。玉川子：唐诗人、茶学家卢仝之号。

④壬寅九月九日：康熙六十一年壬寅（1722）重阳节。

⑤馆阁：翰林院别称。许均康熙五十七年举进士，授翰林院庶吉士。谢道承康熙六十年举进士，授翰林院庶吉士，雍正元年，授翰林院编修。故二人曾为翰林院同僚凡三年。

⑥敝车羸马：破旧之车，瘦弱之马。喻处境贫窘。骈辔：并马而行。

⑦管仲姬：即管道昇，字仲姬。赵孟頫妻，册封魏国夫人。擅画墨竹。

⑧雍正丙午腊月：雍正四年丙午（1726）十二月。

⑨发干：画梅花枝干。

⑩薄宦：官职卑微。有时用为谦辞。

⑩己未：乾隆四年己未（1739）。

【按】朱氏本砚名作"月初圆研"。

此方端石蚌砚，为顾二娘制品。许均砚铭作于康熙六十一年，谢道承题跋于乾隆四年，相距已十七年，时许均已去世九年。跋文忆及两人同宦都门情谊之笃，为发人琴俱亡之叹！

◎精润砚

金精而藏，玉润而方。资沉酣于坟典，俾润泽乎缥缃①。

癸卯十月既望②，雪邨居士铭。楷书。

①缥缃：原指青黄色丝帛书囊书衣，指代书卷。

②癸卯十月既望：癸卯：雍正元年癸卯（1723）。既望：望日（十五）的次日，每月十六日。

【按】朱氏本砚名作"金精玉润砚"。

◎翰墨砚

亦雕亦琢，未离于璞。蕴翰墨之精华，还天地之淳璞。

丁酉花朝①，铭于玉琴书屋，雪邨、均。隶书。印二：均印、玉琴居士。

①丁酉花朝：康熙五十六年丁酉（1717）二月十二日花朝节。

【按】朱氏本砚名作"翰墨精华砚"。

◎括囊砚

负米①不远，括口②无悔。太实难容，过重不载。凛兹囊而若滋，嗟庭训③之难再。

隶书。

余自随侍先君子莘城县斋④，后复量移茂苑⑤，前后趋庭凡十六年。每奉提命，必以慎言为戒。戊戌⑥余倖入史馆，尤捧家训谆谆。今年六月，以服阕⑦还朝，重过吴趋，风木痛深，音容莫即。偶制括囊一砚，忽有警于慎言遗训，遂志兹铭，庶几求无忝于⑧所生云尔。岁在癸卯七月既望⑨，依阿生均谨书。

△非徒温雅，乃别见孝弟⑩之性。

田生。

①负米：谓外出求取俸禄钱财等以孝养父母。典出《孔子家语·致思》。

②括口：扎，束。

③庭训：父亲的教诲。

④此句指许遇于康熙年间官河南陈留知县，许均随侍其父于任上。莘城：夏朝莘国都城，在陈留郡外黄县莘昌亭（今河南民权县西北）。

⑤茂苑：即长洲苑。故址在今江苏省吴县西南。约康熙中期，许遇由陈留知县，调长洲知县，卒于任上。

⑥戊戌：康熙五十七年戊戌（1718）。

⑦服阕：守丧期满除服（除去丧服）。

⑧无忝于：不玷辱；不羞愧。

⑨癸卯七月既望：雍正元年癸卯（1723）七月十六日。

⑩孝弟：同"孝悌"，孝顺父母敬爱兄长。

【按】此砚为许均雍正元年（1723）六月，为父守丧期满，除服北上回朝时，路过苏州时所制。以顾二娘之名声，以及被林黄许诸闽人藏砚家所极为推崇来看，此砚当为顾二娘所制。

古制，服阕时间为三年，古人计虚岁，由此可推知许遇卒于康熙五十八年己亥（1719）上半年。此与《乾隆长洲县志》所记许遇于康熙五十三年到任，五十八年八月卒于官相合。

●谢阁学道承

先生字又绍，号古梅，侯官人。康熙庚子①乡试第一，明年成进士，选庶吉士。雍正癸卯②散馆授编修，遽乞养归。乾隆戊午③赴补，擢侍讲，累迁祭酒，晋内阁学士兼礼部侍郎，卒于位，为庚申岁④也。先生至性过人，侍太夫人，曲尽孝养。构"一枝山房"，戢影⑤十数年，寝馈坟素⑥，漱华振藻⑦，冠绝时流。尤精书法，笃嗜金石文字，每获一旧拓，辄考订题识，藏弄以为宝。莘田官四会日，曾寄以锄砚，先生所云"带月横经总虚愿，石田何日有秋成"⑧是也。其题"犀水砚"铭亦云："嗟石田兮尚亦有秋。"盖其耽情汲古，寓于涉笔者类此。录此一章，亦足想其风致云。

①康熙庚子：康熙五十九年庚子（1720）。

②雍正癸卯：雍正元年癸卯（1723）。

③乾隆戊午：乾隆三年戊午（1738）。

④庚申岁：乾隆五年庚申（1740）。

⑤戢影：退隐闲居。

⑥寝馈坟素：废寝忘食钻研典籍。坟素：典籍。

⑦漱华振藻：汲取菁菁久，显扬文采。

⑧诗见卷八。

◎飞虹饮涧砚

为庄犀水铭

紫云起兮炉香浮，供侍犀翁兮清兴酬。嗟石出兮尚亦有秋。

古梅。隶书。

【按】砚为庄犀水所题，庄氏无考，谢氏称其为"犀翁"当为谢氏前辈。

谢氏《二梅亭集》记此砚原有庄氏一跋：藏之山庄，世永宝之。犀水自题。

●周京兆绍龙

先生字允乾，别号瑞峰，福清人。雍正癸卯[①]进士。丁未[②]以荐授庶吉士，出使四川。旋馆授编修，改御史，擢通政司右参议，晋顺天府丞[③]。卒于官。先生长身玉立，仪表秀挺。早岁即以书名，精心临抚，一归苍劲，绝远于俗姿妖媚者。在史馆日，图史枕籍，沉酣富有，故撰著具见根柢。爱蓄砚，最宝者"扪参历井"一枚，盖使蜀橐中物也。馀若袖里三峰，案头一铎，玩其题句，庶几岚翠欲浮，铣于可观欤。

①雍正癸卯：雍正元年癸卯（1723）。

②丁未：雍正五年丁未（1727）。

③顺天府丞：明清朝两代北京地区称为顺天府。府丞，府尹副职。

◎石田砚

毋曰石田，不稼舍旃[①]。礼耕义耨[②]，是用丰年。

隶书。

丁未[③]春分，瑞峰铭于绿玉斋。篆书。印二：绍龙、绿窗。

①旃：文言助词，相当于"之焉"。

②礼耕义耨：语出《礼记》："礼耕乐耨。"借田以比治天下。耨，锄草。

③丁未：雍正五年丁未（1727）。

◎井砚

扪参历井[①]。

篆书。

印三：瑞峰、绍龙、益都使星[②]。

①扪参历井，语出唐李白《蜀道难》："扪参历井仰胁息，以手抚膺坐长叹。"参、井，皆星宿名，分别为蜀秦分野。形容蜀道山势高峻，可以摸到参、井两星宿。

②益都使星：即"星使"，帝王的使者。四川古称益州。周绍龙曾出使四川，古有此印。

【按】纪晓岚《阅微草堂砚谱》收一风字形砚。井字墨池，墨池右侧镌篆书四字："扪参历井"。印"瑞峰"。背有纪氏铭，记纪氏为内阁学士吴玉纶（号香亭）诗文集作序言，袁以此砚作为润笔奉赠。但纪氏砚上并无"绍龙""益都使星"二印。

朱氏本记有此砚跋文："参光明井，洌寒帝巡。辑瑞三千年，犹留星影耀圭端。李旭。"

◎ 兰台侍直砚

兰台^①侍直^②之研。

隶书。

辛亥长至^③，瑞峰周绍龙。印二：瑞峰、铁石梅花。

①兰台：御史台和史官的别称。

②侍直，指在宫廷内任职、值班。

③辛亥长至：雍正九年辛亥（1728）指夏至。长至，夏至。

【按】周绍龙曾官御史，此砚即其御史任上当值所用砚。

◎ 螭头侍直砚

螭头^①侍直之研。

隶书。

庚戌中秋^②，铭龙。印：瑞峰。

①螭头：此指"螭头官"。原为唐代史官别称。后亦代称翰林院。明清翰林院修撰、编修、检讨等职，皆为史官。

①庚戌中秋：雍正八年庚戌（1730）中秋。

【按】周绍龙曾官翰林院编修，此砚即其编修任上当值所用砚。

◎ 銮坡视草砚

銮坡视草^①之研。

隶书。

雍正庚戌秋月，绍龙。印：绍龙。

△当年同日奏霓裳，视草銮坡墨汁香。今日遗文埋宿草②，只馀侬是鲁灵光。

瑞峰归道山③后，在词馆④者，今只仆一人矣。

于振。

①銮坡视草：唐德宗时，尝移学士院于金銮殿旁的金銮坡上，后遂以銮坡为翰林院的别称。视草，古代词臣奉旨修正诏谕一类公文，后亦称词臣起草诏谕为视草。

②宿草：指墓地上隔年的草，用为悼念亡友之辞。

③归道山：谓死亡。道山，传说中的仙山。

④词馆：翰林院别称。

【按】此铭和前一砚铭文一样，皆作于雍正八年秋。亦是周绍龙翰林院编修任上当值所用砚。

◎春晖砚

江淹彩笔邱迟锦，梦里流传是也非①。我有端溪亲付汝，管教才思竞春晖。

癸丑②二月，题付履儿藏，瑞峰。草书。

△袖里青天划翠微，海山归去是耶非。晚年购宅浑闲事，留取三峰与阿晖③。

右次同年④周瑞峰京兆韵，并柬⑤谦亭世讲⑥。

于振。

①此两句典出"梦笔生花""江淹梦锦"。前者言南朝文学家江淹，梦见仙人授彩笔而文思大进，后梦见仙人索回彩笔而"江郎才尽"；后者言江淹梦见被西晋文学家张协索回残锦，赠与丘迟，丘迟从而文才大进。

②癸丑：雍正十一年癸丑（1733）。

③阿晖：即南宋名画家米友仁。其字元晖，米芾长子。书法绘画承家学，世称"小米"，父子合称"大小米"。宋人吴则礼《题吴道人庵壁间米元晖画六言诗》：阿晖戏拈秃笔，便与北苑争雄。

④同年：明清乡试、会试同榜登科者皆称"同年"。

⑤柬：信件。

⑥世讲：友人后辈的代称。

【按】朱氏本砚名作"春晖才思砚"。

此砚所赠"履儿"，当即周绍龙之子。所以于振以米芾、米友仁父子比喻周氏父子。于氏跋文称"谦亭世讲"，当即为其所题。谦亭，应为周履之字。

◎紫云堆砚

端溪初割紫云堆，望里森森玉笋①开。拾似江郎山②下过，三峰我竟袖之来。

康熙庚子③四月，绍龙。草书。

△瑞峰二兄丁酉⑤秋过江郎山，题壁上有"三峰我欲袖之去，留补青天炼五云"句。予辛丑⑥过斯地，戏署其尾曰："气压诸山雨下坡，欲吞云海静风波。补天自有金针在，还厌三峰袖里多。"今二十馀年矣。瑞峰补天才露一斑而即云亡，予潦倒无成，弥增愧悔。兹读铭词，回思昔年意气之盛，如寻旧梦，为之慨然。

正青。

①玉笋：喻秀丽耸立的山峰。宋杨万里《真阳峡》诗："夹岸对排双玉笋，此峰外面万山青。"

②江郎山：古称玉郎山；在浙江衢州江山境内。其山三巨石拔地冲天而起，形似石笋天柱，人称"三爿石"。

③康熙庚子：康熙五十九年庚子（1720）。

⑤丁酉：康熙五十六年丁酉（1717）。

⑥辛丑：康熙六十年辛丑（1721）。

【按】江郎山地接仙霞岭，为古代闽人北上南归要道。康熙五十六年周绍龙过此，题诗于壁，三年后忆及此地风景，以之题铭入砚。一年后，林正青又过此地，见周氏题壁诗，续题四句于后。文人雅趣，遂入砚史。

◎铎砚

猗欤①铎②砚，水崖之晶。琅琅振响，作金石声。

①猗欤：叹词，表示赞美。

②铎：古乐器，形如铙、钲而有舌，古代宣布政教法令所用。

【按】朱氏本砚名作"钟砚"。并记有此铭名款："甲寅小春铭。'瑞峰珍玩'印。"甲寅：雍正十二年甲寅（1734）。小春：夏历十月，亦云小阳春。

同书又记有一跋："石乎？鼓乎？如入有虡之闳宫，惊看含响而待叩之大镛。李旭题。"

◎云砚

云垂水立①。

雍正丁未花朝②，绍龙。篆书。

①云垂水立：化用杜甫《朝献太清宫赋》："九天之云下垂，四海之水皆立。"比喻文辞雄伟，气势非凡。

②雍正丁未花朝：雍正五年丁未（1727）二月十二日花朝节。

●游太守绍安

先生字鹤洲，号心水，福清人。雍正癸卯①进士，由刑部郎中出守南安。先生风格伟岸，殚力希古②，豪于为文。领逾十稔③，自号梅花郡长，其标致④可想也。忆先生戊戌⑤试，礼闱不得志⑥，先君子题囊砚慰之，有"长安米，终须乞"之句。迨后，官秋曹五年，恒津津向人述其事，亦砚铭中一则新语也。

①雍正癸卯：雍正元年（1723，癸卯）。

②殚力希古：竭尽全力效法古贤。

③十稔：十年。谷熟为稔。古代一年收获一次，故称一年为一稔。

④标致：标格高；雅致。

⑤戊戌：康熙五十七年戊戌（1718）。

⑥礼闱不得志：指进士落第。

◎箕砚

噫！斯箕也，吾学制于良弓①，若无忘乎若翁。

心水付儿铣枝。篆书。

①语出摘《礼记·学记》："良弓之子，必学为箕。"比喻子承父业。

【按】此砚为游绍安赠其子游铣枝，故以《礼记》之"弓箕"语作勉励。

◎心水砚

动与君行，静与君止。适性陶情，一泓心水。

绍安。隶书。

《砚史》卷三终

《砚史》卷四

砚铭（家藏）

●先大父立轩公

公讳逊（福清游绍安填①），字敏子，立轩其别号也。顺治甲午②举于乡，筮仕三原令③，晋牧达州，量移开州④致仕。归家居逾三十年，寿九十有一。公宅心醇粹⑤，服古渊雅，群推为晋安名宿。历官秦中，所至有声。性嗜金石古文，故都遗迹爬搜，几遍悬车后。好学弥笃，缥缃赗轴⑥，插架题签，皆手自校录，诒我后人。（在峨）自惟不克负荷，敬捧遗砚，宝田在兹，藉述崖略⑦，用告来者。

①填：旧时子孙为祖先撰写行状碑志等文字。请人代写祖先名号，称填讳。此处林逊名字系林在峨请游绍安所填写。

②顺治甲午：顺治十一年甲午（1654）。

③筮仕三原令：筮仕，古人甲午将出做官，卜问吉凶；此指初出做官。三原县，今属陕西咸阳市。

④达州、开州：皆古蜀县。前者在今川东北，大巴山南麓。后者即今重庆市开县。

⑤宅心醇粹：语出《文选·左思》，意宅心仁厚。

⑥缥缃赗轴：指翰墨图书。赗：书册或字画卷首贴绫处。亦称"玉池"。

⑦崖略：大略。

◎甘露砚

静而寿，朴弥光。惟甘露①之降祥，征永宝乎青箱②。

时康熙丙寅秋八月望③前二日，甘露降于松楸④，八十老人立轩书砚后以勖⑤子孙。楷书。

先王父⑥悬车⑦三十年，老而好学，终日独坐看书，乌几欲穿，不特砚成臼也。传家三世不坠手泽，抚我遗石，不胜高曾之慕⑧。

孙正青谨识。印：石室珍藏。

△峨童时犹忆松楸甘露降，王父呼至膝前赐尝之，黏如密，香而清越。今四十三年，与大兄苍岩舟中出砚相赏，回思旧事，音容如昨，未审能守此青箱否？

孙在峨谨篆。

①甘露：甘甜的露水。

②青箱：古代行册封礼时装封土的箱匣。

③康熙丙寅秋八月望前二日：康熙二十五年丙寅（1686）八月十三日。望，望日（每月十五）。

④松楸：古人墓地上常种松楸两种树木，故"松楸"代称墓地。林佶家族上下七世墓地，谓之北阡草庐。林佶有《北阡》《草庐》二记。墓地山后有藤涧，幽僻清奇，其又有《藤涧泉石记》记之。

⑤勖：古同"勗"，勉励之意。

⑥先王父：已故的祖父。

⑦悬车：废车不用，代指致仕。

⑧高曾：高祖和曾祖，泛指祖先。

【按】因为天降甘露于林家墓地松楸树上，林逊认为祥瑞之兆，曾取而予儿孙辈品尝。又铭于砚上纪事，祈望借此端兆，以之勉励子孙。砚铭"静而寿，朴弥光"，应是其养生哲学、处世法则，故得享高寿。其"以勖子孙"之愿望，也得以实现，子孙皆为一时俊彦；尤其于清代砚学，殊有功焉。

今人相关文献似皆未确言林逊生卒年。此砚铭于康熙二十五年丙寅（1686），林逊时已年八十。林在峨在林逊简介中记林逊享年九十一，以此推算，林逊应出生于明万历三十四年丙午（1606），卒于康熙三十六年丁丑（1697）。

朱氏本此砚林在峨跋后尚有一跋："绳武继踵。"款；"辛酉花朝溧阳史贻直题。"

绳武：语出《诗经·大雅·下武》。意思为沿袭武王之道。继踵：接踵，前后相接。此处指承绪家学。辛酉花朝：乾隆六年辛酉（1741）花朝节。

题者史贻直（1682—1763），字儆弦，号铁崖，江苏溧阳人。康熙三十九年进士，授检讨，历官至文渊阁大学士兼吏部尚书，卒赠太保，谥文靖，入祀贤良祠。

●先君子鹿原公

公讳佶（永福黄任填），字吉人，先大父官三原时生公邑廨[1]。邑境有地名鹿原，公取以自号，示不忘也。中康熙己卯[2]乡试，壬辰[3]钦赐进士，授内阁中书舍人。公生而颖异，幼禀庭训。稍长诣吴门，师汪太史琬，文章一泽于古。及拔贡入都，从王尚书士正游，诗格益进，一时辇下诸巨公[4]皆折节引重焉。公精六书，学篆隶真行，直入古人堂奥，名彻禁籞[5]。以公车士供奉内廷，且十年所既受一官，卒以倦于酬应引归，不复出。盖公古文学欧曾，韵语学苏陆，书法学米赵，而均能荟萃其所长，故足以传。砚铭虽小品，然一经涉笔，皆关至理。（在峨）敬捡遗箧笺拓而装池之，殆不胜手泽之感焉。

①邑廨：官署。

②康熙己卯：康熙三十八年己卯（1699）。

③康熙壬辰：康熙五十一年壬辰（1712）。

④辇下诸巨公：京城诸达官贵人。辇下，皇帝车辇之下，代指京城。

⑤名彻禁籞：名传宫廷。

◎双曜五纬砚

旁镌"曜合纬联"①四字篆书。又印一：长林。

双曜合璧，五纬联珠②。赋登文颖③，瑞应熙图④。螭坳⑤脱出，凤池⑥画趋。韫石呈宝，铭篆呈符⑦。

篆书印四：长佶之印、紫薇郎⑧、瞻浩浩之元气。

△右砚二大眼，缀连五小眼，为日月合璧、五星联珠之祥。忆先君子丙戌⑨以献是赋，受知直武英殿，适获此石，真休征也。子孙世守之。

正青识。

①②即林正青跋文所言"日月合璧，五星联珠"，喻聚集精华。

③文颖：文采；文学。

④熙图：升平昌盛图景。

⑤螭坳：宫殿螭阶前坳处，值班史官朝会时所站之处。

⑥凤池：即凤凰池。唐代中书省办公之地，代指中书省。

⑦呈符：祥瑞征兆。与林正青跋语"休征"意同。

⑧紫微郎：唐代中书舍人的别称。

⑨丙戌：康熙四十五年丙戌（1706）。

【按】古代"学而优则仕"，所以内容寄托科举愿景的砚铭，是砚铭中的主要门类，林佶此铭堪称典型。林佶于康熙四十五年在密云献赋于康熙，得以特赐值武英殿，适获此石，铭而纪之。

朱氏本砚名作"五纬联珠砚"。

◎凤池砚

前百年而居是坊，后百年而官是郎，逮百年而卜是藏。凤兮凤兮，吾与汝相将。

鹿原叟铭。隶书。

△林氏世居郡城凤池坊，而先茔聚葬城北五凤山。鹿原先生官凤凰池者十一年。凤兮凤兮，庶几鸣国家之盛乎。予为转一语曰：池上于今有凤毛也。

辛酉①清明前二日，望溪识于都下②。

△佳句曾标政事堂，我来何处乞青囊。眼中人与怀中璧，如对先生眉发光。

句山陈兆仑。

①辛酉：乾隆六年辛酉（1741）。

②望溪：即方苞（1668—1749），字凤九，晚号望溪，桐城人。桐城派散文创始人之一，与姚鼐、刘大櫆合成"桐城三祖"。官至礼部右侍郎。有《望溪先生文集》。

【按】此铭同前铭一样，亦借砚而喻科举之意。林佶官至内阁中书，在任十一年。由于凤凰池、凤池是唐代中书省的别称，于是砚铭将林家所居凤池坊、家族墓地所处五凤山，皆看作林佶官内阁中书的预兆。

方苞跋"凤兮凤兮，庶几鸣国家之盛乎"句，款"望溪识于都下"，朱氏本及《全闽诗话》作："凤兮凤兮未鸣，国家之盛，几疑德衰矣。"款作："田生、甸书。"

◎策勋砚

依吾身者将及纪①，从吾游者万馀里，相予书者亿万字；是宜策勋②酬吾子。

篆书。

印二：林亭、吉人之辞。

△铭者，名也，铭器以自警也。商盘周鼎为铭，本义春秋卫大夫礼至灭邢，自纪其功③，与孔悝、谗鼎④，又创为铭勋之体，班孟坚之勒燕然⑤，张孟阳之摩剑阁⑥，由此其选也。故知铭辞有体，合作为难。后世雕镂撰刻，皆失本意。读鹿原舅氏此制，精深古奥，于铭体尤宛合⑦。古文老手，非馀子所敢望，应推压卷。

乾隆已未重阳日⑧，甥道承重观并题。

①将及纪：将近十二年。古时以十二年为一纪。

②策勋，记功勋于策书之上。

③此二句指春秋时期，卫国大夫礼至因灭邢国有功，特作铜鼎，镌铭纪之。

④孔悝、谗鼎：《礼记·祭统》记有孔子所引卫国大夫孔悝鼎铭。谗鼎即著名的"赝鼎"之真身，春秋时鲁国名鼎。

⑤指东汉班固（字孟坚）作《封燕然山铭》，文载《后汉书·窦宪传》。近年蒙古国中戈壁省发现此铭摩崖石刻。

⑥此句指西晋张载（字孟阳）所作《剑阁铭》。

⑦宛合：契合。

⑧乾隆己未重阳日：乾隆四年己未（1739）九月九日。

【按】此砚系林吉宦游随身携用之物。

◎奎砚

曜合纬联①天降符，撰赋纪瑞帝曰都，凤池捧砚征斯图。

紫薇内史臣林恭纪。篆书。

砚为宣德时旧坑②。岁壬辰③，先君子购于慈仁寺集④，磨砻于吴门女史顾氏，挥毫于丝纶阁⑤下者，十有二年。携归偕隐，未几捐馆舍⑥。越明年，不戒胠箧⑦，遂入台江江氏，来归于我。《公羊子》曰："宝玉大弓，国宝也。得之书，丧之书。"⑧子孙其世守勿替。雍正壬子秋霜⑨，镌此以志风木之感⑩。

在峨谨书。楷书。

①曜合纬联。众星互为关联。曜，奎宿，二十八宿之一。纬，织物横丝。

②宣德时旧坑：或指石材为宣德岩。

③壬辰：康熙五十一年壬辰（1712）。

④慈仁寺：即今北京报国寺。位于南城，旧名"慈仁寺"，明清时期即为书市、古董市肆，今仍然。

⑤丝纶阁：古时撰拟朝廷诏令之地。此指林佶任职中书之内阁。

⑥捐馆舍：抛弃馆舍；死亡的婉辞。

⑦胠箧：原意撬开箱箧；亦代称盗窃。

⑧此数语出自《公羊子·定公九年》。意思是鲁国失而复得周公所赐宝玉和大弓，因此二物是鲁国国宝，丧失、获得皆要记载。

⑨雍正壬子秋霜：雍正十年壬子（1726）深秋。秋霜，深秋。

⑩风木之感：同"风木之悲"。典出《南齐书·虞玩之传》，比喻父母死亡，不得赡养的感伤之情。

【按】此砚为林佶购石于北京慈仁寺市肆，请苏州顾二娘制砚，并在京任上使用达十二年。归乡不久，林氏即去世。其卒后一年，砚被盗，被台江人江氏所得，江氏知为林氏物，归还（或售于）林家。林在峨有感于传家宝砚失而复得，遂作题拓跋文为纪。

本书卷八陈治滋《题陶舫砚铭册后》记此砚有"天然七曜"，即砚有石眼七颗，正合北斗七星之数。北斗星又名魁星，内有文曲星，主宰天下文运，中状元是为"魁星点斗"。魁星又名奎星，故此砚名奎砚。

《题陶舫砚铭册后》庄有恭诗跋亦记此砚："大尺馀，长过半。鸲鹆眼巨细参差，恍如日月五星云。"可见此砚形制甚大（长达三十多厘米），且石眼皆为鸲鹆眼。正因砚大眼美，所以被人觊觎，乘间窃取。

此砚关涉两个悬案：

其一、顾二娘"非端溪老坑佳石不雕"。此说出自《清稗类抄·工艺类·顾二娘制砚》。林在峨记此砚为"宣德时旧坑"，或指石材为宣德岩（明代宣德年间开采，故名）。倘确指宣德岩，则可为《清稗类抄》出一反证。

其二、林佶卒年。今人文献似皆未有确说，多指约卒于雍正年间。按林在峨此拓跋语：林佶康熙五十一年（1712）购石制砚，使用十二年，即携砚归闽，不久即去世。则康熙五十一年之十二年后为雍正元年癸卯（1723）。林佶出生于顺治十七年庚子（1660），按卒于雍正元年推定，享年63岁。

◎石鼓

夔乎鼓，轩乎舞[①]。莘田宝之精华聚。

篆书，印：吉人之辞

①六字语出先秦无名氏《卿云歌》。原文："夔乎鼓之，轩乎舞之。"意为帝位禅于贤圣，普天莫不欢欣。鼓声夔夔动听，舞姿翩翩轻盈。夔：鼓声。轩乎：翩然起舞。

【按】朱氏本尚有二跋，一为余甸跋（见卷一），一为林正青跋。

林氏跋云："石鼓研铭，先君三言已进乎古。田生丈复出新奇，始知文心锦绣，搜罗万象。"款：正青识。"

因余甸跋在前，故林正青言"田生丈复出新奇"云。

◎藏匮砚

离汝一日则俗，依汝一生奚福[①]？不得不藏汝于匮。

隶书。

印二：吉人之辞、长林山庄。

①奚福：何福。奚，何。

【按】据乾嘉年间收藏名家汪启淑《水曹清暇录》所记："桂未谷藏林佶人所制'蕉白石砚'，形制质朴，铭文古雅。其辞曰：'离汝一生则俗。依汝一生奚福。不得不藏汝于柜。'"可见此砚乾嘉已从林家散出，曾归书法名家桂馥（字未谷）。

◎方砚

外全其天，内洁其形。惟直方大，永守吾贞。

隶书。

鹿原。印二：且闲、长林山庄[①]。

△前辈以汉隶擅长，金陵郑谷口[②]、吴门顾云美[③]也。郑书浑脱，纵笔时近于恓诞[④]。顾书谨严，未免拘束太过。去谷口之恓与云美之拘者，其惟

鹿原先生乎？

余甸。

①朱氏本记作：印三：林、且闲、长林山庄。

②郑簠（1622—1693），字汝器，号谷口。江苏上元人。家传医学，以行医为业，终学不仕，工隶书。包世臣《艺舟双辑》将其隶书列为“逸品上”。

③顾苓（生卒年不详），字云美，号浊斋居士。工诗文，擅书法、篆刻，精鉴金石碑版。尤潜心篆隶，其隶书八分，斩筋截铁，极有古法。

④恠诞：怪诞不经。恠，同“怪”。

◎玄玉砚

逊学书院，鞠[1]为茂草。留一片石，兹焉是宝。知可宝者之尚足讨，而好古者亦于是乎考。

隶书。

印：吉人之辞。

耆旧[2]相传，砚背有“逊学书院”“潢南”[3]二章，钩画模棱，不知谁漫灭[4]之，盖胜代名藩所宝也。辛丑春[5]，乞铭于鹿原先生，涪兄古隶镌之。饱阅星霜，是四百年前物，信可宝也。

绍龙。草书。

△此龙尾砚也，上刻“玄玉”二字。瑞峰京兆得于谢武林前辈之后人[6]，乞铭于先君子。予时在都门，亲见题词，并为跋宋本《禊帖》[7]。今砚、帖犹在也，而先君子与瑞峰俱下世，为之忾然[8]辍笔[9]。

正青。

①鞠：培育。

②耆旧：年高望重者。

③潢南：明太祖九世孙、益宣王朱翊鈏（1537—1603），字潢南。林正青跋语“盖胜代名藩所宝也”“是四百年前物”，即认为砚为朱翊鈏遗物。

④漫灭：意思为磨灭，模糊不清。

⑤辛丑春：康熙六十年辛丑（1721）春。

⑥谢武林：即谢肇淛（1567—1624），字在杭，福州长乐人，出生于钱塘，号武林。万历进士，官至广西右布政使。晚明闽派诗人代表，著有《五杂俎》等。

⑦宋本禊帖：宋拓本《兰亭序》。

⑧忾然：慨叹。

⑨"而先君子与瑞峰俱下世，为之忾然辍笔。"朱氏本作"而先君与瑞丰俱作古人，为之掇册不能落笔。"

【按】此"玄玉砚"之"玄"：原本作"𤣥"。作缺笔，为避清圣祖玄烨名讳。下文同。

此砚为周绍龙获于明代博物学家、诗人谢肇淛后人之手，认为是明代益宣王朱翊𨥥遗物。周氏请林佶撰铭词、林在峨用隶书镌于砚。林正青当时也在场，所以作一拓跋忆及这段往事。

◎落笔云砚烟为许雪泉铭

落笔云烟，泼墨风雨。漫叟①泒头②，雪泉家具。
隶书。
乙未四月之朔③，鹿原为雪泉铭于警露轩④。楷书⑤。

①漫叟：放纵无拘束的老人。

②泒："派"之别体字。

③乙未四月之朔：康熙五十四年乙未（1715）四月初一日。之朔：每月初一。

④警露轩：林佶在京居处斋室名。本书卷九"题陶舫《砚史》后"诸葛良辅诗注：鹿原先生京邸旧居颜曰"警露轩"。

⑤"楷书"，朱氏本作"隶书"。

【按】此砚砚主许雪泉，其人无考，从姓名看，似为许均族中同辈兄弟。

◎小圭砚

不璞不琢，不成方员①。微存圭角，小在掌握之内，大则挥八极②而摇五岳。

篆书。

△先生偶得片石，觅工人斟酌磨砺，凡三日始成此砚。余时应庚子秋试③，适过林亭④，依稀畴昔⑤也，屈指已四十三年矣。壬子闰五月⑥十一日，志于万卷楼下。

余甸。

①员：同"圆"。

②挥八极：即"挥斥八极"。语出《庄子·田子方》，形容人的气概非凡，能力巨大。八极，八方，极远之处。

③庚子：应为"庚午"之误。古人计虚岁，按余甸此跋落款时间雍正十年（1732）倒推四十三年，为康熙二十九年庚午（1690）。故此处之"庚子"，当为"庚午"传抄之误。

④林亭：林佶斋室名。

⑤畴昔：往昔。

⑥壬子闰五月：雍正十年壬子（1732）闰五月。

【按】朱氏本记林佶铭文款为："印一：林篆。"无余甸跋。

◎砚匣底铭

影研。

隶书。

朴学斋。楷书。

印：鹿原。

如影之随形，不相离也。今先君子厌尘凡，匿影①矣。不胜手泽之感。

正青。

①厌尘凡，匿影：指去世。

【按】此砚匣似乎为前砚（"小圭砚"）之匣。因"小圭砚"并无正式名款，与此匣相配方称完善。

朱氏本无"正青"款。

◎宋坑砚

水崖之精琢乃成，子能宝之实家桢①。

峨儿来省侍，携顾大家所制砚乞铭，因书付之。丁酉冬日，鹿原。篆书。

此石乃宋坑，温而栗，经顾氏磨砻，墨积如数百年物，尤可玩。

正青。

①桢：筑土墙所立木柱，俗称顶梁柱。

【按】砚为顾二娘制品。林在峨随揩进京随侍林佶，林佶为之书题。

朱氏本砚名作"水坑砚"，林佶铭文云"水崖之精"，所以此石应为老坑。林正青云"此石乃宋坑"，朱氏本林正青跋言之更详："此石乃旧坑，温而栗。吾乡多宋研，是石经顾氏手琢，墨积如数百年旧物，尤可玩。"可知林氏父子所言"宋坑"是指此砚为宋代遗石（砚）改制。

◎囊砚

囊盛为佳耳，顾安所得长安米？①

隶书。

鹿原。楷书。②

①顾：可是。长安米：典出《全唐诗话》卷二白居易"长安米贵，居大不易"故事。

②朱氏本款作："鹿原，隶书。"

◎畜德砚

象其体以守墨①，象其用以畜德②。譬农夫之力穑③，戒将落于不殖。

戊子花朝⑤铭。楷书。印：鹿原。

①守墨：意"守黑"；犹言墨守成规。

②畜德：修积德行。语出《易·大畜》。

③力穑：努力耕作。

④不殖：不能蕃衍积聚。

⑤戊子花朝：康熙四十七年戊子（1708）花朝节。

◎鸲鹆眼砚

我之石交，公具只眼①。

篆书。

印二：吉人之辞、黄绢幼妇。

△"我之石交"，主人语研也。"公具只眼"，研答主人也②。

星斋兆仑。

①公具只眼：别具只眼、独具只眼。指比常人多一只眼，比喻眼光独到。

②朱氏本文后尚有一句："何限言外。"

◎囊砚为游心水铭

荆山璞①，未尝刖。长安米，终须乞。先具此囊罗万物。

隶书。

△往复曲畅②，可千百言，善读者自会。

兆仑。

△此戊戌春③，先君子为心水游三兄铭。时心水随计偕入都以磨勘④，未得入闱⑤，心殊不乐，铭以慰之。后以癸卯登第⑥，在秋曹者五年，而"长安米，终须乞"之言益验⑦。

正青。

①荆山璞：源见"和氏之璧"。指未经雕琢之美玉，喻未遇之才士。

②曲畅：周尽畅达。

③戊戌春：康熙五十七年戊戌（1718）春。

④磨勘：苦读；钻研。

⑤未得入闱：科考落榜。

⑥癸卯登第：雍正元年癸卯（1723）中进士。

⑦益验：更加应验。

【按】游绍安早年科举失意时，林佶举白居易早年"长安米贵"故事为其题于囊砚，意在勉励游氏不必气馁，终有登第显达之日，后游氏果然登第。

本书卷三游绍安简介中，林在峨已言及此砚事。

◎ 老坑砚

此翁萝轩①所贻，忽忽三十年耳。相对如逢故人临风之感②。时壬寅八月朔日③。

隶书。

印：林佶。

①翁嵩年（1647—1728），钱塘人，字康饴，号萝轩，康熙十一年进士，官户部主事，历任刑部广西郎中、广东督学。素志恬淡，善画山水，著有《天香书屋稿》等。

②句出李白《秋登宣城谢朓北楼》："谁念北楼上，临风怀谢公。"

③壬寅八月朔日：康熙六十一年壬寅（1722）八月一日。

◎ 天然砚

品称神①，价十倍。贯四时，度不改②。墨磨人，笔生采。此无功，功长在。笃嗜③者，请自隗④。

长林庄叟佶。楷书。印：林佶。

①品称神：堪称神品。

②贯四时，度不改：化用于《礼记·礼器》："贯四时而不改柯易叶。"原指松树历四季而常青，寓意志节高尚。

③笃嗜：酷爱。

④请自隗：即"请自隗始"，指由自己开始。语出《史记·燕召公世家》。

◎龙尾砚

刳龙尾，染风池。撰词头，磨歙糜①。研又研，订经疑②。相切劇③，念在兹。影与形，孰暂离。铭何者，吉人词。

①磨歙糜：研墨。歙糜，古县名；以产墨著称，后代称墨。

②订经疑：校勘经典之讹误。

③切劇：切磋相正。

【按】朱氏本脱首字"刳"。

◎侍书砚

凤阁①侍书，鹤巢②小友。

隶书。

印：吉人之辞。

①凤阁：华丽的楼阁，代指朝堂。

②鹤巢：指隐居之地。

【按】比当为林佶内阁中书任上当值所用之砚。

朱氏本此铭归为林正青名下。

◎他山砚

敢曰其人美如玉①，愿借他山以为错②。

鹿原。楷书。

△青琅玕③，出碧波。鹿原先生之砚涵菁华④，千金为宝庸足多⑤。其人如玉不啻过⑥，永以为好资琢磨。

李果⑦。

①其人美如玉：化用《诗经·国风·魏风·汾沮洳》："彼其之子，美如

玉。"原指男子品行如美玉一般纯洁高尚。此借喻砚石之美。

②他山以为错：化用《诗经·小雅·鹤鸣》句："他山之石，可以为错。"意为他处山上砺石，可以用来磨制玉英。错，砺石。

③青琅玕：青色似珠玉的美石。

④菁华：精华。

⑤庸足多：岂嫌多。

⑥其人如玉不啻过：指此石比玉还美。不啻：不仅；何止。

⑦李果（1679—1751年），长州人，字实夫，号客山，布衣，家贫好学，以诗文名，与陈鹏年交善，有《在亭丛稿》等。

【按】朱氏本此铭归为林正青，名"白石研"。

◎歙溪砚

辛卯六月朔日①购于燕市，温润苍璧，其歙溪之仅见者。

鹿原。楷书。

①辛卯六月朔日：康熙五十年辛卯（1711）六月一日。

◎侍直砚

武英侍直之砚。

臣佶恭记。楷书。

【按】林佶内阁中书任上当值武英殿所用之砚。

武英殿是清代内府刻印中心，先后刊行书籍数百种，此即"武英殿刻本"（简称"殿本"）。

◎芝砚

饱茹①石上芝。

篆书。

印：朴学。

忆写此，于今又六年矣。吾父子始复重聚京师，而朔风飒然，手足皲瘃②。回思家乡，此皆梅花水仙盛放，香扑几砚间，为之神越③。

隶书。

鹿原翁。行书。印：花南研北。

①饱茹：饱餐。元代吴澄《题四皓图》："饱茹石上芝，坐阴岩下松。"

②皲瘃：手足受冻坼裂，生冻疮。

③神越：精神超逸，神往心游。

◎立言不朽①砚

藏之深，其色黝。琢之坚，其质厚。朝于斯，凹成臼。以立言，垂不朽。

六十四叟鹿原铭于陶舫。印：吉人之词。

①立言不朽："三不朽"之一。语出《左传·襄公二十四年》："太上有立德，其次有立功，其次有立言。虽久不废，此之谓三不朽。"

《砚史》卷五

砚铭（家藏）

●从兄渭云先生

先生讳在华，渭云其字，自号北陇惰农，太学生。余世父来斋公仲子①也。

来斋公讳侗，字同人，以诸生荐授尤溪教谕。公少随先大父任游秦中最久，尝匹马入骊山访汉甘泉宫址，得片瓦榛莽②中，上有"长生未央"字，务为奇宝，题咏遍海内。又辨证古碑版，厘正昭陵陪葬位次，撰《金石考》③，人服其精博。

兄少承家学，被服④淳古。诗以幽峭为宗，书法别有逸致，萧疏兀傲。肖其为人，亦吾宗畸士⑤也。砚铭一章，似自写其胸臆者。后竟以客死。追录遗文，感念畴昔，为怆然者久之。

①世父：伯父。仲子：次子。

②榛莽：丛杂的草木。

③《金石考》：即林侗所撰《来斋金石考》。

④被服：亲身体会实行。

⑤畸士：犹畸人。独行拔俗之人。

◎锄砚

携之深山，一握为笑。松风谡然①，助我长啸。

北陇惰农。行书。

△光禄林氏昆季②六人，与予皆以文章相契，中表情逾手足。惰农二兄与予同修省志，晨夕相见者三年馀寿。惰农诗有"退去残毫真似岳，吞来名酒可如淮"之句。惰农诗宗韩、孟③，小行书萧疏淡沲④，真逸品也。乾隆丙寅⑤，旅榇⑥归吴阊⑦，茗碗诗瓢，此缘难续。阅此作如见老颊微颓，拈花蹙口⑧时也。

古梅道承。

△渭云世好所书，气色甚旧而饶有逸致。光禄林氏以书法世其业，此独于家学中别开生面。可人可人！

田生、匋。

△二兄渭云所铭文字俱古拙，有别致。今移居北山，日听松风，应寄我长啸篇，传空谷之响也。

时乙卯八月⑨，正青书。

①谡然：谡响。

②昆季：兄弟。

③韩、孟：韩愈、孟郊。

④淡沲：风光明净。

⑤乾隆丙寅：乾隆十一年丙寅（1746）。

⑥旅榇：客死者的灵柩。此指林在华客死苏州。

⑦吴阊：苏州故城阊门，代指苏州；吴地。

⑧蹙口：双唇向前撅起而作啸声。

⑨乙卯八月：雍正十三年乙卯（1735）八月。

●伯兄苍岩先生

先生讳正青，字洙云，自号苍岩居士，余同怀伯兄①也。

余兄弟四人，仲在衡，字湘云。季玉衡，字泾云，而余行居三。一门少长，接席切劘②，皆稍有知见，然经伯兄指授为多，盖伯兄学博而富于取材，识卓而精于辨古，又熟习乡邦文献，而足以上下其议论。所著《榕海旧闻》《榕海诗话》诸书，识者以渊雅称之。

顾屡困场屋③，以廪贡④被征观政刑部，寻出为两淮盐官。盖淹滞邗江⑤者，十数年矣。一官拓落⑥，萧然返里，绘《一砚归耕图》，徧乞同人题句，亦足以觇其志趣矣。

嗟乎！林亭十亩，尚未就荒，吾兄弟黾勉⑦耘耕，勖诸迟暮⑧，若农服田力穑，乃亦有秋⑨，犹不无于子若孙有厚望焉。

①同怀伯兄：一奶同胞的长兄。

②接席切劘：坐席相接，切磋探讨。

③屡困场屋：屡试不第。场屋，试士考场。

④廪贡：由府、州、县廪生所选拔的贡生。

⑤淹滞邗江：指林正青官淮南小海场盐务大使（驻地泰州）。邗江，春秋时吴王夫差所开凿之扬州古运河，代指扬州（明清泰州属扬州府）。

⑥拓落：失意；不得志。

⑦黾勉：勉力。

⑧勖诸迟暮：晚年互相勉励。

⑨语出《尚书·盘庚上》。意为像农夫在田野上努力劳作才会有丰收。服：从事。力穑：努力耕作。有秋：有收获。

◎ 飞瀑砚

隐隐黄龙点石苔，兴云吐雾岂凡才。摛辞①莫怪清人骨，一道奔流天际来。

己未②六月八日书于舟中。行书。印：正青。

①亦作"摛词"。铺陈文辞。

②己未：乾隆四年己未（1739）。

◎ 半角云砚

青花重，蕉白封。云半角，疑从龙。

己未重九^①，书于都下宣武坊^②。苍岩。

①己未重九：乾隆四年己未（1739）九月九日重阳节。

②都宣武坊：指北京宣武门外宣南一带，清代汉族文人士大夫聚集之地。

◎鸲鹆眼砚

采得玄精一掌舒^①，携游五岳纪居诸^②。云屯池上飞鸲鹆，遥望清光满太虚^③。

己未重阳前二日^④铭于都下，苍岩。

①一掌舒：一掌大小。

②居诸：来往。

③太虚：又名大虚，道家语，《道德经》"道大而虚静"。亦即老、庄所谓之"道"。

④己未重阳前二日：乾隆四年己未（1739）九月七日。

【按】以上三砚皆铭于乾隆四年同一年。

朱氏本铭文首句作"采得元掌精一舒"。其易"玄"为"元"，和前述"玄玉砚"之"玄"，作缺笔处理一样，为避清圣祖玄烨名讳。

◎掌砚

大不盈尺，亦琢乃成。始制文字，新发于硎^①。

戊申花朝，苍岩铭付璟儿。篆书。

①新发于硎：刀刚在砺石上磨过。形容非常锋利或初露锋芒。出自《庄子·养生主》。硎，砺石（磨刀石）。

②戊申花朝：雍正六年戊申（1728）。

【按】砚为林正青题赠其子林璟。

◎芝砚为轮川弟铭

旁镌"紫芝"二字，篆书。又印一：可以疗饥。

珍同玉树象同兰①，移向先畴②佐古欢。从此鲁山眉宇③好，庭前五色秀堪餐。

苍岩。楷书。印二：子石、曾经水府蛟螭夺。

甲子花朝④，偶步古肆，获粤产二：东莞女儿香⑤，及微尘青花石。袖而归。寓与苍岩伯兄品香玩赏。此段清缘，赢得南浦⑥一梦清耳。

轮川。印：心清闻妙香。

①语出"芝兰玉树"，比喻有出息的子弟。《晋书·谢安传》："譬如芝兰玉树，欲使其生于庭阶耳。"

②先畴：先人所遗田地。

③鲁山眉宇：即"紫芝眉宇"，比喻品德高洁。典出《新唐书》河南鲁山人、名士元德秀故事。

④甲子花朝：乾隆九年（1735，甲子）花朝节。

⑤东莞女儿香：广东东莞莞香树所产香料，即莞香；上品称"女儿香"。

⑥南浦：南面的水边。代称送别之地。典出《楚辞·九歌·河伯》："子交手兮东行，送美人兮南浦。"

【按】林黄许诸人之铭，镌印除姓名印外，多为常用斋号、闲章。此砚"子石""曾经水府蛟螭夺"，从内容看，显系专用于端石水岩砚。

◎**方砚**

方能中矩，大而有容。涵青花之缥缈，包万象于心胸。韫匮①焉，疑为荆璞。嘘气焉，化作云龙。

①韫匮：贮藏于柜。匮：同"柜"。

◎**嘉鱼砚**

嘉鱼自昔风人咏，游泳端溪十里津。我欲砚池藏一尾，墨云浓处看扬鳞。

◎为轮川弟铭砚

子不力田矜泼墨，几见成名钟鼎勒[1]。衹愁能事来相迫[2]，费尽平生稽古力[3]。

苍岩。

△涪弟少好弄笔砚，日临摹行楷数十行，兴酣复作山水花鸟。又时运刀如棉，宛然铁画。丁未[4]秋为作是铭，颇有寓意。今观此册，始信予前言不谬。己未[5]六月苍岩识于临清舟中。

①钟鼎：即钟鼎文。因铸刻于钟鼎之上，故名；又称"金文"。勒：刻。

②能事来相迫：语化自杜甫《戏题王宰画山水图歌》："能事不受相促迫。"杜诗原意做事不能太促迫。能事，擅长之事。

③稽古力：考查古代事迹，明辨是非的能力。

④丁未：雍正五年丁未（1727）。

⑤己未：乾隆四年己未（1739）。

【按】次句晚清藏书家、侯官人郭柏苍《乌石山志》作："几见策勋钟鼎勒。"

◎寄斋砚

心不可转[1]，口亦雌黄[2]。一行作吏，毋贪墨[3]亡。

①典出《诗经·齐风·南山》："我心匪石，不可转也。"石，指卵石，浑圆可转。

②雌黄：矿物颜料，古人用以涂改文字，故称随口乱说为"信口雌黄"。

③贪墨：贪污。

◎屦砚

不知足而为屦[1]，疑之者以为登山之具。错列乌皮[2]，虫鱼笺注[3]。蹇[4]兮蹇兮，何嫌乎矩步[5]。

①此句典出自《孟子·告子上》。意为不看脚样而编草鞋亦能合脚，比喻事物可从同类者推知其本质。屦，用麻、葛等编制之鞋。蒉，草编筐子。

②错列乌皮：指放错或穿错鞋子，有失礼仪。乌皮，黑色皮革，此指乌皮履。唐制，皇帝拜谒皇陵时穿乌皮履。

③虫鱼笺注：此指对古书名物、典章制度繁琐而详尽的考据。

④蹇：跛足。

⑤矩步：端方合度的行步姿态。

◎琴砚

其焦尾桐①耶？其石虚中②耶？有声无声，将无同耶③。

①焦尾桐：即"焦尾琴"。汉末蔡邕以从火中抢救出之桐木所制名琴。因桐木尾端有烧焦痕迹，故称"焦尾琴"。

②石虚中：虚拟人物。出自唐文嵩《即墨侯石虚中传》，砚的别称。

③将无同：亦作"将毋同"，意为没有什么不同。语出《世说新语·文学》。

【按】此铭脱句。朱氏本记此铭"石虚中"作"中石虚"、"将无同耶"作"将毋同"。句后尚有："穷神尽变，谐商宫神。听和且平，其广陵散曲终耶。"末句典出魏晋琴家嵇康临刑前，索琴弹奏《广陵散》，并慨然长叹："《广陵散》于今绝矣！"

◎荷叶砚

蕉白清，碧盖倾。求净友，逢石卿①。心泉涌，滋华英②。风雨骤，打叶声。

①石卿：石的雅称。

②华英：华章。

◎墨海砚

自帝鸿来，相沿不改①。受墨一勺，恰称小海。经世文章，传之亿载。石墨相黏，曰斯文在。

①典出"鸿氏之砚"（"黄帝砚"）。《文房四谱》："昔黄帝得玉一纽，治为墨海焉。其上篆文曰：'帝鸿氏之砚'。"

【按】朱氏本砚名作"墨池砚"。

◎ 井田砚

商周遗制①今存否？刚有石田馀半亩。从无公税科升斗②，西成③大有羞耆耇④。胜于负郭⑤十千耦⑥。

①商周遗制：即"井田制"。

②科：从禾，从斗；斗者，量也。衡量谷物之意。升斗：十合为升，十升为斗。

③西成：谓秋天庄稼已熟，农事告成。

④耆耇：指年高望重者。

⑤负郭：即"负郭田"，谓地近城郭之田。

⑥十千耦：典出《诗经·周颂·噫嘻》："十千维耦。"指万夫齐出，并力耕作。十千，即一万。耦，两人一组耕作。

◎ 苍岩半亩砚

不识尔心，不易尔畴①。乐岁终身苦②，尔将谁尤③。

①畴：田地。

②乐岁终身苦：即使丰年依然受苦。语出《孟子·梁惠王上》。

③尤：怨恨；归咎。

◎ 甘泉宫瓦砚

文曰"长生未央"。

甘泉宫①瓦文"长生"，甘泉宫址纷春耕。琢之成砚怀西京②，为此瓦庆有今名。

①甘泉宫：汉武帝所建，为武帝时仅次于长安未央宫的重要政务中心、

避暑胜地。遗址位于陕西淳化县甘泉山南麓。

②西京：西安旧称，其为汉唐时西京。

【按】朱氏本记此砚尚另有两铭。

其一："求方士，注长生①，甘泉遗址浚人耕。汲黯戆②，迁史成③，偏同瓦砾传西京。果然不朽在令名。"

其二"又铭"："篆隶兼，立殿檐，曾看婕妤来避炎④。隃糜黏，典书签，伫见挥毫有苏髯⑤。集古欧阳⑥惜未拈。"

①求方士，注长生：指汉武帝信奉方士，欲寻长生不老药事。

②汲黯戆：指汉代名臣汲黯，因秉性戆直拙于为宦，而宦途多遭挫折。

③迁史成：即司马迁，著有《史记》。

④此句典出西汉才女、汉成帝妃班婕妤《怨歌行》："常恐秋节至，凉风夺炎热。"

⑤苏髯：苏轼。因美髯，世人誉称"苏髯"。

⑥集古欧阳：欧阳修，著有《集古录》。

◎旧砚

砚陈①则古，人老就衰。愿磨墨于壮齿②，毋磨人于暮时。

①陈：陈旧。

②壮齿：壮年。

【按】朱氏本砚名作"古砚"。

◎此君亭砚

一片石耳，贪多为戒。坡仙有言：手先研坏①。

①典出晚明陈继儒《妮古录》所记苏东坡有砚铭手迹：或谓居士："吾当往端溪，可为公购砚。"居士曰："吾手或先砚坏。"曰："真手不坏。"居士曰："真砚不损。"

【按】朱氏本砚名作"古研"。首句作："石借手洒"，末句作"手先制坏"。

◎ 为琮孙铭砚

神则清，质仍厚。日书千文，虚掌悬肘。莫言石田，愿汝终亩①。

①终亩：耕尽全部田亩。

【按】砚系林正青为长孙林琮（字用郊）所铭。此铭朱氏本归入林在峨名下。

◎ 风字砚

不可转也①咏卫风②，君子之德将毋同③。四百年馀辱敬宗，谁其洗之有坡公④。

①不可转也：语出《诗经·国风·邶风·柏舟》："我心匪石，不可转也。"意即人心不像圆形卵石，不能随意滚动。比喻坚守原则。

②卫风：《诗经·卫风》，因爱情诗居多，常被前人斥为"乱世之音""淫俗之声"。

③此句以砚石比玉，言两者"温润如玉"的"君子之德"相同。

④此二句典苏东坡所藏唐初文臣"许敬宗砚"。此砚原归孙莘老，孙因鄙视许氏人品而轻其砚。东坡认为不能因人废砚，因而求得之。

◎ 老坑砚

玉斧劈开，紫云一片。若过江郎①，阴晴百变。乞灵浚思，青钱万选②。

①江郎：在浙江衢州江山市，三块巨石平地拔起，如刀削斧劈，故又名三片石。闽人过仙霞山岭北上，必经此地。

②青钱万选：比喻文章出众。出自《新唐书·张荐传》。

◎ 为甡兒铭砚

有美玉，胡不凿。他山之石可为错。

【按】砚系林正青为其子林甡所题。

◎石田砚

莘田归我，笔以耕之。

【按】此砚原为黄任所藏。

◎写春秋砚

夏，粤人来聘，遂同宣城毛元锐、燕人易元光、华阴楮知白盟于吟台。乾隆十年[①]。

①乾隆十年：乾隆十年乙丑（1745）。

【按】借用唐代文嵩《即墨侯石虚中传》虚拟人名喻作笔、墨、纸、砚"四友"手法，记乾隆十年夏得此砚。"粤人"，即端砚。

◎澄泥砚

水澄火攻，大冶百炼。一划鸿沟，虹桥彩穿。月映中央，星辉水面。比德黄琮[①]，作圜邱荐[②]。

①黄琮：玉制祭祀礼器。

②圜邱荐：祭天的圆台。荐，祭品。

◎凤砚为琮孙铭

朝朝养翮[①]石池傍，也似栖梧与集岗[②]。期汝毛丰称小凤，他年池上奋翱翔。

①翮：羽毛。

②此句语出《诗经·大雅·卷阿》："凤凰鸣矣，于彼高冈。梧桐生矣，于彼朝阳。"原义指凤凰栖息于高冈的梧桐树上，迎着朝阳鸣叫。

◎芝砚为琮孙铭

石田芝，挺一枝。昔阶秀，今砚池。称上瑞，觉后知。

长孙琮出凤砚乞铭，既书付之。外孙邦彦复持砚请曰："此亦凤雏也。"予嘉其志并铭之：

才铭砚背当含饴①，女子犹贪幼妇词②。博得老人开口笑，轩庭③今日凤双仪。

附：琮字用郊。

①含饴：含饴弄孙，喻亲子之情。

②女子：女儿之子，指外孙。幼妇词，即"幼妇辞"，所谓"绝妙好辞"。典出蔡邕题《曹娥碑》八字："黄绢幼妇，外孙齑臼。"隐语"绝妙好辞"。

③轩庭：居室庭院。

【按】此则实为林正青所题二铭。前者为其孙林琮所题，后者为其外孙邦彦所题。

◎石田砚

尚慎旃哉①畋尔田②，礼耕义耨自逢年③。不稼不穑兮，胡取禾三百廛④。

①尚慎旃哉：需小心谨慎。语出《诗经·魏风》。

②畋：种田。

③此句意为勤于耕作，必有丰收。"礼耕乐耨"，语出《礼记》，原意借田以喻治理天下。

④此二句指语出《诗经·魏风·伐檀》。意指不耕不种，即无收成。不稼不穑：泛指不事生产劳动。禾：谷物。三百廛：三百捆禾。廛，古同"缠"，束、捆。

◎双鲸砚

曾经碧海掣波文，鳞甲秋风砚沼分。激浪有时看鼓鬣①，管教飞去墨成云。

①鬣：鱼颔旁小鳍。米芾《渔家傲》：鲸鲵鼓鬣连山沸。

《砚史》卷五终

朱氏本补遗（三砚）

◎ 活眼研

不学无术，谁能假借？何如结邻，消此闲暇。日就月将[①]，相观而化。活眼晶莹，看破天下。

①日就月将：意为日积月累，精进不止。语出自《诗经·周颂·敬之》。

◎ 春水船砚

道在飞鸢，思曾泉涌。拨拨掉掉，转坤旋乾。莫言天上坐，且看下水船。

◎ 鸭绿研

秋水一泓馀鸭绿，暮天无际现星垣[①]。

①星垣：古天文学的星空分区。指太微垣、紫微垣和天市垣三垣。

《砚史》卷六

砚铭（家藏）

●轮川自撰

◎中洞砚黄莘田铭

旁镌"长林山庄"四字。隶书。

中洞石质清且温，光摇雁荡①秋天云，晓窗试墨乐吾群。

癸丑清和望日②铭。楷书。印：太璞。

①雁荡：雁荡山。位于浙江省温州市东北部海滨，以飞瀑名世。

②癸丑清和望日：雍正十一年癸丑（1733）四月初一日。清和，农历四月。

◎小方砚

鲜新古粤，迎笔如扫。受墨不燥，代食惟好①。

乙卯秋日②，在峨书铭。楷书。

①代食惟好：语出《诗经·大雅·桑柔》。意为以力耕所得代替禄食。

②乙卯秋日：雍正十三年乙卯（1735）秋。

◎云从龙砚

居则坐卧皆同，行则纳诸箧中。东西南北云从龙，虽有远涉无离踪。

在峨。印：轮川。

△轮川世讲绩学多才，兹来京师，每以文字相过从。阅所制铭词，浑

脱蕴藉，卓然大雅。惜余将归岱①，未及为国荐贤良用，耿耿展册书此，以志余愧，不独离思怅然也。乾隆癸亥②春三月，泰山跛道人麟题。

①岱：泰山别称。

②乾隆癸亥：乾隆八年癸亥（1743）。

【按】乾隆七年，赵国麟复职礼部尚书。乞引退，不许。八年，乃许其还里。此跋为赵氏归鲁前为林在峨所题。此前几年赵氏已数被劾，曾遭降级侍郎，屡次乞归，已失去乾隆信任。自身如履薄冰，自然无力举荐林在峨，所以在跋语中表达了其抱愧之意。

◎ **天然砚**

任渠①在水在山，罗而置之席上。加以雕琢磨砻，仍是天然色相。

轮川。篆书。

①渠：方言作"佢"，第三人称代词：他、她。

◎ **双虹饮涧砚**

气呵之如双虹饮涧，墨润之如三光射波。懿矣兹石①，可资四渎五岳②之浩歌。

壬子畅月，在峨书。楷书。

①懿矣兹石：语出东坡《端石砚铭》，意此石华美。懿，美好。

②四渎五岳："四渎"为长江、黄河、淮河、济水；"五岳"指东岳泰山、西岳华山、南岳衡山、北岳恒山和中岳嵩山。

③壬子畅月：雍正十年壬子（1732）十一月。《礼记·月令》："仲冬之月命之曰畅月。"

◎ **鸭绿澄泥砚**

秀可餐，翠欲滴。文而明，理而泽。兹泥之姿温如璧。

篆书。

◎精纯温雅砚

唐人重端砚，仅识其颜面。宋人能辨材，近理乃登选①。工巧至今时，入髓得尽善。佳境以渐寻，旧物焉足恋。精纯温雅难为言，可惜前贤未之见。

印二：轮川真赏、世赏斋图书。

△轮川表弟，幼承鹿原舅氏庭训，聪颖博洽，诗文皆得家法，于八体书②尤如子敬之于内史③。绘事亦脱胎文、沈④诸公笔法。性尤嗜好鼎彝⑤法物、前贤书画及三洞精华⑥。自丁酉岁⑦入都，与修《古今图书集成》，凡七载，益充扩其所见闻。然运与时乖，卒不能有所遇⑧。前后寓京师，名公巨卿倒屣欤接⑨，泰山赵公、海昌陈公⑩尤为契合。

予自庚申岁⑪奉命出关，与轮川别于京邸，关山隔绝者十三载。迨壬申季夏⑫，蒙恩旋里，舟过胥江获晤轮川。老年兄弟忽得聚首，乐何如之。越次日，轮川邀至寓斋，出其箧笥所藏弄与几案陈列，水岩神品，精光异采，炳炳麟麟⑬，洵巨观⑭也。

韩昌黎句云"嗜好与俗殊酸咸"⑮，轮川之嗜古痴砚，不随时好如此，岂得于今人求之乎？时当溽暑，解缆匆匆，未及一一饫观⑯。将来轮川载归陶舫，余将支筇过从⑰，日摩挲于其侧也。

壬申⑱七月，载生明学圃老人陈治滋题。

①登选：入选。

②八体书：据东汉许慎《说文》八种字体：大篆、小篆、刻符、虫书、摹印、署书、殳书、隶书。

③子敬之于内史：王献之（字子敬）与王羲之（曾官会稽内史）父子。

④文、沈：明代吴门画派名家文征明、沈周。

⑤鼎彝：古代祭器，上面多刻纪功铭文。泛指上古三代（夏商周）及秦汉青铜器。

⑥三洞精华：端石水岩正洞（中洞）、东洞、西洞"三洞"精品。

⑦丁酉岁：康熙五十六年丁酉（1717）。

⑧有所遇：有所际遇，指受荐出仕。

⑨倒屐欸接：倒履相迎。

⑩泰山赵公、海昌陈公：泰安赵国麟、海宁陈世倌。

⑪庚申岁：乾隆五年庚申（1740）。

⑫壬申季夏：乾隆十七年壬申（1752）六月。季夏，夏季最后一个月，农历六月。

⑬炳炳麟麟：光辉显赫。

⑭巨观：大观。

⑮指韩愈《酬司门卢四兄云夫院长望秋作》："云夫吾兄有狂气，嗜好与俗殊酸咸。"比喻人之嗜好不同，酸咸异味。

⑯饫观：饱观。

⑰支筇过从：策杖来往。

⑱壬申：乾隆十七年壬申（1752）。

◎青莲砚为李秋官铭

具青莲体，既文且泽。于以辉凤池而华王国。

篆书。

【按】朱氏本砚名作"李秋官端砚"。铭后有跋："玩诸铭志，琳郎满目，几忘寝食。若诸砚聚于一堂，坐卧其中，展转抚弄，其乐当不易三公也。时壬戌夏至后二日，晓起爽气迎人，浴罢偶书。巘谷。"

方载谷此跋作于乾隆七年壬戌（1742）。

◎虫蛀砚为李霖邨铭

羚羊片石虫所蛀，其香生九窍①之文心乎？吾何以测诸②。

隶书。

①九窍：耳、目、口、鼻及尿道、肛门九个人体孔道。

②诸："之乎"的合音字。

【按】朱氏本砚名作"虫蛀李霖邨属书"。

231

◎天然砚为方嶰谷铭

美石耐赏，古款耐仿。书画追踪乎古人，名手当技痒。

隶书。

△嶰谷为余写《涤砚图》。铭以答之，故有是语。轮川林在峨。

【按】朱氏本砚名作"方载谷天然砚"。

◎星辉玉洁砚为庄宁轩铭

铁可穿，石可泐①。发为文章，星辉玉洁。

隶书。

①泐：勒；雕刻。

【按】朱氏本砚名作"星辉玉洁砚，庄宁轩属书"。

◎白珉①砚

皦皦者易汙②，有贞白之质而无玷者鉴诸。

隶书。

①白珉：洁白如玉之美石。《说文》："珉，石之美者。"

②此句意为明亮洁白之物容易玷污。皦皦：明亮洁白。汙：同"污"。

【按】朱氏本砚名作"白石研"。

◎素心砚

装砚以洋瘿为上品①，往来余心②将及纪③。石泉出宰岭南④，归以相贻。适惬素心⑤，用勒⑥志喜。

时丁巳长至⑦。篆书。印：轮川。

①此句意为砚匣以洋瘿木为上品。瘿：瘿木，即影木。树根部所结瘤或树干之疤结。因纹理奇异，为家具装饰名品。依产地，分南瘿、北瘿。

②往来余心：耿耿于怀。元韦居安《梅磵诗话》所收苏东坡诗注《瓮算》："往来于怀，不觉欢适起舞。"

③将及纪：将近十二年。古以十二年为一纪。

④石泉：即许均侄、许鼎子许良臣（号石泉），曾官澳门同知，故称"出宰岭南"。

⑤适愿素心：了却夙愿。愿，慰。素心，素愿；夙愿。

⑥用勒：因以刻铭。用，因。勒，刻。

⑦丁巳长至：乾隆二年丁巳（1737）夏至。

【按】此砚为许良臣官粤所获，携归闽乡以赠林在峨。

此铭的重要砚史价值：在于记载清中期端砚配匣以洋瘿木为首选。清代广作家具也用瘿木，取材安南等地沉香花梨瘿（故称"洋瘿"）做镶嵌，多用于小型摆件、笔筒等文房用具。因木材非土产，且名贵，砚又产粤地，闽人林在峨欲得一品配以洋瘿木盒端砚多有不便，所以思慕多年方偿夙愿。

◎凤砚

自是超宗质有文，肯随凫雁与同群①。长留双眼觑千古，撷取菁华②入五云③。

轮川于胥江环翠楼④。印二：三峰、吐凤声清饱竹花。

①此句意为凤凰非凡鸟，不与凫雁之类同群。肯，岂肯，不肯。

②撷取菁华：采择精华。

③入五云：指功成名就。五云，指皇帝所在地。

④胥江：伍子胥主持开挖的苏州运河名，后亦为苏州别称。环翠楼：林在峨寓苏居所。

【按】此铭诗以凤凰相喻，有祈望才华得展之意。从第三句看，此砚凤目应为利用石眼所巧雕。

◎鱼砚

静极而动，如春水鱼①。

篆书。

端溪峡内十里产嘉鱼，味丰而美，出峡即不可得，岂亦端峡馀灵所钟耶！偶于砚背写两尾，游泳其上，并录朱子《调息箴》二语。春波无际，正如三十六鳞变化时也。

轮川。

①语出朱熹《调息铭》，原文作"静极而嘘，如春沼鱼"。意思是在调养呼吸时，当气机静到极处，自然要动，就像春天的鱼类，浮在水面嘘气。

【按】屈大均《广东新语·鳞语·鱼》："嘉鱼以孟冬天大雾始出，出必于端溪高峡间。其性洁，不入浊流。尝居石岩，食苔饮乳以自养。霜寒江清，潮汐不至，乃出穴嘘吸雪水。"其习性确也暗合朱子"静极而动"调息法之养生学。

◎兰亭鹅池砚

旁镌"曲水流鹅"四字，隶书。

照眼双鹅引颈来，胸中妙思与之偕。寥寥尚友①千年后，只有涪翁识此怀②。

王恽③句。篆书。

丙寅春④过山阴，游兰亭，作十日欢。归舟茂苑⑤，想象茂林修竹胜处，因仿宋人笔意砚沼并绘双鹅，偶捡元人题语。若数百年后，有待于余者，为书砚左以志快。

轮川。楷书。印二：兰渚⑥、一川新绿锁轻烟⑦。

①尚友：上与古人为友，典出《孟子·万章》。

②此句典出"涪翁楼"。楼在四川宜宾市流杯池生态公园内，为北宋元符年间黄庭坚（号涪翁）谪居戎州时，仿王羲之《兰亭集序》诗意所建造。

③王恽（1227—1304），字仲谋，号秋涧，卫州路汲县人。元世祖、元裕宗、元成宗三代著名谏臣。能书善文。有《秋涧先生全集》。

④丙寅春：乾隆十一年丙寅（1746年）春。

⑤茂苑：苏州长洲县别称。西晋左思《吴都赋》："佩长洲之茂苑。"

故长洲有茂苑之称。唐时分吴县置长洲县，取长洲茂苑为县名。

⑥兰渚：即兰亭。原为渚名，《明一统志》：兰渚在绍兴府南二十五里，即晋王羲之曲水赋诗处。

⑦句出明人白圻《兰亭修禊图》。原诗：飞觞泛水集群贤，文采风流自往年。静里披图怀胜事，一川新绿锁轻烟。

【按】此铭原为元代王恽《右军观鹅图》诗林在峨书录为铭，应是林氏号涪云，和黄庭坚号涪翁，两者都有"涪"字，与此诗后二句相契，故而产生共鸣。

◎瓜砚

旁镌"石室"二字。篆书。

瓜田半亩。

隶书。

印：诵先人之清芬。

◎鸳鸯砚

惊秋万觉芙蓉瘦，占水晴看墨浪宽。数去崔郎传好句①，金针绣出度人难②。

轮川。行书。印二：花屿萍洲③、踏水飞时浪作梯④。

①此句典出唐诗人崔珏。崔珏因作有《和友人鸳鸯之什》而名世，人称"崔鸳鸯"。

②语出金诗人元好问《论诗》："鸳鸯绣出从教看，莫把金针度与人。"原意可将绣成的鸳鸯予人观赏，但不可将诱花针送人。

③语出宋曹组《鸳鸯诗》："苹洲花屿接江湖。"屿：小岛。

④句出唐韩偓《玩水禽》："向阳眠处莎成毯，蹋水飞时浪作梯。"

◎臼砚

笔有冢，砚成臼。辨石渠①，资臣口。署邺都②，得臣手。

隶书。

①石渠：西汉皇家藏书阁名。为萧何所造，位于长安未央宫殿北。此代称典籍。

②邺都：即邺城，曹魏时都城。此代指首都。

【按】此铭朱氏本记为林正青作。

◎天然款砚

人以田，我以砚。子能宝之如奉盈，虽经万磨①而莫变。

壬子秋②，铭付晥儿。

①万磨：各种挫折、磨难。

②壬子秋：雍正十年壬子（1732）。

【按】此铭系林在峨为其子林擎天而作。

朱氏本砚名作"天然款砚，壬子秋铭付晥儿"。

◎学古砚为许甥王臣铭

位置莹几①，伸纸行墨。不疾不徐②，学古有获。

楷书。

①莹几：使几案增色。莹，使明洁；使生光泽。

②不疾不徐：即不快不慢，指行笔速度。疾、徐，快、慢。

【按】朱氏本砚名作"壬子畅月为许思恭甥铭"。许王臣（字思恭）为许均、林淑寿子，林在峨为其堂舅，故称其"许甥"。

◎菊花砚

由来五美数金精①，出水青花貌得成。记取晚香坚好日②，南山相对称闲情③。

轮川。印二：晚香、餐英④。

①此句或指端石五种美品中以石眼为最。

②此句典出北宋韩琦诗《九日水阁》句："且看黄花晚节香。"后世遂以"晚香"代称菊花。

③此句典出陶渊明诗《饮酒》句："采菊东篱下，悠然见南山"。

④餐英：典出《楚辞·离骚》："朝饮木兰之坠露兮，夕餐秋菊之落英。"

【按】此铭以菊花之高洁有"晚香"作喻。或成于林在峨晚年。

◎杏花春燕砚

旁镌"只衔花片与多情"七字。篆书。

吴门顾氏，三世以研砚名。大家①所制，尤古雅浑成。先君子旧有"分来天上支机石②，占取人间玉斧仙③"赠句。今春偶得中洞石，访顾于专诸旧里。因出片笺乞余书之，随于砚背制《杏花春燕图》酬余。细腻风光④，得未曾有。所谓"玉斧仙"，不其然乎！

轮川、峨。楷书。印二：得趣、暖风来燕子。

①大家：顾大家，指顾二娘。

②支机石：传说为天上织女用以支撑织布机之石。杜诗《天池》诗："欲问支机石，如临献宝宫。"

③玉斧仙：原指月宫伐挂的吴刚，此借誉顾二娘刻艺精湛。

④细腻风光：指刻艺细致入微。

【按】砚乃林在峨携石至吴门，顾二娘以工换林氏字，精心刻成。石为端石中洞老坑，砚为顾氏亲作，材美工良，传世名品。林氏所题七字，辞意尤绝美。

◎耦耕砚

订耦耕①，结岩屋②。泽气通，灵液蓄③。云千层，雪万斛④。抽奇毫，莫浪秃⑤。

①耦耕：原指二人并耕。后亦泛指农作。

②岩屋：原指岩洞或石屋。此喻砚。

③此六字喻墨。

④此六字喻纸。

⑤此六字喻笔。

◎下岩砚

下岩石，洵美且好。匪铭款，辜负至宝①。均惨淡以经营②，此可为知者道③。

①此句言美石无铭，有负良材。匪，通"非"，没有，无有。

②惨淡以经营：意费尽心思，经营筹划。出自杜诗《丹青引赠曹将军霸》。

③语自司马迁《报任安书》："此可为知者道，难为俗人言也。"知者，明事理之人。

◎芭蕉砚

旁镌"翠笺"二字。行书。

无叶不垂鹦鹉翅①，有花能种凤凰冠②。

行书。

右十六字，先君子书砚背遗笔也。久珍箧笥，喜竹友兄至，为镌之。畅③识。

①此句指蕉叶下垂形状如鹦鹉翅膀。

②此句指芭蕉花形状如凤凰之冠。"凤凰冠"，亦是建兰品名。

③畅：林畅，字永修，林在峨子，生平无考。

◎方砚

口呵之，则冰释。手摩之，而流液。墨不褪，笔不格①。君莫讶，嗜成癖。

△先君子讳在峨（闽县叶观国填），字涪云，号轮川，先大父鹿原公之叔子。大父官中书时，先君子侍养京邸。以明经②入成均③，会开《古今图

238

书集成》馆，先君子预纂修。书成，例授官，以有所格^④弃去。嗣被荐趣八都，仍不乐就仕。遽南旋，客吴门七年，捐馆舍^⑤，是为乾隆壬申岁^⑥也。

先君子生有异禀，擩染家学，肆力浩博，而一以精诣为归宿。频年^⑦游涉所至，与名流投契，既津逮^⑧奇富，又得力于丽泽为多，故卓然为艺林眉目^⑨。所蓄古人书画真迹，一一题识，次第其品格而珍秘之。爰钩稽六书源流，凡鼎彝盘敦与夫废权残鼓断瓦零石之属，有文字可辨识者，皆手自摹拓，资仿效焉。先世多遗研，续所购得益多，先君子恒题铭镌其上。见同人题研有佳者，辄拓一纸藏弃。积久寝多，装为八册，一时题咏盈卷轴，不忍割弃，重加编葺，此《砚史》所为作也。

呜呼！先君子著述等身，书翰流传海内，奉为墨宝。乃即此片石遗文，精心排缵^⑩，阅数十寒暑，蓑然成书^⑪。不肖辈卒业^⑫之下，有以见先君子，用意于先芬旧雨^⑬，如是其久且挚也。岂惟是藻缋^⑭陶泓，为文房增胜事已哉。男擎天谨书。

①不格：意顺畅。

②明经：明清对"贡生"的代称。

③成均：古之大学。清代泛指进入国子监之贡生，即所谓"监生"。

④有所格：有所格碍。格，格碍。

⑤捐馆舍：去世。

⑥乾隆壬申岁：乾隆十七年壬申（1752）。

⑦频年：连年、多年之意。

⑧津逮：比喻通过途径而达目的。

⑨艺林眉目：艺林表率和楷模。

⑩排缵：编排。

⑪蓑然成书：渐步成书。蓑然，枝叶渐长貌。

⑫卒业：完毕，结束。

⑬先芬旧雨：祖先、老友。

⑭藻缋：文辞；文采。

【按】林擎天此跋，言其父林在峨《砚史》之由来。并点明了林在峨之卒年为乾隆十七年。

●附：兆显（字水谟）

◎凤砚

具丹穴①姿，回翔超越。制自顾大家②，探从羚羊窟。紫云入袖日含毫③，翱羽丹山鉴身发④。凤池吾欲扬先芬，万里桐花有根骨⑤。

①丹穴：凤凰所居之地。《山海经》："丹穴山，鸟状如鹤，五采而文，名曰凤。"

②顾大家：顾二娘。

③含毫：含笔于口。比喻创作。

④身发：身体发肤；指自己肉身。

⑤此二句典出李商隐《韩冬郎既席为诗相送因成二绝》名句："桐花万里丹山路，雏凤清于老凤声。"喻意类似"青出于蓝而胜于蓝"。

【按】上文林在峨有"凤砚"，铭款记作于苏州寓所环翠楼。从林兆显此铭云此砚为顾二娘制品看，两砚或为一物。

◎永年砚

尔形至静，尔质至坚。我心虚灵①，与尔永年。

①虚灵：空灵，宁静荡淡而智慧之意。

【按】此铭朱氏本收入卷七，未标何人所作。

●附：擎天（初名皖，字承奎）

◎小夔龙砚

美石虽小，卓荦不群①。珍如琬琰②，可张吾军③。

晥铭。楷书。

岩之下，才可借。硁硁然^④，我待价^⑤。

甸。草书。

△癸丑六月既望^⑥，予至台江书舍^⑦。时田生丈已卧病，强起手谈^⑧，遂请为儿子晥作砚铭，丈立就。未帀月^⑨即弃世。草书腕力清劲，饶有生意，岂知即为绝笔乎？

轮川老人。

①卓荦不群：即"卓尔不群"。卓荦，特出；不群，与众不同。

②琬琰：碑石美称。

③张吾军：以张扬自己声势。出自《左传·桓公六年》。

④硁硁：词出《论语·子路》。原意浅薄固执，此喻意志坚定。

⑤我待价：即"待价而沽"。

⑥癸丑六月既望：雍正十一年癸丑（1733）六月既望。

⑦台江书舍：余甸老家书房。

⑧手谈：以笔交谈。

⑨未帀月：未满一月。帀，同"匝"，环绕一周。

【按】林在峨此跋的重要意义，在于确定余甸卒年为雍正十一年癸丑（1733）七月中上旬（此跋作于该年六月既望。既望为小月十六日、大月十七日。林、余别后不到一月，余氏即故去）。

朱氏本林在峨记此跋后尚有："人之云亡，邦国殄瘁，为之慨然。款：轮川识。"

◎青花砚

质之美矣，宁用^①追琢。文之粹矣，日彰^②不觉。慎尔出话^③，安此良璞。

晥铭。

△侄晥年十二，敏而向学。乃翁持此砚语之曰："能铭，是用畀^④汝。"援笔立就。阿伯喜长林之有子也，为记岁月俾勿怠^⑤。

壬子^⑥，长陇惰农记。

①宁用：岂用。

②日彰：日益彰明。

③慎尔出话：谨言慎行。语出《诗经·大雅·抑》。

④畀：给予。

⑤俾勿怠：使勿懈怠。俾，使。怠。懈怠，懒惰。

⑥壬子：雍正十年壬子（1732）。

【按】据林在华跋文，知此砚为林擎天十二岁时，应父林在峨命作此砚铭，林在峨将此砚授予林晥以为嘉勉。铭文大意是良材名石，应慎刻，免得有负美璞。年方十二，有此识见文采，殊为难得。谢道承《题陶舫砚铭册后》一诗有跋赞林擎天："三表俟晥，十岁夙慧。所题砚铭多老成语，洵异物也。"

◎龙尾砚

生乎龙尾之溪，其质立；置诸几案之上，惟汝贤。因静故获寿，是以长享乎遐年^①。

六孙晥敬铭。

△岁晏^②夜寒，俟晥课读于王母^③座侧。指是研命之曰："能铭此乎？"矢口成章。老人辗然色喜^④。时年十有二。余感而续以铭曰："琢歙溪之精英，伴君子之幽贞。童孙书声，午夜白发，相对寒檠^⑤。睹子鬐齘^⑥之颖妙，感我岁月之峥嵘^⑦。"

北陇惰农。

△予别家时，俟晥才七龄耳，已崭然见头角。是铭甚得体要^⑧，宜足以博老人欢笑也。

己未^⑨七月二日，苍岩书于天津舟中。

①此二句典出北宋唐庚《古砚铭》中名句："以钝为体，以静为用。唯其然，是以永年。"

②岁晏：年末。晏，晚。

③王母：祖母。

④鞤然色喜：喜形于色，笑逐言开。鞤然，笑貌。

⑤寒檠：寒灯。

⑥髫龀：幼童。

⑦岁月之峥嵘：不平凡的年月。

⑧体要：领悟要旨。

⑨己未：乾隆四年己未（1739）。

【按】林擎天此铭，乃受祖母命而作，故寓以砚之金石寿而祈祖母长寿之意，所以很得老人欢心。

朱氏本记林在华跋文"琢歊溪之精英"之前尚有四句："隅坐弱龄，七步成铭。金声玉德，方尔宁馨。""感我岁月之峥嵘"之后并无林在华"北陇惰农"款。此后所记林正青跋，字句亦有小异，且更为详尽："予别家时，侄皖才七龄耳，已巍然见犀角。是铭甚得体要吾母，题词能得欢心，亦足以见家庭三世琴书之乐也。戊午即受知力堂先生，许以大受，后来进德未可量也。己未七月二日苍岩书于天津舟中。"

林正青跋文所记"戊午"，为乾隆三年戊午（1738）。"力堂先生"，为后来官至浙闽总督、福建巡抚的周学健（字力堂。本书卷八、卷九《题陶舫〈砚铭册〉后》《题陶舫〈砚史〉后》皆收入其诗作）。

◎锦囊砚

呼龙畊烟种瑶草①，古锦囊中句大好②，呕出心肝苦不早③。

心香擎天铭。

①句出李贺诗《天上谣》："王子吹笙鹅管长，呼龙耕烟种瑶草。"意为仙人王子乔在云端驱龙耕种仙草。畊，同"耕"。

②化用王安石《次韵张仲通水轩》句："爱君古锦囊中句，解道今秋似去秋。"即所谓唐诗人李贺"投诗锦囊"故事。

③化用唐陈陶《游子吟》句："富贵苦不早，令人摧心肝。"意为人生很难早年得志，让人悲愤不已。

●附：畅（字承修）

◎鸳鸯砚

元圃①之精，琳池②之绪。细腻风光，金针度与。缅彼文鸯③，萍洲花屿。德则不孤，仙原同侣。我有永怀，寄诸寤语④。蘩采芸晖⑤，无间寒暑。热岂因人⑥，墨将磨汝。于焉结邻，式敦古处⑦。

畅铭。

①玄圃：又称县圃、平圃、元圃，是神话传说中的"黄帝之园"，传说中昆仑山顶的神仙居处，中有奇花异石。

②琳池：汉代池名。遗址在今西安市附近。见载晋王嘉《拾遗记·前汉下》。

③文鸯：鸳鸯别称。以其羽毛华美，故称。

④寤语：相对而语。

⑤芸晖：芸晖：即"云辉"，香草名。

⑥热岂因人：即"不因人热"，比喻性情孤傲、不依赖别人。典出《东观汉记·梁鸿传》。

⑦敦古处：诚恳的以故旧之道相处。敦，厚道；诚恳。古处，以故旧之道相处。

【按】此铭之砚与上文林在峨所题"鸳鸯砚"应为同一砚。所以林畅铭中"金针度与""花屿萍洲"皆直接袭用乃父之铭（后者为印）。

《砚史》卷六终

《砚史》卷七

砚铭

汇录古砚及诸名人砚铭

●宋　阙名

俟考。

◎政和砚

旁镌：墨林山人项元汴敬秘。

维政和七年岁次丁酉①书。

楷书。

①政和七年岁次丁酉：宋徽宗政和七年丁酉（1117）。

项元汴（1525—1590），字子京，号墨林，浙江嘉兴人。明国子生。不事举业。工书能画，不惜重资收购法书、名画、鼎彝、玉石、书籍。有《天籁阁帖》。

●陆游

字务观，号放翁。山阴人。官宝章阁待制。

陆游（1125—1210），字务观，号放翁，越州山阴人。宋孝宗时赐进士出身，官至宝章阁待制，晚年退居家乡。一生笔耕不辍，今存诗九千多首。

著有《剑南诗稿》等。

◎**老学菴澄泥砚**

上镌"陶澄君"三字，隶书。

老学菴[1]曾收用。

行书。

汾水墐泥，澄之陶之。渣滓既尽，金玉其姿。山海渔猎，经史酌炊。用订同心之言而因以赠贻。

太璞山人赠南邨居士[2]。

△一丸封[3]，资扬攉[4]。吐文词，锦江[5]濯。吟风弄月于剑南[6]，庶不负乎老学。

苍岩。

①老学菴：即"老学庵"。菴，同"庵"，陆游斋号。

②南邨居士：即清中期著名书画家、制砚家高凤翰，其号南邨居士。

③一丸封：即"一丸可封"，指函谷关地势险要。出自《后汉书》。宋诗人杨亿《成都》借以形容蜀道艰险。

④扬攉：同"扬榷"，意为研讨。

⑤锦江：岷江，流经成都市区，即今府南河。

⑥剑南：唐道名。以地区在剑阁之南得名。陆游有《剑南诗稿》。

⑦老学：即"老学庵"。

【按】此砚见载高凤翰《砚史》。林正青跋末句"庶不负乎老学"，高氏《砚史》拓本作"庶步述乎老学"。

●**元　赵孟頫**

字子昂，号松雪，吴兴人，官承旨。

赵孟頫（1254—1322），字子昂，号松雪，松雪道人等，吴兴人，宋宗室，仕元累官至翰林学士承旨。能诗善文，以书画成就最高，开创元代新画风，被称为"元人冠冕"。

◎独孤砚

余将北行，独孤长老①携此石见惠。感其情契，俟他日归与结山林缘，畅叙幽情，以娱暮景，信可乐也。

至大二年三月十八日，孟頫识于清河舟中。行书。长印：子昂。

嘉靖己亥十月五日，忽有人持此石来观，把玩恍然若失者累日，因倾赀②购得之。真希世宝也。

楷书。印：微明。

墨林山人项元汴家藏真赏。

隶书。

庚辰秋杪①，归自京师，过吴下，停舟阊门，得于桃花坞之汤氏。爱其石质温腻，歙之上品。松雪翁跋语，笔法生气奕奕，珍同和璞。微嫌开池小而墨堂狭，因付顾大家廓而大之③，顿改旧观。

鹿原佶识。楷书。

①庚辰秋杪：康熙三十九年庚辰（1700）秋末。杪：末尾。

②独孤长老：元氏名僧独孤淳朋（1259—1336），俗姓杨氏，临海人，杭州灵隐寺僧。享有盛名于日韩。精书法，曾获《宋拓定武兰亭序》（即"定武本"），后转让于赵孟頫，赵氏题跋十三通，后世称为《兰亭帖十三跋》。

③倾赀：倾尽钱财。赀，钱财。

④廓而大之：犹扩大。

【按】康熙三十九年秋末，林佶自京回闽，过吴门，从桃花坞汤氏手中购得此方赵孟頫铭歙砚。林氏嫌砚池略小，遂请顾二娘将砚池改扩，并镌铭纪之。

虽然林佶对此砚爱如珍璧，但此砚应为赝品。比对《兰亭帖十三跋》中文字："独孤长老送余北行，携以自随""他日来归，与独孤结一重翰墨缘也。至大三年九月五日""十八日清河舟中""时对《兰亭》，信可乐也。"

显然，作伪者将赵氏受独孤长老转让"独孤本"之事，略变语气，改为"独孤砚"而已。原题"十三跋"事在至大三年，伪铭改题砚于至大二年，相隔一年，但题铭时间、地点"十八日清河舟中"竟然全同，砚铭显然是从赵氏《兰亭帖十三跋》拼凑而成。

明末，冯铨将赵氏《兰亭序十三跋》刻入《快雪堂帖》。此砚铭当是此帖行世后，作伪者照帖摹刻，疑清初人所为。

朱氏本砚名作"赵松雪研"。

◎松雪斋砚

此石王子庆①所藏，昔乞□借观不可，一旦得此，喜不自胜。翰墨之缘，岂有数存乎其间耶？

行书。

方印：赵子昂。

①王子庆：即王芝，字子庆，号井西。精鉴赏，富收藏，熟悉书画装裱技术。《定武兰亭五字已损本》在赵孟坚之后曾归其收藏。

【按】此砚与前一砚一样，当皆为赝品。《兰亭帖十三跋》中相关字句："与王子庆所藏赵子固本无异"，"从其借观不可，一旦得此，喜不自胜"。伪铭亦从赵氏《兰亭帖十三跋》刻本拼凑而成。

●倪瓒

字元镇，号云林。无锡人。

倪瓒（1301—1374），字符镇，号云林、云林子等。无锡人。性甚狷介，有洁癖。尝筑清闷阁，攻词翰，书有晋人风度。尤工山水，天真幽淡，一变古法。江南人以家中有无倪画判雅俗，为"元四家"之一。著《云林诗集》。

◎书画砚

旁镌"漪园珍藏"四字。

◎萧闲官书画研

懒瓚。行书。印：云林子。

●吴镇

字仲圭，号梅花道人。嘉兴人。

吴镇（1280—1354），字仲圭，号梅花道人，尝署梅道人，浙江嘉善人。隐居，以卖卜为生。擅画山水、墨竹，喜作《渔父图》，墨竹宗文同，为"元四家"之一。精书法，工诗文。后人辑有《梅道人遗墨》二卷。

◎**橡林精舍砚**

守吾墨而无丧其真，利吾用而无染其尘。从容乎法度，下笔如有神。是可为知者道，而不可以语之俗人。

至正庚寅①夏五月廿日，宿雨初霁，清和可人，有风动竹，潇洒檀乐之声，欣然忘寐。梅道人雨窗戏墨于橡林精舍。草书。

△右砚大尺余，厚二寸许。青花环匜，旁有鸲眼二，高□。得于都下，旧款。天然巨璞，经吴门顾大家重制，两月始成。形如威凤，此"十研"至宝也。所谓□②千仞而览德辉，其在斯乎?

古梅。

①至正庚寅：至正十年庚寅（1350）。

②原文此处脱一字。

【按】据谢道承跋，砚为黄任得于都下，本为天然巨璞，后经顾二娘重制成凤形，两月始成。其云"此十砚至宝也"，应即十砚轩十砚之一。

朱氏本砚名作"吴仲圭砚"。

◎**梅道人砚**

余游雪上①，是日，子久先生②遗余佳石。质妍而润，如新泉欲流，不能去手。归而北窗高卧风前时，竹迳雨回，新凉可爱。因试貂毫笔、潘冲旧墨，书此以识其美也。至正二十一年夏四月[3]，梅道人戏墨。

草书。

△庚午花朝[4]，予过访莘田先生寓斋，登环翠楼[5]鉴赏水[6]岩神品。主人蓄名砚甚夥，恒不轻示人。此为梅花道人题识，气体瑰伟，宝光参错。把玩真未忍释手，宜其珍逾球璧，而予获见所未见，尤为厚幸[7]也。

北崖弟邵泰[8]。

①霅上：湖州的别称。

②子久先生：即黄公望（1269—1354），字子久，号一峰，常熟人。曾为小吏，因受累入狱。出狱后隐居江湖为道士，在江浙一带卖卜。创"浅绛山水"，为"元四家"之一。存世名作有《富春山居图》等。

③至正二十一年夏四月：元顺帝至正二十一年辛丑（1361）四月。

④庚午花朝：乾隆十五年庚午（1750）花朝。

⑤环翠楼：环翠楼在黄任家乡永福县白云乡幽胜处，黄文焕曾读书于此，黄任题镌"环翠楼"三字。

⑥潘氏本此处缺一字，朱氏本缺字右半边，但可辩为"水"字。

⑦厚幸：大幸。

⑧邵泰（1690—1758）顺天大兴人，侨居江苏，字峙东，号北崖。康熙六十年进士，官编修，曾主四川乡试，掌泰州安定书院。能作擘窠大字，吴中匾额碑刻，多出其手。

【按】考诸吴、黄二人行迹，黄公望出生于南宋度宗咸淳五年（1269），卒于元顺帝至正十四年（1354），终年八十六岁。吴镇出生于元世祖至元十七年（1280），亦卒于元顺帝至正十四年（1354），终年七十五岁。砚铭所记黄、吴二家赠砚、书铭之至正二十一年（1361），二人已故去七年，墓草芊芊矣。砚铭之伪可知。

●明　林埜[1]

字子野，侯官人，官县令。

林垐（1606—1647年），字子野，福建侯官人，崇祯十六年进士，授海宁知县。明亡，弃官归，隆武帝召为御史。隆武被杀，走匿山中，既而率乡兵攻福清城，阵亡。

◎守静砚

地乎静，天乎玄。安安而能迁①。

①句出语《礼记·曲礼上》。意心安于所安，但不可沉溺于于安逸而消磨意志。

●国朝　曹溶

字洁躬，号秋岳。嘉兴人。官户部侍郎。

曹溶（1613—1685），字秋岳，号倦圃，嘉兴人。崇祯十年进士，官御史。入清官至广东布政使，降山西阳和道。工诗，能书，精鉴藏。有《静惕堂诗集》等。

◎鹅子砚

南唐官务①久凋零，海国重来倚玉屏。不信穷途知（己在）②，一双鸲鹆眼长青。

秋岳。

△此秋岳侍郎制砚诗也。研归东隅③大兄，授令子椒园④编修，出示兼索书。是诗亦不忘梧槚⑤之意也。

沈德潜⑥识。

①南唐官务：指南唐设砚务官督造歙砚事。

②句末原缺二字，据朱氏本补"己在"，该本砚名作"腰子砚"。《清诗别裁集》卷二"曹溶"亦收此诗，题作《观工人琢砚》（两首之一）。"知己在"作"知己有"。

③沈元沧（1666—1733），字麟征，号东隅，仁和人，康熙五十六年副

贡生。曾入武英殿书局任事，议叙授广东文昌知县。有《滋兰堂集》等。

④椒园：即沈元沧子沈廷芳。

⑤桮棬：木质饮器，指酒杯。

⑥沈德潜（1673—1769），字确士，号归愚，长洲人。晚年中乾隆进士，官至内阁学士兼礼部侍郎。诗论倡"格调"说。有《沈归愚诗文全集》等。

【按】此砚应是利用两颗石眼巧作鹅砚。

曹溶以明御史降清（后名列《贰臣传》甲篇），且抱遗民心态，所以很难为新朝真心接纳。故砚铭借题发挥，以阮籍"青白眼"故事自勉。

●王士正

字贻上，号阮亭。新城人。官刑部尚书，追谥文简。

王士禛（1634年—1711），原名士禛，字贻上，号阮亭、渔洋山人，谥文简。山东新城人。顺治进士，康熙间官至刑部尚书，继钱谦益之后主盟诗坛。诗论创"神韵"说。好为笔记，有《池北偶谈》等。

◎宣德下岩①砚

岁壬午长至②，宣城梅雪坪③、潜江朱悔人④、海宁查夏仲⑤集麓原寓斋，抚宣德下岩砚，宝光四射，信为巨观。夙好良缘，堪传盛事。

济南王士正识。行书。印二：阮亭、结翰墨缘。

△香泉太守⑥书微觉肉胜⑦，以是不满人口。此册内两铭，萧疏兀鹜，顿挫清壮，盖精心之笔也。大抵前辈不可轻议。

兆仑。

△阮亭先生为昭代⑧诗人之冠，先君子称入室弟子。其《放鹇》《禅悦》《倚杖》各图，皆索先君子题句研后，随意落笔，亦情见乎词，信为风雅之宗。字为陈香泉太守笔，洵称双美⑨。

己未⑩六月，舟过武城。正青谨识。

①宣德岩，在端州屏风山半，采自明代宣德年间，故名。朱彝尊《说

砚》："宣德崖在屏风山半，开自宣德年，品在朝天崖上，山多虎患，故岁久无采者。"

②壬午长至：康熙四十一年壬午（1702）夏至。

③梅庚（1640—1722），字子长，号雪坪，宣城人，梅鼎祚孙。康熙二十年举人，官浙江泰顺知县。善八分书，尤长于诗画。性狷介。有《天逸阁集》。

④朱载震（1642—1707），字悔人，号东浦，潜江人。康熙十九年拔贡，补国子监正黄旗教习。历官知石泉县、署牧泸州。有《东浦集》。

⑤查慎行（1650—1727）初名嗣琏，字夏重，号查田；后改名慎行，字悔余，号他山。海宁人。康熙四十二年进士；特授翰林院编修，入直内廷。自朱彝尊去世后，为东南诗坛领袖。有《他山诗抄》。

⑥香泉太守：即陈奕禧（人物简介见本卷后文"陈奕禧"条）

⑦肉胜：字较肥。

⑧昭代：指政治清明时代。常用以称颂本朝或当今时代。

⑨双美：并美。

⑩己未：乾隆四年己未（1739）。

【按】据《渔洋山人年谱》，王士禛题砚之康熙四十一年，时官刑部尚书，年六十九岁。同观此砚者梅庚、朱载震、查慎行及砚主人林佶，皆一时知名之士，亦是王氏门生、后辈。王士氏题铭由陈奕禧代书。陈奕禧为王氏门生，亦有书名，故林正青跋称铭、字为双美。

今承德避暑山庄博物馆藏一品"宣德下岩砚"。砚由近代金石家、文物收藏家朱文均先生遗命其子朱家溍、朱家濂兄弟所捐避暑山庄博物馆八方古砚之一。砚铭与林在峨此记大略相同。所异者：林氏记王士禛铭文最后两句"夙好良缘，堪传盛事"，避暑山庄砚作"夙好良集，一段因缘，堪传胜事"；且砚侧镌隶书"十研轩神品"，印"莘田黄任珍藏"。

林正青拓跋题于乾隆四年，其时此砚应尚在林家。倘承德避暑山庄砚为真品，则砚归黄氏更在其后。黄氏所题"十砚轩神品"，指砚为斋中之一品，并非确指为"十砚"之一，盖"十砚"早在康熙末年即已定评。

◎星月砚

旁镌"吴门顾大家制"。隶书。

月之从星，时则风雨。汪洋翰墨，将此是从。墨云浮空，漫不见天。风起云趋，星月皎然。

篆书。

庚辰[1]秋日，一亩居良集。渔洋夫子出砚书铭。篆铭者朱竹垞[2]，旁观者汪东山[3]、潘稼堂[4]、顾侠君[5]，识名者陈奕禧。后之揽者得毋哂其生涯之太拙乎。

草书。

①庚辰：康熙三十九年庚辰（1700）。

②朱竹垞：即朱彝尊（人物简介见下文"朱彝尊"条）。

③汪绎（1671—1706），字玉轮，号东山，江苏常熟人。康熙三十六年进士。授修撰，旋告归。四十四年，奉命于扬州校《全唐诗》，次年卒。有《秋影楼集》。

④潘耒（1646—1708），字稼堂，晚号止止居士，藏书室名遂初堂，吴江人。师事徐枋、顾炎武。康熙十八年举鸿博，授翰林院检讨，与纂《明史》。有《遂初堂诗集》等。

⑤顾嗣立（1665—1722），字侠君，长洲人。康熙五十一年进士，授知县，以疾归。喜藏书，尤耽吟咏，豪于饮。有《秀野集》等。

【按】此砚铭文原作者为苏东坡，系东坡为好友王巩所题《定国砚铭二首》之一。"风起云趋，星月皎然"，原铭作"风起云移，星月凛然"。

● 朱彝尊

字锡鬯，号竹垞。秀水人。

朱彝尊（1629—1709），字锡鬯，号竹垞，秀水人。康熙十八年举鸿博，除检讨。后入直南书房。与修《明史》。诗与王士祯称南北两大宗，为浙西词派创始者。有《曝书亭集》等。曾亲诣端溪，并购水岩石百馀。著有《说砚》一篇。

◎绚砚

九经①之潭深若井，子欲汲之有修绠。

秀水朱彝尊铭。篆书。

①九经：《周礼》《仪礼》等九种儒家经籍，其说所指不一。

【按】此铭见载《曝书亭集》。

朱氏本砚名作"井研"。款"秀水"（后应脱"朱彝尊铭"等字）

◎风字砚

动万物，莫若风。我行四方①惟汝从。

①我行四方：句出韩愈《猗兰操》："我行四方，以日以年。"意长年累月行走于四方。

【按】此铭见载《曝书亭集》。

● 翁嵩年

字康贻，号萝轩。仁和人。官户部郎、广东学使。

翁嵩年人物简介见卷四林佶"老坑砚"。

◎双翠砚为许月溪铭

介如石焉，宁用终日①。知微知显，万夫之望②。

学易老人书，丙戌寒食前二日③，时余将归矣。行书。印：康贻。

①此二句语出《易经·系辞下》，意为正直而不同流合污的品德坚如磐石。

②此二句亦语出《易经·系辞下》，意为善于隐藏自己的内心，宣扬自己的功德，始能引领众人。

③丙戌寒食前二日：康熙四十五年丙戌（1706）寒食节前二日。

【按】此砚铭为许遇所题。

朱氏本砚名作"许月溪双翠砚（翁萝轩）"。

◎守贞砚

守其璞，含冰雪。风发泉涌，云蒸霞蔚。寸田可耕，千秋之业。

乙未冬日^①，萝轩老人为梅崖铭。隶书。

①乙未冬日：康熙五十四年乙未（1715）冬日。

【按】此砚铭为许鼎所题。朱氏本砚名作"许梅崖砚"，首三字为"守真璞"。

许鼎（约1725年前后在世），字伯调，号梅崖，许遇长子，许均之兄。雍正元年（1723）与子良臣同举于乡，历任浙江上虞、遂昌知县。著有《少少集》《刺桐城纪游》。

●高士奇

字澹人，号江邨，钱塘人。官詹事，赠刑部侍郎，谥文恪。

高士奇（1645—1704），字澹人，号江邨，钱塘人。幼家贫，以监生充书写序班。以明珠荐，入内廷供奉，直南书房。学识渊博，善鉴赏，所藏书画甚富。著有《清吟堂全集》《江村销夏录》等。

◎江邨砚

磨而不磷，濯之日新。以葆其真，以完其醇。

士奇。

△轮川以砚来归。砚水岩乳石，腻泽无比，背勒高江邨十六字铭，苍媚可爱，是当年箧笥中物。因忆江邨未遇时，尝以儒生谒先大夫，予年羁贯，犹及见之。未几贵显，诗名书法倾动朝野，竟以功名终。因与轮川叹息者久之。

壬戌^①夏五，漫翁^③识。

①壬戌：乾隆七年壬戌（1742）。

③漫翁：即颜肇维（人物简介见本卷下文）。

【按】朱氏本砚名作"高江邨砚"。颜肇维跋文比此本略详。

◎兰斋藏砚

不能锐，因以钝为体。不能动，因以静为用。惟其然，是以能永年。

高澹人。隶书。

【按】此铭袭用北宋唐庚《古砚铭》。

晚清藏砚家娄县人韩应阶所撰《砚铭》，亦收一近代松江印人王子萱所仿"高江村砚"。砚八棱，池额刻饰双螭纹。背覆手内所刻隶书铭与此铭相同，款"高澹人谷兰斋藏砚"。

谷兰斋为高士奇长子高舆斋号，康熙尝书"谷兰斋"赐高舆。林在峨此记为"兰斋"，当为书稿有脱漏。

●陈奕禧

字子文，号香泉。海宁人。官郡守。

陈奕禧（1648—1709），字六谦，号香泉，海宁人。贡生。诗得王士禛赞许。康熙时官至江西南安知府。书与汪士铉、何焯、姜宸英并称"清初四家"。

◎销夏砚

好雨连日，暑气顿消。心绪颇暇，玩丁兰香之侧①，涤我尘俗，成至宝以传后也。

奕禧识。草书。印：子文。

①兰香之侧：兰花之侧。兰花品种众多，多在冬春开花，亦有少数于夏季开花。

【按】朱氏本砚名作"陈香泉太守砚"。

◎大受砚

古拙先生大受之器。

隶书。

康熙戊寅①，陈奕禧题。行书。

①康熙戊寅：康熙三十七年戊寅（1698）。

●王澍

字若霖，一字箬林，号虚舟。金坛人。官给事中。

王澍（1668—1743），字箬林，号虚舟，江南金坛人。康熙五十一年进士，入翰林，以善书，特命充五经篆文馆总裁官。官至吏部员外郎。有《虚舟题跋》等。

◎宣和璧砚

旁镌"天涛珍赏"四字。篆书。

石髓�腻，潆泗充斥。米袖①第三，宣和②一璧。

澍铭。楷书。

①米袖：典出米芾携砚于袖中时常把玩事。

②宣和：宋徽宗赵佶年号。

◎圆砚

二仪含象，万物孕灵①。仓颉创制，管城运精。乃凭斯石，变化始生。

①此二句化用《易经》之"太极生两仪"，指万物的变化由太极开始。

◎井田砚

康熙五十有三年甲午夏四月，新建裘生芹作砚田。澍曰："休哉！昔先王降德下民，锡之土田①，俾有常服②。自秦开阡陌，农落厥业，士食无圭。今女③缵乃前人光。蒔④乃心苗，秉乃笔鉏⑤。天锡女田，光昭前烈。惟是知营，形析力勤，以克有秋。于戏，休哉！"芹敬戢良箴⑥，乃再拜稽首。式铭诸研田，用勖弗逮⑦。

印：王澍。

①锡之土田：赏赐土地。锡，锡赉；赏赐。

②俾有常服：规定之数。常服，常数。

③女：汝。

④蒔：栽种。

⑤笔鉏：笔耕。鉏，同"锄"。

⑥敬戢良箴。敬受良言。戢：收藏。良箴，有益的劝诫。

⑦勖：勉励。弗逮：不及。

【按】此铭为裘芹所题。裘芹（生卒年不详），字鲁青。曾官归安知县。乾隆元年，曾向时任学官帅念祖推荐金农应试博学鸿词科。王澍《虚舟题跋》记裘氏以十九文钱，购得出土一种王献之《洛神赋十三行》残石，称"新建裘氏本"。

◎四如砚

如乐之和，如金之坠。如玉之有润，如舌之有泉。

王澍铭。篆书。

【按】朱氏本砚名作"王弱林研"。

此铭节录于苏东坡《孔毅甫凤味石砚铭》。

◎龙砚

龙兮龙兮潜海底，欻吸①翻身弃云起。莫道一池惟勺水，试看挥洒淋漓，点滴尽成苍生雨②。

辛亥立秋日③，澍铭。印二：良常、王澍。

①欻吸：疾速貌。

②苍生雨：帝王或朝廷给予臣民的恩惠，言其如雨露之泽及万物。苍，指众多，茫茫一片。生，指生灵。

③辛亥立秋日：雍正九年辛亥（1731）立秋。

◎青莲砚

硁硁乎孕岩之髓，濯濯乎出水之姿。一瓣青莲，不啻口出①，以笔代之。

①不啻口出：指说话人口吻语气与某类似。典出《尚书·秦誓》："其心好之，不啻若自其口出。"

【按】此铭朱氏本记为林正青作，砚名作"莲瓣研"。

●查升

字仲韦，号声山。海宁人。官詹事。

查升（1650—1707），字仲韦，号声山，海宁人。康熙二十七年进士，选翰林院庶吉士，授编修。经荐入直南书房，累迁至少詹事。书法秀逸。著有《淡远堂集》。

◎方砚

其质良，其材富。作擘窠①，墨盈斗。

此同年翁康贻②粤东所寄也，康熙丁亥秋日③。声山识。

此砚名澹远堂④第八砚，今归仁和沈椒园廉访。

①擘窠：指大字。

②翁康贻：即翁嵩年。

③康熙丁亥秋日：康熙四十六年丁亥（1701）秋。

④澹远堂：查升字学董其昌，得康熙器重，御书"澹远堂"以赐，查氏遂以之颜室名。

【按】此砚为其澹远堂中第八砚，可见查氏也颇留心于砚。

●阿金

字云举，号鹤亭。满洲人。官翰林。

阿金（生卒年不详），满洲镶白旗，郭络罗氏，字云举，号鹤亭、培风堂、困学易斋。康熙三十年进士，授检讨。读书殿内，三年成诗一卷。康熙三十八年任福建主考。有《培风堂集》。

◎松花石砚

江松花[1]，源长白[2]。馀秀灵，产奇石。色坤黄，腰黛绿。轶端溪[3]，陋鸲鹆[4]。纵仙才，洒珠玉。作世宝，友毫墨。

培风堂主人识。

△此寄斋司冠[5]任留都[6]所寄之砚，余以壬午春[7]铭焉。余不善书，时香泉在坐，遂书以刻砚背。门人吉人[8]喜之，亲为拓去，已四十馀年矣。公郎涪云装潢成帙，携至培风堂，乞题数语。此砚籍没[9]后，归于何所。重观旧迹，不胜怆怀。然得列诸名笔之间，亦不幸之幸也。

乾隆癸亥清和月[10]十八日，因学易斋老人沾河郭罗络阿金识。时年七十有八。

①江松花：意即产于松花江。

②源长白：源自长白山。

③轶端溪：优于端砚。轶，超过。

④陋鸲鹆：胜过鸲鹆眼。陋，粗劣。

⑤寄斋司冠：即巢可托，字寄斋，清满洲正蓝旗人，累官刑部尚书、詹事府少詹事。著有《花雨松涛阁诗文集》。司冠，刑部尚书代称。

⑥留都：即盛京（今沈阳）。

⑦壬午春：康熙四十一年壬午（1702）。

⑧门人吉人：古代贡举之士称主考官为座主，自称门生。林佶于康熙三十八年中举，时任福建主考官即为阿金，故属阿金门生。

⑨籍没：查抄。

⑩乾隆癸亥清和月：乾隆八年癸亥（1743）四月。清和月，四月。

【按】阿金作为满大臣，推誉松花石胜过端石，无非和康熙推崇松花石一样，对祖先发祥地所产松花石有特殊的感情。其跋所记此砚行迹也颇有宦海浮沉之叹：砚为一位满大臣巢可托从盛京所寄赠，阿金自撰铭，请书法名家陈奕禧书刻于砚背。门生林佶喜此铭，作拓留存。四十馀年后林在峨陶舫《砚铭册》成帙，登门求题。阿金曾于康熙雍正之交获罪，遣戍黑龙江。此砚也被查抄籍没，不知下落，唯有对拓感慨一番，并纪事于册。

●蓝涟

字公漪，号采饮。侯官人。

蓝涟，字公漪，号采饮，福建侯官人。康熙间布衣。博物洽闻，工诸体诗。山水学倪瓒，精篆刻。性喜游，在广东尤久。与陈恭尹、梁佩兰等人友善。卒年八十余。有《采饮集》

◎水崖砚

水岩之精。

隶书。

侯官蓝采饮远游之研。

【按】朱氏本后有余甸跋："老友公漪笔也，今墓有宿草矣，对此不胜人琴之感。田生。"

●赵国麟

字仁圃，号拙庵。泰安人。官大学士。

◎十二星砚

星精水英，地灵天成。

拙庵铭。篆书。印二：国麟、云月轩珍玩。

△此莘田十砚之一。雍正癸丑①，儿子震②倩友人借观，爱不忍释，因奉朱提③为寿。莘田觉之，割以相赠。乾隆戊午④，予自上江膺内召⑤，震见请以砚随，余拟"星精水英，地灵天成"八字铭之。次日⑥，遇涪云于京师，浼⑦作小篆镌焉。今识宝人亡，为题截句，爰识哀思："渊底深藏端水灵，探珠人去泪零零。云轩夜半寒光炯，古砚分来十二星。"云月砚，予游

瀚海⑧所获者，癖与莘田同，因以名轩。

泰山跛道人麟。时庚申阳月⑨。

①雍正癸丑：雍正十一年癸丑（1733）。

②儿子震：赵国麟子赵震，其字青轩，馀皆无考。

③朱提：银的别称，源出"朱提银"；泛指金钱。

④乾隆戊午：乾隆三年戊午（1738）。

⑤此句指乾隆三年，赵国麟由安徽巡抚升任刑部尚书。上江：清代安徽、江苏两省称上下江。

⑥次日：朱氏本《林史》"日"作"月"，似更合理。

⑦浼：同"浼"，恳托。

⑧⑦瀚海：也作"翰海"。泛指西域；蒙古高原。

⑨庚申阳月：乾隆五年庚申（1740）四月。阳月，四月。

【按】此砚为黄任十砚轩"十砚"之一（本书卷一黄任自有铭）。因砚有十二石眼，故名"十二星"。雍正十一年赵国麟子赵震求砚一观。黄任遂慷慨举赠。

◎**壶庐砚**

虚而圆，德不孤。壶中人①，壶中人，其嘿卿乎？

隶书。

拙庵铭涪云赠砚。乾隆癸亥季春②，归岱日记。青雷③隶书。

①壶中人：晋唐传奇中的文学形象，体现道教"壶中天地"的神仙幻想和宇宙观意蕴。

②乾隆癸亥季春：乾隆八年癸亥（1743）三月（季春）。

③朱文震（生卒年不详）。字青雷，号去羡。济南历城人。少孤贫，以太学生充方略馆誊录，授西隆州同知。会开四库全书馆，充篆、隶校对官。肆力于六书八分，亦喜藏砚及搜集古印。有《雪堂诗稿》。

【按】此砚林在峨所赠。

◎古砚

研则古，铭则新。百世之后，依然如今。

雍正壬子①，拙庵、麟铭。

①雍正壬子：雍正十年壬子（1732）。

【按】朱氏本砚名作"古研铭"。

◎拙庵集语砚

寿无金石固①，常怀千岁忧②。

乾隆庚申，拙庵书铭。

①句出汉佚名氏《古诗十九首》："人生忽如寄，寿无金石固。"意人生短促，如同寄宿，不如金石长寿。

②亦出《古诗十九首》："生年不满百，常怀千岁忧。"意人生短促，不必为无益之事烦忧。

③乾隆庚申：乾隆五年庚申（1740）。

◎崇德砚为起夏铭

敦厚凝重，以为质也。温润密栗，以示式也。磨砺洗涤，以修愆①也。日新不息，以崇德也。

乾隆辛酉②，为起夏作铭。印：仁圃、周景柱③敬书。

①修愆：改正过错。

②乾隆辛酉：乾隆六年辛酉（1741）。

③周景柱（生卒年不详），字砒斋，号岩陵，浙江淳安人。乾隆年间历任内阁中书，太原知府，翰林院编修等职。工书法。与郑板桥交往甚密。

【按】朱氏本砚名作"为起夏铭"。

◎廿八宿砚

明其目，毋藏于腹。恃明①为用，虽千手千眼终归于独。

泰山跛道人铭。乾隆辛酉清和月②吉，受业周景柱敬书。

二十八宿罗心胸④。虚一不用归太空。笔补造化天无功⑤。

拙庵又铭。闽中林在峨敬篆。

①恃明：指自负聪明。

②乾隆辛酉清和月：乾隆六年辛酉（1741）四月。

④句出唐李贺《高轩过》。比喻胸中包罗万象。二十八宿，东"苍龙"、北"玄武"、西"白虎"、南"朱雀"各七宿合称。

⑤亦出前诗。意指勤于笔耕可以弥补造化先天之不足。

【按】此砚赵氏所撰两铭，分别为周景拄、林在峨代笔所书。

朱氏本林在峨跋后尚有"镌石"二字。

◎云月砚

旁镌"岩穴青云"四字。篆书。

万里龙沙①，石获云月。天作我砚，伊谁镵剜②。伴几颜轩③，伊朝伊夕④。黄公莘田，水岩仙客。床头宝藏，远寄此石。有月有云，题曰"结邻"。庶几侣之，毋曰我真。铭以志焉，示我后人。

乾隆辛酉桂月⑤，拙庵跋翁铭。

△余以云月砚寄泰安公。公为镌铭，搨一纸寄示。赋诗四首奉呈：几年修斧属吴刚，带得蛮烟上玉堂。一握忽生云五色，蓬莱新署两三行。三洞惊传焕紫泥，亦分典策到端溪。丁丁宫漏丝纶笔，特为寒岩一品题。嘉名偶合在平津，应象天章信有神（公斋名云月砚轩，余寄公砚适相符合）。得作西园结邻客，胜他东府扫门人。岩穴何缘到玉除，十年曾此伴穷居⑥。但将肤寸供霖雨，不上昌黎宰相书⑦。

黄任。

①龙沙：指塞外沙漠之地，语出《后汉书·班超传》。

②镵剜：镌刻。

③颜轩：以之命名书斋。颜，

265

④伊夕：朝朝夕夕。伊，语助词。

⑤乾隆辛酉桂月：乾隆六年辛酉（1741）八月。八月桂花开，故称"桂月"。

⑥此句言砚在黄任斋中十年。

⑦此句典出韩愈（字昌黎）。言其早年处困境中，分别向宰相赵璟、贾耽、卢迈上书，自荐求职之事。

◎朴砚为颜漫翁铭

存其朴，去其角。孟视带①，曾守约②。孔之卓③，颜之乐④。

①孟视带：古人看人眼光不能低于对方腰带。比喻要注意眼前常见之事。典出《孟子·尽心下》。

②曾守约：指曾参信守约定。句出自《孟子·公孙丑上》。

③孔之卓：语出扬雄《扬子法言》："颜苦孔之卓。"指颜回因赶不上孔子学行的卓越，而感苦恼。

④颜之乐：即"箪瓢之乐"，指颜回安贫乐道。典出《论语·雍也》。

【按】朱氏本砚名作"为颜漫翁铭"。

◎双凤砚

此震儿所蓄双凤研也。凤兮凤兮，今也则亡，吾已矣乎！

庚申阳月①，泰山跛道人书。

①庚申阳月：乾隆五年庚申（1740）十月（阳月）。

◎附青轩原铭

仙瀛①非远兮，此非迩②。篱鷃③非奋兮，此非止。浚灵府④兮，得活水。濯昭质兮，布端指。烟霏霏兮，丹穴紫。辄飞动兮，势宛尔。誓欢相保兮，世巢此。增华寸管兮，润尺纸。

癸丑阳月⑤，洁斋、震铭。

△十载流光一刹那，昏昏病眼重摩挲。东瀛若可成田地⑥，片石还应

化逝波。个里生涯寡唱酬，翩翩公子任雕镂。轻纤裘马知多少，醉倚春风到白头。凤去台空空复情，论文赌酒忆平生。铭词寥亮⑦从头读，正是山阳笛里声⑧。

星斋兆仑为赵青轩题。

①仙瀛：东瀛，传东海外有仙山为瀛，即秦始皇命方士徐福往寻仙药之处。

②迩：近。

③篱鹦：篱间小鸟。

④浚灵府：开启心智。浚：疏通。"灵府"：精神之宅，所谓"心"。

⑤癸丑阳月：雍正十一年癸丑（1733）十月。

⑥此句喻意"东瀛变"。即沧海变桑田。

⑦寥亮：清越响亮。此赞赵震铭文出采。

⑧此句典出"山阳笛"：嵇康被司马昭杀害后，好友向秀过嵇旧居山阳，听邻人笛声，怀亡友感音而叹，写《思旧赋》。后人遂以"山阳笛"以喻悼念、怀念故友。

●齐召南

字次风，号息园。天台人。官礼部侍郎。

齐召南（1703—1768），浙江天台人，字次风，号息园。雍正七年副贡，乾隆元年，举鸿博，授检讨。与修《续文献通考》等，累擢至礼部侍郎。学术根底经史，尤精史学。著《宝纶堂文抄》《赐砚堂诗》等。

◎龙池浴日砚

傍龙沼①，挥凤翰②。华日卿云光纠缦③。

乾隆二年五月十一日，赐博学宏词科庶吉士臣沈廷芳，同科庶吉士臣齐召南敬铭。

①龙沼：龙池。沼：天然水池。

②凤翰：凤阁翰苑。

③此句意为祥云聚集弥漫天空，日月光华照耀大地。化用于《尚书大传·卿云歌》："卿云烂兮，糺缦缦兮，日月光华。"

【按】此铭亦借砚祈开文运之意。

●颜肇维

字次雷，号漫翁。曲阜人。官行人。

颜肇维（生卒年不详），字次雷，晚号红亭老人，曲阜人。颜回六十八世孙。贡生，官行人司行人，临海知县。有《钟水堂集》等。

◎钟砚

钟乳初冰乎而，玄黄①既成乎而，宜有文章乎而。追蠡②未凿尚其声，毛颖一叩蒲牢③鸣，废而不衅将安成。

漫翁铭于燕台客舍。

①玄黄：天地的颜色。玄为天色，黄为地色。

②追蠡：经久而剥蚀的钟器。

③蒲牢：龙九子之一。平生好音好吼，古人常在钟上铸其形象。

【按】朱氏本此铭尚有后两句："山之舫胙土无疆，贻我子孙世世畔。"
山舫：石船；胙土：胙土分茅，指分封爵位和土地。

●刘慈

字□①，号鹭溪。□②人。官县令。

①②原文缺字，当为"康成""巴县"。

刘慈（生卒年不详），字康成。重庆巴县人。好古力学。康熙四十一年举人，官福建将乐县知县。本书卷九"题陶舫《砚史》后"刘慈诗中，记其曾与林正青在福州乌石山林家共同把酒论诗。

◎染翰砚

老云僵不发，玉水凝成片。染翰小窗前，清光生几案。

【按】铭写冬季研墨挥毫景况。

朱氏本砚名作"刘鹭溪研"。此铭后尚有："润而栗，华而质。石之才，石之德。"

●李旭

字旦山。

李旭，字旦山（一作旦初），其生卒年及行迹皆无考。能诗，本书卷九"题陶舫《砚史》后"有其长诗一首。朱氏本记周绍龙"扪参历井""铎砚"有其所题跋文。

◎云月砚

数片云，一轮月。落案头，清光彻。豁肺腑①，冷毛发。恍置身于西岩中洞之冰窟。

①豁肺腑：心胸豁然开朗。

●李之晔

字半舫。

李之晔，字半舫。生卒年不详。据乾隆八年《沧州府志》李氏序，知其为沧州人，赐进士出身，曾官山西潞安府同知。本书卷九"题陶舫《砚史》后"有其长诗一首。诗后记其于乾隆八年因公干进京，即听说过林在峨嗜古事迹。次年春在李旭处见到林氏《砚史》八册，遂为题长诗云云。

◎囊砚

口斯缄，墨斯惜。戒之戒之永无斁①。

①斁：厌弃。

◎钟砚

大叩小叩，惟其所触①。润我管城，名山藏录②。

①语化用于《礼记·学记》："善待问者如撞钟，叩之以小者则小鸣，叩之以大者则大鸣。"意为所提问题越深刻，则收获越大。

②名山藏录：即"藏之名山""名山事业"。意为将著作藏在名山传给知音之人，泛指著书立说。

● 方载谷

字嶰谷，号①。桐城人。

①原文脱字。

【按】方载谷，字嶰谷。桐城人。生卒年及行迹皆无考。从其姓氏及籍贯看，应出身于桐城名门方氏一族。

余甸"珪璧砚"、林在峨"青莲砚为李秋官铭"两砚有其题跋。林在峨"天然砚为方嶰谷铭"跋中言方氏为其写《涤砚图》，可知方氏也能画。

◎天然砚

端溪之石，宣和之式。郢斤①之密，咸池浴日②。

乾隆癸亥春③，载谷铭并书。

②郢斤：同"郢匠挥斤"。比喻纯熟、高超的技艺。

②咸池浴日：咸池，神活中日浴之处也。《淮南子·天文训》："日出于旸谷，浴于咸池。"比喻人君当受洗礼，经受磨折，始能自强。

③乾隆癸亥春：乾隆八年癸亥（1743）。

【按】朱氏本砚名作"方载谷天然砚"。

◎五岳砚

岳之岩，渊之渊。方寸之间。

◎长城砚

唐开元中，猎人叶氏逐兽至长城里。见叠石如城垒状，莹洁可爱，因携以归，刊成研，温润大过端溪。由是山下始传。至南唐，李后主精意翰墨，歙守又献砚并荐砚工李少微。国主嘉之，擢为砚官。

丙午之秋①。嶰谷篆。

①丙午之秋：雍正四年丙午（1726）秋。

【按】此铭择录自北宋唐积《歙州砚谱·采发第一》。"李后主"原文为"元宗"（南唐中主李璟）。

● 许良臣

字思夔，号石泉。侯官人。官郡丞。

◎临池砚

云根月窟此陶冶，一泓縠纹凝不泻。临池秋露日盈把，清且涟猗①我心写。

①清且涟猗：河水清清，微波涟漪。语出《诗经·伐檀》："河水清且涟猗。"

【按】朱氏本记其铭，脱记砚名。

● 李云龙

字玉和，号霖邨。侯官人。官州牧。

◎天然砚

水崖之精工所度，美石天然无戕削。十砚轩中贻摩挲，亲矩镬余将岳渎①。游兹焉宝行囊②，朝斯夕斯慰离索③。

①岳渎："五岳"（泰华衡恒嵩）、"四渎"（江河淮济）。

②此处原文脱一"囊"字，据朱氏本补齐。

③慰离索：抚慰孤独、离愁。

◎芝砚

精于美璞滑于脂,出水青花墨满池。知有珊瑚人住近,随身终日见瑠璃①。

△辛酉②客京师,古肆见兹石,窃心赏之。他日轮川适以相贻,携归制就。是夏出山,重聚都门。忆舟南车北三年,砚铭未尝一日离。因题廿八字。

乾隆八年十月,霖邨记。印三:霖邨、水坊、美人之贻。

①瑠璃:即琉璃。

②辛酉:乾隆六年辛酉(1741)。

【按】砚为林在峨所赠。朱氏本砚名作"香菰研",首句作"温于蕴玉腻于脂。

● 沈廷芳

字椒园,号荻林。仁和人,官臬司。

◎双芝砚

旁镌:十砚轩神品,隐拙斋藏。

猗①双芝,竞三秀。苗墨池,曜文囿②。端琼之德永宜寿。

乾隆甲申元日,过十研轩,黄丈莘田手赠此砚。厥质温润,厥池琢双芝形,妙极自然,因以名焉。

之江④廷芳。

①猗:美好盛大貌。

②文囿:文苑。

③乾隆甲申元日:乾隆二十九年甲申(1764)正月初一(元日)。

④之江:钱塘江,浙江之名由来。此代称沈氏里籍杭州。

【按】此砚为乾隆二十九年正月初一,沈廷芳赴光禄坊黄宅拜年,得黄任举赠之物。此时黄任已是八十四岁老翁,四年后即病逝。

◎隐拙斋勘经砚

林鹿原先生分书题曰：三洞精英。

官同《禹贡》金①，归续《群经考》②。泳圣泽之靡涯③，芸圣籍④分终老。

①《禹贡》金：即"金三品"。典出《尚书·禹贡》："厥贡惟金三品。"谓金、银、铜（一说指铜之青白赤三色）。沈廷芳官至山东按察使。清官制按察使秩正三品，故沈氏以《禹贡》"金三品"自喻。

②《群经考》：原指《北宋国子监校定群经考》，此泛指考勘儒家经籍。沈氏著有《续经义考》及《十三经注疏正字》《理学渊源》等。

③泳：游。圣泽：圣贤之遗泽。无涯。靡，无；涯，边际。

④芸：耕耘。圣籍：圣贤的述作。

【按】此砚林佶隶书题铭。为沈廷芳隐拙斋案头用砚，故名"勘经砚"；砚铭辞义亦就考勘儒家经籍为主旨而生发演绎。

●陈朝础

字允坚，号云冈。闽县人。官部郎。

陈朝础（生卒年不详），字允坚（梁章矩《枢垣记略》作"字云根"），号云冈，福建闽县人。雍正七年举人。乾隆十三年由内阁中书入直军机章京，官至陕西道御史。

◎方砚

吾惧学殖之荒①，唯汝治之。吾惧口过之溢②，唯汝规之。

①学殖之荒：荒废学业。学殖，意思为学业、学问。

②口过之溢：意言过其实。

【按】朱氏本只记铭文，缺记砚名。

●朱景英

字幼芝，号研北。武陵人。官郡丞。

◎圭砚

稽古之力吾何有，圭田①于此终其亩。

莘田二丈赠砚。幼芝铭，承奎书，丹璧刻字。

①圭田：古代卿、大夫、士供祭祀所用之田。

【按】砚为黄任所赠。朱景英自撰铭，林擎天书。刻字者"丹璧"无考。

◎石客砚

迫擘画①役，席积尺璧②，亦石客癖。

①擘画：筹划。

②尺璧：古玉器名。直径一尺之大璧，言其珍贵。

◎水月砚

月半砚，水一勺。湛然①空明，不可凑泊②。

①湛然：清澈貌。

②凑泊：即凑合。

●附　和塽

字笏宾。

人物简介见"清代中前期闽人玩砚圈人物小传"朱景英条目。

◎双芝砚

润漱其芳①，维芝有房②。相对相当，文字之祥。

①漱其芳：即"漱芳"，意荟萃六艺辞采于笔端。

②芝有房：即"芝房"，指成丛的灵芝。

◎鹅池砚

集《洛神十三行》①字。

或左或右，乍合乍离^②。嬉悦畴侣^③，体荡情怡^④。羌通波以振啸^⑤，迺感灵而讬辞^⑥。

①《洛神十三行》：即《王献之洛神赋十三行》，简称《十三行》，王献之小楷代表作。

②此两句写鹅群之各种动态。

③此句写鹅嬉水之亲密。畴侣，同"俦侣"，即伴侣。

④此句写鹅之姿态悠然自在。

⑤此句写鹅逐水游波，振翅而鸣。

⑥此句意为因感其灵性，而借文辞表达。

【按】从文辞看，皆为描写鹅群嬉水之各种情状，此砚或即习见之《兰亭砚》一种。

●叶观国

字家光，号毅菴。闽县人。官翰林院侍读。

叶观国（1720—1792），字家光，号毅庵，闽县人。乾隆十六年进士，授翰林编修，历任云、桂、豫、湘、湖、川学政，乡试、会试总裁，所至操守清严。有《绿筠书屋诗抄》。

◎蕉月绿端砚

素影^①流空，绿阴相接。似此青葱，胜于蕉叶。

观国铭。

①素影：即月影。

◎琳腴砚

此莘田黄丈所赠也。质坚而轻，最善发墨。识者以为老坑旧物，顾未有题识。乃颜之曰："琳腴^①。"缀以铭云：

尔之主善为铭，胡独遗尔斳^②尔名？貌虽匪扬用则灵，青琳之腴新发硎^③。

毅庵观国。

①琳腴：常指美酒，此指美石。琳，琳珉；美玉。腴，膏腴。

②靳：吝惜。

③硎：磨制。

◎一握云砚

同年吴云岩撰赠。

云岩所贻，毅庵宝之。

观国铭。

【按】砚为叶观国同科进士吴鸿所赠。

吴鸿（1725—1763），字颉云，号云岩，浙江仁和人，乾隆十二年乡试解元、十六年辛未科状元。授职翰林院修撰。历任广西、广东、湖南主考官、学政。授侍读学士。乾隆二十八年，误食河豚中毒身亡，卒年仅39岁。著有《云岩诗文稿》等。

◎水岩神品砚

噏水精，嘘云英。体大用宏，侣我横经①。

观国铭。

①横经：横陈经籍，泛指书房。

●余文仪

字叔子，号宝岗。诸暨人。官大中丞。

人物简介见卷首余文仪序文。

◎为霖砚

裁旧白云，成青花砚。肤寸为霖，春生铁面。

篆书。

余自比部①出守福宁，携一石自随。青花烂然，盖端州水岩物也。莘田翁
怂恿成砚。余维来闽经年，既鲜膏泽②，亦乏风雅，正恐砚石笑人，因勒砚阴
以代石言。古越余文仪。

①比部：明清刑部及其司官习称。

②膏泽：比喻给予恩惠。

◎生云砚

嘘气生云，触手成雾。助我文明，与造化互。

篆书。

宝岗。印一：文仪。

●附　延良（字松山）

余延良，余文仪子。出生于乾隆十三年（1748），卒年不详。字松山，
号清圆。初任山西司主事，历授衡州、岳州、长沙知府，湖南辰沅永靖兵备
道等职。

◎紫云砚

紫云蒸，墨花香。扪不留手①，流丽端庄。资汲古兮共漱芳，期永宝之
余延良。

①扪不留手：形容端石细腻润滑，手扪（抚）难留。清初陈恭尹跋高兆
《端溪砚石考》中形容端石水岩："玉肌腻理，扪不留手。"黄任《坠砚诗》：
"扪之不留手，偶然失一蹉。"

《砚史》卷七终

朱氏本补遗（砚铭十八则）

◎张瑞图

张瑞图（1570—1641），字长公，号二水、果亭山人，福建晋江人。万历进士。官至武英殿大学士。书法能蹊径自辟，与邢侗、米万钟、董其昌齐名，并称"明末四家"。

以此进道常若渴，以此求进常若惊，以此治家常思与，以此书狱常思生。右坡仙为子迈书研铭[1]。天启丙寅[2]为平子书。果亭山人瑞图。

①即苏东坡《迈砚铭》。

②天启丙寅：天启六年丙寅（1626）。

【按】朱氏本砚名标目不如潘氏本规范，常以题铭者名字作砚名，按此例，此砚应名"张瑞图砚"。

◎方研（徽州汪郊）

汪郊（生卒年不详），字浚臣，号南野。徽州人，占籍归安。贡生。雍正十三年官汀州府同知。善书。

尔质则醇，而品则庄。磨砻圭角，比德圭璋。

◎月研（李旦山）

月映寒潭，光浮水面。月耶水耶？旦山此砚。

◎井田研（董沧门）

凿乎耕乎，留方寸地。

◎云研（李旭）

视高步阔，望重貌拙。性敦学浩博，与尔古处①药轻薄②。

①古处：以故旧之道相处。古，通"故"。

②药轻薄：摒除轻薄。

◎天然砚

形似缺，神则完。一轮月映方塘寒，倏然①云起蛟龙蟠。

①倏然：迅疾貌。

◎内方外员研

天包地胡地包天，岂地天泰①有然将。欲行方而智圆②，抑凛凛乎龙血元黄③之在前。

①地天泰：地天泰卦，即《易经》中之"泰卦"。卦辞："小往大来，吉，亨。"此卦象征亨通太平。

②行方而智圆：知识要广博周备，行事要方正不苟。语处《淮南子·主术训》。

③龙血元黄：龙血玄黄。比喻战争激烈，血流成河。出自《周易·坤》。

◎天然研

积不磨，缺不完。权枒凹凸任天然，履方性定冰雪寒。太华之老仙，折巾破损汉衣冠①。

①汉衣冠：指汉服威仪，华夏风范。典出《后汉书·光武帝纪上》。此喻天然砚形缺而神完。

◎箕研

形则奇，质则古。落云霄，出水府。与列宿光明，与巨□①吞吐。岂炼馀于娲皇，抑凿遗乎神禹。

①原文"巨"字后脱一字。

◎舌研

三寸舌，柔难折。将为纵横捭阖①之说乎？抑则古称先一秉仁义于闽越乎？将词源澜翻②如倒流三峡之不可遏乎？抑凛驷之不逮翻若缄口③而讷讷者乎？舌乎舌乎将奚取诸④。

①纵横捭阖：即"纵横捭阖"，指运用手段进行联合或分化。纵横，用游说来联合；捭阖，开合。出自汉代刘向《战国策序》。

②澜翻：水势翻腾。比喻言辞滔滔不绝。形容笔力或文章气势奔放跌宕。

③缄口：闭嘴不语。

④将奚取诸：将如何取得。

◎云月砚

池油油乎生云，天皎皎乎吐月。欲挹清光，华阴嶻嶭①。岂知白而不用，惟守墨以自悦。

①华阴嶻嶭：华山高耸。嶻嶭，指山高峻貌。

◎方研（李云龙）

龙尾之美，歙溪之精。制之为研，含章可贞①。

①含章可贞：语出《易经·坤》。意指含蓄处事，保持美好德行。

◎结邻

其天全①，其性黙。君子资之，多识以蓄德②。

①天全：保全天性，无斧凿雕饰之迹。

②蓄德：积蓄自身品德。出自《易经·大畜卦》："君子以多识前言往行，以畜其德。"

◎蕉叶研

欲书花叶寄朝云[1]。

①句出李商隐《牡丹》诗："我是梦中传彩笔，欲书花叶寄朝云。"朝云：指巫山神女。战国时楚怀王游高唐，昼梦幸巫山之女。后好事者为立庙，号曰"朝云"。

◎拱璧研

割片云，成拱璧。发元言[1]，流素液。共晨夕，我爱此君已成癖。

①元言：即"玄言"。原指魏晋间崇尚老庄玄理之言论或言谈，泛指玄妙深奥之论。清人避康熙帝玄烨讳作"元言"。

◎锄研

带经而锄[1]。

①指出身寒微仍坚持苦读。典出《汉书》"倪宽传""朱买臣传"。

◎小研（蔡琛）

蔡琛（生卒年不详），进士出身，乾隆二十九年官兴泉永道（辖泉州府、兴化府和永春直隶州）。乾隆三十四年以贪婪不法，被革职拏问，在监自缢。

笔以日计，墨以月计。惟汝永年，得仁者意。

【按】此铭化用北宋唐庚《古砚铭》。

◎**方砚（觇笔）**

与君相扶，日夜切磋。性不相远，手泽婆娑。

【按】觇笔：即笔觇，俗称笔舔、笔抲，抲笔濡墨所用。一般皆作平板式，不琢砚池。

《砚史》卷八

题后

七言绝句十八首，倡和诗。

◎题陶舫《砚铭册》后十八首

永福，黄任（莘田）。

片石争求月旦①知，不经题品不称奇。

何人得似余京兆，叶叶芭蕉幼妇词。

①月旦：东汉名士许邵与从兄弟许靖，喜褒贬人物，乃至每月都有新的评论品题，人称"月旦评"。

【按】此诗写余甸。

玉著金钗间八分，朝朝铭志奉陶君。（砚名陶泓）

先生免受刘义悔，不比人间谀墓文①。

①韩愈喜给人作墓志搏金，铭文难免谀辞。其门人诗人刘义，曾偷韩愈黄金数斤而走，并声称金皆"谀墓中人"所得（为死人唱功颂德所得），不如孝敬我刘某。

【按】此诗自题。

紫薇内史丝纶研，遗墨双行见典型。

今日奎光拱球璧，天章还照子云亭①。

①子云亭：典出刘禹锡《陋室铭》句："西蜀子云亭。"比喻才士未遇之时。"子云"，为西汉时文学家、蜀郡成都人扬雄之字。

【按】此诗写林佶。

记共慈仁寺里回，手携数片重琼瑰。

廿年捵眼摩挲认，曾看研朱滴泪来。

甲午①都中同鹿翁先生慈仁寺购砚。今披阅铭词，犹历历在目也。

①甲午：康熙五十三（1714，甲午）。

【按】此诗亦写林佶。

黄任忆其于康熙五十三年和林佶在北京慈仁寺购砚情事。写此诗时已过廿年，则诗当作于雍正十二年甲寅（1734）左右。

岩分上下洞西东，丁卯词人①鉴最工。

苦忆清秋池馆静，银钩铁画对雕虫。

雪邨砚铭皆同予寓吴门三山会馆中所刻。

①丁卯词人：指许均。以其与唐诗人许浑同姓，许浑诗集又名《丁卯集》作比。

许浑（约791—约858），字用晦，湖北安陆人。唐文宗时进士，历任监察御史，睦州、郢州刺史。晚居丹阳丁卯桥村舍闲居，自编诗集，曰《丁卯集》。林佶《朴学斋稿》卷十《题画寿许太翁》诗有句："分明似泛流霞酒，骑看花骢了卯桥。"

【按】此诗写许均。

此诗砚史价值：确定《林史》所收许均数砚砚铭，皆许氏与黄任寓居苏州三山会馆时所刻（应是许氏撰铭，黄任篆刻）。

四十年来砚席情①，相期砚背相题名。

木棉花下音尘绝，此意千秋竟不成。

予在岭南，寄雪邨一砚，雪邨书来以予未镌铭为憾。因约他年当尽出两人所藏砚，互题铭词，以志久要。予未归而雪邨已逝，对此可胜人琴之感耶！

①指黄任早年读书舅家，与表兄弟又是同过砚席的同学情谊。砚席：砚与坐席。借指学习或同学、同门。

【按】此诗亦写许均。

青花白叶吐奇芬，嘘气能蒸几上云。

北陇惰农无一事，石田岁岁事耕耘。

【按】此诗写林在华。

古梅健笔写铭文，砚揣人称比练裙①。

从此谢家团扇上，流传不尽敬亭云②。

①练裙：白绢下裳。典出《宋书·羊欣传》所记王献之书字于羊欣衣裙故事。

②后二句典出东晋谢安。唐诗人潘佑《送人往宣城》："谢安团扇上，为画敬亭云。"

【按】此诗写谢道承。

右军风字青㼐物，个个官奴有品题①。

我亦长林香一瓣②，岂徒公辈爱家鸡③。

①官奴：王羲之《官奴帖》（传），又名《玉润帖》。

②指黄任早年受教于林佶。

③家鸡：家中饲养的鸡。此喻家传技法。苏诗《柳氏二外甥求笔迹》："退笔成山未足珍，读书万卷始通神。君家自有元和脚，莫厌家鸡更问人。"

【按】此诗写林氏诸人。

惟君雅制最新标，奇字佳铭好琢雕。

一寸能兼书撰刻，要夸三绝上芭蕉。

涪云砚铭皆手自镌刻。

【按】此诗写林在峨砚铭镌刻。

自惭采录来寒陋，冻井山房十砚轩。

若与端人论取友，闻风我亦薄夫①敦。

冻井山房、十砚轩，皆予藏砚斋名。

①薄夫：指平庸浅薄之人。《孟子·万章下》："故闻柳下惠之风者，鄙夫宽，薄夫敦。"

【按】此诗自写十砚轩。

后砾岩连北壁开，丁丁采遍结邻才。

爱镌小印端溪吏，管领东西两洞来。

【按】此诗自写官端州事。

三载衙斋丽泽工，桄榔树下看磨礲。

董先老病杨生殂，谁复他山我错攻。

予友董沧门、杨洞一皆精于制砚，兼工篆刻。客予衙斋三载，今沧门病且老，而洞一宿草芊芊矣。

【按】此诗写董汉禹、杨洞一。

古款微凹积墨香，纤纤玉手切干将。

谁倾几滴梨花雨，一洒泉台顾二娘。

【按】此诗写顾二娘。

巧偷豪夺恨何如，无器存辞誉亦虚。

我与南宫同一厄，可怜滴泪玉蟾蜍①。

予失去二砚，其铭尚在册中。

①此二句典出米芾诗《怀南唐研山》，原诗："研山不复见，哦诗徒叹息。唯有玉蟾蜍，向余频唤滴。"南宫：米芾曾官礼部员外郎，礼部别称南宫，所以世称米芾为"米南宫"。

【按】此诗写自藏所失二砚。

亦有铭词未受裁，尚烦束皙①补遗才。

如何十八东林社，康乐柴桑不入来②。

予尚有数砚铭未附，当补入之。

①束皙（261—300），西晋学者。博学多闻，性沉退，不慕荣利。有集七卷。

②此二句典出东晋大诗人谢灵运。其时庐山东林寺主持慧远结白莲社，社中有名流"十八贤"。谢灵运欲加入，慧远以谢"心杂"，未允。

【按】此诗黄任以谢灵运未入"白莲社"作比，言其当有砚铭未入此册。

展开一卷书琳琅，解佩题襟集满堂。

恰比洛妃乘雾出，通辞争写十三行①。

①此二句指王献之所书《洛神赋》（十三行）。

【按】此诗写《砚铭册》诸人砚铭书法之美。

夸多斗靡各新奇，如见群贤毕至①时。

合作端溪名士传，青云岩穴尽交期。

①群贤毕至：指贤能者齐集，济济一堂。出自王羲之《兰亭集序》

【按】此诗写《砚铭册》中端砚之多，名品集萃。

◎叠前韵

黄任

风流几字满城知，寸石人人走问奇。

纵使徐陵夸笔架[1]，可无一砚奉清词。

[1]典出南陈徐陵《玉台新咏序》："琉璃砚匣，终日随身；翡翠笔床，无时离手。"

即此床应上下分，砚铭首首不如君。

端溪一字称知己，何必还贪九锡文[1]。

[1]九锡文：古代帝王赐九锡予权臣之诏书，一种最高礼遇。

【按】写余甸。

平生好古耽坟典，几字聱牙[1]亦旧型。

镌遍支机天上石，星槎[2]真合缚斯亭。

京兆别业有星搓亭。

[1]聱牙：拗口，文句不通顺。佶屈聱牙。

[2]星槎：往来于天河的木筏，泛指舟船。

【按】写余甸。

宝山谁肯手空回，排比家珍玖与瑰。

凿破三坑吾不称，羚羊倒峡待君来。

回尽狂澜障尽东，一行便见琢磨工。

论交如水兼如石，此意如何语夏虫[1]。

[1]语夏虫：意即"夏虫不可语冰"。

声闻由来耻过情，每烦剥啄慕虚名。

林亭标榜殊多事，累我柴扉掩不成。

莨湄日日吐清芬，书尽红霞与紫云。

一语故应君绝倒，人田多过己田耘①。

向京兆乞铭者无虚日。

①此句指余甸应求为他人所题砚铭多过所题己砚。

【按】写余甸。

佳铭好砚质兼文，铭研强于写练裙，

我欲为君吟五字，匹如河汉淡微云①。

①河汉淡微云：化用孟浩然《省试骐骥长鸣》句："微云淡河汉，疏雨滴梧桐。"

闲人以砚为忙事，冷淡生涯纪旧题。

记被端江津吏笑，郁林①满载听潮鸡②。

①郁林：秦汉郁林郡（治今广西桂平西）。辖今广西大部。

②鸡潮：三国吴国移风县（今越南清化省清化西北）有雄鸡，每潮到即鸣，因称"潮鸡"。

为爱端岩好格标，行藏都纪研头雕。

年华心力销磨尽，一笑相看是鹿蕉①。

①鹿蕉：又称"鹿梦""鹿迷"或"蕉鹿"，喻人间得失荣辱。典出《列子·周穆王》。

款识偏旁缺复完，行行金薤①媲羲轩②。

斑斓列作文房宠，古处惟君好最敦。

①金薤："倒薤书"（一种篆书别体）的美称，喻文字优美。

②羲轩：伏羲和轩辕氏（黄帝）之并称。

风气因君渐渐开，研铭群见一班才。

固应尺寸人争拓，是割磨崖片段来。

【按】写余甸。言闽中诸人铭砚风气始自余甸所带动。

岂徒美璞示良工，猎碣①居然掌上奓。

他日陈仓歌石鼓，乞君一首比车攻②。

予有"石鼓研"，乞京兆书铭。

①猎碣：指石鼓文。我国现存最早的刻石文字。因内容为歌咏秦国君游猎情况，故也称"猎碣"。

②车攻：指《诗经·小雅·车攻》，叙述周宣王在东都会同诸侯举行田猎的长篇叙事诗，一般认为《石鼓文》中"我车既攻，我马既同"由此而来。

【按】写余甸。

案头拂拭字流香，是我前年远寄将。（京兆藏一研，是余自岭南寄赠者）

五色炼来供绚烂，掺掺磨遍越珠娘。（黄岗制研数十家，多出女子）

【按】写余甸。

此诗之砚史价值，在于证明当时端砚艺人中女性甚多。

韩潮苏海①较何如？箕口②才人困不虚。

不可簸扬维贮墨，玉川③吟写蚀蟾蜍。

予有箕研，似为田生而制者。

①韩潮苏海：指韩愈、苏轼之文章气势磅礴，如海如潮。

②箕口：箕，星名，共四颗，二十八宿之一。形似张开的大口，所以古人认为它主口舌和谗言。

③玉川：指唐诗人卢仝，其号"玉川子"，作有《月蚀诗》。

【按】写余甸。

操觚①谁不仰丰裁②，三洞云霞亦爱才。

鸲鹆朝朝具青眼，看君摇笔上岩来。

①操觚：执简。谓写作。

②丰裁：犹风纪。

【按】写余甸。

芙蓉逻下割琳琅①，带得蛮烟上草堂。

日暮研洲飞翡翠，至今斜滴两三行。

①意即芙蓉树（即合欢树）下雕琢端石砚。琳琅：精美玉石。此指端石。

②研洲：即"砚洲"。在今肇庆市广利镇。传包公离任"掷砚示廉"处。"砚渚清风"为西江三峡胜景之一。

唯君知我此缘奇，得研先于作令时。（先生《十研歌》中句）

终始有神交有道，琅琅金石话心期①。

①话心期：心中向往。

【按】写余甸。

◎次韵

福清余甸，田生。

两岩石品夙深知，大匠相逢事果奇。

见说端州诸士女，至今传唱令君①词。

莘田好研，辨之甚精，得十砚构轩以贮。不数年为四会令，携砚之官。未几署端州事，声名籍籍。

①令君：指黄任。旧时尊称县令为"令君"。

宝物移情到十分，如神铁笔得林君①。

题铭百遍殊无倦，不是猿惊鹤怨②文。

①林君：林在峨。

②鹤怨猿惊：意对官场厌倦，有意归隐。

陶舫旧庐经累叶，堂名兰话想仪型。

借书问字无虚日，五十年前记此亭。

字学观摩日几田，曾无一幅赠玫瑰。

还从大小青花背，榻取钟王汉隶来。

谓鹿原先生。

早岁相逢剑水东，惊人词赋擅宗工。（谓月溪先生）

未成十典终遗憾，秋夜愁闻唧唧虫。

华峤①撰书，十典未成而终。子华彻踵成之，又卒。

①华峤（？—293），三国曹魏太尉华歆之孙、西晋著名史学家。博闻多识，有良史之才。以《汉纪》烦秽，改作《汉后书》，其中《十典》未成而卒。由其子华彻、华畅续成。

京华风雪最关情，此石犹传太史①名。（谓雪邨先生）

三立②如君堪不朽，生存徒愧老无成。

①太史：明清两朝称翰林为"太史"。许均曾官翰林院庶吉士，故称。

②三立：即儒家的所谓"三不朽"：立德、立功、立言。

铭词吐属齿含芬，摇笔高歌响遏云①。

到底输他宦海客，研田随处有人耘。

嘲莘田先生。

①遏云：形容歌声响亮动听。亦作"遏流云""遏行云"。典出《列子·汤问》。

饮涧飞虹玉筋文①，献之偶尔写羊裙。

传来红药当阶句②，汉隶犹堪匹紫云。

谓古梅先生。

①玉筋文：即"玉筋篆"。笔画丰满有如玉筋的小篆。

②"红药当阶"句：典出南齐谢朓《直中书省诗》句："红药当阶翻，苍苔依砌上。"

林亭美石几充栋，片片传来有旧题。

孔李通家①馀我在，相传风雨听鸣鸡②。

①孔李通家：指林许黄诸人为世交、姻亲。典出《后汉书·孔融列传》。孔融儿时以祖先孔子与老子李耳为师友名义，声称系河南尹李膺之"通家子弟"，受到李膺接见。

②此句喻恶劣环境中的友情。语出《诗经·郑风·风雨》："风雨如晦，鸡鸣不已。"

三洞奇姿玉立标，天生名手善镌雕。

铁刀运处如棉软，形色均同青白蕉。

四会先生生有癖，前时贮砚构新轩。

只今乡井多奇石，大半从君好所敦①。

①敦：通"雕"，画饰。

【按】写黄任。

混沌何年斧凿开，至今南国竞奇才。

吾非恶此而逃去，有命焉能倖①致来。

①倖：同"幸"，侥幸。

杨董曾如顾氏工，步趋名款细磨砻。

由来丘壑胸中有，得手真同鬼斧攻。

【按】写杨洞一、董汉禹。

此诗写杨、董砚艺效法顾二娘。

万卷楼头溢古香，野航邀约棹相将。

喜君浑脱浏漓处，亲见公孙舞剑娘。

莘田工草书。

【按】写黄任书法。

后二句形容黄任草书书艺，典出杜甫《观公孙大娘弟子舞剑器行》。"浑脱""浏漓"皆该诗序言中词。

从来得失楚人如[①]，什袭[②]何由作子虚。

埋没神奇君莫讶，阴精蚀月饱蟾蜍[③]。

①得失楚人如：即"楚弓楚得"。楚国人丢失弓，拾到者仍是楚国人。比喻自己之物虽然丢了，拾到者并非外人。典出汉代刘向《说苑·至公》。

②什袭：原指把物品一层层包起来，后形容珍重地收藏。

③此句典出"蟾蜍吞月"，李白诗《古朗月行》："蟾蜍蚀圆影，大明夜已残。""阴精此沦惑，去去不足观。"此处意为不必患得患失。

【按】此诗余甸意在劝慰黄任痛失二砚。

情形想象寸心裁，描写为能尽研才。

遮掩怕为舒李见，吴兴表指谤言来[①]。

①后两句典出"乌台诗案"。苏东坡调任湖州知府，向宋神宗所写谢表（《湖州谢上表》）。中含有对"新法"不满之意，被御史李定、舒亶等人弹劾诽谤新政，遂酿成著名的"乌台诗案"。舒李：李定、舒亶。

雕镌雅曲奏琅琅，卷入湖西篆隶堂。

更望名贤多属和，流传不仅百千行。

洪江别筑，草堂名。篆隶。

二三君子尽怀奇，诗接唐音字晋时①。

我本杜门无一事，乞来过日散襟期。

①此二句意指林黄诸人诗法唐人、字学晋人。

◎再次韵

余匊。

研才利用要人知，示璞良工岂有奇。

如此岩疆如此吏，闲心端今荐铭词。

【按】写黄任。

羚羊峡东两岩分，飞落风花恰称君。

借问黄岗邨匠氏，取材曾似宰官文。

【按】写黄任。

三老①前时同里巷，笑言巾履见芳型。（谓达州、朗伯、世承三老先生②）

图书富有惟林氏，风雨来过就是亭③。（亭废四十七年矣！原额就是）

①②三老：达州，即林逊，曾官达州知州。朗伯，即黄晋良（1615—1689），字朗伯，号处安，福建建安人。工诗文，擅书法，亦善画竹石。精研儒释之辨，尤爱黄道用易学。明季曾官工部主事，入清尝参军幕，遍游齐、楚、吴、粤间。晚号东叟，居福州"井上草堂"，又号井上老人。林佶曾师事黄氏。世承：无考。

③此句应指道山亭。亭在福州城内，乌山三十六奇景之一。宋福州知府程师孟所建，曾巩为作记。岁久倾圮，林佶得其故址，筑"瓣香堂"，并请人绘图寄乞查慎行题诗。

促迫书铭百十四，就中圭砚最形瑰。

青毡旧物①须留此，任人偷光手复来。

①青毡旧物：比喻家传的珍贵之物。典出《晋书·王羲之传》载：王献之夜卧斋中，群偷入室，盗物皆尽，献之徐曰："青毡乃我家旧物，可特置之。"群偷惊走。

三亩名园在屋东，诗书传世画图工。（月溪先生）

偏于公务倥偬侯，点染松梅间草虫①。

①此句指许遇擅画松竹梅、花卉草虫。

署门生死见交情，政事文章早擅名。（雪邨先生）

绝妙铭词盈研底，鼻酸①终读不能成。

①鼻酸：鼻子发酸。比喻悲伤心酸。

树蕙滋兰不异芬，娟娟秀出媚朝云。

良农不厌石田薄，段段看君尽力耘。

镕铸陶钧草隶文，锦衣九色绿华裙。

安西自许狂司马①，更有佳铭护彩云。

谓古梅先生。

①安西自许狂司马：即"安西司马""方外司马"。指位居高官但不拘于世俗礼法。典出《世说新语·简傲》：安西将军桓温任谢奕为安西司马。谢对桓不拘礼数，桓温称之为"方外司马"，时人称"狂司马"。

武人爱剑文人研①，启发清言有好题。

不到端州亦何恨，诵铭半夜舞荒鸡。

李咸用诗：寻常濡翰墨，恨不到端溪。

①此句当为"武人爱剑，文人爱砚"较早出处，与"美人爱鉴（镜），文人爱砚"异曲同工。

一研应须树一标，壮夫却作小虫雕。

君看罗列林亭者，碧是苌弘白是蕉①。

①此句应是指端砚石品青花、蕉白；"碧是苌弘"，典出"苌弘化碧"。西周忠臣苌弘死后血化成青碧色。

研林恰聚光禄里①，珍重摩挲忆旧轩②。

我欲广编成砚史，奉君牛耳生盟敦。

①光禄里：即林氏所居福州光禄坊。

②旧轩：林氏警露轩。

吐纳烟云两洞开，摇风藻荇总奇才。

芙蓉出水应无数，可比神君旧砚来。

最是文人运斧工，董杨①雅制善磨砻。

开池深浅凭心曲，错认吴越女手②攻。

①董杨：董汉禹、杨洞一。

②吴越女手：指顾二娘。

【按】此诗写董汉禹、杨洞一砚艺高超。关键还在于点出董、杨二人作品之"文人砚"属性，所以誉之为"雅制"，品在顾氏之上。

安置应教几案香，念兹远道亦相将。

时间何物堪侔匹①，仙果同珍十八娘②。

①侔匹：相比。

②此句典出北宋蔡襄所撰《荔枝谱》："十八娘荔枝，色深红而细长，时

人以少女比之。"十八娘"为荔枝名品。

离石乡侯铁面如（薛稷封研九锡）[1]，岂期即墨事全虚。

铭词尚可移他研，只惜姮娥守玉蜍。

①此句典出五代冯贽《云仙杂记》："薛稷为砚，封九锡。拜离石乡侯，使持节。即墨军事长史，兼铁面尚书。"

他山把玩浅深裁，不尽形容绝世才。

莫为曳岩轻掇去，青花蕉白笑人来。

适有他故，诗人知之。

偶然堆案尽球琅[1]，为索题名到草堂。

我欲荆州视赵璧[2]，安排锦绣列鹓行[3]。

①球琅：球璧。

②荆州视赵璧："赵璧"即春秋时楚人卞和在荆山所得"和氏璧"。后归赵国，故又称"赵璧"（"完璧归赵"即言此玉）。

③鹓行：指朝官的行列。此处指砚之陈列。

辽东豕白[1]有何奇，知是前贤让后时。

此日精华方尽发，星光联处应昌期[2]。

①辽东白豕：意少见多怪。典出《后汉书·朱浮传》。

②昌期：兴隆昌盛时期。

◎三次韵

余句

杜门用拙少人知，泛爱诸君煞好奇。

美石固应填美款，却忘不称是铭词。

山河管领笑啼分，欲杀独怜①赖有君。

不信石交相邂逅，转将名姓注同文。

①欲杀独怜：语出杜诗《不见》："世人皆欲杀，吾意独怜才"。原意杜甫得悉李白流放夜郎获释，遂有感而作。体现李杜挚友之深情。

【按】此诗余甸表达了对黄任仕途受挫的同情。

法言法服君家事，世泽诗书旧式型。

昔日未曾卜邻舍，霁光朝暮傍杨亭。

研背传流借摄回，就如鲛室泻琼瑰①。

君看堆案轮囷②者，曾比监州有蟹来③。（谓端州君④）

①鲛室泄琼瑰：引用苏诗《有美堂暴雨》句："唤起谪仙泉洒面，倒倾鲛室泻琼瑰。"

②轮囷：盘曲貌。

③监州有蟹来：即"有蟹无监州"，表示为官不愿受别人牵制。典出欧阳修《归田录》。

④端州君：此代指黄任。

石田终亩任南东，隶草真行总不工。

旧学蹉跎君莫惜，执冰难语夏时虫①。

①此句意即"夏虫不可语冰"。

掩腴前辈见交情，春蚓秋蛇①各擅名。

潦倒惭予形秽甚，过时劳苦学难成。

①春蚓秋蛇：喻字写拙劣，弯曲像蚯蚓和蛇爬行痕迹，常作自谦。出自《晋书·王羲之传》。

吟遍新诗齿颊芬，草堂簇簇约青云。

刚馀半亩耦耕池，安得高人植枕耘。

元舆莫作剡藤文①，尚有青花当练裙。

他日定须嫌恶札，但教铲却一层云。（但，一作管）

①指唐舒元舆《悲剡藤文》。

但见石田留石德，每逢新款事新题。

此中不识有何好，听尽江村午夜鸡。（此中有何好，东坡咏墨句也）

欲作擘窠大字标，几回心画①自镌雕。

不如默坐澄方寸②，静对摇风障日蕉。

①心画：指书面文字。汉扬雄《法言·问神》："言，心声也；书，心画也。"

②方寸：指心灵。

写来研德周如许，镇日相随斗大轩。

把玩尽堪娱暮景，更能砥砺薄夫敦①。

①薄夫敦：使刻薄之人也得厚道。语出《孟子·尽心下》。

刻画铭词面面开，俗人不好始为才。

揭时乞辰宽长幅，好待他年覆瓿①来。

①覆瓿：形容著作无价值，只能用以盖瓦罐。多作自谦词。

光价犹如郜鼎①工，当年古学手摩挲。

而今缩作青花肘，籀史阳冰②一样攻。（莘田以石鼓索铭）

①郜鼎：春秋郜国所造宗庙祭器。后泛指国宝。

②籀史阳冰：籀史，即史籀，周宣王时史官，善大篆。阳冰，唐代李阳冰，善小篆。

半亩荒园忆旧香，风披花露韵相将。
巡檐蜡屐①聊成趣，杜老休夸黄四娘①。
①蜡屐：涂蜡的木屐。典出《世说新语．雅量》阮孚故事。后以"蜡屐"代指悠闲、无所作为的生活。
①此句典出杜诗《江畔独步寻花》："黄四娘家花满蹊，千朵万朵压枝低。"此指余甸归乡闲居生活。

购得奇珍研谱如，免教几案笑空虚。
开池犹恐伤天趣，贮水从旁衬玉蜍。

整齐错落任君裁，紫白青黄广取才。
绝胜郑璠辇怪石，象江六十万钱来①。
①此二句典出李商隐《纪事·象江太守》。其记荣阳郑璠驻守广西象江，喜奇石，得怪石六品。运回北方，花费多达六十万钱。此指为购佳砚不惜钱财。

菊青蕉白傲琳琅，万里奚由致草堂。
宦梦九年犹记忆，岭南携手订同行。（雍正二年事，复不果）

运斧操刀各斗奇，题铭不足继新诗。
颜之厚矣①唯吾在，搦管浑忘已耄期②。
①颜之厚矣：即脸皮厚。语出《诗经·小雅·巧言》："巧言如簧，颜之厚矣。"此为余甸自谦语。
②耄期：高年。八十、九十曰耄。

◎次韵

侯官谢道承（古梅）。

翰墨因缘文字知，硬黄响搨①斗瑰奇。

吟台争唱春风白②，三载难题幼妇词。

①硬黄响搨：硬黄纸和"响拓"，古代复制法书的材料、技艺。传世晋唐法书多数是硬黄、响拓本。

②春风白：应指《白纻歌》，乐曲名。流行于吴地的舞曲歌辞。唐李益《春行》："落日青丝骑，春风白纻歌。"

八法原从古篆分，图书清閟孰如君。

即今羲献传家学，保母砖①如誓墓文②。

①保母砖：指南宋山阴出土的王献之书《保母砖》。

②誓墓文：指王羲之《誓墓文》。

斋乃朴学抱遗经，妙手挥毫有典型。

更羡童乌①与玄笔，云亭之后见林亭。

表侄皖十龄，凤慧，所制砚铭作惊人语。真异物也。

①童乌：汉扬雄子。九岁时助父著《太玄》，泛指神童。

西清①大笔梦难回，家有隋珠②埒玖瑰。

安得踏天割云手，羚羊搜峡乞铭来。

①西清：西厢清净之处。出自《文选·司马相如》。

②隋珠：隋侯之珠，比喻珍贵之物。出自《庄子·让王》。

砚才管领洞西东，词翰题镌夺鬼工。

何事凌云搋天①笔，壮夫亦复擅雕虫。

谓黄二莘田。

①掞天：光芒照天。

燕台^①片石重交情，巧制锄犁亦又名。

带月横经总虚愿，石田何日有秋成。

莘田令四会日曾以锄砚寄。予携上一枝山房，种菊莳蔬时供挥洒。

①燕台：即"黄金台"。战国时燕昭王为招纳贤良所筑招贤台。

新辞吐属竞芳芬，片片镌成五朵云。

欲问研田馀几亩，可容退士耦耕耘。

驰烟拟勒草堂文，问字门前数屐裙。

消受博山香一缕，直从砚北^①结停云。

①砚北：谓几案面南，人坐砚北。指从事著作。

紫薇曝直^①馀方砚，汉体森然内史题。

我本羊昙^②分笔法，敢将野鹜混家鸡^③。

案头方砚一匣，鹿原舅氏所遗物也。铭词隶体十六大字，宛然虎贲、元常诸制。

①紫薇曝直：当直内廷。

②羊昙：东晋谢安之甥。此处谢道承借自比羊昙，而喻舅父林佶为谢安。

③野鹜混家鸡：即"家鸡野鹜"。晋人庾翼以家鸡喻自己书法，以野雉喻王羲之书法。比喻书法风格不同。鹜，即野凫，野鸭。

【按】所写"方砚"为林佶官内阁中书当值内廷所用遗物，后赠谢道承。

书装玟瑈玉笺标，兰话堂中事锲雕。

长记凤池三世墨，青花豆眼^①映芭蕉。

①青花豆眼：指端砚石品青花、石眼。豆眼应指"绿豆眼"。

苏铭米史①竞传喧，端歙无庸为轾轩②。

金石盟深手泽永，弘农世谱后来敦③。

①苏铭米史：苏东坡砚铭、米芾《砚史》。

②无庸为轾轩：不必分高下。无庸，即毋庸，意无须，不必。轾轩，高低、轻重。

③此句言砚之种类繁多，历史厚重。弘农：砚的别称。敦：厚道，笃厚。

【按】闽中诸人最崇端砚，尤其黄任，因官端州，爱端更笃。谢道承此言端歙难分（不必分）高下，可谓空谷足音。

昔年文酒草堂开，烧砚相从叹异材。

我有石交留只眼，秦淮几日有书来。

古碑评跋擅宗工，文字佗山①籍错砻。

何日瓶花铭研册，诗城酒垒伏坚攻。

①佗山：即"他山"。此引申为他山之石，指砚。

流传宝墨发奇香，只恐雷霆下取将。

十日摩挲百回读，装成珍重校书娘。

黑鬃文锦百朋如，墨渖光浮竹榻虚。

莫令神偷来鬼瞰，元精一夜失蟾蜍。

【按】此诗似写林家失窃"奎砚"情事。

镂冰琢雪称云裁，艳夺天孙识锦才。

谱就六书收入法，管城汤沐①好归来。

①管城汤沐：指毛笔。韩愈《毛颖传》："秦皇帝使恬赐之汤沐，而封诸管城，号曰管城子。"

名作纵横雒诵琅，翩翩大雅共登堂。
琴歌居左茶经右，合配兰亭廿八行。

陶泓封拜遇何奇，伐石铭勋应盛时。
他日披图征砚史，闽山旧雨罄交期①。

①此二句意指翻看砚铭集，与旧友故交皆相见可期。旧雨：故交老友。典出杜甫《秋述》："常时车马之客，旧，雨来；今，雨不来。"

◎ 次韵

侯官陈治滋（德泉）。

耆旧风流溯所知，玄亭①谁似子云奇。
老来性癖耽金石，冷谈生涯②作砚词。

①此句典出扬雄。其字子云。玄亭：扬雄曾著《太玄》，其在成都住宅遂称"玄亭"。

②冷谈生涯：冷泊度日。

燕市私居榜八分（余京兆寓居有"八分室"），壁罗开母及神君①。
都将铁画银钩笔，镌作端溪汉隶文。

①开母：《淮南子·墬形训》所载东海中之山名。神君：《韩非子·说林上》所载神灵。

【按】以上两诗写余旬。

轩珍十砚蚤闻名，夏鼎商彝见典型。
恰向端州领岩谷，青花环列种花亭。

清风只带洞云回，片片铭词字字瑰。

从此林居①添故事，笑他作郡雁门来。

①林居：下野闲居。

【按】以上两诗写黄任。

来斋古帖汉西东①（伯舅来斋藏帖甚富，有《来斋集古》十卷），仲舅临摹笔最工。

十载西清遗砚在，曾书天语异雕虫。

①汉西东：即西汉、东汉。

【按】此诗写林佶。

相依京邸最关情，买砚如何未乞铭（仲舅在报国寺集中，购端砚一枚，留座右十八年矣①）。

莫怪羊昙多下泪，相期宅相②竟何成。

①指林佶在北京慈仁寺所购"奎砚"。报国寺即慈仁寺。

②宅相：外甥代称。出《晋书·魏舒传》魏舒舅宅出贵甥故事。

【按】此诗写林佶。

家学传来异样芬，胸罗邱壑笔烟云。

即看馀技雕镂妙，岂有先畴不力耘。

涪云弟精各体书法，兼通绘事、砚事，砚铭手自篆刻，俱极工妙。

【按】此诗写林在峨。

忆从卯角①预玄文（余与雪邨平岁同受业洗崖杨夫子），廿载京华共展裙。

今日人琴两销歇，空摩砚揭咏停云。

①两卯：古代儿童束发成两角的发式。

【按】此诗写许均。

306

蓝君两代称文雅，诗画书皆耐品题。

重见远游铭砚字，飘飘野鹤立群鸡。

【按】此诗写蓝涟。

周亮工《读画录》记蓝涟："书法清婉可喜。"陈寿祺《东越文苑后传》："父镏善篆、隶，涟工诸体诗及画，有父风。"故诗中称其"两代称文雄""诗画书皆耐品题"。诗中"重见远游铭砚字"指蓝涟"水崖砚"，其款"侯官蓝采饮远游之研"。

义门词翰著丰标，三语铭文铁画雕。

忆得直庐同砚席①，谁锄秋草荐黄蕉。（余与义门先生同直武英殿凡三载）

①直庐同砚席：内廷当值同事。

【按】此诗写何焯（字义门）。

何焯于康熙四十二年进士，选为庶吉士，兼任武英殿纂修，直南书房兼武英殿编修。陈治滋与何氏为四十二同科进士，选庶吉士，授编修，故两人在史馆同事三年。

名材昔贮吟风屋，佳品今移味谏轩。

珍护三年归赵璧，依然几席旧情敦。

瑞峰旧藏端砚四枚，携入都门。丁未使蜀寄予邸舍，砚铭即其二也。

【按】此诗写周绍龙。

奎砚何年为削开，天然七曜表奇才。

自闻虞乐①称观止，细响何由入奏来。

奎砚，仲舅家所宝藏。

①虞乐：即"娱乐"。虞，通"娱"。《战国策·楚策二》："王惑于虞乐。"

【按】此诗写林佶"奎砚"。

吴趋女手夺天工，两洞精华半砥砻。

我有井田方砚在，曾烦他石为吾攻。

【按】此诗写顾二娘。

长怀昌谷句吟香，古锦奚奴背自将①。

却仿遗形制新砚，填成艳曲付歌娘。

囊砚，亦莘田物。

①此二句典出"李贺诗囊"：李贺常独自骑驴吟诗，后一个小书童，背古锦囊相随。得佳句便写下投入锦囊，晚归整理。奚奴，奴仆别称。

【按】此诗写黄任"囊砚"。

晋安风雅近何如，黄谢诗名两不虚。（谓莘田、古梅）

尺牍词铭见丰韵，冰壶静对玉蟾蜍。

【按】此诗写黄任、谢道承。

累累佳砚竞亲裁，妒杀陈思①八斗才。

自笑寒窗无好石，虚传朵殿②侍书来。

①陈思：即"才高八斗"的三国曹魏陈思王曹植。

②朵殿：宫廷大殿东西侧堂。

题词铭句响琳琅，哲匠宗工共一堂。

欧赵若教重集古，也应金石续千行①。

①此二句指欧阳修撰《集古录》、赵明诚与李清照夫妇撰《金石录》

【按】此诗写林在峨《砚铭册》。

青花鸲眼果称奇，玉带金钱亦冠时。

但得品题增价重，龙门桐响①遇钟期②。

①龙门桐响：典出西汉枚乘《七发》中"吴客"对楚太子云：龙门所生之桐，根已半死，经名家制成好琴，仍能奏出佳音。

②钟期：即春秋时楚人、"高山流水"故事之主角之一钟子期。

【按】此诗写名石佳砚得诸人品题，如遇知音而身价倍增。

◎次韵

录六首。福清李馥（鹿山）。

【按】原诗共十八首。潘氏本录入六首（一、九、十一、十三、十四、十五），其馀十二首由朱氏本按原排序补入。

深蟠水府少人知，抱璞舍珍故自奇。

一跃端溪来几案，倩伊①伴构碧云词。

①倩伊：意即请它（端砚）。

赤壁镌捋片石分，于今憔悴却羞君。

多情尊古云亡后，万里长江宝绘文（黄尊古①善绘，自粤归以老坑赤壁砚赠余，且为余绘《长江万里图》）。

①黄尊古：黄鼎（1660—1730），字尊古，号旷亭、闲圃，晚号净垢老人，江苏常熟人。善画山水，尤以摹王蒙见长。后学王原祁，一变其蹊径。笔墨苍劲，为"娄东派"名家。

【按】李馥诗注记黄鼎自东粤携归所赠之"老坑赤壁砚"，所刻内容应为"东坡赤壁夜游"故实。今天津博物馆藏一方高兆铭"赤壁夜游"砚，工不俗，李馥此跋或可证明高兆所铭砚很可能为当地粤工制品。

四壁图书皆手泽，开函神竦①切仪型②。

一泓池水清无滓，忍看梅□杖憩亭。

忆文中

①神竦：形容人气质清朗脱俗，精神充沛振作。此指书法（手泽）中显示出的风采。

②切仪型：与人仪容切合。仪型，仪容。

好音叔度①粤东回，珍重云腴②抵碧瑰。

宴坐③芸窗摩十砚，珠帘璧合④送诗来。

①叔度：东汉名士黄宪，字叔度。此指黄任。

②云腴：指茶。

③宴坐：指闲坐。

④珠帘璧合：应为珠联璧合。"帘"字当为"联"，或传抄之误。

【按】此诗写黄任。第三句"十砚"即指十砚轩"十砚"。

沦漪萦绫洞西东，割得琼□①役化工。

懒拙笑余偏好汝②，前身原是爱书③虫。

①此句原文脱一字，疑应为"珉""瑶"之类形容端石如玉之词。

②汝：指端砚。

③书：此指书法。

璞学精专澹①世情，文章能事久知名。

是非一字风霜凛，笔削②千秋劝戒成。

谓谢太史。

①澹：恬静、安然。淡泊，淡漠。

②笔削：古人于竹、木简上作字，以刀删改。此指写文章。

【按】此诗写谢道承。

笔削锋铦鼎吐芬，惊看书室绕烟云。

石田一片①儒生业，为约儿孙世种耘。

①石田：指砚。

生计倒悬①笑卖文，纷纷但解醉红裙②。
退耕方寸③馀闲地，踈④懒茅团遂卧云。

①倒悬：头朝下悬挂，比喻处境艰危。此指文人生活困顿。

②醉红裙：指放浪形骸。

③方寸：指砚。

④踈：同"疏"，疏放。

芳初嗜古真多事，品列方员手自题。
心画心声辛苦绝，小窗夜夜听鸣鸡。

【按】此诗写余甸。

风流洒落挺孤标①，非篆非科②巧琢雕。
意匠经营成别趣，得心应手雪中蕉。

①孤标：傲然独立。此指人格傲然不群。

②科：指蝌蚪文。

石交冷淡契忘言，午爇沉檀坐小轩。
历历铭词纷照眼，恍如旧雨一时敦。

奇石潜渊巧匠开，区分端歙尽其才。
安排指点唐和宋，却忆吴门亲见来。

谓沈宝研①、薛一瓢②各出名研相示也。

①沈宝研：清中期藏书家，曾手校宋本《世说新语》《庄子》。名学者全祖望有《沈宝研以其子不肯习举为虞诗以解之》，其馀生平不详。

②薛一瓢（1681—1770），名雪，字生白，号一瓢，江苏吴县人。清代

温病学家，与叶天士齐名。诗学叶燮，善画兰竹，博学多通，著作甚多，有《一瓢斋诗存》《医经原旨》，卒于乾隆三十五年。

【按】记中所谓"安排指点唐和宋"，指沈宝研、薛雪所藏为唐宋古砚。

朴古谁如合砚工，当年名宿费磨砻。

几经劫火归予后，曾伴寒山字学攻。

合研为赵凡夫手制，今归于予。

【按】此诗写赵宧光所制砚。

赵宧光（1559—1625），字凡夫，号广人，晚明江苏太仓人，赵宋王室后裔。国学生。一生不仕，以高士名冠吴中，偕妻陆卿隐于寒山，读书稽古，工诗文，尤精篆书。偶亦制"石函砚"。

一片云根接瓣香，运斤心手妙相将。

伊谁夺得天工功，剪刻都输顾二娘。

【按】此诗写顾二娘。

铁画钩银①骋所如②，陆离文彩③映窗虚。

从心观化忘人己④，笑指浓阴蚀玉蜍⑤。

①铁画钩银：疑"铁画银钩"笔误。指砚铭书法。

②如：到，去。此指心意所到之处。

③陆离文彩：指砚石纹理品质高妙。

④本句意为随心所欲，参悟造化，达到物我两忘的境地。

⑤玉蜍：又称玉蟾蜍，水盂。米芾《怀南唐研山》："研山不复见，哦诗徒叹息。唯有玉蟾蜍，向余频唾滴。"此句当指砚。

白叶青蕉①总受裁，旌幢②特借使君才。

摛词琢石深深玩，三洞浑疑身到来。

①白叶青蕉：指端砚石品蕉叶白。

②原为军中旗帜，此指引领砚雕风尚。

金声掷地响琅琅，妙手文心萃一堂。

刻画神奇来鬼哭，新词次第俨分行。

雕镌挥洒各搜奇，尽发光华过此时。

万手传抄高唱入，也同五百应昌期。

【按】此诗写林在峨《砚铭册》。

朱氏本诗后有跋："余雅有砚癖，每逢佳研叠摩挲不忍释。而奔走四方，尘俗莫浣①。年来萍寄吴门，从诸君子游，获观法书名绘。最后沈宝研、薛一瓢各出家藏唐宋名研相示，朴雅光润，得未曾有。初秋归来，兀坐一室，吾宗至②和以林子涪云陶舫研铭索题。翻阅之余，字学道法骎骎入古，诸铭题咏各具匠心，笑谓玉和③曰"此晋安遗宝也"，而余因之有感矣。夫搜奇远宀④，顷刻云散，天之道也然。余生平无他嗜好，独书与砚结于宿习⑤，今之存者百无一二。而垂老获观新奇，谓非翰墨缘深乎？遂题陶舫册后。"

①莫浣：不能洗去。

②③吾宗至和：即与李馥同宗之族人李至和。但后文又作"玉和"，二者必有一误。

④宀：本义即房屋，引申为覆盖。

⑤宿习：佛教指前世具有的习性，此指由来已久的嗜好。

李馥此跋，自言平生无他嗜好，唯藏书藏砚为其所癖，但仕途遭重挫，晚年所藏书、砚已然散失殆尽。其于雍正年间削职入狱，获释后客居苏州十馀年。此跋记其在苏州期间曾获观藏书家沈宝研和名医家薛雪所藏唐宋古砚。晚年回闽，应李姓同宗李至和（或名玉和。文中前作"至和"，后作"玉和"，必有一误）所请，为林在峨《砚铭册》题诗。可见林正青、林在峨兄弟与李馥或无交往，请托友人李至和代为求题。

◎次韵

录四首，新建周学健（力堂）。

【按】朱氏本周学建名字前注有"乾隆元年丙辰小春，坐逢源亭题"。原诗共五首。潘氏本未录第四首，由朱氏本按原排序补入。

不用摩挲见后知，但看铭搨便惊奇。

羡君本是多才思，况有陶泓助好词。

思割端溪一片分，芸窗无日不须君。

徐陵只爱珊瑚架①，那及神奇古篆文。

①徐陵：南陈著名宫体诗人、《玉台新咏》的编辑者，珊瑚笔架的发明者。唐罗隐《咏史》："徐陵笔砚珊瑚架，赵胜宾朋玳瑁簪。"

细读铭词皆古意，每关书法见先型。

闲来披对予心乐，水满逢源月满亭。

日抚鹅群定几回，瓶花斜插蘸青瑰。

临池浣动龙蛇①气，吞墨鱼儿②不敢来。

①原诗"蛇"字后为"动"字，当为赘录，删去。

②吞墨鱼儿：应是化用自宋魏野诗《书逸人俞太中屋壁》："洗砚鱼吞墨，烹茶鹤避烟。"

好佐图书焕璧东，雕镂结撰有神工。

请君宜下葳蕤①锁，莫遣尘封饱蛀虫。

①葳蕤：借指锁。唐韩翃《江南曲》："春楼不闭葳蕤锁，绿水回通宛转桥。"

◎次韵

钱塘陈兆仑（句山）。

三山会里几新知，上下千年文字奇。

不信南邦遗献①在，请君端视此铭词。

①南邦遗献：南国所遗文献。

小草无端出处分，萧闲曾不异诸君。

三年宦况从头说，矻矻丹黄①谱艺文。

时修省未余与共事三年。

①丹黄：赤黄色，圈点书册所用颜料。

仙佛须臾归浩劫，名山终古有芳型。

我来读遍林鸿①句，不见云光起幔亭。

①林鸿（生卒年不详）：明初福建福清人，字子羽。洪武初以人才荐，授将乐县学训导，官至礼部员外郎。性落拓不善仕，年未四十自免归。工诗，为闽中十才子之首。有《鸣盛集》。

光禄坊前镇往回（涪云所居里名也，几大姓亦多在焉），家珍历落数玫瑰。

巧偷豪夺吾何敢①，有命还凭一傥来②。

傥来之，运用《南史》。

①此句指黄任被夺二砚事。

②傥来：偶然、意外得来。词出《庄子·缮性》。

炎氛驱尽海云东，竹阁蕉坪意匠工。

多说此中清欲绝，一生吟苦似秋虫①。

①秋虫：蟋蟀。亦泛指秋季昆虫。北宋张耒诗《送吕际秀才南归》："冷落卧寒斋，苦吟和秋虫。"

苦县陈仓远寄情，箕裘三世尽知名。

杜陵老去韩才薄，有志输他事竟成。

第三句合用杜《赠李潮》韩《石鼓》[1]。

[1]即杜甫诗《赠李潮八分小篆歌》、韩愈《石鼓歌》。

使君轩里足芳芬（谓莘田先生十砚轩也），净扫风埃巧贮云。

自道宦来荒十亩，迎眸花叶快初耘。

【按】此诗写黄任。

片片题残昌谷文，借观书帖走簪裙。

如何方丈维摩地，众皱眉堆烂熳云。

"烂熳堆众皱"[1]，韩《南山》句。

[1]语出韩愈《南山诗》："前低划开阔，烂漫堆众皱。"

别样豪奢阚径畦[1]，各持名款斗新题。

碎来梓泽珊瑚树，忙杀城南金距鸡[2]。

[1]径畦：亦作"畦径"。田间小路；比喻常规。此指"另辟径畦"，别开生面。

[2]金距鸡：装有金属假距之斗鸡。距，雄鸡腿后趾样突起部分。

大雅吴趋颇建标[1]，得毋珍重付开雕。

多情才子时留佩，细意佳人鲜剥蕉。

谓顾大家。

[1]建标：树立标格。

【按】此诗写顾二娘。

怜君最是余京兆，长日观摩不出轩。

要识心情若胶漆①，试看诗句各清敦②。

①胶漆：如胶似漆。比喻情谊极深。

②清敦：清新有内涵。

百舌声①喧洞壑开（指余京兆事，主人知之），挥残墨汁患多才。

乌台诗话②非欺我，曾是军门眼见来。

①百舌声：百舌，鸟名，善鸣，其声多变化。《淮南子·说山训》："人有多言者，犹百舌之声。"喻人虽多言而无益于事。

②乌台诗话：指苏东坡被诬之"乌台诗案"。

谁遣先生雕琢工，直将身世役磨砻。

寄言后辈惩前事，坠叶还防野火攻。

炊烟不起雪生香，折得山梅许共将。（一枝山房为古梅读书处）

遗我一枝成底事，古来樽俎①笑厨娘。

古梅见遗汉俎，人都不识。

①樽俎：上古青铜器，樽盛酒，俎盛肉。

戴公①截玉可泥如（学使巨川先生曾画小印二枚，篆法特清古），近事传来半子虚。

莫倚麄豪②劳寸刅③，青天何处著蟾蜍。

①戴瀚（1717—?），字巨川，号雪邨，江南上元人，胤禛登极恩科榜眼，授翰林院编修。历官至侍讲学士，出任顺天乡试副考官。着有《有探集》等。

③麄豪：豪强；豪壮。

④刅：两刃刀。

漫兴诗篇懒未裁，风云合妬董生才。

兹乡旗鼓峰峰好，一抹都教入里来。

家家兰玉照琳琅，世世图书共一堂。（林、谢诸少皆佳）

何似乌衣诸子弟①，一生心迹总分行。

①乌衣诸子弟：东晋金陵乌衣巷，王导、谢安等世家大族居住地。后以"乌衣子弟"泛指世家子弟。

非才敦迫①遇何奇（余征车②将废，己荷诸公盛饯③），鼠璞④将无异昔时。

凭伏群公青眼在，莫教匪石负心期。

甲寅⑤秋中，余将自闽中北上，涪云三兄属题研谱。时尚未汇成巨帙，而题词亦只有黄、余两先生作耳。余心折涪云久且笃好也，不敢以匆遽辞，独以至宝不可衰，又自度不能过原唱⑥，奈何濒行，涂上七古一章聊塞其意。和黄之什，许以舟中却寄。此十八首，盖途次草稿未改定者，故亦不即达。

既抵京，涪翁远致佳纸数片，因责前诺，复并纸失之。每酒后耳热，辄以得遇知己，无以为怀。未几，涪云亦来。此册遂流布上都，即主人亦常不得见。又迟之三年，始得录正，距作诗之日凡八年，卒亦不能改也，岂不可笑之甚乎！用志始末，以见涪云之好善若渴，爱友若命。而余之重陶舫如鼎，畏原唱如虎，亦如是可睹焉。

乾隆六年岁在辛酉六月十日，钱塘陈兆仑书并识。

①敦迫：催逼。

②征车：古代征召贤达所用车。

③盛饯：丰盛的饯行宴会。

④鼠璞：未腊制的鼠。语本《尹文子·大道下》。后用以指低劣而名不符实之人或物。

⑤甲寅：雍正十二年甲寅（1734）。

⑥原唱：指黄任原诗。

【按】雍正十二年，陈兆仑自闽北上入都，林在峨请陈氏为题《砚铭册》。八年后的乾隆六年辛酉（1741），陈氏始交稿，可知陈氏对题册事之慎重谨严。

◎叠韵

钱塘陈兆仑（句山）。

落落音尘隔素知①，腾腾魂梦忆魁奇。
相逢便许酬诗债，不用沉吟重费词。
①素知：平素相契的知己。

燕云越树①梦中分，五载空呼作令君。
解得苍苍深有意，将无作合为斯文。
①燕云越树：燕都之云、越地之树，前者指陈兆仑远宦之地，后者指其家乡。

别来风貌弥清古，箧里龙蛇尽典型。
如此人兼如此笔，真成瘦鹤两亭亭。

江上纷纷衣锦同，为君涕泪落琼瑰。
挨天妙手无多试，混沌能堪几凿来。

燕飞西去伯劳东①，牢落千年任化工。
只数林亭遗世态，一般闲寂柳书虫。
①此句意即"劳燕分飞"，比喻分离。

懒废催科淡宦情，转因谣诼①得嘉名。

流连诗酒谈何易，他日循良传早成。

①谣诼：造谣毁谤。

闲庭花落闭清芬，十斛①烟残有断云。（闻十砚轩已别售他主）

闻道黄金忤词赋，不知何苦为人耘。

①十斛：即"十斛量珠"。原指以重金买妾。喻酬金丰厚。

【按】此诗次句"闻十砚轩已别售他主"，指黄任晚年困顿，生前已将
十砚轩转售他人。

君家家法振龙文（涪云子皖凤慧能文），丹篆吞来落练裙。

愧我俗书空骋媚，竟无风力起垂云。

斓斑法物疑秦汉，焉得韩苏手遍题。

我欲焚香礼陈宝①，应声聊复效群鸡。

①陈宝：陈列宝物。《尚书·顾命》："越玉五重，陈宝。"

语长心重有芳标，爱尔天真谢饰雕。

（别苍岩三年矣，玩其题识，皆见孝弟之性①，令我离情惘然。）

一倍相思因把卷，坐深宵雨打寒蕉。

①孝弟之性：即"孝悌之性"。儒家伦理思想。孝，善事父母。悌，善
事兄长。

绝胜南金与鲁璠①，形随几案影随轩。

愿言出处无相忘，古道何人似尔敦。

①南金：指南方所产之铜，借指贵重之物，亦比喻南方英才。鲁璠：即
"玙璠"，鲁国宝玉，亦喻美德或品德高洁之人。

浪说仇池①一穴开，琉璃匣底自多才。

年末物力差矜贵，借看真如拜赐来。

①仇池：指甘肃陇南西和所产"仇池石"。杜诗《秦州杂诗》："万古仇池穴，潜通小有天。"

醉草多称张旭工，岂知古力欠磨砻。

而今尘臆①凭君洗，底用②愁城伏酒攻。

①尘臆：尘胸俗臆，胸臆中之尘俗气。

②底用：何用。

绝唱能兼色味香，和章叠叠并携将。

髯苏句好差堪拟，远致红绡十八娘①。

非徒以次十八首也，兼忆饱瞰因缘不可得再。

①红绡十八娘：即"十八娘红"，荔枝别名。苏词《减字木兰花·荔枝》句："骨细肌香。恰是当年十八娘。"陈诗前句"髯苏（苏东坡别称）句好"即指此词。

人伦藻鉴①近何如，但说时名信不虚。

伏枥君休嘶苜蓿②，爬沙③我亦类蟾蜍。

①人伦藻鉴：即"伦鉴"，品藻和鉴别，引申为担任品评鉴别人才之职。

②此句即"老骥伏枥"之意。陆游《雨中作》句："伏枥虽已疲，连云思苜蓿。"

③爬沙：在沙土地上爬行。指缓慢爬行。

神物销沉强自我（甲寅①途次所得诸公见遗佳石并亡去，而涪云族兄与井所赠研尤可叹惜！研背有"奎章阁图书"②），可堪沦没几清才。（涪云、雪樵、沧门相继徂谢，皆文酒会上人也）

百年身世何难悟，只合沉吟昔梦来。

①指雍正十二年甲寅（1734），陈兆仑自闽北归，过仙霞岭，所携诸砚被窃之事。

②奎章阁图书：元代宫廷藏书印。奎章阁为元代皇家藏书楼，位于兴圣宫大殿兴圣殿西庑。

天街①好语颂琅琅，伫待尊彝②列朝堂。（比来购遗书、求奇士之旨屡下）
好古似君须记取，碧宵高处雁成行。

①天街：皇都街市。

②尊彝：般指彝器，古代盛酒器具，亦泛指古代宗庙常用祭器，此指与文化有关之人或物，即注中所谓"遗书""奇士"。所谓"购遗书、求奇士"，应指乾隆中期诏修《四库全书》事。

翠羽丹砂尽探奇（莘田近去粤东，垂橐而归①），玉蟾铜雀惜非时。
闽中已死余京兆，世上谁为钟子期。

①垂橐而归：垂着空袋子而回。谓空无所获。

【按】此诗自注，亦黄任官端还闽，获砚不多。但据朱氏本游绍安黄任小传，黄氏官端任上获石颇丰。

◎次韵

录十首。会稽周长发（兰坡）。

周长发（1696—1777），字兰坡，号石帆，山阴人。雍正二年进士，改翰林院庶吉士。历官至侍讲学士，入直上书房，两度担任顺天府考官。有《赐书堂集》。

【按】原诗共十八首。潘氏本录入十首（一至七、九、十四、十八），其馀八首由朱氏本按原排序补入。

人依研北寸心知，千片瑶英早贡奇。

晴向山窗闲试墨，擘笺①笑谱竹枝词。

①擘笺：裁纸。

几方紫玉远能分，千里端州索使君。

读罢铭词真奥古，如摹石鼓辨奇文。

薪火能传收六经，紫薇清省继芳型。

父书可书珍遗宝，绝代风流冠幔亭①。

①此两句赞誉林佶书法冠绝闽省。幔亭：指武夷山幔亭峰，代指武夷山。

披香当日早朝回，词赋长霏琼与瑰。

墨妙恰知宗内史，题馀彩扇又重来①。

①此两句典出王羲之为老妪题扇故事。内史：指王羲之曾官会稽内史。

谁从羚峡割西东，沉碧镌雕体最工。

癖欲结邻堆几席，闲居畅好注鱼虫①。

①注鱼虫：《尔雅》有《释鱼》《释虫》篇，后世因借"鱼虫"代称训诂。北宋陈师道《谢寇十一惠端砚》诗句云："敢书细字注鱼虫，要传华严八千偈。"

与石相交亦有情，何须凤咮①始知名。

君苗底事思焚砚②，耕到秋时总报成。

①凤咮：即"凤咮砚"，产闽北建州北菀凤凰山，苏东坡命名，并作有《凤咮砚铭》。

②此句典出《晋书·陆机传》之"君苗焚砚"。原为陆云赞美其兄陆机文采，后世泛指夸赞对方文采卓绝。

龙宾①相对见清芬，触石还能结朵云。

留得石田滋味在，传家不肯废锄耘。

①龙宾：守墨之神。典出五代冯贽《云仙杂记·陶家瓶馀事》。

著成典册并高文，醉后还书白练裙。

即墨①可封汤沐邑②，一泓秋水起层云。

①即墨：指即墨侯，砚的别名。典出北宋苏易简《文房四谱·砚谱》。

②汤沐邑：始自周制，指诸侯朝见天子，天子赐以畿内借住宿和斋戒沐浴的封邑。

渔洋诗格奉成标，朴学名书赴锲雕①。

几列乌皮谁作伴，满窗丹荔与红蕉。

①此二句指林佶为其师王士祯手书刻本《渔洋山人精华录》《古夫于亭稿》事。此二书与林氏所书汪琬《尧峰文抄》、陈廷敬《午亭文编》并称"林佶四写"。

红丝金线蒨①传喧，比与铜台涵轾轩②。

温润真教凌结绿，不夸商琡与周敦。

①蒨：义同"茜"，草茂盛状。

②涵轾轩：混淆高级品。涵，混。轾轩，高低、轻重。

孤山生面又新开，封禅无书未易才。

一片清阴梅鹤外，未妨品研客长来。

颉文史籀擅神工，比玉还资错与攻。

墨守静看戈磔①异，家鸡野鹜②任相攻。

①戈磔：指书法中戈和磔两种笔法。

②家鸡野鹜：晋人庾翼以家鸡喻自己的书法，以野雉喻王羲之的书法。此喻不同风格的砚品。

微凹能聚墨痕香，池有蛟螭定取将。
镌出□文真匠巧，奇思何用说苏娘①。
①苏娘：当指顾二娘。"吴门（苏州）顾二娘"的省称。

肌理坚贞玉不如，长邻图史夜窗虚。
巧偷豪夺都无用，箧底深藏月有蚀。

早向英韶费品裁，贞珉①应付掞②天才。
八书羲献传家法，应有笼鹅道士来③。
①贞珉：石刻碑铭之美称。
②掞：照耀。
③此二句典出《晋书·王羲之传》所载王羲之抄写经文，与山阴道士换鹅故事。

僚①时向时留赐研，省郎②花下帖曾题。
即今处嘿耽云纱，何必清谈夜对鸡。
①僚：值班官吏。
②省郎：皇帝侍从。因居省禁中，故称。

铭词金蒵散琳琅，翰墨都归作者堂。
几净窗明无个事，洛阳细撝十三行①。
①十三行：原指王献之《洛神赋十三行》，原迹为麻笺本，入宋残损，南宋贾似道先得九行，后又续得四行，刻于似碧玉的佳石上，世称"玉版十三行"。此处代指砚铭。

离石乡侯巧门奇，摩挲寒雪点衣时。

不辞手瘃①斜书纸，与汝为邻有厚期②。

①手瘃：冬天手患冻疮。

②厚期：长久的约定。

乾隆庚申①长至后四日，老友介眉②持陶舫研铭四册见示。铭句典雅古丽，铁笔坚致密栗，亦复直迫秦汉。展玩不忍释手，跋烛寸馀，得次韵十八绝以归涪云先生，聊志余嗜慕之意。是夕寒甚，十指僵瘃所勿惜也。

①乾隆庚申：乾隆五年（1740）。

②老友介眉：有时人王延年，其与周长发浙江同乡，又皆在翰林院任过职，或即其人。

王延年字介眉，浙江钱塘人。雍正四年举人。乾隆初举鸿博，官至国子监司业，加翰林院侍讲衔。精史学。有《补通鉴纪事本末》。

◎次韵

录四首。孝感林兴泗（容斋）。

林兴泗（生卒年不详），字（或号）容斋，湖北孝感人。监生，雍正十二年任台湾府台湾县知县，三年后卸任。乾隆六年任福州府知府，二年后卸任。

【按】原诗共十八首。潘氏本录入四首（六、十五、十七、十八），其馀十四首由朱氏本按原排序补入。

十砚芳名海内知，吾家①珍赏较神奇。

篋中无数丹崖体，雅称群公白雪词②。

①吾家：指林兴泗与林佶家族同姓。

②白雪词：似以福州乡前贤、南宋末词人陈德武所撰《白雪词》，比以喻闽中诸人砚铭词句之美。

眼底琳琅品类分，狂呼举白一浮君。
书生胜作端州吏，谁道吾儒仅富文。

石田传后先人泽，继述深思孝子型。
日把昆刀泥紫玉，林亭直欲拟兰亭。

片石摩挲便几回，题词字字过琪瑰。
元方莫怪行踪密，有所闻而日日来。

由来鄙陋笑齐东①，钩画今朝见化工。
从此死生文字里，野人不让蠹鱼虫。
①齐东：指"齐东野人"。出自《孟子·万章上》："此非君子之言，齐东野人之语也。"后世解为无知的野蛮人，所言即为无稽之语。

城市偏深邱壑情，长安早已噪香名。
只缘性带烟霞癖①，三洞精华集大成。
①烟霞癖：原指谓酷爱游行山水。此指爱砚。

铭章古雅合流芬，落石浑如肤寸云。
自笑空疏还懒惰①，不耘己更不人耘。
①懒惰：原文作"嫩惰"，当系笔误。

始信文人别有文，爱书端石不书裙。
可知坚质能千古，白练风流散若云。

短长妙句岂无稽，石背都从小字题。
半是先型半时下，步趋不让鲁人鸡①。

①鲁人鸡：即"鲁鸡"，意为大鸡。典出《庄子·庚桑楚》："越鸡不能伏鹄卵，鲁鸡固能矣。"

吟台胜事想风标，深愧能言①宰也雕。

鸲鹆时从伯氏赠，颠狂不但饮三蕉。

①能言：语出陆游《闲居自述》："花若解语还多事，石不能言最可人。"

匠心直使石能言，日日精思坐小轩。

消受春风与秋月，淋漓翰墨任铺敦。

酒倾怀抱郁难开，京兆云亡谁育才？

梦到台江刚日暮，晚山青过大桥东。

谓余田生老先生。

文字于今叔度工，无才甘拜受磨砻。

自嗟不是他山石，粪土谁云可玉攻。

谓莘田先生。

鹊尾炉①焚一瓣香，大家风度愿相将。

只如铁笔浑棉软，舞剑知曾领大娘。

①鹊尾炉：长柄香炉。扁长形尺状长柄，形似鹊尾，故称。唐皮日休诗《寄润卿博士》："高眠可为要玄曛，鹊尾金炉一世焚。"

【按】此诗写顾二娘，后二句对应黄任原句："喜君浑脱浏离处，亲见公孙舞剑娘。"以唐代著名"剑器舞"名家公孙大娘之舞伎比喻顾二娘砚艺。"领大娘"或为"顾大娘"笔误。

心清入夜意如如①，对影秋轮净太虚。

割得端溪刚一片，研山底泣玉蟾蜍。

①如如：恭顺儒雅的样子。

蕉叶青花手自裁，神工鬼斧叹奇才。

浪传①白璧浑无价，十五连城②变换来。

①浪传：指空传；妄传。

②十五连城：典出《史记·廉颇蔺相如列传》：赵得楚和氏璧，秦欲以十五城交换。

【按】此诗意指端砚经名家琢磨，价值胜过和氏璧。

曲奏云和配八琅①，一时大雅尽登堂。

闽南十载多交好，今日居然厕雁行②。

①此句典出魏晋人托名班固《汉武帝内传》。云西王母降临汉武帝宫殿，命侍女董双成吹云和之笙，王子弹八琅之璈。此指闽中诸人砚事之盛。

②厕雁行：厕，厕身，置身。雁行，群雁飞行的行列，此指爱砚群体。

笔研因缘事亦奇，论心正是看花时。

石交他日须珍重，记取春明入梦期①。

①春明入梦：即"春明之梦"。原指在京为官之梦想，后泛指做官之梦想。春明，唐代长安东面三扇门当中之门，代称京都。

◎次韵

侯官郑方坤（荔乡）。

梅鹤风流①世所知，传来砚史最新奇。

即看款识留题编，荒落②如何赞一词。

①梅鹤风流：指北宋著名隐士林逋"梅妻鹤子"故事。林逋先祖五代时由福建长乐迁居奉化，所以郑方坤称林在峨为"梅鹤风流"。

②荒落：荒凉冷落。

方珪圆璧各形分，背面回环细相君①。（用《淮阴侯》传中语）

从此流传铭搨好，不将佳传续罗文②。

①言此句引用于《史记·淮阴侯列传》："通（蒯通）曰：'相君之面，不过封侯，又危不安。相君之背，贵乃不可言。'"此指砚背。

①佳传续罗文：即苏东坡《万石君罗文传》。

蓬莱阁下砣矶石，坡老当年有旧型①。

我向鲛宫②亲割取，只无奇字仿玄亭。

①此两句指砣矶砚。砚产山东砣矶岛（古属登州府蓬莱县辖，今属长岛县）。苏东坡曾任登州太守。

②鲛宫：即鲛室，鲛人所居水府。

【按】郑方坤曾任登州知府，后二句言其在登州时曾亲自往采砣矶石制砚。

京兆骑箕去不回①，元晖②遗墨重玫瑰。

癸辛③丁卯④都零落，陈迹⑤还留诏后来。

①此句写余甸已去世。骑箕：即骑箕尾，指大臣死亡。

②元晖：即南齐大诗人谢朓（464—499），其字玄晖（清人避爱新觉罗·玄烨名讳，故作"元晖"）。此以谢道承与谢朓同姓，代指谢道承。

③癸辛：《癸辛杂识》。宋末元初名士周密（1232—1298）所撰。此以周绍龙与周密同姓，代指周绍龙。

④丁卯：《丁卯集》。晚唐诗人许浑（约791—约858）诗集名。此以许均与许浑同姓，代指许均。

⑤陈迹：往事。此指遗留之砚铭手迹。

【按】此诗为缅怀余甸、谢道承、周绍龙、许均之作。

君家昆季①廧西东，镂月裁云意匠工。

此日淋漓论盐铁②，胜如《尔雅》注鱼虫。

①昆季：兄弟。

②论盐铁：西汉桓宽所著《盐铁论》。

结邻自古寄遥情，润色先生①有大名。（薛涛《研赞》云，"磨润色先生之腹。"）

为许明窗勒刻楮，银钩玉筯几年成。

①润色先生：砚的别称。出自《清异录·文用·藏锋都尉》。

雕虫一一播兰芬，结体都成五朵云①。

只少仙人写灵石，待邀李甲与萧耘②。

①五朵云：典出《新唐书·韦陟传》所记韦陟自书落款"陟"字若五朵云，时人慕之，号郇公"五云体"。后遂以"朵云"敬称他人书信。

②此二句典出唐末五代著名道士吕岩（即吕洞宾）诗《题灵石屋山》："南坞数回泉石，西峰几迭烟云。登携孰以为侣，颜寓李甲萧耘。"

石见曾闻释说文，藉伊题扇或书裙。

谁知身也遭磨涅①，小样碑铭喷岳云。

①磨涅：磨砺熏染，比喻经受考验。磨，琢磨；涅，染黑。

欧赵①千年椎传雅，《广川》《东观》②亦笺题。

大书深刻烦料理，小试牛刀笑割鸡。

①欧赵：欧阳修、赵明诚，各撰《集古录》《金石录》。

②《广川》《东观》：南宋董逌《广川书跋》、黄伯思《东观余论》。

兴公赋擅赤城标①，身未曾游句琢雕。

我亦砚山寄遐思，何年真见雪窗蕉。

诸砚予俱未寓目，故云。

①指东晋孙绰（字兴公）《游天台山赋》。句云："赤城霞起而建标，瀑布飞流以界道。"

一泓荡漾云开峡，百遍摩挲月上轩。

石友如林总苍老，诗书宿好雅能敦。

响搨编成次第开，磨光刮垢麄粗①才。

先生墨海颠成癖，拜石将无客再来②。

①麄粗：粗略；粗糙。

②此二句以"米芾拜石"作比。

烟云落纸未能工，滴露年年费磨砻。

只合焚如①偏墨守②，文坛那不怯输攻。

予有二砚铭，一曰："郁纷烟云，惟君之勋，谁云可焚。"又一曰："我有端友，藉手墨守。"皆二字句为韵。仿诗蝃蝀鸳鸯体也。

①焚如：指燃烧或火灾。

②墨守：固执拘泥，墨守成规。

三真六草墨凝香，评品差同许子将①。

第一莫教牛某捧②，不如妆阁付眉娘。

①许子将：许劭。东汉末年著名人物评论家，每月皆对当时名人点评，人称"月旦评"。

②莫教牛某捧：典出北宋文莹《湘山野录》：一牛生多钱财而仰慕名士石延年，宴请并请题名以纪，石以其贱俗，竟题云："牛某捧砚。"

金声玉质定谁如，寿永千年信不虚。

人可不如兹物鉴，狐狸噉尽叹曹蜍^①。

①此句典出《世说新语·庾道季论精神》：东晋庾龢（字道季）将曹蜍、李志比作死人，云如人皆如曹、李质鲁淳悫，则社会将退回上古，被狐狸貓貉之类野兽吃掉。

端州仙令出心裁，岩谷雕镂骋笔才。

持向君家斗奇品，珊瑚七尺孰将来。

【按】写黄任。

建安铭语刻青琅（王粲、繁钦俱有砚铭传世。苏诗"要言刻青琅"^①），秀水同时有稼堂（二公集中砚铭最富）。

好是闽川盛名士，离离珠斗又分行。

①要言刻青琅：语出苏诗《次丹元姚先生韵二首》。

芙蓉山洞^①广搜奇，管领春风未后时。

君比瀛洲我莲杜^②，不图千里共襟期^③。

予旧存寿山等石颇伙，摹印谱成。家伯兄为题绝句十八首，有头衔更署"芙蓉主管领，春风处处花"之句，一时属和大有其人。今轮川砚铭适相合。文章有神交有道，亦可称一段因缘也。

①芙蓉山洞：福州市晋安区所产寿山石中之名品芙蓉石。

②莲社：东晋庐山东林寺住持慧所结"莲社"，又称"白莲社"。

③襟期：襟抱，志趣。

◎次韵

武陵朱景英（研北）。

结邻几席乐相知，兰话堂中臭味奇。

照眼芭蕉三百叶，晴窗一叶一通词。

他山片石品题分，一日何无是此君。

名士由来爱标榜，肯从修竹写弹文^①。

①弹文：弹劾官的奏疏。

文字原流传世业，高曾^①规矩守遗型。

即看累叶题词砚，都入君家族谱亭。

先生五世砚铭皆在册内。

①高曾：高祖和曾祖；泛指先祖。

【按】写林在峨《砚铭册》。

摩挲一日几千回，剧爱文奇字亦瑰。

暴富如斯罕曾有，抵他抄得《汉书》来。

搜讨岩西又涧东，宰官曾此运斤工。

归来题共星槎老^①，字字差排仓叶虫。

莘田丈与田生先生同嗜砚，册中两家铭词甚伙。

①星槎老：指余甸，其斋号有"星槎楼""星槎亭"。有《星槎楼诗文集》。

十数年来旧雨情，早从翠墨识君名。

卷中一有锵金句，知是冬郎走马成^①。

谓承奎。

①冬郎走马成：晚唐诗人韩偓小名冬郎，李商隐题韩偓诗有"十岁裁诗
走马成"句。走马，奔跑之马，言其诗成之快。

【按】写林擎天（字承奎）。

亦服先畴①亦诵芬，砚田连陇簇秋云。

吟台②散后犁锄歇，好在林亭不废耘。

①服先畴：耕种祖先留下的田地。

②吟台：即"光禄吟台"，又称"玉尺山"，福州名胜，位于光禄坊。宋代法祥院遗址。北宋福州太守程师孟题"光禄吟台"。

生春红砚感情文，未必能同蜓化裙。

镌得端江诗一首，何如元相咏巫云①。

莘田丈庄夫人砚名"生春红"。夫人殁后，丈赋悼亡诗，中一绝："端江共汝买归舟，翠羽明珠汝不收。裹得生春红一片，至今墨渖泪交流。"取镌砚背。

①此句指唐诗人元稹（曾官宰相）《离思》诗："曾经沧海难为水，除却巫山不是云。"

【按】写"生春红砚"。明确记砚系黄妻庄夫人所藏，可证"生春红砚"非黄任侍妾金樱藏品。

雪邨居士无多墨（谓叔调先生），高盖山①人亦绝题。（谓古梅先生）

埋骨青山知己尽，玲珑争忍唱黄鸡②。

①高盖山：在今福州市永泰县，有仙公殿等十多处景点，古有"八闽西岳"之美称。

②唱黄鸡：典出白居易《醉歌》，喻世事多坚，时光流逝。

【按】写许均、谢道承。知谢道承亦号"高盖山人"。

灵和殿①里说丰标，山骨犹烦丽句雕。

玉树生埋几行泪，眼中薤叶梦中蕉。

谓瑞峰先生。

①灵和殿：南齐武帝时所建殿名，此泛指皇宫。

【按】写周绍龙。

雅事差同鹅换字，癖情不比鹤乘轩①。

赵家子固兰亭本，性命轻于夙好敦②。

①前两句指王羲之书经换鹅、卫懿公好鹤，携鹤以乘车故事。

②后二句指南宋赵孟坚（字子固）不顾舟覆，独宝《兰亭》故事。

光禄坊西壁垒开，诗城笔阵角雄才。

短兵持亦施全力，片片云根劈破来。

众体兼收制作工，一番挥洒一番砻。

就中瑟僩①谁能摘，墨守毛苌②且莫攻。

①瑟僩：又作"僩瑟"，喻庄敬宽厚，语出《诗经·卫风·淇奥》。

②毛苌：：西汉古文诗学"毛诗学"传授者，世称"小毛公"。

硬黄响搨麝煤香，具体磨崖缩本将。

少许字如填小令，也教传唱到吴娘①。

①吴娘：吴地美女；此指唐代杭州歌妓吴二娘。白居易《寄殷协律》句："吴娘暮雨萧萧曲，自别江南更不闻。"自注："江南吴二娘曲云：'暮雨萧萧郎不归'。"

琢得方诸制略如，露华沆瀣①一泓虚。

青天碧海澄空夜，蘸笔凭分滴泪蜍。

①沆瀣：夜间水汽。

猎碣飞泉——裁，绠修汲古异凡才。

牟尼①近日收如许，不负灵山此度来。

猎碣、飞泉、汲古皆研名。

①牟尼：佛教中圣者、贤人、仙人、寂默者等意。

336

取影存形字刻琅，以传小搨悦生堂①。

《洛神》残缺《兰亭》赚，此卷犹堪作辈行②。

①悦生堂：南宋丞相贾似道斋室名。贾氏富收藏，著有《悦生古迹记》，曾刻有钟繇《宣示表》传世。

②辈行：指辈分、行辈；同辈之人。

【按】此诗赞誉林氏《砚铭册》中铭文书法，可与钟繇《宣示表》及王羲之《兰亭序》、王献之《洛神赋十三行》媲美。

丛残金石每觖奇，此事抛荒作吏时。

今日官斋有清课①，古香堆里小休期②。

①清课：原指佛教日修之课，后用以指清雅功课。

②休期：美好的时光。

◎次韵

钱塘周天度（尚公）。

周天度（生卒年不详），浙江仁和人，字心罗，号让谷（按林氏此书所记，或字、号"尚公"）。乾隆十七年进士。官许州知府。有《十诵斋集》。

璞载文明世莫知，寓形——尽瑰奇。

曹家碑背循环读，脂沫多因绝妙词①。

①后二句典出东汉《曹娥碑》曹操、杨修"绝妙好辞"故事。

一线烟霞闽越分，江即高揖武夷君①。

天南是处瞻奇采，全胜萧梁《十赉文》②。

①武夷君：又称武夷王、武夷显道真君，武夷山的山神、乡土神。

②《十赉文》：南梁陶弘景《授陆敬游十赉文》。

欧韩诗笔亲风雅，曹谢篇章近典型。

更见数番深慰帖①，墨香浓泥见山亭。

闽中林先生藻诗见唐雅。近日吾乡于人家废石上见一残帖，乃见山亭刻先生深慰本也。

①唐代福建莆田林藻行草《深慰帖》。

国子先生海峤①回，盈怀妖梦泣琼瑰。

平生未展元亭拜，奇字何因识得来。

三山谢先生典教大学。某名在弟子籍②，以奔走东西未及通赆，寻先生已归道山。仰止之心，至今耿耿也。

①海峤：海边山岭。

②此句指谢道承官国子监祭酒时，周天度曾为其国子监学生。

墨西浓笑语香东，卖赋挥毫事事工。

题品偶然称结习①，为抛心力附鱼虫。

《广东新语》"论研"②一篇最工。

①结习：积久之习惯。

②指清初屈大钧所撰《广东新语》中"石语·端石"一节，其论端石甚详。

金椎误中①倍含情，琢句能高破研名。

不合斯人填狴户②，衰年上第竟何成。

西溟姜先生③《破研诗》，海内属而和者百家。

①金椎误中：举进士之自谦词。

②狴户：狱门。

③姜宸英（1628—1699），字西溟，号湛园，浙江慈溪人。康熙三十六年探花，年已七十，授编修，两年后为顺天乡试副主考，因主考官舞弊连累下狱死。初以布衣荐修《明史》，与朱彝尊、严绳孙称"三布衣"。书宗米、董。

石农石户斗清芬，扶寸犹能瀹①紫云。

独有井田芜淟久，战场吴越废锄耘。

浙中某隐君②，生平多制"井田研"，今故家尚有存者。吴越战场，禾中③弃地也。

①瀹：形容水盛。

②隐君：隐居不仕之人。

③禾中：浙江嘉兴故称。

【按】此诗注文提及嘉兴一位擅制"井田砚"之隐逸文人，惜未留姓名。

清时谁拟荐雄文，渊藻真教薄展裙。

四十年来耆旧传，人伦南国有机云①。

谓尊甫吉人先生，及尊世父同人先生也。

①机云：西晋陆机、陆云兄弟。

【按】此诗写林侗、林佶兄弟。

翰林石墨镌新篆，徵士梨云续旧题。

持向君前校雄富，不应野鹜混家鸡。

《曝书亭集》①中研铭最夥，近吾乡金徵士寿门亦撰《砚铭》②一卷。

①《曝书亭集》：朱彝尊诗文集。

②《砚铭》：金农《冬心斋砚铭》。

峡口羚羊独建标，山灵长苦日镂雕。

凭君为琢洮琼①句，移赠松花②绿玉蕉。

①洮琼：质如美玉的洮河石砚。

②松花绿玉蕉：色如绿蕉的松花石砚。

方珪圜璧等玙璠①，画里看山致欲轩。

安得螺江②小卷石，寒窗疏影日敦敦。

①玙璠：美玉。此指佳砚。

②螺江：即螺女江。在福州西北。

下岩才闼①上岩开，晋用南征楚有才。

至竟穷搜缘底事②，蚓行猿汲③为谁来。

①闼：同"闭"，关闭。

②缘底事：为何事。

③蚓行猿汲：指石工采石之难，如蚯蚓爬行、猿猴汲水。

翡翠黄龙总化工，铭心绝品费磨砻。

时人自贵朝天石，风雨深潭罢错攻。

图史璘斒①溢古香，鸿都②三体异凡将。

君家代有锥沙笔③，不拟簪花学卫娘④。

①璘斒：色彩错杂鲜明。

②鸿都：汉代藏书之所，借指秘书省。

③锥沙笔：即"锥画沙"，一种书法重要笔法。

④卫娘：东晋名书家卫夫人。

【按】此诗赞林佶、林在峨父子书艺。

甘泉宫瓦有谁如，万岁长生字不虚。

曾记金风亭长①说，十年清泪滴蟾蜍。

甘泉瓦，君家故物。竹垞翁为赋长句，载集中。亭长，翁别号也。

①金风亭长：朱彝尊（号竹垞）别号。

【按】此诗写林侗所藏汉"甘泉宫瓦"。

闽雅年来有别裁，端州仙令剧清才。

归装不取压艭①石，剪得溪云几片来。

句山师尝云：黄莘田为三山词伯，令四会，罢归。家贫惟书、好研数枚而已，惜未遇也。

①艭：船只。

【按】此诗写黄任。

一庐人海赋琳琅，旅食①依然清闷堂。

叹息云烟同过眼，南鸿北雁②不成行。

与涪云先生邂逅京师。他日过访寓庐，见其盈几席间堆积书画古器，客至则相与摩挲赏玩。望而知吾郡胜流。时余将束装南归，故有末语。

①旅食：客居、寄食之意。

②南鸿北雁；比喻背向而行，未能久交。唐鱼玄机《闺怨》："别日南鸿才北去，今朝北雁又南飞。"

书史吴唐①久擅奇，图成洗砚泰陵时。

嘱君神物慎藏弄，已阅沧桑百八期。

涪云先生近得《唐子畏洗研图》见示，后有题云：癸亥黄姬水②观，盖百八十年外物矣。

①吴唐：即明代吴门名画家唐寅（字子畏，一字伯虎）。

②癸亥黄姬水；癸亥：明嘉靖四十二年癸亥（1563）。黄姬水（1509—1574），苏州府吴县人，字淳父。少有文名，学书于祝允明，传其笔法。中年以避倭寇徙家南京。晚年还乡，诗名益盛。有《高素斋集》等。

◎次韵

录六首。福清周正思（谦亭）。

见《清代中前期闽人玩砚圈主要人物小传》"周绍龙"条目。

【按】原诗共十八首。潘氏本只录二首（一、三、六、七、十五、十八），其馀十二首由朱氏本按原排序补入。

棐几匡床^①有故知，兴来得句尽新奇。

如何灵玉盈怀里^②，不见南宫^③一段词。

①棐几匡床：棐几，棐木做的几桌，亦泛指几桌；匡床，安适之床。

②灵玉盈怀里：即"被褐怀玉"，原指身穿粗布衣服而怀抱美玉。比喻贫寒出身，而真才实学。语出《老子·德经·七十章》。

③南宫：相传天帝宫殿"太微"，亦名"南宫"。

【按】朱氏本前两句作："此事难言俗怎知，文人清癖亦云奇。"

华表^①留题事不分，千秋名识属诸君。

请看研背留题处，晋字唐诗两汉文^②。

①华表：相传舜立木牌于交通要道，供人书写谏言，针砭时弊。

②此句言砚铭之字、铭诗、跋文俱佳。

墨池斜浸女牛星^①，夜月榕阴忆旧型。

数卷硬黄成好揭，休教粉本膺^②兰亭。

谓鹿原、田生诸前辈。

①女牛星：织女星和牛郎星。

②膺：服膺。

【按】写林佶、余甸等人。赞誉《观铭册》拓本铭字可比真迹。

竹枝声里一帆回，辜负羚羊□片瑰。

闻说精华三洞启，品题犹待令君来。

谓莘田先生。

水晶崖髓列西东，陶舫文章走化工。

解尽古来铅椠^①厄，一泓烟雨洗书虫。

谓林亭诸公。

①铅椠：指写作、校勘及刊刻等。

雅负青山不世情，郑虔三绝^①岂虚名。

知君汲古垂修绠，彝鼎文章手辑成。

谓轮川三丈^②。

①郑虔三绝：唐代郑虔曾把诗、书、画合成一卷献于唐玄宗，受到赏识，玄宗署尾亲题：郑虔三绝。

②林在峨行三，故周正思称其三丈。

【按】写林在峨。

十年手泽尚遗芬，割取端溪数片云。

赢得石田刚半亩，子孙相约事耕耘。

先大夫有《石砚研铭》载册中。

【按】写周绍龙。

高轩^①过我未能文，裂遍吴绫作练裙^②。

今日砚凹秋露冷，荒亭何处觅杨云。（古梅年伯是秋仙逝）

①高轩：华丽的车，此为对友人的敬称。

②练裙：白绢下裳。《宋书·羊欣传》："（王）献之尝夏月入县，欣著新绢裙昼寝，献之书裙数幅而去。欣本工书，因此弥善。"后指文人乘兴挥毫。

扪参历井留巨璞，病腕争堪小字题。（"病起犹堪小字题"^①，东坡句也）

琴鹤随人何处是，半窗夜雨乱啼鸡。（先大夫于山右获一研，大盈尺，青花环匜，巨宝也。常云："五载空囊，只留片石。"病中未及题铭。今璃匣

343

尘封九原②，不无遗憾）

①句出苏诗《再和》："生还各有青山兴，病起犹能小字题。"

②九原：山名，在今山西新绛县北。相传春秋时晋国卿大夫的墓地在此，后世因称墓地为九原。

【按】周正思诗末句注云：其父周绍龙曾从山西（山右）获得一方青花大端砚，可惜因病未及题铭即去世。周绍龙曾于雍正十一年任御史，巡察山西。此砚当即官晋时所获。从此诗注可得知周绍龙官山西五年，后即因病离世，则据此可知周绍龙卒于乾隆二年丁巳（1737）。

新是峙①底数行标，箕不为弓②巧也雕。

邱锦江毫③应是梦，紫潭非鹿竟成蕉。（先大夫题研复余，有"江郎彩笔邱迟锦，梦境流传是也非"之句）

①此字形为左"石"右"寺"：陡峭的小石山。

②箕不为弓：典出《礼记·学记》："良弓之子，必学为箕。"后以"弓箕"比喻父子世代相传的事业。

③丘锦：即"丘迟锦"，古以"丘迟锦"称美文才或喻好文章。典出《南史·江淹传》。江毫：指江淹之笔。《太平广记·梦二》载：江淹少时，梦人授以五色笔，此后文彩俊发。

忆昔童乌①依研北，霎时风景似羲轩。

怜渠②觊我贞珉寿，世上石交最古敦。

余束发授书小研至今尚存。

①童乌：汉扬雄子。九岁时助父著《太玄》，早夭。此指早慧儿。

②渠：他。

高轩过我未能文，管领仙才与鬼才①。

一字焚香合一拜，笑他精卫浪衔来。

①仙才与鬼才：分别指李白和李贺，比喻诗才非凡。典出宋人阮阅《诗话总龟》："宋景文评唐人诗云：'太白仙才，长吉鬼才。'"

杨董①旧传玉楮工，屠龙②人去倩谁砻。

铜台雀瓦平泉石③，须仗阿奴一□④攻。

①杨董：杨洞一、董汉禹。

②屠龙：典出《庄子·列御寇》："朱漫学屠龙于支离益，单（殚）千金之家，三年技成，而无所用其巧。"后因以指高超的技艺或高超而无用的技艺。此指杨洞一、洞汉禹砚艺高超。

③此句指曹魏铜雀台瓦与唐代名相李德裕洛阳平泉庄所藏奇石。

④原诗此处缺一字，或为"手"字。

【按】此诗写杨洞一、董汉禹，赞颂二人砚艺高超，二人去世，佳石难寻良工。可见周绍龙之砚大约多为董、杨二人所制。

千古娲皇一瓣香，炼云割石远相远。

玉楼①近有修文手，不遣人间谪顾娘②。

①玉楼：指传说中天帝或仙人的居所。

②人间谪顾娘：指顾二娘，故前句云"玉楼"。其称"谪顾娘"化用之贺知章称李白为"谪仙人"。

文成《谕蜀》重相如，报国非关赋《子虚》①。

记得南床②亲赐研，松花垂露滴蟾蜍。

先大夫使蜀，复命，召对便殿，温语移时。赐松花研一方，御制"以静为用，是以永年"八字。

①此二句皆写司马相如，前句指其所作《谕蜀文》（泛指安民告示），后句指其所作《子虚赋》。

②南床：唐、宋御史台食坐之南设横榻，称南床，遂俗称侍御史为南床。

【按】此首写周绍龙。前二句隐喻其父周绍龙官御史时出使四川，功同司马相奉汉武帝命作《谕蜀文》安抚蜀中。后二句指周绍龙使蜀回都，康熙赐以御铭松花砚为奖勉。

绿玉窗前取次裁，策勋骘品①更量才。

墨卿未老毛生健，拜手同膺九锡来。

余家藏砚尚有十馀方。

①策勋品骘：评定高低，记载入册。骘品，即品骘。

【按】《林史》共收入周绍龙所铭砚十一方，与此诗注云周正思家藏砚相合。

春深坐家①三间廨，灯影书声隐草堂。

何似借来双蛱蝶，闲题庄梦②两三行。（素岩伯兄雅有此癖，惟"双蝶砚"极佳，惜未勒铭）

①原诗"坐"字后为"家"子，当为赘录，删去。

②庄梦：即"庄周梦蝶"。

【按】诗注周正思云其伯兄周素岩也有砚癖，可见周绍龙爱砚犹有后继。周素岩即周正思之兄（或堂兄）。

尺五韦庄①共赏奇，吟台月落屋梁时。

可怜一曲无弦操②，莫觅黄金铸子期。

先大夫拟和砚铭原唱，竟不果。黄、林二公常以为恨。

①尺五韦庄：喻黄任、林佶诸人相邻里。尺五，一尺五寸，形容距离近。杜诗《赠韦七赞善》："尔家最近魁三象，时论同归尺五天。"韦、杜为长安世家贵族，时有所谓"城南韦杜，去天尺五"。朱氏本"尺五"作"十五"，误。

②无弦操：无弦琴。出自南朝梁萧统《陶靖节传》：陶渊明不解音律，但蓄无弦琴一张，每酒适，辄抚弄以寄其意。后用以为典，比喻闲适归隐。

◎次韵

录六首。福清何崇（南湖）。

何崇（生卒年不详），字启昆，号南湖，闽县人，林佶孙女婿（本卷林正青诗言林在峨有"爱女清才擅三绝"句，或即指何妻）。拔贡，曾任南隶安州、晋州知州。女玉瑛，适郑氏，好吟咏，论文史有创解，旁通画、弈棋、音律。何玉瑛子郑鹏程（郑孝胥祖父），官至袁州知州。

【按】原诗共十八首。潘氏本只录六首（三、四、八、九、十、十五），其馀十二首由朱氏本按原排序补入。

丹穴钟灵不可知，风流令宰①独探奇。

掭来三洞书铭遍，《砚史》编成远寄词。

谓莘田黄大令。

①宰：本意是充当家奴的罪人。有较专业的技术，由此引申出主管、主持等意。后成官吏的通称。此指黄任曾官广东四会县宰（知县）。

隐隐微尘蚁脚分①，蛮工拣出鉴唯君。

兴云致雨镌新句，恰称端人质有文。（大令题研后诗有"汝是端人质有文，相将致雨更兴云"之句）

①此句写端石名品"蚁脚青花"。吴兰修《端溪砚史》："细如纤尘、玲珑透露者为蚁脚青花。"

【按】此首亦写黄任。

闻道尧峰传朴学①，吟台②自昔重芳型③。

携尊我愧侯芭④共，曾过虹桥问字亭⑤。

①此句写林佶藏书室"朴学斋"，其斋名缘于其师汪琬（号尧峰）《送林吉人归闽》诗中句："区区朴学待君传。"

②吟台：指光禄吟台，又称"玉尺山"，在福州"三坊七巷"之光禄坊东北口，宋代法祥院遗址。宋熙宁三年，光禄卿、福州太守程师孟常游此，篆"光禄吟台"。

③芳型：意为品行高尚的典范。

④侯芭：又名侯辅，西汉巨鹿人，著名文学家、哲学家扬雄弟子。

⑤问字亭：典出学生"载酒问字"于扬雄。

【按】何崇此诗写林佶（朱氏本诗后有原注："太岳丈鹿原先生"）。后二句写其曾从学于林家。朱氏本后二句作："迴鸾返鹄标新沠，重跰虹桥问字亭。"迴鸾：旧俗指婚后三日女偕婿归省父母，又称双回门。沠：旧通"派"。

警露轩头镇往回，归持遗墨并琼瑰。
十年家学渊源在，分得名香一瓣①来。

①名香一瓣：即"瓣香"，指师承。

【按】何崇此诗写其曾问学于林氏十年之久。

紫云脉络洞西东，追琢群推哲匠①工。
远寄枕涛遗款在②，怜君高垅听秋虫。

杨君洞一。

①哲匠：泛指有高超才艺的文人、艺匠等。杜诗《赠特进汝阳王二十韵》："学业醇儒富，辞华哲匠能。"

②此句当指杨洞一曾在端州寄给林家一方"枕涛砚"。

燕台几席两忘情，有研未镌丁卯名。
重检玉琴书屋轴，邗沟史馆①剔灯成。

许雪邨先生。

①邗沟史馆：许遇以官吏部郎中，出清查扬州亏空钱粮，俄卒于署。

吟君遗句齿馀芬，笔底能生活沼云。

清节不留琴与鹤①，石田传是子孙耘。

①此句典出北宋名臣赵抃随携一琴一鹤之蜀上任故事。

来斋金石足传文，铁画挥来匹练裙。

长啸北山携一握，苏门清响入层云。

谓云丈。

【按】写林在华。

琢成掌砚丹铅日，榕海①人文入品题。

五度京华亲杕履②，笑他尘世涸醯鸡③。

外舅苍岩丈。

①榕海：福州别称。

②杕履：喻骨肉亲情交往。杕，通"杕"。语出《诗经·唐风·杕杜》。

③尘世涸醯鸡：世间见识浅薄之人。涸，混浊；醯鸡，即昆出蠛蠓，形容细小之物，或比喻眼界不广之人。

【按】写林正青。

云蒸水涌本清标，况有铭文运琢雕。

喜得青花虚砚背，几回许我篆芭蕉。

轮川丈。

【按】写林在峨。

羚羊①半壁雨黄昏，割向山窗贮一轩。

林下清风为执友，陶君相对易安敦。

①羚羊：指广东肇庆羚羊峡。

349

匿采崖精一剖开，就中纯粹是奇才。

使君参透濂溪政（周濂溪为广南提点，禁任端溪者取砚毋过二枚）①，
不厌多多出岭来。

①此句出处：宋神宗熙宁年间，理学周敦颐（字茂叔，号濂溪）任广南
东路提点刑狱（辖区最高司法长官）。巡视端州时，发现端州官员借贡砚名
目，纠工滥采，与民争利。周敦颐奏请朝廷规定官端者购砚不得超过两方，
由是"端人甚德之"。

【按】此诗借周敦颐端州官吏借贡砚滥采以中饱私囊恶政史事，颂扬
黄任官粤不多取砚。实际上黄任官端集砚甚多，显然属于过誉之辞。

山房搨出硬黄①工，丽于今想□②砥砻。

耀墨浮津传笔阵③，名材须藉匠心攻。

①硬黄：唐人涂蜡于染黄纸，使之光泽莹润，用以写经和摹写古帖，称
硬黄纸。

②此诗原文脱一字，当在此处。

③典出传为东晋书法家卫夫人（铄）所作《笔阵图》："其砚取煎涸新
石，润涩相兼，浮律耀墨者。"

墨沈淋沈①棐几香，塔湖挈伴日相将。

舣舟长□松林下（先生别业塔湖，去西禅舟行十里许，荔树千颗），带
露酾尝十八娘②。

田生前辈。

①"沈"字疑为"漓"字抄写笔误。

②十八娘：荔枝名品之一，出自《荔枝录》。

丰姿海鹤①有谁如，屡接清光愿未虚。

坐月宝书观已遍②，茶烟飐处落蟾蜍。

①海鹤：海鸟名。或云即江鸥。

②此句意为坐在月光下观看真经宝书。典出李白诗《北山独酌寄韦六》："坐月观宝书，拂霜弄瑶轸。"

如椽史笔有心裁，玉署双清①数异才。

学圃新词②传驿至，馀将尺幅二梅③来。

德泉、古梅二太史。

①玉署双清：指陈洁滋、谢道承二人皆曾官翰林院编修。玉署，指玉堂。翰林院的别称。

②学圃新词：陈洁滋以养亲告归里居，筑学圃，读书其中，诗文集名《学圃集》。

③二梅：谢道承因嗜爱梅花，尝于屋后穿池，植梅于池上，题曰"二梅亭"，诗文集名《二梅亭集》。

窗开西爽展琳琅，领袖应推兰话堂。（装成《研史》以"奎研"压卷）

翡翠硃砂舆鸲鹆①，总凭铁笔写双行。

①此句写端砚石品"翡翠纹（斑）""硃砂斑""鸲鹆眼"。

【按】此诗次句注云："装成《研史》以'奎研'压卷"，证明辑成于雍十一年的《林史》初稿本，其前六卷"正篇"所收最后一砚为林佶"奎砚"。而今传朱、潘两种稿本，潘氏置于第三卷第二砚，朱氏虽置于第二卷，但也是第二砚（第一方皆为林逊"甘露砚"）。由此可见朱氏本也并非原始的初稿本，其母本已在初稿本的基础上有所调整。

朝天康子未称奇（朝天、康子二岩石未尽佳）①，选得中坑②盛一时。

个个驿前劳五斗③，山林腾笑阌襟期④。

①朝天、康子：指端石坑口朝天岩、康子岩（又称"康仔岩"）。

②中坑：此应指中洞。水岩有中洞、西洞和东洞之分。

③劳五斗：为"五斗米"而劳碌。苏诗《次答邦直、子由五首其一》："五斗尘劳尚足留，闭关却欲治幽忧。"

④闷襟期：珍惜自己的志趣。闷，珍重。襟期，襟怀，志趣。

◎**次韵**

录十首。侯官郑念荣（静常）。

郑念荣（生卒年不详），字静常，侯官人，湖北巡抚郑任钥次子。其诗注称谢道承为"古梅仲舅"、林在华为"惰农舅氏"，应为林佶外孙。乾隆十五年举人，任武平县教谕，后任邵武府教授。

【按】郑念荣诗未载朱氏本，为潘氏本所增补。此云"录十首"，原作或亦为十八首。

玉水璇源①识者知，独搜山骨爱神奇。

石交须觉生珍重，曾读林亭砚史词。

①玉水璇源：产珠玉之水。璇源，产珠的水流。南朝颜延之诗《赠王太常僧达》："玉水记方流，璇源载圆折。"

仙令能深诗画情，却缘解组①尽知名。

端州岩洞曾亲管，比似南宫癖易成②。

谓莘田先生。

①解组：解绶，谓解印绶而辞官。

②此句典出"米颠拜石"。

【按】此诗写黄任。

春兰竞体擅芳芬，大笔淋漓五色云①。

国子文章金匮②史，砚田谁不愿耕耘。

谓古梅仲舅。

①五色云：五色云彩，古人以为祥瑞。

②金匮：亦作"金柜"。铜制之柜，古时用以收藏文献或文物。

【按】此诗写谢道承。

高怀时诵《北山文》①，乞墅②还期写练裙。

仓卒秋声飘一叶，妬人屏障有烟云。

"一叶秋声落枕函"，仲舅绝笔也。每观染翰，意欲求书，谓甚可从容。竟不获，深以为憾。

①北山文：《北山移文》的省称。文系南朝孔稚珪以虚构山林的口吻，对真隐士之颂扬和对伪隐士的尖锐讽刺。白居易《和钱员外青龙寺上方望旧山》："共道使臣非俗吏，南山莫动《北山文》。"

②乞墅：喻临危不惧的风貌。典出《晋书·谢安传》谢安、谢玄叔侄以围棋赌别墅之事。

【按】此诗亦写谢道承。"一叶秋声落枕函"，为谢氏绝笔诗中句。

裙屐纷纷走欸门①，吟台镇日②驻高轩。

只因石丈真堪友，旧泽新盟一样敦。

①欸门：叩门，敲门。

②镇日：整日。

惰农力尽石田开，云水锄犁老逸才。

千颗明珠诗一首，排山倒海远将来。

惰农舅氏旧有排律百韵寄先子。

【按】此诗写林在华。

陈琳①诗体亦称工，曾到闽山爱错砻。

直说畏诗如畏蜀②，坚城仰面本难攻。

星斋先生题语自云"畏原唱如虎"。

①陈琳：汉末文学家，建安七子之一。此借指陈兆仑。

②畏诗如畏蜀：化用司马懿"畏蜀如畏虎"典故。

【按】此诗写陈兆仑。

十砚轩中染翰香，琢磨半是女郎将。

只今梨雨应重滴，并洒珠娘与顾娘①。

①珠娘与顾娘：指端州女砚工和顾二娘。

席珍光价俯琳琅，金石争归集古堂。

大业正非成一手，新唐欧宋俨分行①。

①此二句指欧阳修、宋祁等同修《新唐书》事。此指《林史》乃辑录闽中诸人之铭。

客踪谁复共探奇，枫叶丹浓霜下时。

莺脰湖①边继妍唱，好来吴市②话襟期。

①莺脰湖：在今江苏省吴江市，以湖形似莺脰得名。

②吴市：吴都之街市，指苏州。

◎次韵

录六首。当湖陆天锡。

陆天锡（生卒年不详），字畏苍，浙江平湖（当湖）人。乾隆三年举人。工诗词，所作能得古人意。有《古香阁诗词稿》。

【按】原诗共十一首。潘氏本只录六首（一、三、七、八、九、十一），其馀五首由朱氏本按原排序补入。

拳科倒薤①我何知，生后林亭莫问奇。

谁料长安淹乞米②，春风亲炙吉人词。

①拳科倒薤：语出《韩愈·岣嵝禹诗》："拳科倒薤形模奇。"形容篆书字体奇异。

②长安淹乞米：指在京城谋求俸禄。典出颜真卿向李大保借米之《乞米帖》。淹，留。

铁画银钩四体分，策勋仍驾中书君。

长林片片千秋业，不藉河东九锡文①。

①九锡文：古代帝王赐九锡予权臣时的诏书，内容皆谀颂权臣功德之词。

曾读甘泉古瓦铭，更从端士缅芳型。

即看贯玉编珠句，一瓣香烟接阮亭①。

①此句指林佶为王士祯（号阮亭）门人。

纸阁①垂帘读百回，恐将尘土浣琼瑰。

多君宝世成完璧，十五连城不换来②。

①纸阁：用纸糊贴窗、壁的房屋。代指清贫者所居。

②此二句典出蔡襄诗《徐虞部以龙尾石砚邀予第品仍授来使持还书府》句："相如闻道还持去，肯要秦人十五城。"

石语分明记粤东①，长□②说研最能工。

何如朴学斋中士，日日悬针剔蛀虫。

①此句指屈大均所撰《广东新语·石语》，其中"端石"一节记端石诸坑甚详。

②原诗"长"字后缺一字，当为"林"字，即"长林"，林佶之号，林家有长林山庄。

秋水为神玉比清，方员珪璧就嘉名。

怀中点有青花片，不遇良工器不成。

元玉香子旧侧厘①，明珠磊落灿新题。（谓句山年伯诸作）

多惭踯躅②寒郊影，也索枯肠叶斗鸡。

①侧厘：纸的别名，南越以海苔制纸，其理倒侧，故称。

②踯躅：顿足；徘徊不前。

余黄铭语各清标，完璞终须伏阮雕。

不信精华蟠水府，挥毫多是绿天蕉。

鹦鹉湖①南赋小园，水岩精鉴属萝轩②。

重吟京兆金兰句，绝忆当年古处敦。

①萝轩：翁嵩年。

②鹦鹉湖：有多处，此指作者陆天锡家乡当湖（别称鹦鹉湖）。

荟萃图书翰墨香，琳琅千里远携将。

微物点附青云永，厚幸①吴趋顾二娘。

①厚幸：大幸。

凌云才笔似相如，金马行看荐《子虚》①。

但得石交留只眼，不教清泪滴蟾蜍。

①指司马相如《凌云赋》《子虚赋》。前者本名《大人赋》，因汉武帝读后，评其为"飘飘有凌云之气"，后世文人诗词中遂称《凌云赋》。

◎次韵

录二首。凌镐。

凌镐：生卒年与生平皆不详。清中期有苏州吴县人凌镐，乾隆三年举人。林在峨约于乾隆十年至乾隆十七年客居苏州七年，与吴人多有交往。此二诗或即此吴县人凌镐所作。

朱氏本原文凌镐名字前标有"恭次力堂周夫子韵"。

【按】原诗共五首。潘氏本只录二首（四、五），一至三首由朱氏本按原排序补入。

风流由来好事知，凤咮龙尾有何奇？[①]

试看紫玉[②]池开处，洗笔书成幼妇词。

①此句典出苏东坡因写"苏子一见名凤咮，坐令龙尾羞牛后"（《龙尾砚歌（并引）》），为扬凤咮砚而抑歙砚，从而招致歙人不满的故事。

②紫玉：指端石。

呈形绘质两难分，嗜古堪称万石君。

莫道研田馀半亩，雅人欣赏是奇文。

汉文唐字尽垂铭，新谱重翻接旧型。

寄语探奇载酒客，不须更过子云亭[①]。

①此二句典出用汉代杨雄"载酒问字"故事：杨雄家贫嗜酒，时有好学的人载酒肴从其游学，后世遂用此典比喻慕名登门请教。

青眼摩挲日几回，芸窗珍重抵琼瑰。

米颠爱石寻常事，对此真应下拜来。

墨池笔架列西东，更揭新图别样工。

却笑宣和书画谱[①]，锦囊徒饱蠹鱼虫。

①宣和书画谱：宋徽宗宣和年间诏修御府书画、古器物藏品集《宣和书

谱》《宣和画谱》。

◎次韵

录二首。白城章鹤侪。

章鹤侪（1703—1755）名海鸾，字鹤侪，号友松，安徽和州人，祖籍徽州。雍正年间秀才。曾任淮安府"署内教授"。后游学淮扬，售诗字行。为人纵情诗酒，工八分书。

【按】原诗共五首。潘氏本只录二首（一、四），其馀三首由朱氏本按原排序补入。数诗用词遣句落拓不羁，甚合章海鸾纵情诗酒的秉性。

性癖原非俗学知，赏心端不在珍奇。
搜来几处名山骨①，片片裁成绝妙词。

①名山骨：指砚石。宋代朱翌《送砚与周宰》："巧匠凿山取山骨，媪神拱手不敢惜。"

四体皆工间八方，笔精墨妙总归君。
各抒胸臆辉金石，不是寻常黄美文。

谁解用刀如用笔，镌铭真不堕先型。
无涯左右逢源乐，遥溯风流旧草亭。

洗净轻磨数往回，金星鸲眼胜玫瑰。
独怜古砚留耕久，伴我风尘万里来。
输他千顷遍南东，恁瘦还拼勤苦工。
莫羡求田无厌客，沧桑转盼笑痴虫①。

鉴翁李太守嘱临陶舫砚铭。见力堂周公题句，爰次祠效颦。不胜乡关之感，工拙非所计也。

①痴虫：犹痴愚之人、蠢货。

◎次韵

侯官林正青（苍岩）。

忆向端溪访故知，插天岩鑿七星奇。

十年聚散烟云态，万里诗筒①认好词。

甲辰访莘田于端州。

①诗筒：亦作"诗筩"，盛诗稿以便传递的竹筒。

石交有癖席平分，曲巷过从得五君。（雪邨、德泉、古梅、瑞峰、心水）

石欲成凹池欲墨，吟台真许与斯文。

予与诸君所居曰"光禄吟台"。

轮蹄每过梁园①日，如见平台旧典型。

冰窖欲干孤子泪，寒鸦凌乱夕阳亭。

先君都门所寓在梁家园。

①梁园：又称梁家园，在今北京南城虎坊桥，明代兵部尚书梁梦龙，晚年居此著书，故名。

发箧陈书日几回，手持凤研重琼瑰。

郎潜①索米违心事，曾记趋庭问字来。

①郎潜：老于郎署，喻为官久不升迁。

【按】朱氏本此诗字句略有不同，为："欲读父书岁几回，手持凤研重琼瑰。步趋郎署如梭掷，深悔担簦蹑屦来。"如梭掷：指时间飞逝。担簦蹑屦：担簦，背着伞；蹑履，穿鞋。指穿戴整肃，表示恭敬。

丹峡钟灵聚粤东，剖来数片类神工。

不妨题识多多贵，要付儿曹①注草虫②。

①儿曹：晚辈子弟。

②注草虫：意同"注鱼虫"：借指训诂。

少年竹马最移情，追逐相期不朽名。

忆得松坪吟感遇，吞江石上八叉①成。

雪邨。

①八叉：两手相拱为叉。典出唐温庭筠。温氏才思敏捷，每入试，叉手构思，凡八叉手而成八韵，时号"温八叉"。

【按】此诗写许均才思敏捷。

到处微名挂齿芬①，吹嘘直欲致青云。

未干荐墨骑箕去，一研谁偕带雨耘。

①齿芬：形容谈吐风雅。此言多得尊长提携、赞誉。

曾纪高轩十砚文（予为莘田作《十研轩记》），磨砻大半付钗裙①。

那知十丈红尘里，为报青箱割紫云。

①钗裙：女子代称，此指顾二娘。

羚羊归去无多物，三洞精英事品题。

清绝高斋鸲眼对，胜于午夜趁朝鸡。

【按】以上两诗皆写黄任。

暮年词赋更清标，旁入虫鱼自琢雕。

一箧磨崖罗几上，兴来宿墨写芭蕉。

田生前辈。

【按】此诗写余甸。

初封即墨曾持节，铁面争传孰轾轩。

不用稽勋书九锡，铭词能使薄夫敦。

八闽瘴雾欲重开，闻道三长①仗史才。

直笔好搜山海秘，全凭巨眼照将来。

古梅时修省志。

①三长：唐代史学家刘知几提出"史才三长论"，认为史家须有才、学、识三才，又称"三才"。

临池挥洒技殊工，割得青花运琢砻。

爱女清才擅三绝，偏师若个敢相攻。

三弟涪云。

【按】此诗写林在峨。第三句"爱女清才擅三绝"，指林在峨有女擅长诗书画，或即上文何崇之妻。

庄依①荔水纳荷香，斗酒为留不速将。

自署惰农劳远寄，莺雏睨②睕③胜鸦娘。

二兄渭云。

①庄依：朱氏本作"居然"。

②睨：因畏惧而不敢正视。

③睕：林擎天，原名林睕（"睕"或作"睕"）。

【按】此诗写林在华。

箴铭杼轴①出如如，静里微言本太虚。

也似丹书传八字，三千历岁寿蟾蜍。

①杼轴：杼和轴，织布机上管经纬线两个部件，比喻文章组织构思。

曾得澄泥自切裁，黄珠光怪是天才。

于今访得陶君后，应诮端州支子来。

远书珍重载琳琅，文苑先生聚一堂。

着屐翻疑能几两①，夸多亹亹②示周行。

①此句意即"人生能着几两屐"。典出《世说新语·雅量》阮孚故事。意谓人生需求有限，不应为外物所累。

②亹亹：诗文或谈论动人，有吸引力，使人不知疲倦。

才高八斗字尤奇，谁谓齐竽①不入时。

搜刮山灵无遁影，文明早识应昌期。

①齐竽：犹滥竽。指不学无术的人。此作自谦。

【按】朱氏本诗后尚有林正青长跋："余与涪云弟别十有二年矣。风雨对床，时悬梦寐。兹夏五（夏五，即指五月。古代依经文标示月分体例。后亦代指文献缺漏）有都门之役，涪云弟亦以麦秋出岭。济南舟中，夜午，隔岸闻乡语声。急询之，则涪弟不期而至。秉烛重话者达旦。出《砚史》相赏，飘飘有凌云想。而光（"光"字疑"水"字抄录之讹）态山光，互相掩映，因忆故园友朋，文酒之乐，几席翰墨之缘，胜事难再。而余宦海沉浮，兴会索然，真有仙凡之别也。时蝉语变音，飒有秋意。乾隆四年六月二十有二日舟过临清，苍岩识。"

乾隆四年，林正青与林在峨分别十二年后，遇然于午夜在济南运河舟中相遇。二人秉烛品觉《林史》，并题识纪此奇遇。

◎次韵

侯官林在峨（涪云）。

由来嗜好始深知，耳食①如何共赏奇。

欲向端州评甲乙，好从仙令②看题词。

①耳食：谓不加省察，徒信传闻。

②仙令：指黄任。

【按】朱氏本此诗作："席珍希世有谁知，十研轩中自斗奇。欲识老坑真面目，好从仙令读题词。"

岩凿东西上下分，水肪火捺①鉴惟君。

闲书座右箴铭句，仿佛前人于剑文。

①火捺：端石名品，状如火烙痕迹，呈紫红微带黑色。

【按】朱氏本此诗作："剖出东西两洞分，毫芒鉴别孰如君。君家片片皆和璞，尤爱陈仓石鼓文。"

纬联曜合长林研①，珍重题铭见楷型。

卅载人传光禄派，道山亭是子云亭。

①指林佶所藏"双曜五纬砚"。

【按】朱氏本此诗作："先人手泽先生志，传世传家两典型。我合星槎亭下拜，岂徒问字子云亭。"

怀瑾求题日几回，得来新句重玫瑰。

词源京兆如泉滂，我来镌成喜复来。

【按】朱氏本此诗作："万卷淹留日几回（京兆别业有万卷楼），蝇头小楷重玫瑰。词源千丈如蛮涨，我亦镌成喜复来。"

三年管领洞西东，下考仍书翰墨工。

且垦砚田钻故纸，升沉身世付秋虫。

中坑远赠见交情，谁料天工最忌名。

一去罗浮同蝶梦，惟留遗制类天成。

谓杨二洞一。

【按】此诗写杨洞一。

丁丁^①响搨墨花芬，集遍端溪十里云。

自笑年来真好事，朝朝惟向石田耘。

①丁丁：即"叮叮"，指做拓片时拓包击纸之声。

北山何用再移文，偕隐唯甘共布裙。

不向苍生洒霖雨，但从砚沼起彤云。

九渊神髓畏人知，斤斧年年费品题。

尤物由来宜爱护，要妨夜半度关鸡^①。

①此句典出《史记·孟尝君列传》"鸡鸣狗盗"故事中，孟尝君门客夜半学鸡鸣误导门吏提前开关，而使孟氏脱险之事，此指佳砚需防被窃。显系有感于林家"奎砚"被窃之事。

早岁文坛蓟标家，藏藏龙尾大家^①雕。

蔚蓝天际金星点^②，争胜东流白叶蕉。

雪邨有歙研如碧玉色。

①大家：应指顾二娘。

②金星点：歙石名品"金星"。

【按】此诗写许均所藏金星歙砚。顾二娘制品。

庞公^①久已厌尘喧，只向山村架小轩。

留得石田才数亩，遗安生计子孙敦。

①庞公：指东汉末年高士庞德公。后为隐逸之士之代称。

三洞精华不易开，千夫挽绠得奇才。

非关秋月冰壶①宰，即墨如何度岭来。

①秋月冰壶：即"冰壶秋月"。比喻品格高尚。

得于华表付良工，二百年来掌上砻。

神物不磨经破璧，玉堂新样我能攻。

德泉太史在张半洲前辈坊表①得一石，制为研，并铭其旁。

①原文作"表表"，应系刻重一字。朱氏本作"表"。

【按】此诗写陈治滋所藏"长宁砚"。砚为明代抗倭名将张经牌坊遗石所制。

忆过胥江菡萏①香，专诸巷内意相将②。

要他圭角磨砻好，惟有聪明顾二娘。

①菡萏：荷花。

②相将：相偕；相随。

砚传宫瓦制何如（家藏汉甘泉宫瓦研，文曰"长生未央"），文注长生事总虚。

欲琢水岩圆似瓦，铭成端合赛蟾蜍。

诗人谁不爱丰裁①，险韵清言倚马才②。

可是郁林贫太守，为官只取石头来③。

①丰裁：犹风纪。

②倚马才：典出《世说新语·文学》：东晋袁宏受命起草文告，倚马而就。

③后二句典出三国吴陆绩"廉石"故事。陆任广西郁林太守，为官清廉。北归取石压舱以抗风浪，是为"郁林石""廉石"名典。

【按】朱氏本此诗字句有所不同，为："诗人谁不擅丰裁，险韵清言倚马才。可似郁林陆太守，鹤琴只与石偕来。"

雅调如同奏八琅，心期采录入名堂。

五云深处台符蔚，应照临池墨数行。

【按】朱氏本此诗作："雅调如同奏八琅，欧阳虞褚跻斯堂。诗筒且寄硬黄本，莫讶钟簴十数行。（余以新搨研铭百种寄苍岩兄并索和研诗）"八琅：仙乐名。欧阳虞褚：唐代书法大家欧阳询、虞世南、褚遂良。

片石成交事已奇，陶泓于此庆逢时。

看他活眼标鸲鹆，底为知音待子期。

【按】朱氏本此诗作："粤产吴工事已奇，镌铭勒志盛今时。吟台对字夸同调，不数知音钟子期。"

朱氏本此诗的砚史意义在于，闽中诸人所蓄端砚常取粤产端州石，而成砚于吴门顾氏工。

◎次韵

侯官林玉衡（泾云）

据乾隆九年刊本《朴学斋诗稿》目录之校字者名录，林佶四子排行为：林正青、林在衡、林在峨、林玉衡。可知林玉衡为林佶幼子。其字泾云，其生卒年及生平多已无考。

朱氏本此十八首题诗后尚有一跋，言林在峨《砚史》书名为其所取（此前称《砚铭册》）。

原跋补录于后。

东井山房集旧知，几罗紫玉尽新奇。

端州面目从君识，一片青花一首词。

每话羚羊到夜分，水岩投赠遥思君。

括囊守口知无咎，燕市来临乞米文。

莘田以囊研相赠。

【按】注文所言黄任所赠"囊研"，当即卷二黄任题"昌谷爱苦吟，古锦制方底。我以石为之，晓窗临乞米"之"囊砚"。

藏书集帖依然在，今日趋庭失典型①。

抚砚摩挲思往事，松窗濡墨写《兰亭》。

①趋庭：典出《论语·季氏》孔鲤趋庭受教。失典型：言其父林佶已殁，无从受教。

宝物何期去复回，而今完璧等琼瑰。（凤研为人所窃，经年得回）

十年阁下丝纶地，凤研曾从侍草来。

【按】此诗写林家失而复得之"凤砚"（即卷四林佶所铭"奎砚"，或因砚作凤池，故又称"凤砚"）。砚为林佶官内阁中书当值所用之砚。

采得珪璋自岭东，几疑鬼斧与神工。

曾经水府蛟螭夺，文是黄龙蛀是虫①。

①此句写端石石疵：黄龙纹和虫蛀。

别墅临江足适情，古香插架绝浮名。

吟台今日追曹谢（谢武林、曹石仓①先生），领袖诗坛属老成（田生前辈）。

①谢武林、曹石仓：晚明闽籍名士谢肇淛和曹学佺。

林泉著述擅清芬，问字论文集似云。

泛宅①每随鸥鹭侣②，年年问雨伴耕耘。

①泛宅：以船为家。

②鸥鹭侣：以鸥鹭为侣，喻志在隐居山林，不与尘世关涉。

如蝇楷法写鸿文，片纸传来比练裙。

最爱临摹《十七帖》①，鸾翔凤翥②欲烟云。

①《十七帖》：王羲之《十七帖》。

②鸾翔凤翥：意鸾鸟盘旋，凤凰高飞。比喻书法笔势飞动舒。

相期望岁足耕获，那许惰农门自题。

长啸空山徐一握，五更风雨杂鸣鸡。

二兄渭云。

【按】此诗写林在华。

蚕头燕尾①竞新标，馀技犹精铁画雕。

知是十钧施腕力，纸窗听雨响芭蕉。

三兄淯云。

①蚕头燕尾：指隶书。

【按】此诗写林在峨书法篆刻。

使君爱砚由来旧，十砚传家早署轩。

好事争忍分片玉，可知风尚一时敦。

【按】此诗写黄任。

片楮流传未忍开，每怀丁卯是天才。

汉阳碧玉知无恙，搨自玉琴书屋来。

雪邨。

【按】此诗写许均。

太史争驰翰墨工，琢来新句付磨砻。

雄师直千①千军扫，任尔长城也易攻。

古梅。

①"千"字疑传抄有错讹。

【按】此诗写谢道承。

闲斋静试海南香，旧雨频过意气将。

磨穴一床精致作，大家要数顾家娘。

【按】此诗写顾二娘（即顾家娘）。

犹存松菊乐何如？挈榼分题日不虚。

大小青花齐撰刻，定交金石比蟾蜍。

自是文章有别裁①，标新领异②轶群才。

晋安自昔称风雅③，枫岭诗筒远寄来。

①别裁：别出心裁。

②标新领异：即"标新立异"。

③此句指明代闽县徐𤊎所编《晋安风雅》，该书辑录明初至万历年间闽
人诗作。

朱砂翡翠①耀琳琅，位置真堪在玉堂。

画得乌丝笺②几幅，新诗属和写千行。

①朱砂翡翠：端石石品"朱砂斑""翡翠纹"。

②乌丝笺：有墨线格子的笺纸。

西江移宰事称奇，收尽名材盛一时。

堪笑端州杜万石①，未能陶写见襟期。

①杜万石：宋神宗时杜谹知端州，搜罗端砚无度，人称"杜万石"。

【按】此诗写黄任。

朱氏本诗后有长跋："癸丑秋，轮川五兄以陶舫研铭百种与诸君题词寄示京师。铭词醇古，各臻其妙，亟付装黄（即装潢，装裱成册），余标曰《砚史》，朝夕展玩。苍岩三兄作《小引》，叙长林与黄、许二君世结翰墨缘，故所藏砚皆三洞精华；而莘田大令出宰端州，肆力搜求，水岩之美毕聚焉。与苍岩兄各步原韵书于册，都中偕观无虚。中冬苍兄司醝政于淮上，此册留携行箧，与相离者经岁。乙卯夏，予自燕旋闽，陶舫藏砚十倍于前矣。其铭词之古奥，制作之朴雅，陆离光怪，不可名状，洵为宇内大观。予思光禄吟台，莘田以十砚轩擅美于前，今陶舫踵盛于后，物聚所好，吾知其必有合也，故五兄有"吟台对字夸同调"之句。其所手装研铭四册，几二百种，皆所书刻，各体具备。册中诸君和章，琅琅炳炳，皆传世之音。独惜京兆余君已逝，诵其诗而典型在望，不无今昔之感。方余和什邮稿，归未署名，已附册末。馀纸竟幅，爰记于后。时丙辰秋日。"

此跋之"癸丑秋"为雍正十一年癸丑（1733）秋。"乙卯夏"为雍正十三年乙卯（1735）夏。"丙辰秋日"为乾隆元年丙辰（1736）年秋。

林玉衡此记的几个重要信息：

林在峨《砚史》书名为林玉衡所取，此前名"砚铭册"。

雍正十三年林玉衡回闽，林家陶舫藏砚十倍于其离闽之时，可见林正青，尤其林在峨集砚之勤。故潘氏本所增补林在峨砚多达二十四方。

此记作于乾隆元年，则此朱氏本当并非雍正十一年之原始初稿本，个别内容当在初稿本基础上略有增补。

另，此记言林在峨有手装研铭四册，几二百种（砚），砚铭皆林在峨书刻，但据黄任《题陶舫砚铭册后》诗注，许均砚铭皆许均与黄同寓苏州三山会馆中所刻，可见至少朱氏本所收许均砚六方并非林在峨手刻，或许林在峨认为有所不妥，修订时将此记删去。

从此记看，除林逊、林佶之砚部分为林佶（或亦有杨洞一）所刻外，林家之砚，尤其林正青、林在峨砚铭及余甸等人砚铭，多林在峨所手刻。

◎次韵

侯官林其茂（培根）

林其茂（约1713—1752），字文竹，又字培根（一云培冈），闽县人。乾隆元年进士，官浙江山阴知县，在任七年，民甚爱戴之。以失察，夺官罢归。乾隆十七年卒于家，时年三十九。著有《山阴集》《归田遗草》。妻郑翰莼（郑方坤侄女），亲课二子林乔荫、林澍蕃，皆成名、入仕。女林芳蕤亦能诗，笔墨有韵致。

清末内阁中书、长乐人谢章铤所撰《赌棋山庄词话》卷二"林乔荫杂著"，云林氏为林侗、林佶之后。该书所收林氏诗第六首，其自注称林在华为"先伯"。林侗二子、林佶四子长幼排序：在防、在华；正青、在衡、在峨、玉衡，则林其茂应为在衡、玉衡二人其中一人之子。《林氏》卷八为林氏专辑，林正青、青在峨（附三子）、林玉衡之后即林其茂，这也可证林其茂乃林佶后人。但林其茂撰有《长林四世弓冶集》五卷，是书乃集其曾祖父林逸、祖父林秉中、父林赞龙及自己所作诗，似乎虽同属长林林氏，与林佶家族并非三服内本家。或有一种可能：林其茂本为林佶孙，后过继于本族林赞龙门下，这在旧时代很常见。

林其茂《题陶肪砚铭册后》十八首中，有单咏黄任、余甸、谢道承、林在华、许均数首，其余大多为赞美砚佳石及回忆诸人文事、砚事交往。其一云林佶名砚"奎砚"为其家"青毡旧物"（家传名物），又一诗有自注"诸前辈过从日余年尚幼"，可见，林其茂幼年曾见识过黄任、林在峨兄等雅集盛事。

林其茂子林乔荫，嘉庆间官四川江津知县。乾隆三十年中举，时任福建学政为纪晓岚，故纪氏算林乔荫座师。纪氏中举时，其座师裘曰修赠其一方宋代史学名家、福建莆田人郑樵"夹漈草堂"（郑氏居室名）遗砚。纪氏又将此方闽人遗砚，赠于闽人门生林乔荫，可谓"楚弓楚得"。

就中况味①有谁知，却怪诸君剧好奇。

见猎殊惭余口拙，几年不就一题词。

①况味：境况和情味。

一卷丹书宝篆分，铭勋勒石拜陶君。

雅歌鼓吹风流甚，绝胜前贤九锡文。

青毡自是吾家物，奎砚①犹存旧典型。

好事故应珍片纸，都从秘本揭《兰亭》。

①奎砚：指林佶官内阁中书时所用"奎砚"。

羚羊峡里割云回，片片珍同席上瑰。

神物自然难久秘，天教移赠使君来。

【按】此诗写黄任。

诗人老去隐墙东，春蚓秋蛇①妙化工。

收拾雄心向毫素，花间研露注鱼虫。

田生前辈。

①春蚓秋蛇：形容书法神奇玄妙。

【按】此诗写余甸。

红药翻阶旧有情，文章政事两知名。（古梅前辈）

可堪一叶秋声落（公病革时，有"一叶秋声落枕函"之句），赢得邻春
响不成①。

①邻春响不成：即"邻有丧，春不相"。出自《礼记·曲礼上》。意为邻
居办丧事，应停工去帮忙。

【按】此诗写谢道承。

红药碧荔尽含芬（渭云先伯所居在荔水庄），问字人都识子云。

那信惰农原不惰（先伯晚岁自号惰农），老来总向石田耘。

【按】此诗写林正青、林在华。

石上传来太史文，至今人共宝羊裙。

明珠十斛归何许？匣底犹存五色云。

雪邨前辈。

【按】此诗写许均。

纵横黄绢碑阴句①，大小青花研背题。

不厌摩挲百回读，纸窗风雨夜闻鸡。

①指《曹娥碑》"绝妙好辞"故事。此指砚铭有文采。

传来美款擅高标，铦笔如棉应手雕。

此事不供时眼好，辋川雪里写芭蕉①。

①此句典出王维"雪里芭蕉"。

曾对杨梅叨侍坐（诸前辈过从日余年尚幼），惭非潘左①称陪轩。

闽山旧雨浑如梦，盟会如何许再敦。

①潘左：西晋文学家潘岳（潘安）和左思的并称。

运斧操斤生面开，陶钧①万象见奇才。

随形肖物天然妙，都是心精②指画来。

①陶钧：经营，塑造。

②心精：精心。

何必矜夸鬼斧工，由来美质要磨砻。

石交未识谁青眼，安得他山一错攻。

新诗读遍齿牙香，击节应须斗酒将。

露冷空阶秋色暝，天街队队数鸦娘。

从来健笔羡椽如①，让与相如赋《子虚》。

棘句钩章②谁道好，玉川空自咏蟾蜍。

①椽如：即"如椽大笔"，比喻文词笔力雄健。

②棘句钩章：形容文辞艰涩拗口。

看他丽质短长裁，刻画差堪尽砚才。

若比深闺红粉镜（昔人有以文人砚比美人鉴①者），蛾眉曾比妩言来。

册中铭词，田生前辈居多，末语即其事。

①文人砚比美人鉴：语出晚明名士陈继儒《妮古录》中句："文人有砚，犹美人之有镜（即鉴）也，一生之中最相亲傍。"

【按】此诗写余甸。

同工异曲奏琅琅，可共追趋大雅堂。

聊复题诗留纸尾，此中先已示周行①。

①周行：大道。语出《诗经·小雅·大东》。

语言无味①岂能奇，力学从今已过时②。

矫首③却从尘土味，强颜也共写襟期。

①语言无味：指说的话枯燥无味或庸俗无聊。典出韩愈《送穷文》："凡所以使吾面目可憎，语言无味者，皆子之志也。"

②语出《礼记·学记》："时过然后学，则勤苦而难成。"指失去适当的

学习时机，虽努力苦学，亦难有成就。

③矫首：昂首；抬头。杜诗《又上后园山脚》："穷秋立日观，矫首望八荒。"

《砚史》卷八终

朱氏本补遗（一人）

宋仙女

　　宋仙女，其人无考。本卷作者排序，以黄任原作十八首开篇，而置林氏家族诸人于诸人后（此应是林氏出于自谦之意），宋仙女则被置于林氏诸人之后压卷，但其并非林姓。从诗句"羡尔诸君排笔阵，燕吾云女下尘来"及名字看，女性之可能性较大。种种迹象显示，颇疑宋仙女乃林家女眷，即林在峨兄弟或子侄妻室。从所作诗十八首看，其对黄任、林佶、顾二娘等人砚事砚艺甚了解，对端石端砚以及砚史书史的典故亦较熟稔，辞句也颇有文采，显见学养颇有根柢。

　　宋仙女是该卷潘氏本所删唯一的一位。疑林在峨重新编辑成《砚史》时，家族或出现某些变故，有隐情难言，所以舍而不录。当然，也有可能系林在峨去世后其诸子因故所删。

　　原识荆州一面知①，久闻十政十方奇。
　　群贤集在端溪上，黄绢碑中亦比词。
　　①典出李白《与韩荆州书》中所引时人语："人生不必封万户侯，只愿结识一下韩荆州。"荆州，即时任荆州长史韩朝宗。韩任官时喜欢推荐才士，所以李白作此信求荐。

　　梅花穴里紫云分，得石尘间黄老君。

名出闽南闻四海，字如铁画写鸿文。

【按】此首写黄任。次句"黄老君"即指黄任。

砖瓦石泥几种名，方员^①古款自然型。

朝朝列在明窗上，胜似清秋漫景亭。

①方员：方圆。

内阁当年罢墨回，传留数片玉琼瑰。

先生归去泉台上，业继诸君染翰来。

【按】此首写林佶。首句"内阁"指林佶所官内阁中书。末句"业继诸君"指林正青、林在峨兄弟。

紫云原是黄冈东，妇女沙磨百练工。

又得佳词精选刻，芝形鸟脚篆如虫^①。

①此句指鸟虫篆之类砚铭字体。

媚者曾交一世情，盘桓笔墨识君名。

如令游在闲云里，亦是真人乐九成^①。

①乐九成：《尚书·益稷》："箫韶九成，凤皇来仪。"意为箫韶之曲连续演奏，凤凰亦随乐起舞。

青花火捺按名芬，点点金星起紫云。

一研梨花春雨洒，彩毫锄雨似耕耘。

南北知君妙手文，君藏世宝写羊裙。

堂阴将应词源出，直到泉宫三殿云。

硃砂翡翠儿班齐，背后佳铭是子题。
愧我具文共蕊简①，同持枕侧伴龟鸡。
①蕊简：指道教经籍，又名"蕊书"。

人间巧匠姓名标，字字如珠铁笔雕。
刀软刺棉石上刻，犹如鹦鹉啄芭蕉。

开阁移云池上洗，带来玉露入腾轩①。
胪罗②青案光华起，可比周官捧宝敦。
①腾轩：高大的书斋。
②胪罗：即列胪。罗列之义。

羚岩云水一时开，块块玉如品上才。
染得彩毫题妙赋，洛神神女遣人来。

凡间人巧夺天工，铭字令吾也砥砻。
莫道世尘难甚事，长城虽固亦能攻。

天门门下是沉香，世上流传舞剑将。
问得深闺精妙品，姑苏台上顾青娘①。
①顾青娘：即顾二娘。

雪扇轻衫乐自如，身浮紫雾白云虚。
瓶花宝剑胪陈左，右有陶君伴玉蜍。

墨分阁帖自心裁，不越端溪此品才。
羡尔诸君排笔阵，燕吾云女下尘来。

378

银钩铁画俱琳琅，绝妙佳词上赋堂。

日日但从翰墨会，一枝琼管①写千行。

①琼管：多指玉笛。此指玉管毛笔。

贤士名公斗品奇，三唐①那有大清时。

收罗两洞精华气，十研轩中待好期。

①三唐：明清论唐代诗史，多以初唐、盛唐、中唐、晚唐分期，或以中唐分属盛唐、晚唐，即初唐、盛唐、晚唐，谓之"三唐"。

《砚史》卷九

题后（古今体诗，诗馀）

●题陶舫《砚史》后

◎析津赵荣本

赵荣本（生卒年不详），顺天大兴人，拔贡生。乾隆二十年曾任湖南新宁知县。

惟砚为田，石云何荒。君子耕之，厥①德斯彰。
惟墨斯垢，以沃则光。君子铭之，敬哉勿忘。
惟静克寿，乃含其章。君子守之，永念厥藏。
①厥：其。

◎长洲李果（客山）

李果人物简介见卷四林佶"他山砚"。

端人岩岩①，古训是式。相彼长林，子焉即墨。
含章可贞，为珪为璧。恺悌②君子，其仪不忒③。
端人维良，在水一方。我心写兮，云汉天章。
以似以续，肯构肯堂。君子乐只④，何用不藏。

端人所尚，唯德是视。各肖尔宜，方圆流峙。

笃实光辉，行修名至。既见君子，云胡不喜⑤？

端人秩秩，克绪其功。切磋磨砺，陶舫之中。

风池载涉，金匮斯同。允矣君子，穆如清风⑥。

①岩岩：威严貌。

②恺悌：态度温和貌。

③不忒：无差错。

④乐只：和美；快乐。只，语助词。

⑤云胡不喜：有何不乐？。此二句语出《诗经·国风·郑风·风雨》。

⑥穆如清风：美如清风化养万物。语出《诗经·大雅·烝民》。

◎海宁陈世倌（秉三）

陈世倌（1680—1758），字秉之，号莲宇，海宁盐官人，陈诜之子。清康熙四十二年进士，历官翰林院庶吉士，授编修，山东、广东、顺天乡试主考，官终礼部尚书、文渊阁大学士，卒谥文勤。有《嘉惠堂集》等。

羚羊峙遥空，紫云谁割取？嗜奇鹿原翁，制作穷今古。

精言匹典坟，篆籀探岣嵝。文战媲欧阳①，搜罗并东武②。

竞日手摩挲，仿佛缅遗榘③。

①欧阳：欧阳修。撰有《集古录》。

②东武：指赵明诚，撰有《金石录》，密州（今山东诸城）人，密州古称"东武"。

③遗榘：遗矩。

◎山阴傅王露（玉笥）

傅王露（生卒年不详），浙江会稽人，字良木，号玉笥、阆林。康熙五十四年探花，官编修。退居乡里几四十年，晚筑信天书屋，自号信天翁，以书画自娱。八十余岁尚能挥翰，乾隆初加中允衔，有《玉笥山房集》。

作史本《麟经》①，其义则窃取。编摩②到块石，斯制或非古。

不闻宣王初，划凿首岣嵝。盥盘及几带，纪述垂汤武③。

吾老谢簪彤④，抱璞缅遗榘⑤。

次海昌韵。

①《麟经》为《春秋经》的别称，是中国古代一部编年史兼历史散文集。
儒家六经之一。

②编摩：犹编集。

③此四句写《石鼓文》。

④簪彤：即"簪彤管""赤笔管""簪笔"，红色笔杆之笔。彤管：古人
簪发用的红色管妆簪子。

⑤遗榘：前代遗留规则。

朴学吾老友，直谅夙所取。多闻尤足称，词翰偪三古①。

士季与官奴②，骨法追岣嵝。中书抚磬石，至性感祖武③。

甘露润栟榈，慕兹高鲁④榘。

再次韵

①偪三古：直逼三古时代。偪，即"通"。三古，即上古、中古、下古。
但古人说法不一，约指伏羲到春秋时期。

②士季与官奴：指钟繇子钟会（字士季）和王献之（小字官奴）。

③祖武：谓先人的遗迹、事业。武指步武，足迹。

④高鲁：春秋时郑人弦高、战国时齐人鲁仲连的并称。弦高犒秦师以解
郑危；鲁仲连义却秦兵，解赵之急。

◎嘉兴钱陈群（香树）

钱陈群（1686—1774），字主敬，号香树。浙江嘉兴人。袁枚女弟子南楼

老人陈书之子。康熙六十年进士，改官翰林院庶吉士、编修，内阁学士，刑部侍郎，充经筵讲官、会试副总裁等职。乾隆十七年引疾归乡，优游故里。

端石如端人，厥质静而正。征行①谥既彰，传受铭可镜。

此册林氏守，名辈互考订。铦锋②展纤阿，圭璧发晶莹。

词兼鲔柳深③，体许斯邕④并。借观不忍释，秋窗张短檠。

龙尾穴已湮，风味想难更。碧瓦多飘零，黄眼争季孟⑥。

品题有群公，石室事称盛。我老当学耕，与君租一稜。

①征行：正道直行。此指端砚精美之品质。

②铦锋：指毛笔的毫颖。

③鲔柳深：形容辞义深奥。语出苏诗《石鼓》："其鱼维鲔贯之柳。"

④斯邕：李斯、蔡邕，各擅篆、隶。

⑤季孟：即"季孟之间"，典出《论语·微子》，指春秋时鲁国贵族季孙氏和孟孙氏。谓伯仲之间，不相上下。

◎ **曲阜颜肇维（曼翁）**

颜肇维人物简介见卷七。

林氏擅八闽，涪云尤好奇。我闻陶舫内，割取千端溪。

象形随所赋，英英见天姿。佳者为石友，太上①百世师。

念昔中书君②，六体工临池。好事余京兆，水鉴俱无私。

结客轻赵李，通刺③遍天涯。我来寻石鼓，轩车每追随。

中座出石研，一一品骘之。退食著小铭，兴到自镌锥。

忽漫廿馀载，升沉人事哉。九原不可作，南北安得知。

孰谓宣武里，重看小凤来。奚奴负研谱，元光何陆离。

恍疑周秦揭，二篆穷籀斯。八分含古隶，波折中郎碑④。

急就变草字，史游与张芝。错以五千言，山阴换鹅归。

其铭昉谟诰，或似古逸诗。雕续《五杂组》⑤，不止幼妇词。

而我具是癖，官贫无力治。乞留萧斋下，如对栩寝彝。

二句忘趋省，中仪嘲我痴。春晴棐几静，感旧重歔欷。

子为中书后，世家推白眉。半是紫薇物，范乔守馨遗⑥。

京兆识名久，莘田则为谁？就中大手笔，乌衣氏古梅。

更爱跛道人，十二星晖晖。（太山相国有十二星研）

吾子撷其花，守墨扬前徽。出疆载之行，来谒帝王畿。

饶有凌云气，韩蔡真弩骀。他年扫西域，勒功子当为。

毛颖见其末，辟易万人靡。污唾米颠怒，尚白扬云⑦疑。

愿缄禹穴里，长免荐福雷⑧。

①太上：至高无上；最高。

②中书君：指林佶。曾官内阁中书。

③通刺：旧称名片。

④中郎碑：蔡邕所书碑。蔡邕曾官左中郎将，世称"蔡中郎"。

⑤《五杂组》：明代谢肇淛所撰随笔札记，内容涉嫌甚广。"组"又作"俎"。

⑥此句典出西晋"范乔哭砚"，喻后人敬重祖先遗物、遗训。

⑦尚白扬云：典出《汉书·扬雄传下》：扬雄（字子云，人或称扬云）写《太玄》，以清白自守，有人讽刺其书名带黑（"玄"即黑）。扬雄写《解嘲》诗辨之。

⑧荐福雷：被雷击。金代诗人李俊民《题断碑》："一从荐福雷轰后，片石犹争日月光。"荐福，祭神以求福。

●文房珍

◎长洲徐葆光（澄斋）

徐葆光（？—1723），字亮直，号澄斋，江苏长洲人。诸生，负盛名。

康熙五十一年进士，授翰林院编修。寻充册封琉球副使，赐一品服，乞归。数年，以御史记名起用，会卒。有诗文集传世。

墨华括砚背，聚此文房珍。匣藏各韫采，谱联其结邻。
钟鼎款识列，珪璧图象陈。砧磨铜瓿缺，肪截岩乳匀。
方圆说义美，坚贞似德伦。手泽抚愈远，家训守益淳。
缩比碑牓①手，小结翰墨因。遗文喜收拾，片石忧沉沦。
风流念执友，题赏周姻亲。座箴既日富，匮传固不贫。
奁赠映玉润，馀祚启石麟。（分揭一幅贻贤坦何安州，同藏外孙生及晬盘）
世宝合两姓，韵事夸七闽②。

①碑牓：亦作"碑榜"，指碑碣牌匾。

②七闽：古代居住在福建和浙南的闽人，分为七族，故称。

【按】朱氏本此诗题作"甲寅冬为苍岩题《研史》"。甲寅：雍正十二年甲寅（1734）。

◎金坛于振（鹤泉）

于振人物简介见卷二黄任"美无度砚"。

人生几两屐，多藏亦何取？明诚富金石，欧阳务集古。
转眼成劫灰，安得并岣嵝。不如方寸玉，清韵戛韶武①。
坚白无缁磷，从心不踰矩。

次海昌韵。

①戛韶武：以古乐《韶武》为法。韶武，指传为舜帝时之《韶》乐和西周《武》乐。泛指雅乐。

心有所好乐，则不得其正。至人①则不然，炯炯若明镜。
随物赋方圆，鲁鱼②何足订。寒山一片石，清光自辉莹。

雕镌出自然，闇③与斯籀并。长宵对寒玉，冷艳袭孤檠。

赵璧间道归④，再观势难更。小儒习虫鸟，仿佛谢优孟⑤。

不睹汉衣冠，安识威仪盛。可怜铜雀台，鸳瓦⑥堕霜稜⑦。

次香树韵。

①至人：圣人；有大德之人。

②鲁鱼：即"鲁鱼亥豕"，"鲁""鱼"两字相混。指抄写刊印中之文字讹误。

③闇：原指缄默不语。此指暗合。

④指"完璧归赵"故事，典出《史记·廉颇、蔺相如列传》。

⑤优孟：即"优孟衣冠"，原意假扮古人或模仿他。此谓一味模仿，没有创造性。

⑥鸳瓦：即鸳鸯瓦。李商隐《当句有对》诗："密迩平阳接上兰，秦楼鸳瓦汉宫盘。"

⑦霜稜：亦作"霜棱"，喻威势之盛。

坚白无缁磷，允为席上珍。梅根与桃花，怀宝共结邻。

不如秋枫岩，逝将取其陈。岁久肌理泽，材环骨肉匀。

红丝何足道，方城①岂其伦。妙手不雕琢，还我太古淳②。

刻铭记勋庸③，此义亦有因。陈仓十二鼓，转徙多沉沦。

此铭长不朽，谊不忘吾亲。林君世宝之，端可不患贫。

谁知金石交，此风扇瓯闽。

次澄斋韵

①方城：方城石砚，产河南方城。也称"黄石砚"。

②太古淳：太古时期的淳朴风气。

③勋庸：功勋。

◎李旭（旦初）

李旭人物简介见卷七。

陶舫罗古砚，篆刻出掌指。摭积二百馀，琳琅灿砚史。
或割粤洞精，或翾歙潭底。鸲鹆射明眸，苍龙截老尾。
尤奇联七曜，夺彼天上美。又或万年泥，陶澄绝渣滓。
楚火斗酷烈，汉宫护神鬼。几阅奕拱世，几悲澄心纸。
天地有灵气，千年闭复启。在古既峥嵘，在今甘委靡。
山川争吐奇，宝物纷出水。天生顾大家，切玉如断荠①。
裁得五色云，片片惊绝技。古物已希贵，今物又古矣。
矫矫紫薇省②，内史文章伟。（谓涪云尊公鹿原先生）
京兆及令君，夜光无彼此。（谓余京兆田生、黄令尹莘田）
铭与谟训古，篆追颉籀旨。下逮斯邈辈，光怪照杖几。
石经洞岂遥，周宣鼓伊迩。大或方盈尺，敦庞古君子。
小或扁逾寸，米颠袖第几。或如珪如璧，月落方塘里。
更或老权枒，棱角不受砥。有如入清庙③，钟鼎杂簠簋。
三代④法物存，烂然眩瞻视。又如登明廷，衣冠耀青紫。
草茅⑤一望洋，乃知褐宽鄙。还如餐菜羹，珍错忽入七。
江瑶与海月，泠泠香满齿。忽思犹皮相，岂遂尽所拟。
深山有古观，冷韵袭衣履。直令肺肝清，顿觉冰雪洗。
如住石室中，几忘血肉体。我之言有然，其谓非耶是。
不尔金石姿，千秋有成毁。即分器与词，乾坤能终始。
所贵片时在，片时悦心耳。不见绝世妍，香骨尘沙委⑥。

①此句形容顾二娘技艺高超。荠：荸荠。
②紫薇省：即"紫微省"，林佶所任内阁中书办公场所。
③清庙：即太庙，古代帝王的宗庙。
④三代：夏、商、周时期。

387

⑤草茅：草野，民间。

⑥尘沙委：即委尘沙，沦陷尘埃与沙土。

◎歙县胡宝瑔（太舒）

胡宝瑔（1694—1763），字泰舒，江南歙县人。乾隆二年进士，授内阁中书，充军机处章京。历官至左副都御使、兵部侍郎、江西巡抚、河南巡抚等职。卒谥恪靖。

歙人胡宝瑔，歙石端溪亚。歙人爱歙石，不在端溪下。

端溪假乱真，歙石真难假。岂必私其乡，莹洁星光射。

澄心纸为田，廷珪墨可稼。曾闻李后主，三者名并驾①。

①末四句指南唐李后主时，歙砚与澄心堂纸、李庭圭墨三者并誉为"天下冠"。

◎晋江陈大玠（笋湄）

陈大玠（生卒年不详），字元臣，号笋湄，福建晋江人。雍正二年联捷进士，任临漳知县，升任内府中书科舍人，历官浙江道监察御史、吏科给事中、太常寺少卿。有《笋湄内篇》等。

昔闻邺城滨，三台①崇如巘。漳水啮其垠，铜雀基已铲。

繁华付波流，惟馀古甓断。爱者价连城，赝质每相诞。

世人传虚名，纯真馀素悃②。不羡兴和砖，愿掬端溪产。

端溪紫石奇，擅名鸲鹆眼。更数歙山珍，龙尾世所罕。

今观陶舫铭，披图光琬琰。多君似米颠，石癖良匪浅。

力学汲古深，心花生玉管。钟隶顾八分③，况复工缪篆。

所以日摩挲，十指花露盥。赢得黄绢词，尺幅珠玑满。

①三台：邺城曹魏铜雀台、金凤台、冰井台。

②素恓：朴素至诚。

③顾八分：指唐玄宗时太子率更丞顾诫奢，工八分（隶书），有"顾八分"之目。

◎仁和沈廷芳（椒园）

维周之初师尚父，琢石创制金匮砚①。

厥后继者蒲大夫，载籍虽存不可见。

研之勒铭始何年？石墨相著语早传。

薛稷封侯薛涛赞，往往款识争雕镌。

文人嗜好例成癖，畎亩艺圃如良田。

林君三山有书舍，光禄坊东好台榭。

渊源儒雅本门风，笔簪玑瑁珊瑚架。

室中藏研尤崟嵚，光映图书色相射。

先公名迹满宇内，承旨笔踪堪至驾。

午亭阮亭尧峰文，因君手录为增价②。

仁皇诏誉御制集③，晚遇登朝如啖蔗④。

更铭老砚古隶书，花对紫薇惬清暇。

曾与家尊订石交⑤，小子恨未拜床下。

竭来京洛喜晤君，重敦世旧怀前民。

话言甫毕示此册，先迹强半留贞珉。

子昂片石项氏珍，题识者王（新城尚书）书者陈（子文太守）⑥。

芳初莘田暨雪邨，下逮睆也称文孙。

一百馀研若林列，君为抚拓劳且勤。

装成帙首书八分，锦函玉帙弥清芬。

持归竹窗置绨几，触手流瞰⑦辄心喜。

六书昔虽云小技，识字为文重韩子。

君之篆学泂绝奇，铁笔坚刚况如此。

从来凤骨无凡毛，羡尔才华能趾美。

群公跋句都琳琅，妙意波兴复云委⑧。

其义则予窃取诸，题策正堪名砚史。

①首二句指吕尚《太公金匮》："研之书曰：石墨相著，邪心谗言，无得污白。"

②此二句指"林佶四写"：王士祯《渔洋山人精华录》《古夫于亭稿》、汪琬《尧峰文抄》、陈廷敬《午亭文编》。

③此句指林佶康熙三十八年举于乡，以楷法精工，特旨入直武英殿抄写御集。仁皇：即清圣祖康熙。

④此句言林佶入都为官，如吃甘蔗，越来越甜，恩遇日深。

⑤此句指沈廷芳父沈元沧曾与林佶是故交（石交：交谊深厚之友）。沈元沧康熙五十六年副贡生。早年文章为毛奇龄、万斯同所赏，荐举入武英殿校勘书籍，当是其时与入在武英殿抄写御集的林佶有交集。

⑥此二句应言林家所藏"赵孟頫独孤砚"，砚曾为明代项元汴收藏。又经王士祯（新城尚书）撰辞、陈奕禧（子文太守）书铭。此砚收入卷七，但未载王氏铭。

⑦流瞳：过眼。臚，瞳仁，眼珠。

⑧云委：如云之委积，极言其多。

◎云中李相宜

李相宜其人无考。云中：应指李氏籍贯。古云中县，位于今内蒙托克托县。

紫薇内史老而秃，诗笺赋轴堪充屋。

鸡林象郡总知名①，中朝元凯争推毂②。

几席雅好罗古欢，端溪三洞嗜尤酷。

购得一石铸一铭，蝌斗篆籀难尽读。

人间未得探骊珠，天吴③什袭藏之匮。

文孙④铁笔妙镌迨，一一镌之蕉叶腹。

更杵隃糜搨硬黄，千狐集腋森如玉。

我亦生涯在砚田，碎琴犹踵先生足。

前辈风流不可追，披图细展三熏沐。

为君题词病有私，劝君更搨百千轴。

金石文字垂千秋，天球大贝⑤渺难续。

吉光片羽跻璆琳⑥，寿之后世斯文福。

君其许我诺无宿⑦，拟将酬君墨千笏、纸万束。

①此句誉林佶扬名海外。鸡林：汉代朝鲜半岛古国名。象郡：秦在岭南地区设置的三郡之一，辖境南至越南中部。《旧唐书·玄宗纪论》："象郡、炎州之玩，鸡林、鲲海之珍。"

②此句誉林佶得到朝中名流的推崇。元凯：即"元恺"，"八元八凯"的省称，泛指有才德的贤臣。推毂：荐举；援引。

③天吴：水神名。

④文孙：对他人之孙的美称。

⑤天球大贝：泛指宝物。天球，一种宝玉。大贝，即大贝壳，古人以贝为贵，经常作为礼品。

⑥璆琳：泛指美玉。

⑦诺无宿：即"宿诺"，久而无兑现之诺言。语出《论语·颜渊》："子路无宿诺。"

◎陈兆仑

道山之麓有奇士，不治生产治文字。

林鸿①风雅自渊源，一门友事兼师事。

论成乐志赋闲居，鸟转花铃琴舞鱼②。

满犁春雨秋初种，一泒③邻泉乐丰濡。

豪情逸兴互起伏，湖海馀波恣泄蓄。

龙文鸟迹汲古深，笑提昆刀截荆玉。

平生不学篆隶书，试道听而图说之。

悬针屈铁腕力胜，金剪玉筋神明司。

其馀造物忌锥琢，程邈困秦邕困卓。

怪他胆气持坚刚，不怕秋山鬼夜哭。

论交有道文有神，千年光宠相缘因。

新诗倘许署纸尾，胜似赠我端州珉。

①林鸿（生卒年不详），字子羽，福建福清人。明初以诗获明太祖赏识，荐授将乐训导，后拜礼部精膳司员外郎。年未四十自免归。善作诗，诗法盛唐，为"闽中十才子"之首。

②此句典出《列子·汤问》："瓠巴鼓琴，而鸟舞鱼跃。"瓠巴，春秋战国时期楚国著名琴师。此语形容其琴艺高超。

③沠：古同"派"，水的支流。

◎宋楠

宋楠（生卒年不详），浙江建德县人。雍正八年进士，雍正十一年选为翰林院庶吉士。乾隆时任詹事府左赞善，参与《皇清文颖》选辑编纂。其妻江蕙，爱好天文，著有《心香阁考定中星图》一册。

端溪一片石，割自西溪坑。

方珪圆璧制万品，一一兴作邱迟铭。

清词妩媚幼妇句，古篆盘屈苍龙形。

明窗响摄光奕奕，小者如规大盈尺。

积之岁久成巨册，便句此中称万石。

我闻帝鸿之研殊荒唐，亦不能辨铜雀与香姜①。

今人今手制，志以岁月后不忘。

古来金石久最寿，不待我诗方可久。

未知陵迁谷变②三千年，我诗子刻终谁云。

①香姜：指北齐高欢避暑宫之冰井台香姜阁。其瓦后世多用以制砚，与铜雀瓦砚并称。

②陵迁谷变：意指丘陵变山谷，山谷变丘陵；比喻世事变迁，高下易位。出自《诗经·小雅·十月之交》。

◎番禺庄有恭（滋圃）

庄有恭（1713—1767），字容可，号滋圃，广州番禺人。乾隆四年己未科状元。历任翰林院修撰、侍读学士、中丞、光禄寺卿、兵部右侍郎、刑部尚书、协办大学士、两江总督、太子少保，江苏、浙江、湖北和福建巡抚等职。擅书，法颜、米。

涪云宝砚如宝玉，镇日摩挲忘寒潦。

传家星精耀璧奎，考古端溪辨鸲鹆。（尊人鹿原先生故有奎砚，大尺馀，长过半，鸲鹆眼巨细参差，恍如日月五星云）

《云林石谱》①穷搜罗，郑魁诗隶手镌录②（铭词多余田生先生作）。

多君雅尚欢平生，大册小册装潢续。

我思宝物神扶持，聚于所好论则笃。

罗文玉带真赝纷，眼孔须如照天烛。

兼收并蓄理则那，别畛分畦③何局东。

涪云识者屡颔颐，我语非夸破流俗。

况君有子如范乔，何必传婿④夸芳躅⑤。

玉堂新样拱磨治，铸铁矮桑⑥意可最。

①《云林石谱》：北宋杜绾所撰《云林石谱》。该书记各地所产奇石，所载砚石亦多。

②此句典出北宋何薳《春渚纪闻》。郑魁：即北宋仁宗朝状元郑獬。《春

渚纪闻》卷九"郑魁铭研诗"条："永嘉林叔睿所藏端石，马蹄样，深紫色，厚寸许，面径七八寸。下有郑魁铭诗，隶字甚奇。云：'仙翁种玉芝，耕得紫玻璃。磨出海鲸血，凿成天马蹄。润应通月窟，洗合就云溪。常恐魑魅夺，山行亦自携。'"

③别町分畦：界限分明。

④传墦：即"王家传墦（同"婿"）砚"，典出北宋名臣晏殊。晏夫人王氏（宋初大将王超之女）嫁妆中有一砚，后晏殊将此砚传婿富弼，富弼又传婿冯京，冯京传孙婿朱谔，朱谔传婿滕康。王氏砚所传五婿皆官至丞相，时称"王氏传婿砚"。

⑤芳躅：芳踪。躅，足迹。

⑥铸铁矮桑：指五代桑维翰"铸砚示志""磨穿铁砚"故事。桑维翰人丑形怪，身短面长，故称"矮桑"。元代张宪《抱遗老人玉带生歌（有序）》："霜毫一夜电光飞，不必矮桑重铸铁。"

◎李之崋（半舫）

轮川先生骨欲仙，璁璜鼎彝堆几筵。

钟王墨宝体画前，楮虞赵董竞新鲜。

诗中之画祖辋川，吴曹转家亦云贤。

米黄倪郭相后先，个中天趣羌自妍。

性所尤钟研为田，端溪歙井疲搜研。

绳武继踵永家传，聚于所好劳品诠①。

银钩铁画手自镌，日益月增辑成编。

题曰《砚史》洵其然，一一披历心拳拳。

捻须发兴若涌泉，萦崖络涧为奔湍。

忽怯腕不胜如椽，屏息定魄转缠绵。

细大洪纤②与方圆，明窗试墨展蛮笺。

春蛇秋蚓蔼云烟，愧无凤慧窥幽玄。

探骊直欲穷深源，其如力屡钻弥坚。

哑然大笑仰高天，次舍莫由测衡璇③。

摩挲终日口垂涎，抑如大令旧青毡。

故物盗取羞窬穿，髯苏唾污亦微愆。

但恐世无襄阳颠，聊赋长歌当鸣弦。

高山流水声流连，知音千古互相怜。

①品诠：品评。诠，通"铨"。

②细大洪纤：指砚形制的大小、巨细。

③衡璇："璇玑玉衡"的省称，泛指星象。

岁癸亥嘉平①，予以公务来都，即闻有闽江林涪云先生者，博雅君子也。集古玩于斗室，琴书辉映，怡然自得。甲子春仲，适予家旦初兄寓见有《砚史》二册，乃先生手镌，苍古幽秀，各臻其妙。予爱不忍释手。次日，造庐订交。讯及《研史》，共八册，披阅一过，率成里歌一阕，自笑殿之卷文，以博大方家之一粲云。

①癸亥嘉平：乾隆八年癸亥（1743）腊月（嘉平）。

【按】李氏此跋言其乾隆八年冬，诣京公干。于友人处见部分《林史》书稿，爱不释手。进而登门拜访林在峨，并为之题诗。

◎青浦邵玘（西樵）

邵玘（约1781—1791年以后），字西樵，江苏青浦人。附贡生。乾隆间曾任桂阳知州知州张宏燧幕僚。有乾隆五十六年刻本《怀旧集》传世。据该书钱大昕序言：乾隆五十六年邵氏刚过八十岁，以诗名湖海者五十余年，文字之交遍天下。

余生雅有好研癖，闲云拂拭神每移。

方珪圆璧满几案，标日制铭腕忘疲。

爱此石交敦古处，市儿无识那得知。

八闽有客罗古砚，篆刻隐隐剥龙螭。

镌镵直欲通造化，宛然夏鼎与周彝。

世阅世兮常相守，疑有神物纷护持。

撮积不下二三百，文人结习亦一奇。

洵乎物常聚所好，庐陵之言不我欺①。

摩挲把玩不忍择，几回展册欲夺之。

客路②一编足破寂，急呵冻笔题新诗。

① 前自"物常聚所好"出自欧阳修《集古录目序》。庐陵，欧阳修里籍，此代指欧阳修。

② 客路：外乡之路；指旅途。

◎胡淦

胡淦，生卒及行迹皆不详。乾隆八年《沧州志》"纂修职名·总修"有"江南武进县举人胡淦"，或即其人。

女娲昔炼补天石，散落人寰编地脉。

青州贡石拣红丝，洮水粼粼沉绿色。

龙尾之英歙之精，端溪鸲卵斫苍璧。

国工一见闲心胸，神施鬼设加磨砻。

笔花墨渖相焕发，晴空瑞霭浮遥空。

摩挲拂拭讵忍置，眼底勿使尘埃封。

三山隐现钟名士，阅尽灵踪并奇字。

千岩万壑几上陈，倏忽云烟生茧纸。

方员完缺制非一，搜遗剔隐其文史。

吁嗟乎！世间何物无赏音，唐询①米芾胥同心。

箧中光怪时阴森，披图珍逾双南金②。

愿君什袭如球琳，世世宝之无古今。

① 唐询：北宋仁宗朝青州知府，撰有《砚录》。

②双南金：原指品级高、价值贵一倍的优质铜。后喻宝贵之物。

◎桐城方杭（柳峰）

方杭，字（或号）柳峰。生卒年及行迹皆无考。

十有一年夏四月，萍踪①又荡吴趋域。

客中无事静如僧，焚香扫地亲翰墨。

旅窗相伴何所有，博山结邻同晨夕。

博山之爱不为殷，惟有结邻成痼癖。

偶得片石心便喜，如对美女生悦怿。

摩挲火捄桃花肤，温润常教共枕席。

窃拟他年游倦归，图尽海内陶泓石。

装潢卷轴贻子孙，差胜他家积阡陌②。

忽见先生研史编，既欣且咏兼且嫉。

先我所好聚六帙，真草篆籀咸罗毕。

君何好事至如此，令人两日生恍惚。

小珠大珠盛玉盘，吉光片羽珍棐席。

聚狐之腋成良裘，苦心独造发新秘。

观者有如走山阴③，瞻前顾后乱甲乙。

更如黄山顶上松，松不一致各奇特。

君家阀阅冠榕城，代有文人作矜式。

先生素不事生涯，琴剑年年走南北。

平生好古性无匹，残碑齿齼翰④不肯失。

寓斋小住岂寻常，鼎彝必使满床侧。

嗜痴揖石类颇多，请看《研史》知其一。

我欲因之觅画工，汇摹仿佛时展拭。

匪独奚囊有此壮行色，更可慰子客里之岑寂⑤。

①萍踪：形容行踪不定，像浮萍般四处漂浮。

②阡陌：田间小路，此指土地。

③此句典出《世说新语·言语》王献之语："从山阴道上行，山川自相映发，使人应接不暇。"意指观看林在峨《砚史》，美品众多，令人目不暇接。

④鬐翰：意残缺的文字、书札。

⑤岑寂：寂寞，孤独冷清。

【按】此诗言方杭于乾隆十一年夏流寓苏州时，结识林在峨，获观《砚史》册并为之题此诗。

◎侯官谢琇（云门）

谢琇（生卒年不详），字征云，一字琅亭，号云门。谢道承次子，能衍家法。乾隆十三年进士，官户部主事。

秋风萧索秋天高，秋厅闲寂无尘嚣。

紫云千片腾蓬蒿，九锡新策弘农陶。

文木古锦缠鸾绦，蛮烟瘴雾蒸云涛。

高人手把昆吾刀，淬锷①时有鸊鹈膏②。

开函发覆红光韬，青花如攒春涧毛。

金星隐隐沙□淘，羚羊峡水鸣嘈嘈。

铭词奥古驱诗骚，涂朱濡墨秃千毫。

挥肱运腕捷如猱，拣选撰刻攻坚牢。（册中诸铭半为轮翁手镌）

松窗日永风飕飕，丁丁响搨墨污袍。

砑黄徐泫流滔滔，六书八法相周遭。

鸾漂凤泊蟠蛟鳌，李斯程邈未雄骜。

八分波戈势翔翱，龙蛇盘攫纷腾逃。

韩尚书与蔡骑曹③，众美咸备非虚褒。（光禄林氏皆以书法擅名，轮翁尤长篆隶）

怪君嗜古如老饕，镂铓刻削真宰劳。

群公竞响铿琅璈，杰作挺挺气象豪。（册中余田生、张雪樵、黄莘田诸先达皆有题咏）

走也属思学抽缫，缩涩譬彼秋蝉号。

雕虫技痒鸟爪搔，涂写七字已音操。

后之揽者毋訾謷④。

①淬锷：磨刀。锷，指刀剑之刃。

②鹏鹈膏：鹏鹈的脂肪。古人用以涂刀剑，使不生锈。

③指唐代韩择木（官至工部尚书）和蔡有邻（官至右卫率府兵曹参军），二人以八分书（隶书）著称于开元天宝间。杜诗《李潮八分小篆歌》："尚书韩择木，骑曹蔡有邻，开元已来数八分。"

④訾謷：攻讦诋毁。

【按】谢璈此诗自注点明了一点：《林史》册中诸铭一半皆为林在峨所手镌，亦即说明闽中诸人砚铭刻字多出林在峨手。

◎吴江李重华（玉洲）

李重华（1682—1755），字实君，号玉洲。江苏吴县人，李寅之子。雍正二年进士，官编修。十年，充四川乡武副考官。生平游迹，历蜀秦齐楚，登临凭吊，发而为诗，颇得江山之助。有《贞一斋集》。

娲皇剩炼约百百，海山仙人付调墨。弥天珠斗①从劂沏②。

①弥天珠斗：满天星斗。珠斗，指北斗七星；因斗星相贯如珠，故名。

②劂沏：凿雕。

◎诸城刘统勋（延清）

刘统勋（1698—1773年），字延清，号尔钝，山东诸城人，雍正二年进士，历任刑部尚书、工部尚书、吏部尚书、内阁大学士、翰林院掌院学士及军机大臣等要职。乾隆三十八年猝逝于上朝途中。追授太傅，谥文正。

凝重珪璋品，纷披篆籀文。一函开古色，继世诵清芬。

雕琢仍岩宝，研磨向典坟。高斋人静后，谁钓紫潭云。

◎新建周学健（力堂）

缺月崩云百态生，缃函重叠谱陶泓。

腻思蕉叶含筋绌，润入桃花露影清。

王粲何年铭墨运[1]，范乔终日忆家声。

轻沤漂沫纱帷暖[2]，寓日琳琅触手成。

[1]此句指东汉末王粲作《砚铭》， 有句云"墨运翰染，荣辱是若"。

[2]此句化用李贺《杨生青花紫石砚歌》句："纱帷昼暖墨花春，轻沤漂沫松麝薰。"

中朝楷法擅灵晖，妙迹多闻旧紫薇。

笔势动惊银海眩，墨花怒挟玉涛飞。

即看馀力云岩透，不数流传枣木肥[1]。

碑版向来光四裔[2]，青苔几许隔烟霏。

[1]枣木肥：指版刻字笔画加粗失真。杜甫《李潮八分小篆歌》："峄山之碑野火焚，枣木传刻肥失真。"

[2]四裔：原指幽州、崇山、三危、羽山四个边远地区。因在四方边裔，故称。此指天下。

金花翠叶尚扶疏，不尽精研握管初。

逸少风流存子敬，伯英兄弟见文舒[1]。

一家次第推名笔，什袭殷勤读父书。

清泪定多悲手泽，只疑香滴玉蟾蜍。

①前句指王羲之（字逸少）、王献之（字子敬）父子，此句指东汉书法家张芝（字伯英）、张昶（字文舒）兄弟。

妙手高词两不磨，马蹄莲叶①富搜罗。

直教琢句名山遍，倍觉含晖璧水多。

旧向岩中分琬琰，常从袖底剧摩挲。

何时持奉狸毛笔，为写《青花紫石歌》①。

①马蹄、莲叶：皆为砚名，见宋高似孙《砚笺·砚图》。

②《青花紫石歌》：即李贺《杨生青花紫石砚歌》。

◎宛平田志勤（平圃）

田志勤（生卒年不详），字崇广，号平圃，大兴人。雍正雍正十一年癸丑（1733）科榜眼，授编修，历官侍讲。有《业精堂诗草》。

静用曾推独永年①，况逢博物藉流传。

鼎缘象重成周卜②，鼓以文垂太学镌。

典雅远过《刀剑录》③，曲摹欲废《锦裾》篇④。

于今即墨加侯券，争羡宣和玉印鲜。

①此句典出北宋唐庚《古砚铭》中句："不能动，因以静为用。惟其然，是以能永年。"

②周卜：即《周易》。

③《刀剑录》：南朝陶弘景所撰刀剑专著《古今刀剑录》。

④《锦裾》篇：唐代陆龟蒙所作《记锦裾》。

◎嘉定张鹏翀（南华）

张鹏翀（1688—1745），字天飞，号南华散仙，江苏嘉定人。雍正五年进士，选庶吉士，散馆授翰林院检讨，官至詹事府詹事。工书法，学苏体，擅山水，师法元四家，"嘉定六君子"之一。有《南华诗集》。

方方一棱陌连阡，欲种休嫌是石田。

宽政未闻加户税，苦耕长觉欠逢年。

管城涸尽澜翻雨，墨海荒残黯淡烟。

三叹不如投来去，那能犁铁待磨穿。

此余少年所作《研田诗》。又尝梦作《研田赋》云："嗟！我生之无业分，恃破研以为田；譬农人之穮蓘①兮，惟矻矻以穷年；望候时而一刈兮，拂千顷之云烟；乃有秋之不获兮，长辍耕而仰天。"

①穮蓘：耕作农事。

●荒塍

◎于振

草宅荒塍水满阡，虽然负郭强名田。

颜公餐粥常经月①，摩诘清斋亦有年②。

常把剡溪书栗尾③，谁从歙浦向松烟④。

阿翁诶墓儿曹喜，不怪鹑衣袖屡穿⑤。

次南华韵。

①此句典出颜真卿《与李太保帖》（又名《乞米帖》："拙于生事，举家食粥，来已数月，今又罄竭，祇益忧煎。"后因以"颜公粥"指贫穷者的饭食。

②此句典出王维诗《积雨辋川庄作》："山中习静观朝槿，松下清斋折露葵。"清斋：谓素食。

③此句写纸、笔。剡溪，指剡溪所产古藤所制纸；栗尾，以鼯鼠毛所制之笔。苏诗《孙莘老求墨妙亭诗》："书来乞诗要自写，为把栗尾书溪籐。"

④此句写墨。歙浦：在歙县城东南十五里。黄山诸溪汇此与新安江合流，新安江名自此始。松烟：松木燃后所凝黑灰，制松烟墨原料。

⑤鹑衣袖屡穿：即"鹑衣百结"。形容衣服破烂不堪。出自《荀子·大略》。

◎颜肇维

截水裁云作研形，端溪一片软犹青。

归于老子长为宝，背有君家自勒铭。

未许草玄①仍尚白，相看守口宛如瓶。

疏狂欲问云亭叟，何以秋天十二星。

题长林瓶研。

①草玄：汉扬雄所撰《太玄经》（《杨子太玄经》，简称《太玄》）。

【按】注文云题林家瓶砚，但《林史》未见收入此砚。

◎长洲陆桂森

陆桂森（生卒年不详），苏州人。乾隆三年举人。其馀生平无考。

虫篆依稀溯大鸿①，摩挲砚史式高风。

旧承朴学青箱里（尊君吉人先生构朴学斋，吾乡尧峰有记），新制窠书白练中。

歙石纵横馀奥衍②，端溪温润想磨砻。

不知颠叟沾袍③日，雅趣还应尔许同。

①大鸿：黄帝之臣鬼臾区之号。此誉林在峨篆书气息高古。

②奥衍：谓文章内容精深博大。指地势深回广衍。

③颠叟沾袍：颠叟，即米芾。据《春渚纪闻》等所载：米芾应诏入宫书屏，写罢以所用砚求赐，宋徽宗笑而许之。米芾抱砚出宫，墨汁沾染袍服。

◎侯官李时宪（敬亭）

李时宪（生卒年不详），字为官，号敬亭，侯官人（一作闽县人）。吏部员外郎李开叶子。雍正八年进士，官安阳知县。乾隆三十二年刊刻蒲松龄

《聊斋志异》行世。

结邻长傍紫云乡，大业名山富秘藏。

宝石自应夸海岳①，异书谁复羡中郎②。

分将赵璧连城彩，散作隋珠不夜光。

信是端人能取友，凤凰池上凤毛香。

鹿翁先生官薇省。

①海岳：米芾。号海岳外史，著有《海岳名言》。

②中郎：蔡邕。官拜左中郎将，世称"蔡中郎"。

天和雕琢亦奚伤，诗笔淋漓墨沜香。

要与钟王排笔阵，便凌鲍谢①溢诗囊。

千钧腕力应无敌，八斗才华岂易量。

记得渔洋歌古瓦，甘泉一片奏宫商。

同人前辈获甘泉宫长生瓦，鹿翁先生为图记，渔洋作歌，载《精华录》。

①鲍谢：南朝诗人鲍照和谢朓的并称。杜诗《遣兴》之五："赋诗何必多，往往凌鲍谢。"

韩山片石①已沦亡，铜雀荒台亦渺茫。

一自轮川挥翰墨，只今邺水焕文章。

银豪错落珍珠渚，彩笔纷披昼锦堂②。

更有贞珉垂不朽，大星终古耀末芒。

予《珍珠泉诗》《昼锦堂记》③皆轮川手书。轮川家藏《忠献王④遗像》，亲摹石镌跋，自署图记曰："经国大业，不朽盛事。"

①韩山片石：即"韩陵片石"，意喻少见好文。典出南朝庾信。其出使北周，喜爱北魏温子升所作《韩山碑》，称北朝艺文，只有"韩山一片石"（即韩山碑）能与之相语，馀不足道。

②③④北宋名臣韩琦在家乡相州建昼锦堂，欧阳修为作《昼锦堂记》。韩琦封爵魏国公，卒谥"忠献"，徽宗时追封魏郡王，合称"魏国忠献王"。

滴落蟾蜍泪数行，可堪琴在竟人亡[①]。
摩挲百代留神物，臭味千秋发古香。
欲琢相思无白玉，爱寻要语有青琅。
临池泼墨标新句，风雨依稀话对床。

①琴在竟人亡：即"人琴俱亡"，形容见到死者遗物的悲伤心情。典出《世说新语·伤逝》所载王献之、王徽之兄弟亲情故事。

◎阳湖汤大绅（药冈）

汤大绅（生卒年不详），字孙书，号药冈，江苏阳湖人。乾隆七年进士，授编修。曾两充同考官，得朱珪、徐延玉等人，名益重。有《药冈诗抄》《诗馀》。

墨花方烂熳，百幅满中函。再起襄阳老，应藏海岳庵。
采向端溪里，还因妙手镌。一编勤拂拭，冉冉欲生烟。
幻出瑰奇质，都忘斧凿痕。秋来多逸兴，把卷对朝暾[①]。

①朝暾：旭日初升貌。

◎李之华

道脉[①]远宗，闽海文河。近溯轮川，集古渐看。屋润学书，不厌田穿。

①道脉：犹道统。

◎归安吴应枚（小颖）

吴应枚（生卒年不详），字小颖，号颖庵，浙江归安人，吴应棻之弟。雍正二年进士，雍正十一年任云南学政，官至大理寺少卿。山水师王原祁，工诗。有《客槎集》《墨香幢诗》。

藜阁芸窗①点笔鲜，一卷山骨琢苍烟。

传家不数床头笏②，珍重随身旧研田。

①藜阁芸窗：指书斋。藜阁，即"藜阁家声"，典出西汉文学家刘向的勤学故事。芸窗，书斋别称。以内有驱虫之芸香，故称。金代冯延登《洮石砚》诗："芸窗尽日无人到，坐着玄云吐翠微。"

②床头笏：即"满床笏"，唐名将郭子仪六十大寿时，七子八婿皆来祝寿，以其皆高官，笏板堆满牙床。此句指不重仕途，对应下句珍重传砚。

红丝金线等琳琅，题识缤纷墨渖香。

十载摩挲看不足，凭君携取伴奚囊①。

①奚囊：即诗囊。

◎昌平陈浩（紫澜）

陈浩（1695—1772），字紫澜，号未斋，室名生香书屋，故自称"生香老人"。顺天昌平人，雍正二年进士，授编修，官至少詹事。晚主讲开封宛南书院。有《生香书屋集》。

石癖何曾让米颠，每闻名研即欣然。

墨池一一留真赏，绝妙辞皆手自镌。

钟隶颜行顾八分，尽抽奇秘赠陶君。

凝烟铺雪空斋里，触石蓬蓬起墨云。

缪篆尤工小印章，禹碑周鼓字轩昂。

从来不应人求请，忽枉缄封到草堂①。

①此二句言自己不轻许他人之请题，而林氏征题之书信已止。枉，谦词。缄封，指林氏书信。

多君知我性耽书，拱璧相投意不虚。

暇日还容问奇字，幽楼喜近子云居①。

①子云居：扬雄早年勤学，但家境贫寒，少有人来访。后以"子云居"喻隐居学者之陋居。

◎海宁查开（宣门）

查开：其人生卒年及生平均无考。

凿馀巨璞波涛色，小字题铭四五行。

响搨装成新墨本，不教集录擅欧阳①。

①集录擅欧阳：指欧阳修《集古录》。擅，专擅，独享。

虫鱼云穗极零星，古意全摹钟鼎铭。

想见风流馀翰墨，品题犹有宋黄庭。

予家藏宋搨有鹿原先生跋语。

◎曲阜孔兴挥

孔兴挥：曲阜四氏学（历代帝王为孔、颜、曾、孟四氏"圣裔"特设之学校）学生，乾隆十二年举人。生卒年及其他行迹无考。

年来落拓①走风尘，燕舍相逢是旧因。

烧烛夜阑探研史，疑从古貌识秦人。

①落拓：潦倒失意。

道山山下旧曾游，闻说先生柳市头。

记得日斜携客访，霜兼烟水一方秋。

◎海宁查祥（星南）

查祥（生卒年不详），字星南，号谷斋，浙江海宁人。早岁尝举博学鸿词，晚年始登康熙六十年进士。官翰林院编修，曾充律例馆纂修官。去职还乡，八十余岁卒。著有《云在楼诗抄》及《咸斋文抄》。

龙尾端溪品骘多，盈前岂啻百城过。
研材未是坚牢质，别有文章正不磨。

品流闽海原无敌，书法吴兴①欲乱真。
莫笑石田收获少，曾将残渖②丐多人③。
①书法吴兴：指元代大书画家赵孟頫。
②残渖：残剩之馀墨。
③丐多人：多方求题。丐，乞求。

◎渝川刘慈（鹭溪）

刘慈人物简介见卷七。

一编朴学几人知，文献犹存在此时。
记得洙云乌石①畔，高楼杯酒共论诗。
①乌石：即福州乌石山。

【按】此诗前两句写林在峨《砚史》；后两句写刘慈曾与林正青相见于福州，并把酒论诗。

风流京兆旧神君，十载相思隔暮云①。
今日山阳闻笛处，一天风雨感斯人。
①隔暮云：指友人已去世，天人两隔。

【按】此诗写余甸。刘慈写此诗时，余甸已去世十年。

裁云琢月搇天章，寸美人传是李方。

客到林亭堪永日，案头触目有琳琅。

◎侯官张炜（雪樵）

张炜，字（或号）雪樵（朱氏本作"雪蕉"）。生卒年及生平皆无考。林氏《砚史》多次出现此人，约与黄任、谢道承诸人同辈。

一代风流得并无，文章宦迹继欧苏。

中原遗献知谁在，尚有余君卧塔湖[1]。

[1]塔湖：指福州屏山白塔、乌塔和福州西湖。

【按】此诗写余甸。

鹿原墨迹光霄汉，挥洒蛮溪字亦香。

今日借观诸宝树[1]，虎贲无复羡中郎。

[1]宝树：本佛教语，指七宝之树。此指"玉树"。喻佳子弟。典出《世说新语·语言》"芝兰玉树"。张氏此处借喻林在峨兄弟。

【按】此诗写林佶。

垂老知音失雪邨，修文君去我犹存。

银钩铁画人人识，止有侯嬴忆旧恩[1]。

[1]侯嬴忆旧恩：谓受礼遇者厚报其主。典出战国时侯嬴以命报答信陵君知遇之恩。

【按】此诗写许均。俩人交情深厚，相同一般。

莘田著述古仪型，金石歌声最可听。

读汝诗篇与铭句，六朝芳草一时新。

【按】此诗写黄任。

◎于振

南唐三十六峰①多，有类屠门大嚼②过。

但宝于阗方寸玉，不争人墨更谁磨。

①南唐三十六峰：南唐后主李煜三十六峰砚山。

②屠门大嚼："屠门"即肉店。比喻心想而不得，以臆想来自我安慰。典出东汉桓谭《新论》。

昭陵茧纸久沉沦①，孰辨《兰亭》赝与真？

试问王家传琩研②，于今辗转属何人？

次星南韵。

①指《兰亭序》已陪葬唐太宗入昭陵。

②王家传琩研：即北宋晏殊"王氏传婿砚"。

洞阒龙威石室空，羽陵遗迹化黄熊①。

谁知尽入琅环藏，始信图书道已东。

①此句典出"鲧化黄熊"：《左传·昭公七年》：禹父鲧因治水不利，被尧殛死于羽山。其神化为黄熊，跃入羽渊（池潭）。

木揭支离揩病眼，冰蟾①寂历映虚窗。

欲将微妙光明氎，摩取空王②大法幢③。

次古梅韵。

①冰蟾：月亮。

②空王：佛之别称。

③法幢：写刻有佛经之石幢。此指拓本《砚铭册》。

◎长乐吴文焕（剑虹）

吴文焕（1688—1747），字剑虹，号忍斋、观虹，福建长乐县人。康熙六十年榜眼，授翰林院编修。历任陕西乡试主考官、湖广道监察御史。以身患疾病辞官归里，不复出外任官。

刻玉镌云妙入神，由来有癖是名人。

摩挲便作球琳看，何止无迷汉晋津。

君家家学信渊源，野鹜家鸡敢妄论。

荟萃砚材知有意，长林重见范馨孙①。

①范馨孙：即范乔，典出"范乔哭砚"。此诗林逊喻范馨，以林在峨喻范乔。

紫薇内史擅英芬，小草①曾叨玄晏②文。（鹿原先生曾为小集辱以大序）

遗墨卷中犹仿佛，行间纠缦③是郇云。

①小草：对自己文稿的谦称。草，稿。

②玄晏：晋高士皇甫谧，自号玄晏先生。后因以"玄晏先生""玄晏"泛指高人雅士或山林隐逸。

③纠缦：亦作"纠缦"。萦回缭绕貌。

强欲标题只献嘲，雷门①今日是书巢。

曹邱②遗语须删取，雪涕③濡毫忆石友。

古梅同年尝语涪翁，以兹册必当索余数语。古梅归道山后，涪翁始执此以征拙札。言念如己，能不怆然。

①雷名：古会稽城门名。因悬有大鼓，声震如雷，故称。此指在能手面前卖弄，义同班门弄斧。

②曹邱：即汉代曹丘生，对季布的任侠义勇到处赞扬，季布因之享有盛名。后因以"曹丘"或"曹丘生"作为荐引、称扬者之代称。

③雪涕：擦拭眼泪。出自《列子·力命》："晏子独笑于旁，公雪涕而顾晏子。"

◎华亭姚培衷

姚培衷，朱氏本作"姚培根"，似有误。生卒年不详。江苏华亭人，举人。雍正初年，苏抚鄂尔泰所编《南邦黎献集》，收入姚氏和鄂氏等十人颂扬雍正即位祥瑞之《日月联璧五星联珠赋》。曾撰《闾阖门考》，其馀行迹无考。

步履高坡近紫薇。梁园风景记依稀。

那知过眼云烟渺，陈迹消磨伴落晖。

三山文笔并超然（谓己卯榜首张君远[1]，时张林齐名），京兆风流复比肩（谓田生前辈）。

死后刀戈归《研史》，立言不朽合雕镌。

[1]张君远：即张远（1650—1724），侯官人，字超然，号无闷道人，侨寓江苏常熟。康熙三十八年己卯科乡试第一，官云南禄丰知县，卒于滇中。诗、文均为当时名流激赏。有《无闷堂诗文集》。

张远与林佶即是同乡，又是同年举人，文名亦并称。

◎福清周经（翼亭）

周经（生卒年不详），字元居、翼亭。福建建瓯人。拔贡生，授训导。善画山水，喜作大幅。工诗，著《梅花吟》三十首。

陶舫先生迈褚欧[1]，常将古研涤清流。

兴来十尺秋江练，一拂龙蛇落指头。

[1]褚欧：唐代楷书大家褚遂良、欧阳询。

◎颜肇维

近代何人擅八分，研田能事属涪云。

相逢犹记官奴字[1]，总角时临诅楚文[2]。

①官奴字：王羲之行书《官奴帖》，王献之小字"官奴"。

②诅楚文：战国后期秦楚争霸，秦王祈求天神保佑秦国获胜，诅咒楚国败亡，因称"诅楚文"。

辇下①重来鬓亦苍，当年颜驷老为郎②。

中书旧研名瓜瓞，割赠端溪第一方。

轮川以瓜瓞研见赠。

①辇下：皇帝车辇之下，代指京城。

②颜驷老为郎：典出《隋书·经籍志》所记西汉颜驷对汉武帝，感叹自己历文、景、武帝三朝未得升迁（三世不遇）的故事。

半年卧病疏朝请，决意东归向曹门①。

他日言寻戴颙宅②，夹河乔木是西邻。

①曹门：住家围墙所设之双扇门。

②戴颙宅：南朝高士戴颙隐居之宅。后泛指隐逸生涯。

◎介休范清洪（莘原）

范清洪，朱氏本作"绵上范清供"。绵上，古地名，在今山西介休东南。

清中期有介休人范清洪，系清初著名的晋商"八大皇商"之一范氏皇商第四代，卒于乾隆二十九年。

玉堂新样世无传，漫检遵生第六笺①。

谁泼墨花成《砚史》，不教过眼作云烟。

①遵生第六笺：明代高濂所撰《遵生八笺》，其第六笺"燕闲清赏笺"收入论砚内容。

竞向端溪斫紫云，还从古歙辨罗纹。

南宫石癖如君否，长促新编对夕曛①。

①夕曛：落日余辉；指黄昏。

◎秀水郑虎文（炳也）

郑虎文（1714—1784），字炳也，号诚斋，浙江秀水人。少孤，有至行。乾隆七年进士，改翰林院庶吉士。散馆，授编修。历提督广东学政。归后，主徽州紫阳书院及杭州紫阳、崇文书院。著有《吞松阁集》。

剪残秋水劚云根①，一片寒苍茜墨痕。

记取传家遗泽在，翠斑鸲眼总休论。

①劚云根：琢砚。劚，同"斫""琢"。云根，砚之别称。

◎桐乡朱履端（端升）

朱履端（生卒年不详），字端升，号澹谷，浙江桐乡人。嘉庆七年进士，由庶常改兵部主事。善画，兼工诗文词曲。

朱氏嘉庆七年方中进士，当是早年与林家有所交往，并为之题诗。

何必清如包孝肃①，不妨颠似米襄阳。

笑他凤味夸龙尾②，那得卿云烂日光。

①清如包孝肃：指包拯官端州"不取一砚归"故事。

②凤味夸龙尾：指苏东坡因作《凤味石砚铭》，有"苏子一见名凤味，坐令龙尾羞牛后"句而召歙人不满之事。

◎长洲蒋恭棐（西原）

蒋恭棐（1690—1754，朱氏本作"恭恭棐"，应系笔误），字维御，一字迪吉，号西原，苏州长洲县人。康熙六十年进士，授翰林院庶吉士，散馆，授编修，充玉牒馆纂修。后告假归，主讲扬州安定书院。有《西原草堂集》。

帝鸿墨海犹存谱，后代纷纷尽耳孙①。

图史流传四之一②，老夫眼饱手频扪。

①耳孙：九世孙，即玄孙的曾孙。泛指远孙。

②此句赞誉《林史》可入经史子集之"史"部。

吾家双树鳞而作，健笔留题卧老鲛。

珍重郎君怀袖里，紫云片片照衡茅①。

鹿原先生曾为予题"双松坞"三大字。

①衡茅：衡门茅屋；陋居。

◎王一楷

王一楷（生卒年不详），字树文，安徽宣城人。乾隆十二年举人。能诗，
游南通州狼山作有《题有有亭》诗。其他行迹无考。

敬亭书屋忆临池，研北窗南几梦思。（余家居，斋头多蓄旧研）

惟此石交能不负，袖珍诗册妙今时。

【按】诗注自言其斋多蓄旧砚，可见王一楷亦好藏砚。

荆山之璞端溪石，价重都称玉不如。

谁与结邻为世世，只邀匣研对琴书。

海内文章旧典型，风流能不溯伊人。

墨香读遍新镌字，陶舫斋头坐此身。

笔耕我愧不逢年，宝研如君当买田。

字格钟王诗李杜，墨云晴醮①一池烟。

①晴醮：道士设坛祈祷。

◎侯官吴履泰（莘原）

吴履泰（生卒年不详），字文岸，号莘原（一作茹原）。雍正八年进士，入翰林，升侍读学士，以疾假旋。主道山书院讲席，仿鹅湖、白鹿规条，训饬诸生，一时士风，蒸蒸日上。

劚断云根古洞边，携来陶舫几多年。
主人诗思清如水，赢得家传种石田。

羚峡青花片片奇，摩挲镌识称心期。
若逢石癖南宫叟，袍笏还看下拜时①。
①此二句典出"米颠拜石"。

◎侯官李云龙（霖村）

万井纵横尺寸田，任教据案起云烟。
赤坟厥赋成中上①，宝此频书大有年。
①此句典出《禹贡》："厥土赤埴坟，草木渐包。厥田惟上中，厥赋中中。"赤坟，即"赤埴坟"，红色黏土。此句指端石色紫，贡品端砚属贡品中之中上品。

◎金坛虞景星（东皋）

虞景星（生卒年不详），字东皋，江苏金坛人。康熙五十一年与林佶同科进士，亦与林佶为纂修《子史精华》同事。曾官浙江上虞、四川永宁知县，改授吴县教谕。工诗书画，雅负"郑虞三绝"之望。尤长画松，山水仿米芾。

闽士楂梨第一流（谓同年林吉人），鹿原声望重南邱。
研田墨稼堪终亩，有子真如孙仲谋①。
①此句借曹操评孙权语"生子当如孙仲谋"，赞誉林在峨。

先将品格衡方正，更把交情论浅深。

浓淡却随人意改，不教金石负初心。

研中有金星石。

遮莫①毛锥强被名（昔余宰黔②，苦无笔。适携伴能制，命如湖颖法，取诸毫和合以成，名"刚柔克"，至今号虞公笔），刚柔那得比陶泓。

莘田领袖涪云癖（黄莘田大令能诗善书，最好研。涪云亦然。故云），千古风流鲁两生③。

①遮莫：亦作"遮末"，意思是尽管；任凭。

②宰黔：虞景星官知县之川黔交界处永宁县（今四川叙永县）乾隆时属贵州，故称。

③鲁两生：指不知时变之腐儒。典出《史记·刘敬叔孙通列传》"鲁二生"。此诗反其意而赞黄任和林在峨。

人非有癖不成名，痂嗜何尝异性情。

留得钟期倾耳听，鼓琴还有凤鸾声。

侧理研光何逊雪，结邻钝静欲生云。

当年双烛修唐史①，沦隐于今焉用文。

（旧日同鹿原修《子史精华》）

①双烛修唐史：典出北宋宋祁奉诏修《唐书》，燃二椽烛，媵婢夹侍，和墨仲纸，望之若神仙。此指虞景星曾与林佶在京同修康熙敕命纂修之《子史精华》。

墨磨磨墨两无休，悮煞人间好時侯①。

纵少文章惊海内，一茎蕉叶也勾留。

①好時侯：纸的别称。典出唐文嵩《好時侯楮知白传》，称纸为楮知白，字守玄，封好時侯。

从来古砚重端州，龙尾于今数歙休①。

世上岂无千里马，九方皋向几时投。

①歙休：歙县、休宁县，同为徽州一府六县之一。歙县为首县。

古来名隐有瞿硎①，诗句争如载石屏。

若得尹邢②同日到，闲庭安虑逊珠庭③。

（亦谓莘田）

①瞿硎：东晋隐士，姓名、籍贯皆不详。居宣城郡山中，山有瞿硎，因以为名。

②尹邢：即"尹邢避面"。喻不相上下的妒争者。典出汉武帝尹、邢二夫人争宠，武帝不许二人见面之故事。

③珠庭：即天庭。

◎长白春泰

春泰，其人生卒年及生平俱无考。长白，为满洲旗籍所常用，故其人应为满洲旗人。乾隆间有一春泰，于乾隆四十五年因涉及科场舞弊案，被削去旗籍，流放伊犁。

海岳庵中窥一斑，砣基研石锁烟鬟。

摩挲史笔多多许，松作龙鳞九曲山。

◎歙县胡宝琳（海槎）

胡宝琳（生卒年不详），字（或号）海槎，江南歙县人。胡宝瑸（人物简介见本卷前文）之弟。贡生。乾隆九年官刑部郎中，后任福建邵武知府，转南平知府。

李贺青华紫石研，端州匠巧昔如神。

今看古锦留遗样，点点清沤①见古春。

①清沤：应即"轻沤"，指浮在水面的水泡。李贺《杨生青花紫石砚歌》："纱帷昼暖墨花春，轻沤漂沫松麝薰。"

◎桐城张曰谟

张曰谟（生卒年不详），安徽桐城人。监生。曾任苏州元和县令，其馀行迹无考。

或爱驴鸣①或嗜痂②，人生奇癖自承家。

结邻抅得千馀石，枕卧心清寄落霞。

①驴鸣：典出"建安七子"之一王粲（字仲宣）喜学驴叫之癖。《世说新语·伤逝》载："王仲宣好驴鸣。既葬，文帝（曹丕）临其丧，顾语同游曰：'王好驴鸣，可各作一声以送之。'赴客皆一作驴鸣。"

②嗜痂：典出南朝宋南康郡公刘邕喜食疮之癖。《宋书·刘邕传》："邕所至嗜食疮痂，以为味似鰒鱼。尝诣孟灵休，灵休先患灸疮，疮痂落床上，因取食之。灵休大惊。答曰：'性之所嗜'。"后因称怪僻之嗜好为"嗜痂"。

◎吴县郭孙顺（月崖）

郭孙顺（生卒年不详），字（或号）月崖，江苏吴江人。康熙五十一年进士，授翰林院庶吉士，散馆后授检讨。其馀事迹无考。

搨得罗纹古色多，晴窗棐几自摩挲。

石侯本是书家爱，底是山阴独换鹅。

艺苑编成研史新，开函如涌墨花春。

秦摹汉琢依然在，应与青毡世世珍。

◎钱塘袁枚（子才）

袁枚（1716—1797），字子才，号简斋、随园老人。浙江钱塘人。乾隆四年进士，历任溧水、江宁等县知县。四十岁即告归。在江宁小仓山下筑筑随园，吟咏其中。广收诗弟子，女弟子尤众。诗与赵翼、蒋士铨合称"乾隆三大家"。

白日青天割紫云，屡得贪墨试罗纹。
书堂化作端溪峡，此是人间万石君。

砚田原有旧家风，阡陌年年样不同。
自制秦铭兼汉篆，应教耕杀管城公①。
①管城公：毛笔别称。

◎福清李开叶（磁林）

李开叶（生卒年不详），字奕夫，号磁林，福建福清人。康熙六十年进士。官吏部员外郎，以避权贵引退。有《崇雅堂诗抄》等。

潜璞光生孔席①珍，露垂波偃②玉池春。
知君原有文绫盖，常与人间隔万尘③。
①孔席：指孔子四处奔走，席不暇暖之事。此泛指儒林。
②露垂波偃：露垂，书法用笔直画，收笔处如下垂露珠，垂而不落，故名。唐代孙过庭《书谱》："观夫悬针垂露之异。"偃波：偃波书，即版书。状如连文，故称。为颁发诏命所用。
③此二句指养护砚。典出五代冯贽《云仙杂记·养砚墨笔纸》（引《文房宝饰》）："养砚，以文绫盖，贵乎隔尘。"

月岩高向紫云间，三十六峰尽好颜①。
著述等身陶舫在，不须风雨问名山。

①此二句典出北宋蔡绦《铁围山丛谈》："南唐后主李煜有灵璧研山，中有墨池。经才愈尺，前耸三十六峰，皆大如手指。高者名华盖峰，参差错落者方坛。为月岩，为玉笋等。各有其名。"

青青出水照新荷，皎皎穿云月色和①。
问讯苏家传旧物，风流谁是小东坡②。

①前二句取用出自苏诗《龙尾石砚寄犹子远》："皎皎穿云月，青青出水荷。"

②后二句以林在峨喻东坡第三子、人誉"小东坡"的苏过。

端州吟忆玉堂仙，新样题成墨汁鲜①。
在肘金壶②悬未得，向人虚乞碧云笺③。

①前两句指王安石《元珍以诗送绿石砚所谓玉堂新样者》。

②在肘金壶：即"肘后金壶"。指医书或药方。

③碧云笺：元代徽州所产一种笺纸。

◎桐城方扶南（息翁）

方世举（1675—1759），字扶南，晚号息翁，安徽桐城人。不求仕进。乾隆初举鸿博，不就。好为诗，学韩愈。有《江关集》《春及堂集》。

方世举与林佶有交往，林佶《朴学斋诗稿》有《方五扶南出新诗见示次韵答之》等数诗相唱和。

文人大抵砚为田，小史①标名亦胜缘。
石若能言应笑语，也同学士上凌烟②。

①小史：指林在峨《砚史》。

②此句以《林史》所收砚，比喻唐太宗时二十四功臣入选凌烟阁。

米谱高笺未有铭，搜罗辛苦笑林亭。

却思几杖闲言语，大戴曾收入礼经①。

①此句指诸人砚铭被收入林氏《砚史》，有如战国、汉初诸儒言论被西汉戴德收入所编《大戴礼记》。

◎如皋张学举（南坪）

张学举（生卒年不详），字乾夫，号南屏。江苏如皋人。清雍正十三年举人，官福建古田知县、福州府知府等，终福建盐法道。著《南坪诗抄》。

谀墓文章颂德碑，搨来千古半传疑。

何如《砚史》班班据，勋爵不夸无愧词。

扬子一床书①尚在，洞云墨浪复千堆。

小楼茶话诗声里，曾与摩挲十砚来②。

莘田赠予诗有"接巷皆知使君在，小楼茶话有诗声"之句。

①扬子一床书：指扬雄闭门著《法言》《太玄》，门庭冷落，唯有以书相伴。唐卢照邻《长安古意》："寂寂寥寥扬子居，年年岁岁一床书。"

②后两句写张学举官闽时，曾拜访黄任，品赏过十砚斋藏砚。

◎仁和黄树声

黄树声，浙江仁和人。生卒年及生平均无考。

图书清闷孰如君，家学传来异样芬。

不但洛阳能纸贵，争从奉研乞铭文。

集古梅、德泉、南溪、石泉句。

◎桐城方曰岱（慕斋）

人物小传见卷二黄任"紫云砚为方慕斋使君"。

十砚奇珍我得三①，故人情义重如山。

同心更有涪云叟，雅好莘田伯仲间。

①此句指黄任十砚轩十砚，其中有三方后归于方氏。

搜罗即墨载芸编，纸贵三都四海传①。

只是砚田难久恋，行看载笔上凌烟。

①此句以西晋左思著《三都赋》名满天下，一时洛阳纸贵，推誉林在峨之编《砚史》。

◎晋江诸葛良辅（浣云）

诸葛良辅（生卒年不详），字子襄，号浣云。福建晋江人。道光《晋江县志·典籍志》记其撰有《日记》《诗文集》。其馀生平无考。

谁买道山作砚田，松纹犹染旧春烟。

星岩落处光华满，疑有苍龙据石眠。

百笏巉岩古高多，冰痕历历结青螺。

虫书柳篆皆奇绝，一箧还看仔细磨①。

用古《类苑》语。

①此句典出北宋苏易简《文房四谱·砚谱·杂说》：某生学书，自以为艺成，辞归。其师让其带一箧物品放置某山下。某生半路拆视，乃数十方其师所磨穿之砚。愧而返回再学，其艺更精进。

警露名轩境最幽，砚城秋霁记曾游。

玉皇仙吏樊川客①，尽日封除即墨侯。

鹿原先生京邸旧居颜曰"警露轩"，予得数共晨夕。

①玉皇仙吏：唐代朝日，殿上设熏炉、香案。元稹任宰相，在诗中自称"玉皇香案吏"。宋词中常用此典咏皇帝近臣。此指林佶官内阁中书，当值内廷。樊川客：指杜牧，其号樊川居士。清初宋琬《风流子》"竹西歌吹地，樊川客、杜牧擅风流。"

城西相访日微斜，下笔常开五色花。

纶阁①携归桐露润，墨痕分注野人家。

予结社城西，秋崖②、鹿原先生下直时每枉过。

①纶阁：唐中书省的代称，此指林佶供职之内阁。

②秋崖：应即朱克生（1631—1679），江南宝应人，字国桢，一字念义，号秋崖。诸生。所作诗才气高爽，王士禛、汪琬皆爱重之。生平足迹半天下，所至皆纪以诗。有《环溪秋崖诗集》等。

芙蓉纸暖透奇光，应信陶泓友谊长。

读罢新铭欣济美①，传笺争认校书郎。

谓苍岩、轮川贤昆季，时苍岩修志维扬。

①济美：承续先人志业而发扬光大。

鱼门仙去瑞峰颓，空忆萝轩旧酒杯。

今日弘农看胜集，古梅香引雪樵来。

予获交翁萝轩、郑鱼门①、周瑞峰、张雪樵、谢古梅诸前辈，皆已弃尘寰。萝轩亦有爱研之癖，与鹿翁先生交最善。于研册题语中见之。

①郑鱼门：即郑任钥（生卒年不详），字维启，号鱼门，侯官人。康熙四十五年进士，改庶吉士，授编修，官至湖北巡抚。有《非翚轩稿》。

留都①遥见德星辉，脉脉诗心印紫薇。

好倩云鸿②将砚去，朝天仍伴一琴归。

有怀盛京亚京兆③陈德泉先生。

①留都：盛京（今沈阳）。清分设盛京将军和奉天府加以管理。

②云鸿：高飞之大雁。

③亚京兆：陈治滋曾任盛京奉天府府丞，为府尹（京兆）之副手，故诗跋称其为"亚京兆"。

袖中东海①意中山，水北花南惯买闲。

郑重轮川春颖健，着些云影有无间。

①袖中东海：典出苏诗《文登蓬莱阁下石壁千丈为海浪所战时有碎裂淘》句："我持此石归，袖中有东海。"

红丝金线绣晴霞，奇字时停过客车。

怪底文林声价重，砚池终日对梅花。

共诵石卿九锡篇，笑予也结砚因缘。

端溪定有分茅①处，预剖琉璃话永年。

①分茅：即"裂土分茅"。古代分封诸侯，用白茅裹着泥土授予被封者，象征授予土地和权力，谓之"分茅"。

◎侯官张甄陶（希周）

张甄陶（1713—1780），字希周，侯官人（一云闽县人）。少通经史，文宗苏轼。乾隆十年进士，选庶吉士，授翰林编修。历官广东鹤山，香山、新会、高要、揭阳，及云南昆明知县，因获罪总督被免职。归闽主讲鳌峰书院。著有《正学堂经解》等。

陶舫何如海岳庵，沧江虹月^①影潭潭。

君谟茶嗜公麟墨^②，千载迟君此癖三。

①沧江虹月：借米芾书画船比喻林在峨陶舫。黄庭坚《戏赠米元章》："沧江静夜虹贯月，定是米家书画船。"

②此句指北宋书法家蔡襄和人物画家李公麟。蔡襄字君谟，爱茶，著有《茶录》。李公麟擅人物画，创"墨骨"画法（墨笔白描）。

两月舟行倦眼开，鸲睛龙尾琢磨才。

此中不尽东南美，漫贡终葵二十枚^①

①此句指宋代虢州岁贡终葵砚二十枚事，见载苏易简《文房四谱》。终葵，即"钟馗"。据明代杨慎考证，"钟馗砚"为一种圭形砚。

风节文章迹已陈，茫茫何处起斯人。

愿书百遍松花纸^①，也比韩碑上口新。

册有余观察、谢参知诗，故云。

①松花纸：即"薛涛笺"，唐代名妓薛涛设计的一种笺纸。

正面摩挲背面铭，编成《砚史》配琴经。

凭谁上继尧峰叟，重绘新图入《说铃》。

《说铃》^①有《甘泉宫瓦图》，亦君家秘玩也。

①《说铃》：清汪琬撰笔记小说。所记多为明清之际文人士大夫遗闻轶事，颇有文史资料价值。

◎华亭沈大成（学子）

沈大成（1700—1771），字学子，号沃田，江苏华亭人。康熙诸生。初以诗古文名于江左，兼通经史、天文及算学。游幕粤、闽、浙、皖四十年，晚游扬州，为两淮盐运使卢见曾所赏识。与惠栋、戴震等人交往，益潜心经学。曾校定《十三经注疏》等。有《学福斋诗文集》。

据乾嘉名宦、蒙古旗人法式善《梧门诗话》卷十二所记，黄任十砚轩名品，黄夫人庄氏生前所宝爱的"生春红砚"后归沈大成，沈大成之后归华亭布衣诗人翁春（号石瓠）。法式善少年时曾见过实物。

光禄坊头积岁思，灵胥江①上晚秋时。

寓公化去羁人到，惆怅无因一论诗。

往在三山，交君兄苍岩先生，即慕君名。今来吴而嗟已逝矣②。

①灵胥江：即胥江，灵胥：指伍子胥。传伍子胥死后为涛神，故称。胥江：伍子胥主持开挖的苏州运河，后名"胥溪"。

②注言沈大成在福州结识林正青，知道林在峨。后沈氏归吴，寓居苏州的林在峨已去世。二人始终未谋一面。

宫瓦名家片玉存，今翻《砚史》胜坚昆。

尽搜三洞精华在，不数①前贤高似孙。

①不数：不亚于。

一别元亭忽五年，摩挲题句墨痕鲜。

秋风秋雨螺江梦，感旧怀人总惘然。

黄丈十砚题句最多。

红板桥①低绿水高，过从晨夕不知劳。

风流也似停云馆②，三世惊人有凤毛③。

①红板桥：即苏州织造桥。位于苏州带城桥下塘，因康熙六巡江南，以织造署充行宫，出入必经此桥而得名。此指林在峨吴门寓所在此桥附近。

②停云馆：明代书画名家、苏州人文徵明斋室名。

③此句指林逊、林佶及林正青与林在峨诸兄弟三代文脉相承。

◎长洲韩彦曾（沥芳）

韩彦曾（生卒年不详），字沥芳，号溧舫，苏州长洲人。雍正八年进士，散馆授检讨，官至洗马。主钟山书院，后为苏州紫阳书院副院长。

楮生毛颖日为俦，山水精英聚案头，
定远若探个里趣，不须异域觅封侯[1]。
[1]后二句典出汉代班超（受封定远侯）"投笔从戎"故事。

屏却哗嚣嗜独偏，平生片石皆深缘。
凭君笑我耽成癖，赋性由来似米颠。

微凹聚墨最相宜，奚羡龙涎与凤池。
一自编成新砚史，披图胜咏陆游诗。

稔知[1]聚散果无常，手泽存焉敢暂忘。
不宝玉兮偏宝石，遥情集古继欧阳。
[1]稔知：熟知。

◎闽县叶观国（毅庵）

叶观国人物简介见卷七。

翠羽黄龙品格奇，高情合爱佐妍辞。
英雄漫有欺人语，笔落钟王研不知。
引用东坡句[1]。
[1]指"笔落钟王研不知"系苏诗《龙尾砚歌》中句。

木家旧史媲皇坟①，龙尾砣矾品第分。

珍重林亭新册子，陶泓南董②又推君。

轮川三丈著有《研史》。

①皇坟：传说三皇时代的典籍。

②南董：春秋时著名史官南史氏和董狐。

林亭□①世最翩翩，陶舫斋如书画船。

堆案青花等球璧，岂惟甘露与甘泉。

"甘露""甘泉"皆君家研名。

①此处缺一字。疑为"三"字，"林亭三世"。

老人凋谢吾生晚，文采风流想昔时。

此卷便同耆旧传，零香断墨见须眉。

山谷先生翰墨香，岿然南国鲁灵光。

铭词诗句皆无敌，白发如今似遂良。

谓莘田黄丈。

中书墨妙重琳琅（谓鹿原先生），遏末封胡①叔最良（轮川丈）。

绮岁②便能铭砚背，凤毛惊座有心香（谓承奎茂才，心香其别号也）。

①遏末封胡：典出《世说新语·贤媛》，比喻优秀子弟。

②绮岁：青春；少年。

◎山阳阮学浚（姜邨）

阮学浚（1705—1779），字澄园，晚号姜邨，江苏淮安府山阳县人。雍正十一年进士，初授庶吉士。乾隆元年授编修。与兄学浩前后中进士，同入词馆，同修皇家典籍，有"淮南二阮"之美誉。侄阮葵生，以《茶馀客话》著称于世。

即墨侯封品各殊，砚田世业富醇儒。

合夸林氏传家集，直压《宣和博古图》①。

①《宣和博古图》：宋代王黼所著金石学著作。由宋徽宗敕撰，三十卷。

古梅老笔擅风流，公瑾英姿更鲜俦①。

今日披图怀旧雨，那禁腹痛过西州。

古梅年伯、谦亭同年，皆向日馆中至好也。阅此奉不禁人琴之感。

①此二句喻谢道承风度，有如三国时代的周瑜（字公瑾）。鲜俦：即鲜见其俦，意同类，相匹敌。

端溪岩璞斩新硎，无数琳腴截紫青。

铭刻龙蛇称绝笔，好磨□液写《黄庭》①。

①此句原文"液"前缺字，参考黄庭坚诗《答王道济寺正观许道宁山水图》："要与陶泓作佳传，老磨松液写《黄庭》"，所缺当为"松"字。

由来古歙产精英，类月涵星玉琢成。

更喜砚田多乐岁，长留千顷子孙耕。

◎嘉定钱大昕

钱大昕（1728—1804），字晓征，一字及之，号辛楣、竹汀居士，江苏嘉定人。乾隆十九年进士，授编修，历官少詹事、广东学政。五十岁即回籍，历主钟山、娄东、紫阳书院讲席。精研经史、金石、文字、音韵、天算、舆地诸学，考史之功，号为清代第一。有《潜研堂集》等。

三砚那能两手持，词人结习不嫌痴。

偶然寓意非留意，韩子□多是我师①。

①此句应化用韩愈《师说》。韩子：韩愈。原文"多"字前缺一字。

蕉叶青花甲乙分，故交耐久更能文。

想嫌结绿悬黎俗①，别署头衔万石君。

①黎俗：黎人习俗。

铁画银钩手自镌，名山藏弆耐千年。

怪他欧赵搜金石，椎拓何曾到砚田。

叠山①卜卦建阳亭，古砚飘零眼尚青。

欲向八闽征故事，赫号补揽雪楼②铭。

谢叠山先生桥亭卜卦砚，侧有程钜夫铭，今藏宛平查氏③。

①叠山：谢枋得（1226—1289），字君直，号叠山，别号依斋，南宋江西信州弋阳人。宝祐四年进士，历仕抚州司户参军、建康考官，以江东提刑知信州，元兵陷城，隐名居闽中卖卜为生。不仕元，强之北上，不食而死。有《叠山集》。

②雪楼：程钜夫（1249—1318），初名文海，因避元武宗海山名讳，改用字代名，号雪楼。江西建昌人。南宋末年，随叔父降元，入为质子。因受元世祖赏识，累迁至集贤直学士。卒谥"文宪"。有《雪楼集》。

③宛平查氏：查礼（？—1781），字恂叔，号俭堂，顺天宛平人，查为仁之弟。乾隆初年捐赀授户部主事，累擢川北道，从攻金川，专司督运西路粮饷。官至湖南巡抚。嗜古印章及金石书画，收藏甚富，能书画，有《铜鼓书堂遗稿》等。

【按】此诗所写"谢枋得砚桥亭卜卦砚"，今藏天津博物馆。出现于清中期，为天津文人周焞获于天津海潮庵。后周氏遗命寄赠好友查礼。此砚在清中期极有名，但系赝品（拙著《赝砚考》对此砚有详考）。

◎秀水钱载

钱载（1708—1793），字坤一，号箨石，浙江秀水人。乾隆十七年进士，改庶吉士，散馆授编修，后授内阁学士兼礼部侍郎，上书房行走，《四库全书》总纂，山东学政。家道清贫，晚年卖画为生。工诗文，善画兰竹。著有《石斋诗文集》。

林家拓本又余家，砚背铭多岭海夸。

我亦匮藏鸲鹆眼，可怜点滴是青花。

十砚轩芜石半亡，端州旧吏福州黄。

虎山桥①去梅华墅②，巧琢难寻顾二娘③。

①虎山桥：苏州古名桥，在今光福镇。

②梅华墅：在今苏州甪里姚家弄西，明代长洲文学家许自昌所构。钟惺为作《梅华墅记》。

③巧琢难寻顾二娘：钱载名世于乾隆中后期，此时顾二娘早已去世，所以钱氏遂发此叹。

◎海宁祝德麟

祝德麟（1742—1798），字止堂，号芷塘。浙江海宁人，乾隆二十八年进士，历官翰林院编修，提督陕西学政，官至湖广道监察御史，掌礼科给事中。其诗以性灵为主，著有《悦亲楼集》。

秋风萧馆①识心香，温润安敦比砚良。

手奉一编征世泽②，大才游戏小班扬③。

《砚史》十卷为其心香尊人所手辑。

①萧馆：即"萧斋"，指书房。

②世泽：祖先的遗泽。

③班扬：汉代班固和扬雄的并称，二人以擅辞赋著名。

【按】此诗是祝德麟应林在峨子林兆显之请而题。

更无好事似林亭，自守闲田自著铭。

金石交从满天下，不如鸲鹆眼能青。

萧闲只合学维摩①，从古才人命舛多。

端石散亡轩易主，象犀金玉更如何？

①维摩：即维摩诘。古印度大乘佛教著名居士。

【按】此诗写黄任身后不仅藏砚散尽，连十砚轩也转易他人。

摩挲陈迹一潸然，相国（莲宇先生①）云亡太仆（句山先生）仙。

孰南吾乡论耆旧，鲁灵光是秀州钱。（香树先生②）

①莲宇先生：即陈世倌，号莲宇，官至文渊阁大学士。

②香树先生：即钱陈群，号香树。

◎建德钱溥（友于）

钱溥，浙江建德人，字（或号）友于。乾隆八年，任淮安府通判。生卒年及其他行迹皆无考。

古香手泽世长新，温润端方好结邻。

疑是商周彝鼎在，奇文宝气灿嶙峋。

◎袁珂

生卒年不详，江苏松江人。康熙五十八年，官河南开封府仪封县知县，林佶有诗为其送行。后官兵部武选司员外郎。

话闽中，百年文献，林亭雅擅清闲。

家珍最数长生瓦，别谱端溪小史。

铭七字，映珠斗①，光华都是诗画气。

流年弹指。

又翡翠巢空，凤凰池冷，何处问奇字。

千秋业，华谢[2]俄看秀启。

门材依旧名士。

青云未展摩天手，切玉雕龙聊尔。

联好事，有十砚，轩连万卷楼高峙。

浮槎待舣[3]。

要载取芳醪[4]，来求响拓，不惜洛阳纸[5]。

词寄《迈陂塘》。

①珠斗：指北斗七星。因斗星相贯如珠，故名。

②华谢：同"华榭"，意华屋。此喻林家为世族高门。

③待舣：待船靠岸。舣，停船靠岸：舣舟。潘氏本原文"待"后缺一字，据朱氏本补。

④芳醪：美酒。

⑤不惜洛阳纸：意即"洛阳纸贵"。

◎青浦杜昌丁（松风）

生卒年不详，字望之，号松风。江苏青浦人，家太仓。副贡生，补教习。历任福建浦城知县，永春知州。善书。有《壬癸志稿》。

砚北生涯，奚囊好句，艺苑争夸。

藉十二龙宾[1]，助成锦绣。一枝风管，笔出虫虾[2]。

紫玉无声，玄云有眼，点黝摩挲文思加。

差慰[3]处，同心六七，芝海烟霞。

无分端歙澄沙，都收拾成编号史家。

驴背孤帆，携同逆旅；芸窗琐闼，共历年华。

辇拟郑瑶，拜同米芾，铭句镌题森似麻。

千秋业，直须俯视，春蚓秋蛇。

调寄《沁园春》。

①十二龙宾：守墨之神。典出 《云仙杂记·陶家瓶馀事》。

②虫虾：犹虫鱼。指考据、训诂之学。

③差慰：某种情况使人满意。

《砚史》卷九终

朱氏本补遗（三人）

四　言

◎泰山泣永年

泣永年，生卒年及生平皆无考。名前冠以"泰山"，或为山东泰安人。泣姓源自魏晋南北朝时期鲜卑高车十二部之泣伏利氏，今罕少。

苍颉制文字，有鬼哭秋山。恐泄造化秘，天地将无权。

况乃寿金石，刻苦事刀镌。三山有奇士，好古若腥膻①。

既已工雕琢，集研成史编。先于精六书，铁笔开渊源。

诸兄皆名士，珪璧诗联篇。卓哉余京兆，美矣黄莘田。

雅制顾二娘，清题陈勾山。上自元松雪，下及当世贤。

并载一册中，古怪与便妍。我来一披读，触目发新鲜。

或如神禹鼎，或如商王盘。或如石鼓驳，或如秦碑完。

或动而如云，或静而如渊。或奔而如兽，或止而如峦。

或重而如石，或轻而如烟。或如元龟缩，或如火蛇旋。

高标如松竹，馥如郁芝兰。岩岩如高岳，浩浩如逝川。

肃肃如行阵，耿耿如星缠。一一呈变化，种种恣讨探。

何意尘网人，顿游羲皇间。对此生我情，嗒焉②起三叹。

先生百世人，高风不可扳。

①腥膻：亦作"腥羶"，原指牛羊肉腥而膻的味道，此作"逐臭"解，

喻好古成癖。

②嗒焉：意怅然若失。

七言古

◎林之蒨

林之蒨，生卒年不详，约乾隆中期尚在世。字素园，山东济宁人，寓居孝感。工诗，取法在中唐、南宋之间。有清康熙六十一年刊本《偶存草堂诗集》传世。

粤稽鸿濛开太古，杂陈万类难仆数①。
性近嗜好各有缘，风韵未可语粗卤②。
夫纵苍义泄秘文，象器象形一画分。
钟鼎蝌斗龙鸟迹，鬼神夜泣书吐云。
六书既成文华萃，神明变化神相会。
殷有太师吴季子③，至今楷模人矜贵。
厥后乃有楮先生，即墨侯封亚管城。
天然浃洽为四友，端州之石特擅名。
下有鸲鹆与龙尾，歙州黎郡蕉花美。
昌谷石田润复温，铜雀之瓦出水底。
幽人爱惜如宝珍，百金购之良有以。
吾家嗣宗敦古风，石鼓碑洞罗斋中。
有时泼墨扫鹅群，光怪陆离气成虹。
方员大小象其体，真草篆隶随手拟。
颜筋柳骨何足云，中即内史差可比④。
锦心绣口绝妙词，银钩铁画发紫芝。
胸含五色包今古，岂似前人尚怪奇。

名流见之心皆醉，长篇短什分其类。

天地精华归简中，吾人乐事此为最。

我来重入三山游，披襟喜登大阮楼。

图书四壁百城拥，宛在孤山水西头。

展此册兮神飞动，跌足高吟伯伦颂⑤。

移时狂奴□复来，钝斧持向班门美。

君不见杜陵曾为李潮歌⑥，飞扬跋扈奈尔何！

远沽美酒洗灵物，与尔共倒金叵罗⑦。

又不见张旭草书人，所美与狂不惜头⑧。

濡研知君本是建安才⑨，早将才献蓬莱殿。

①仆数：谓一一详加论列。

②粗卤：即粗鲁，粗暴鲁莽。

③殷有太师吴季子：殷有太师，即商王文丁之子、帝乙之弟、纣王之叔比干，殷商王室的重臣、忠臣。吴季子：即春秋时吴王寿梦第四子季札，以三次辞让国王，品德高尚，与孔子并称为"南季北孔"，被称为"南方第一圣人"。

④此二句赞誉《林史》所收林、黄诸人铭文书法胜过颜真卿、柳公权，只有"草圣"张旭（曾担金吾长史，世称"张长史"）能勉强可比。

⑤伯伦颂：即魏晋时期"竹林士贤"之一刘伶名作《酒德颂》。

⑥杜陵曾为李潮歌：指杜诗《李潮八分小篆歌》。

⑦金叵罗：金制酒器。

⑧此二句典出张旭。史载张旭醉后，曾以头发沾墨疾书。

⑨建安才：汉魏时期曹操等"建安七子"之才。

【按】林氏此诗写的频有气势，然"颜筋柳骨何足云，中即内史差可比"，赞许林、黄诸人铭文书法胜过颜真卿、柳公权，显然过誉。

七言绝

◎王大纬

王大纬，生卒年及生平皆无考。

踏天直向紫云探，拂拭精英出顾钻。
百尺楼头振霹雳，疑来风雨浴龙泽。

古篆新书妙手镌，吟成好句欲登仙。
披图一霎风光徧，明月琪花①堆案前。

①琪花：仙境中玉树之花，莹洁如玉之花。

《砚史》卷十

题后（跋）

题陶舫《砚史》跋。

◎桐城方苞（灵皋）

人物简介见卷四林佶"凤池砚"。

平生游好，闽中士友为多。最先陈山人子磐，其后林鹿原、余田生、郑鱼门，皆同年友。山人晰文律，鱼门研经训，鹿原、田生善各体书。三人者，末路并坎坷，予磐则分手歙州后，竟不知其踪迹。辛酉秋①，鹿原第三子涪云，持其父与田生铭研墨迹二百馀幅视余。数十年中，契阔②会聚，欣慨③之迹，并交于心，乃为识于册首。时乾隆六年九月七日。

①辛酉秋：乾隆六年辛酉（1741）秋。

②契阔：久别之情怀。

③欣慨：欣喜感慨。

【按】方氏此题识的价值，在于其言林在峨持林佶、余甸砚铭手迹二百馀幅，登门求题。此数远超《林史》所收林佶、余甸砚铭，可见林佶、余甸砚铭未收入《林史》不在少数。

◎宁化雷铉（贯庭）

朱氏本作："闽汀雷铉，贯一。"潘氏本原文有注："一不误，改庭非是。"应是指雷氏字贯一，贯庭为错讹。

440

雷鋐（1696—1756），字贯一，号翠庭，福建宁化人。雍正进士。历官通政使、左副都御史。治程、朱理学，先后督学浙江、江苏，以《小学》及陆陇其《年谱》教授士子。乾隆二十五年卒。

雷氏早年肄业于鳌峰书院，其座师为林正青同学蔡世远。文中称林正青为挚友，可知与林家甚有渊源。

古人简册，类皆手自椠刻。迨以楮为书，此事遂废。书法自蝌蚪、篆隶变而行楷，日尚妍丽，亦渐忘其朔。

今观林君涪云砚铭四册，大半经其雕镌，其笔力刀法沿流溯源，直探周秦堂奥。吁！何其嗜古之笃也。涪云为鹿原先生令子，吾挚友苍岩之弟，世以诗书为业，又尝从田生余京兆游，益讲其所未至，故其精心独造如此。抑吾遍诵研铭，暨诸君子歌咏题跋，古音雅调，洋溢行间。

鹿原先生，吾恨未能得一见；田生京兆，都中仅一识面而即罢官归去。今皆为古人矣。幸于此册中仿佛亲其风采，聆其謦欬[1]，而苍岩兄弟旋即出都，此册亦不得久留也，为之怅然而归之，因书数语以志怀云。

[1]謦欬：原意咳嗽。亦借指谈笑，谈吐。此指后者。

◎漳浦庄亨阳（复斋）

庄亨阳（1686—1746），字元仲，号复斋，福建南靖人。余甸弟子。康熙五十七年进士，历官山东潍县知县、国子监助教、徐州知府，迁按察使副使，分巡淮徐海道，积劳而卒。通经史及算学，有《秋水堂集》。

涪云林子，雅好金石文。吾师[1]罢官归息，葭湄泊然[2]无所事，独爱砚，遇辄为铭，随意作八分草隶，林子喜为镌之。林子爱师，亦自爱也。裒所搨为四册，同志系以诗，师又跋且和焉。

忆癸丑伏中，师病且革，犹为林子书一砚，自顾而笑。不数日已殂[3]。诗曰："我心匪石，不可转也。"[4]师殆柏舟诗人之谓乎？

比以入都，经会城，林子携册索和，余急行不暇也，为识数语而归之，盖不胜梁木之戚⑤云。

①吾师：即余甸。康熙五十七年，余甸任礼部同考官，庄亨阳是年中举，遂拜余甸为座师。后余甸辞官还闽，庄亨阳在京，作《送南平余夫子归省》六首为余送行。

②葭湄泊然：形容余甸里居生活野逸淡泊。余甸罢官回闽后，筑"葭湄草堂"，著书其中。葭湄：岸边芦苇。

③此节记林在峨于雍正十一年癸丑（1733）六月中旬，携林擎天拜访时已病重卧床的余甸，余甸为林擎天题"小夔龙砚"之事（见卷七林擎天"小夔龙砚"跋语）。

④语出《诗经·柏舟》。指意志坚定。

⑤梁木之戚：对才士之亡感到悲伤。此指余甸。梁木，即栋梁。

◎遂安周景柱（西擎）

周景柱（生卒年不详），字西擎（一云字砒斋），号岩陵，浙江遂安人，孝廉。乾隆十二年，由内阁中书出任太原府同知，历任太原、潮州等地知府，河南、甘肃按察使，翰林院编修。工书法，与郑板桥交往甚密。

物聚于所好，而事以癖传。癖未具好，难言之好，于是焉聚聚，于是焉著著，于是焉传可以长久。古者，若①钱乎则癖，玩乎则癖，鹤癖若懿②，马癖若济③，传癖若预④；茗饮以羽癖⑤，石之奇以李、牛、芾、绾⑥癖，皆癖也。虽然，癖而钱，雅勿尚矣。癖而玩，犊鼻狗枷⑦讥之招矣，癖鹤癖马嬉戏无等乎？

石与茗，蔽夫通人，传则善尔矣，要皆癖也。此磊磊者珞珞如玉，巉巉如璞。方员圭角，其墨墨、庚庚、岳岳⑧。以质合族，纽帝鸿⑨乎？船太乙⑩乎？君万石乎？瓦羽阳乎？尾者龙乎？雀者铜乎？昧者风乎？字者风乎？割云紫乎？落星金乎？有马蹄迹祥文字乎？图之、册之，铭绩荣之。

峤⑪耶？武子耶？预者类耶？异所聚，同所好，然则主之者将不以癖为病，且用是嚣嚣然耶！主人曰：吾癖，又安知吾好之而聚之而时歌舞之，必有邻焉，而友可结也。知我者，守其黑也。

乾隆六年岁辛酉春正月既望，涪云林丈后三日以二册见示。置案头，披览数日不释手。涪云来索，题而归之。闻向有二册，此心已驰，欲得窥全豹也。又记。

①潘氏本作"或"，朱氏本作"若"。

②鹤癖若懿：春秋时卫懿公爱鹤。

③马癖若济：西晋王济（字武子）爱马。

④传癖若预：西晋杜预有《左传》癖。

⑤茗饮以羽癖：唐代陆羽爱茶。

⑥李、牛、芾、绾：唐代李德裕、牛僧儒，宋代米芾、杜绾皆爱石。

⑦犊鼻狗枷：南朝宋江夏王刘义恭癖爱古物，到处向朝中官员索求。侍中何已不胜其烦，于是捡路边狗戴的项圈和破围裙，遣人送给刘义恭，声称是秦相李斯坐牢所用狗枷、汉代司马相如用过之犊鼻（短裤）。

⑧此数句中之叠词，皆言石、砚之状貌品色：磊磊，众多貌。珞珞，刚正貌。巀巀，高耸貌。墨墨，昏暗貌。庚庚，横布貌。岳岳，挺立貌。潘氏本无"者"字，据朱氏本补。

⑨纽帝鸿：即所谓黄帝"帝鸿氏之砚"。

⑩船太乙：即"太乙船"，砚名。南宋周密《云烟过眼录》卷下："（御府）又有聚宝砚，玉板太乙船。无眼而温润，皆宝砚也。"

⑪峤：西晋和峤，有钱癖。

【按】周氏此文，洋洋洒洒，罗列史上各种癖好类名人名典，以衬闽中诸人癖砚之深、玩砚之雅。

◎钱塘金农（寿门）

金农（1687—1763），字寿门，号冬心先生、稽留山民、曲江外史、昔耶居士等，钱塘人，布衣终身。晚寓扬州，卖书画自给。嗜奇好学，工诗文，书法创扁笔书体，兼有楷、隶体势，时称"漆书"。其画造型奇古，善用淡墨干笔作花卉小品，尤工画梅，"扬州八怪"之首。著有《冬心诗集》《冬心随笔》等。亦嗜砚，雇有仆人朱龙，为其琢砚。撰有《冬心斋砚铭》。

福州林君苍岩，与予交三年矣。乾隆丁巳九月以醝之曹椽^①赴广陵，访予北郭僧舍，出其先舍人所制砚铭，并君之乡人余、黄诸公所作，而征予题记。予卅年最癖于砚。自履所至，作韵语品定者约百馀种。为人铭者十之七，为己铭者十之三，曾雕板以行^②。今观斯册，叹赏靡已，因书徐铉^③"磊磊落落皆贤良"句以美之。予与石卿平生颇有良合^④也。

①醝之曹椽：醝，盐的别称。指林正青所官淮南小海场盐务大使，林氏于雍正十二年至泰州上任。

②指《冬心斋砚铭》。

③徐铉：五代宋初名臣、书法家。潘氏本作"徐铉"，当误。朱氏本作"徐铉"。

④良合：契合。

【按】金农此记作于乾隆二年丁巳，林氏正好泰州上任三年。金氏云"与予交三年"，可见林正青甫上任即与金农订交。此次登门应是林氏到扬州（广陵）两淮盐运使官署公干时，拜访金农并请金氏为《林史》题跋。

◎胶州高凤翰（南邨）

高凤翰（1683—1748），字西园，号南村，自称南阜山人，山东胶州人。曾任安徽歙县县丞，泰州巡盐分司。去职后流寓扬州，与金农、郑燮等相往还。工书法，善篆刻，多作花卉树石，晚年趋于奔放纵逸。乾隆二年丁巳右臂病发，用左臂，自号尚左生、丁巳残人。喜藏砚、制砚，并制有铭词，手书后大半自行刻凿，有后人翻刻本砚拓集《砚史》行世。

余欲著《砚史》，仿司马子长纪、传、书、表例^①，分曹别部，汇为巨观，以公好古如我侪者②。因手制大小诸石，及澄泥之奇诡有异彩怪状者，累累近百方不能已。暇日按类赠铭，拓搨成册。遇风日清美，辄课斋童③汲新泉，手自涤濯之。其尤伟丽殊常品者，计十有二，则另写图存之，自赏自诧④而已。夜郎雄视，几不知有他美好，亦复不更问世间好研更有何人。

今见陶舫此册，爽然失故步⑤矣。噫！人生耳目有尽，闻见之外，得少失多，又安有穷哉！又安有穷哉！

乾隆元年丙辰冬十一月朔有八日。

①此句指仿照司马迁（字子长）《史记》体例。

②好古如我侪者：好古如我辈之人。侪，辈。

③斋童：书僮。

④自赏自诧：自赏自夸。诧，夸耀。

⑤失故步：即"邯郸学步"。摹仿不成，反失根本。

【按】此文的砚史价值在于，高凤翰所手制砚中，有其自诩"伟丽殊常品"的得意之作十二方。高氏曾画成图，以备观赏。

◎仁和王延年（介眉）

王延年（生卒年不详），字介眉。浙江钱塘人。雍正四年举人。乾隆初举鸿博，官至国子监司业，加翰林院侍讲衔。精史学。有《补通鉴纪事本末》。

四宝研居首。笔墨兼纸，皆可随时取索，惟研终身与俱，垂诸奕世。善书者乃知宝而贵之。三山林鹿原先生以善书名天下，尝储一端石砚，爱其研墨和濡，镌铭抚玩几成癖。贤嗣涪云什袭藏焉。一日偷儿窃去，涪云以手泽，呼天号泣。旋为他友所得，送还旧府①，若有天相之者然。吾师余少京兆及许仪部、黄大令咸作诗美其孝思。涪云裒集成册，并列古今研铭，仿佛米元章遗意。余来闽，涪云出研相示，玉质金星②，果希世宝也。诸君子咏歌，亦足以表孝子思乐思嗜之心矣。特是以研之得失，由天而不由人，余未敢信以为然。

海内承平日久，世家巨族类以珍藏宝玩竞奇，意原欲子孙世守，不替前人。而一传再传，视同瓦砾，遗弃、易主者多有。余生也晚，闻诸长老言：孟津王氏、真定梁氏、商丘宋氏、昆山徐氏、无锡秦氏，暨海宁香泉、山阴大瓢③，其所珍藏之研，底成鱼口、色若猪肝，有廉隅而无瑕玷者，不知凡几。然传之后人，不逮数年，或豪贵以势取之，或商贾以术售之，其得善价而沽者，恒什不得一焉。是岂宝物聚散无常主哉！由子孙忘其为先人手泽故耳。乃涪云拳拳于是研，不忍弃遗若此。昔范乔之祖馨，临终与乔以所用之研，乔每执研泣涕，涪云情正相同，此所以既失而复得也。人尽则天随之，研之失而复得，人也，非天也。且鹿原先生最精隶书，涪云承其家学，虫篆鸟迹，一时有羲献、頫雍④之目，踵门求书者相接。吾知涪云挥毫落纸者，无不于是乎研墨使和濡而后生云烟焉耳。

余于鹿原先生为通家⑤，子洙云以弟蓄余，涪云、泾云系雁行辈⑤，因不辞固陋，附识数言于简编。莘田先生其有以教我，惜不获就正于京兆师、仪部世讲也⑥。

①此节指林家失窃又复得之"奎砚"。

②玉质金星：应指歙砚。但林家"奎砚"是方端砚，砚有石眼七颗。王氏记忆应有误。

③即孟津王铎、真定梁清标、商丘宋荦、昆山徐元文兄弟、无锡秦瀛、海宁陈奕禧（号香泉）、山阴杨宾（号大瓢），诸人生活于明末清初至乾隆年间，皆以收藏名于世。

④羲献、頫雍：王羲之、王献之父子，赵孟頫、赵雍父子。

⑤通家：两家世代交好。

⑤雁行辈：旧时兄弟的代称。

⑥此二句指王延年作此文时，黄任尚在世，余甸、许均已去世。

◎长洲邵泰（北厓）

邵泰（1690—1758），字峄东，号北厓。顺天大兴人，侨居苏州。康熙六十年进士，官编修，曾主四川乡试。能作擘窠大字，吴中匾额碑刻，多出其手。

唐李卫公以"结邻"名砚，寓德不孤之义。自后乃有拟凤咮、龙尾为德人者。士夫好事家多铭而传之，以广心胸、资磨砺之一助也。

闽中林鹿原先生，诗文墨妙遍天下，尤好米南宫之好[1]，风雅贻谋，令子苍岩、轮川暨其孙曾，咸能世其学。轮川尤工篆刻，龙螭奔走，秦汉在于腕间。摹搨研谱凡数册，丛珠辑玉，象形灿列，而以先世之遗具在，苍岩曰："是不可没也，是不可不传播以公海内也。"乃为《砚史》系名氏，四方名流所题赠错综组绘于其间。

余既得交轮川，由砚而谱，由谱而史，靡不恣览。因以叹鹿原先生凤池宿学，其生平所谓金石交，罔非德人。而苍岩、轮川孝思维则，能从而广之，兰谊[2]如新，松年永固。是谱是史，文之润，德之薮也。德之为德，岂孤也哉！

予故旧凡数公，久不获见其笔墨，乃从兹册中见之，又不能无云散川逝之感也。然则苍岩、轮川之所寄托，岂仅以寻常题识论哉？诗不云："风雨如晦，鸡鸣不已。既见君子，云胡不喜。"[3]吾为二君诵之。

①米南宫之好：即米芾爱砚之癖。

②兰谊：即"君子之交"。兰花象征高洁、典雅，故称挚友为"兰谊"。

③语出《诗经·郑风·风雨》。意为见到知己，心生欢喜。

◎永定廖鸿章（南崖）

廖鸿章（1701—1766），字羽明，号南崖，福建永定人。乾隆二年进士，选翰林院庶吉士。散馆，授翰林院检讨，历任礼部侍郎。后由著名学者沈德潜荐为苏州紫阳书院掌教。

昔欧阳公跋王献之帖，谓："弊精疲力，以学书为事者之可笑。"[1]而其序《集古录》也，又谓："象犀金玉之好，不能以此而易彼。"岂为之者不必好，而好之者固不必为欤？吾闽林涪翁先生学书数十年，其篆八分，识者谓能涉蔡邕、苏建[2]之奥，世之好而为之专且勤者，无以过也。

先生殁数年，令嗣承修③出《陶舫砚铭》十册示余。予唯砚铭，唐人所传至少，故《英华》《文辞》④皆无之。吕成公《文鉴》⑤有东坡、山谷、晁补之、唐庚、崔鷗诸作，其所传亦仅仅矣。而先生所收，至十册之多，又铭多自制，书成辄手自镌搨，求之古人未之或有。或谓先生种学绩文，何必沾沾于是？余对曰：欧公不云乎："予性颛而好古，凡世人之所贪者，皆无欲于其间，故得一其所好于斯。"⑥鸣呼！先生之为之，而一其所好也，可以观先生之志矣。

①语出欧阳修《集古录跋尾·晋王献之法帖》。原文为："至或弃百事，弊精疲力，以学书为事业，用此终老而穷年者，是真可笑也。"认为专事钻研书艺荒废正业，不可取。

②苏建：三国时吴国书法家。生卒年不详，曾官至中郎将，传《禅国山碑》为其所书。

③承修：林在峨子林畅（字承修）。

④《英华》《文辞》：指《文苑英华》和《古文辞类纂》。前者系北宋官修唐前及唐代诗文总集，后者系清中期姚鼐所选编战国至清代古文总集。

⑤吕成公《文鉴》：南宋吕祖谦（卒后被追谥"成"，后世尊称吕成公）所编《圣宋文海》，宋孝宗赐名《皇朝文鉴》。

⑥语出《〈集古录〉自序》。

◎长洲沈德潜（归愚）

沈德潜（1673—1769），字确士，号归愚，江苏长洲人。乾隆元年荐举博学鸿词科，乾隆四年成进士，曾任内阁学士兼礼部侍郎。其诗多歌功颂德之作。著有《沈归愚诗文全集》。

晋范馨有砚以贻孙乔，乔守砚不失家学，后举孝廉，有声于时。后人论者，以魏郑公笏①俪之。然乔所守者止一砚也，鹿原林先生藏砚甚富，令嗣苍岩、轮川珍重先泽过于隋珠卞璧，且遍搜砚铭，积而成谱，汇而成史。

又因先泽而推广及之者矣，世世子孙守而弗失。砚存铭存，即家学长存也，岂徒挈瓶之智②云尔哉！

乾隆丁丑秋九月③，题于箬水之夷白斋。时年八十有五。

①魏郑公笏：魏征（封郑国公）所传子孙之朝笏。典出《旧唐书·魏暮传》。后世用来形容家世荣显。

②挈瓶之智：亦作"智类挈瓶""挈瓶之知"。以小瓶汲水无多，比喻浅薄的知识或智谋。

③乾隆丁丑秋九月：乾隆二十二年丁丑（1757）九月。

◎吴门王孝咏（慧斋）

王孝咏（1690—?）字慧音，号（或字）慧斋。江苏吴县人。诸生。屡试不中，弃科举业游幕。著有《岭西杂录》。

海内所传名砚有三：一为梁陶贞白赍砚，向藏何丈屺瞻家①；一为宋米海岳砚山，秀水朱太史竹垞曾携至吴门②，予皆幸得见之；一为宋文信国公玉带生，乃商邱宋太宰家物③，惜予不及见也。然此三砚者，非聚之一家，而数十年来巧偷豪夺，今俱不知落谁手矣。

三山林氏好蓄佳砚，自立轩先生迄今数世，搜罗日富，永宝勿失。谱而为史，积成卷帙，聚之一家而传之奕祀④，可谓不朽盛事矣。余摩挲铭识，半为余丈田生笔。因忆曩日承余丈忘年交，诗文往复，殆无虚岁。丁未秋⑤，都门分手，余赠诗有"兰锄须切当门戒，蠖屈⑥应知退步宽。贫贱别离何所道，秋风早把钓鱼竿"之句，今忽忽已成古人。翻阅遗迹如聆声欬⑦，不觉欣然独笑，复蠤然⑧神伤已。

①此二句写苏州学者何焯（字屺瞻，世称义门先生），所藏南梁著名道教学者陶弘景（谥贞白先生）"赍砚"。《清稗类抄·何义门藏文征明砚》记此砚原为文征明所藏，圆形，底有隶书"赍尔敬游，翰墨之用，华阳隐居"十二字。何氏因名室曰"赍砚斋"。

②此二句写朱彝尊所藏米芾"海岳庵砚山"。王士禛等名流有诗纪之。

③此二句写康熙朝吏部尚书（别称"太宰"）宋荦所藏文天祥"玉带生砚"。朱彝尊等名流皆有诗纪之。

④奕祀：亦作"奕禩"，意为世代。

⑤丁未秋：雍正五年丁未（1727）秋。

⑥蠖屈：比喻人不遇时，屈居下位或退隐。

⑦声欬：说话、咳嗽，指音容。

⑧蓋然：悲伤痛惜。

【按】王孝咏为余甸为官北京时故交。此文记载了清中前期曾经名盛一时之三方名砚。其陶弘景"贲砚"、米芾"海岳庵砚山"早已失传；文天祥"玉带生砚"后入乾隆内府，收入《西清砚谱》，今藏台北故宫博物院。但此砚应是仿品（拙著《赝砚考》对此有详考）。

◎续缙

续缙（生卒年不详），字云生，江南高邮人。雍正间以生员充武英殿誊录，参与校订《古今图书集成》，雍正六年任广东高要县禄步司巡检。著有《绿云红雨山房诗词》。

史以纪事，非志器也。研乃器耳，胡以史名？以史名，创名也，实韵事也。然非其人，胸无点尘，则不知其事，焉创此名？

吾友轮川，其篆籀则邕、斯以上，行楷则王、索之间。兴至而为长歌、为短咏，则开府、参军①之亚。凡笔床茶灶、青箱世玩，无不精微洁净，迥超世俗之风雅矣。故于研有特嗜焉。类而观之，则有端溪、有歙井。区而别之，则端之中，有碧里、有石眼、有水舷、水蕨之不一其名②；歙之中，有罗纹、锦蹙、鳝肚、长眉、短眉、雁湖等之不一其名。其体材，则有巨者、细者、方者、圆者、长者、扁者、外方而内圆、不方而方、不圆而圆者。或琢之磨之以成象，攻之错之以肖形；或缺者仍其缺，完者因其完，不一事斧凿，如天造而地设。其铭志，有勒于颠者、于阴者、于左右旁者，殊形异制，美难指屈。计册有八，计图不下数十百，因命之曰"史"，盖示以信而可征，久而不忘也。轮川之癖砚，殆视唐询、颠仙而甚乎！

或曰："士当嗜其远者、大者。砚石虽美，犹卷石③耳，何必积思蓄精，专事乎是？"呜呼！士达则善天下，穷则寄情图史水木竹石间，古之人皆然，轮川真识穷达之宜者也。彼为此语者，既不刻遂其患得之心，又终不忘其贪得之念，恐因人之长形已之短，爰借口于是，以文其陋耳。况天地之灵钟而为山川，山川之精结而为砚，研虽卷石，其即天地山川之英乎，吾因之为轮川幸矣。

轮川固闽中巨室，到于今空囊羞涩，而独能萃天地山川之秀于一几之上，轮川可谓贫而不贫矣。虽然，吾为轮川幸，尤为砚幸。轮川凡获一砚，辄不惮就其质成其形，勒铭于颠背间，数千百年后，读是《史》者，固可恍然回昔：固有某研如斯，某砚又如斯者，是砚将千古不朽也，岂不轮川得聚砚而幸，砚遇轮川而更幸哉！是为记。并系以歌：

君不见，襄阳怀砚墨淋漓，墨污宫袍浑不知。

此老癖砚真成痴，比质琬琰定奇姿。

未必聚英萃华其伙有如是，似是五都身遇兹。

炳烺璀灿眩厥眦，若得陶舫之《砚史》使见之，吾知一拜再拜无己时。

①开府、参军：指南北朝庾信和鲍照。庾信，仕北周官至骠骑大将军、开府仪同三司，世称庾开府。鲍照，南朝宋时任荆州前军参军，世称鲍参军。杜甫诗《春日忆李白》："清新庾开府，俊逸鲍参军。"

②则端之中，有碧里、有石眼、有水舷、水蕨之不一其名：此句有误。除石眼为端石石品外，"碧里""水舷""水蕨"皆为歙石坑口名。

③卷石：如拳大之石。语出《礼记·中庸》："今夫山，一卷石之多，及其广大，草木生之。"

《砚史卷》十终

朱氏本补遗（二人）

赋

◎研史赋（桐山）方载谷

方载谷，字巘谷，桐城人，能画，生卒年及行迹皆无考。《林史》卷五林在峨"青莲砚为李秋官铭"朱氏本有方氏题跋。同卷另有林在峨为方氏所题另一"天然砚为方巘谷铭"。卷七"方载谷"条收有方氏三砚："天然砚""五岳砚""长城砚"。

林子涪云，济美馨乔①，同嗜笔冢山尧②。研富猗顿③，铭志鸿辞，四书臻妙。复悉镌勒，出自己手揭，而辑装潢成帙，名曰《研史》。而余玩而乐之，是为赋曰：

夫惟性之有所嗜兮，物将感召而趋之。理以诚乎而无为兮，情陶陶而弥怡④。骛精宪而元著兮，迈往哲之芳思。若夫卫轩鹤之翱翱兮，来鹤战之嘻。叶好龙而畏龙兮，精意不足以相期。悦涯洼之神俊兮，支高旷而偶为。妻芳梅而自赏兮，悉非正正之奇。至平泉所植者，介然之石也⑤；茂灌所输者，金华之匹也⑥；袖中所藏者，炼余之质也；袍笏而拜者，襄阳之癖也。亦玲珑瑰玮，足供幽人之珍鉴。而扢洒云烟弗克，写文人之胸臆也。乃若孕天地之精，毓山川之灵，秉坤艮之贞，感阴阳之侵；上合乎清刚之德，下托乎厚重以生，则有端溪韫髓、歙井凝液。伺骊龙而探珠，剖荆璞而获璧，运郢人之神斤，仿珪璋之雅式。于是相体而予形兮，不以矫夭而失其天。

或截以为方兮，或刓而为员，或瓤锻之不凿兮，亦凸凹而听其自然；或括乞米之囊兮，或画九井之田，莫不文秀，而璞浑噩而妍。乃有吴趋顾媪⑦，攘翠袖之蹁跹；经营惨淡，出玉手之纤纤，琢之磨之，抚摩而润泽之，遂成希世之奇珍，咸归陶舫而藏焉。齐赵璧，并隋珠，岂徒王氏之青毡也哉。则有王大令之幽闲，余京兆之博雅，旷襟怀以相赏，擅风流而自写，并以元老之琳琅，更吏阳春而和寡；又有太邱温润，茂叔潇洒，集轻胶以成裘，聚金精而共冶，极文坛之盛事，启后来之慕者。

尔乃凤凰才子（涪云世居凤凰里），裙屐高风⑧，既才雄绣虎，复技擅雕龙虫；情怀斐亹⑨，幽思神通，文章奕世，闽海宗工⑩。侍杖则范遗有研，趋庭则孔教雍容。一堂则有棣华⑪交映，膝下则有凤雏⑫声清。铭商盘而典赡，志周鼎而精深，托逸趣于宏词，寄幽怀于丽藻。玉屑珠霏，墨酣笔饱，或虫书，或石鼓，或钟鼎，或汉隶，或王楷，或张草，结秋蚓兮萦回，挥铁笔兮夭娇。于是殚幽思兮无尽，恣冥搜兮穷讨，选侧理⑬兮百翻，捣麋丸⑭兮数笏。始抚案其波勒兮，继锤搨其点画；蒙蝉翼之轻轻兮，积墨光之黝泽；如锥画沙而痕见兮，抑钗印泥而有迹。炳炳烺烺，焜耀辉煌。敷如蜀锦，缀若珩璜。璀灿尺幅，掩映缥缃。陋昭陵之闳，轻辩才之藏⑮。桓君山书多不富⑯，张长史状判无臧⑰。尔乃坐徐稚、卧王濛、对索靖、摄李邕，挽渴骥，扳游龙，仰惊鸾，偃长松。晤言于一室之内，沉酣于八册之中。洵为青箱之世宝，爰澂嗜古之文脑也。余乃举巨觞，浮旨酒，酹而歌之曰：

物聚所好，寔有媒兮；文胸绣臆，富有才兮；凤池遗芳，世崔嵬⑱兮；磊落抑塞，郁奇才兮；嗜古探幽，邑天怀⑲兮；子孙永宝，以诒米兮。

①此句赞誉林在峨著《砚史》，有如"范乔哭砚"缅怀祖父范馨传砚一样，承续并光大了林佶玩砚家风。济美：在前人基础上发扬光大。

②山荛：高峻貌。

③猗顿：春秋时鲁国巨富。

④弥怡：更加怡情。

⑤此二句典出中唐名相李德裕爱石故事。李德裕于洛阳构平泉山庄，庄

内遍植珍木奇石。

⑥此二句典出南梁名臣到溉（字茂灌）赌石故事。《南史·到溉传》：
"溉第居近淮水，斋前山池有奇礓石，长一丈六尺，帝（梁武帝萧衍）戏与
赌之，并《礼记》一部，溉并输焉。"到溉所输之石，时称"到公石"。

⑦吴趋顾媪：即吴门顾二娘。

⑧裙屐高风：即"裙屐风流"。裙屐，原指六朝贵族子弟衣着，后泛指
富家子弟时髦装束。

⑨斐亹：文彩绚丽。

⑩宗工：犹宗匠，宗师。

⑪棣华：兄弟。

⑫凤雏：高才子弟。

⑬侧理：即"侧理纸"。

⑭麋丸：指墨。

⑮此二句典出唐太宗派御史萧翼从王羲之后人辩才和尚手中赚得《兰亭
序》，后唐太宗又遗命以《兰亭序》陪葬昭陵二事。

⑯此句典出东汉著名字者桓谭（字君山）。著有《新论》二十九篇。

⑰此句典出唐代"草圣"张旭（曾官右率府金吾长史，人称"张长史"）。
其官常熟县尉时，一老人爱其字，故意屡次告状，从而获得张旭判词。后被
张旭发觉，并获观老人父亲遗留书法墨迹，从而受到启示，书艺更为精进。
是为"判状得教"。

⑱崔嵬：形容高峻、雄伟。

⑲㲠天怀：出自天性的心怀。㲠，同"畅"。

【按】方载谷此赋，既对林在峨撰《砚史》之才情、夙愿大为推誉，
又用大量词藻演绎历代关涉砚及石之典故，以及砚形制之丰富、砚铭书法
之流美、藏砚之意趣，可谓洋洋洒洒，堪称大观。

后　序

　　先祖立轩公别业荔水庄，擅园池胜，命先君偕京兆余公肄业①其中。立轩公宦秦中，囊无长物，惟遍求墨洞诸搨以归。先君与京兆读书论世，结翰墨缘，犹精书法，入晋唐之室，于篆隶必辨源流。夫书有蝌斗古文，有钟鼎、有史籀、有秦篆、有汉隶、今隶、八分、悬针薤、露玉筋、金错、急就，有若龙、若穗、若云、若龟、若蛎尾、若钗股、若春蚓秋蛇，非深于字学，刀法讵能垂之金石而传来兹乎？

　　杨子中一沅②洞一，亮明敏事③也。尝受学于先君，讲求秦汉篆文。镌刻极工，先君书《兰亭记》《北阡草庐记》皆其手勒。余髫年④侍先君侧，窃闻与杨氏子议论刀法，时习举子业，未暇也。嗣中一从先君游京师，名动公卿，即以病殁。先君《都门集》中得砚数十方，各系铭文，无佳手不得镌铭。及癸卯⑤归里，洞一为莘田大令邀之岭南，技亦日进。逾年，洞一亦以疾殁，时先公亦弃世三载矣。铭词历历，手泽犹新，而未登金石。因悲二子一技之工，亦造物所忌，致令先人研砆遗迹长锁箧笥，将漫漶是惧⑥。每抚摩诸石，不能不恫痛予怀也！因思放弃之人，正可屏除一切，肆力师古，况技之精者，莫不有道存乎其间。

　　夫篆刻，不阅古器铭，不辨石鼓文，不读石经，不考泰山、峄山、秦望、两汉诸碑，极字学之源流，则从俗从讹皆所不免；乌覩⑦笔有臂力、刀有戈法，而能覃精斯道⑧耶？遂追忆先君向所指示二者⑨，研其中，而综览博考核详，取才富尽，出旧存之砚名镌铭，未敢谓有得于古人也，但使先人遗墨砚尽得镌铭为可乐。

时京兆余君娱老林泉，莘田大令亦解组⑩归来，为文酒之会，每抚砚必加奖赞。莘田出端溪石赏，京兆必镌以铭⑪，属余镌焉。自是风气相尚，以案头无片石为雅俗，且不得京兆之铭不为宝贵。余乃集诸家之研，摭其铭词，集为《研史》，几四百馀种，分为八册，莘田有《陶舫〈砚铭册〉后题诗》识，诸君和章并附于后。识今日之典会，开古人之生面，亦一韵事也。间尝抚玩诸研，新得者璀璨陆离，旧藏者摩挲斑驳，而手简目留，是亦足以适观快意耳。既以自娱，又愿与诸同好共相赏鉴。夫宇内不乏博雅英流⑫，见吾陶舫《砚史》，当必有以教我也。

夫时癸丑花朝⑬前二日，陶舫林在峨识于藤月松风之榻。

①肄业：旧称修习课业。

②沅：即"阮"，《康熙字典》释"沅"字云："又《集韵》《正韵》五远切，音阮。义同。""阮"为侄之代称。西晋阮籍与侄阮咸并有盛名，世称"大小阮"。后以"小阮"作侄之代称，省称"阮"，如"贤阮"。

③亮明敏事：指为人聪慧，办事敏捷。

④髫年：童年，幼年。

⑤癸卯：雍正元年癸卯（1723）。

⑥此二句意指担忧林佶所遗留手题砚铭日久受损，漫漶不清。

⑦乌觐：即"乌睹"。不能看到。

⑧覃精斯道：潜心钻研，进而精通此道。

⑨二者：此前文所言欲精刻铭之道，需先精习各体书，及篆刻刀法。

⑩解组：犹解绶，解下印绶，谓辞去官职。

⑪镌以铭：应为"撰以铭"，因后句云铭请林在峨篆刻。

⑫博雅英流：博识风雅，才智杰出之士。

⑬癸丑花朝前二日：雍正十一年癸丑（1733）二月十日（花朝节前二日）。

【按】林在峨此朱氏本"后序"，实为潘氏本之正文前之"自序"（识），只是潘氏本在此基础上又有所删减，更为简略。而一些所删减的内容，对于研究林氏《砚史》而言，不可或缺。

如朱氏本此序,林在峨记其编撰《砚史》之缘由更为明晰:起因是林佶所遗砚铭手迹,因篆刻名手杨中一、杨洞一叔侄相继去世,苦无良工刻铭,于是自己操刀了却乃父遗愿。由此展开,延及镌刻余、黄、许诸人砚铭,加之抄录、借摄友人砚铭,积少成多,遂成《林史》一书。

更重要的是,潘氏本所删杨中一、杨洞一叔侄的相关内容,是清代制砚史珍稀史料文献。朱氏本此序明确记杨洞一曾从林佶学书法,是林佶正式弟子。杨中一曾从林佶游于京师,与林佶亦师亦友,其可考史料罕见,此记或为仅存者。因此,朱氏本所记这份杨氏叔侄原始资料,其重要砚史价值自不待言。

后 记

　　2010年秋，初游闽省。惯例，访古是重要内容，友人作陪往访福州三坊七巷中光禄坊黄任故居十砚轩（也即原许友家族旧居）。故居在早题巷拐角，遗构只剩二层小楼，挂"黄任故居"牌，因修缮而闭门。2018年冬，借中国民协专委会年会在福州召开之机，再访十砚轩。古巷修整一新，故居面貌难辨。一问，故居已改在邻屋街面房，前厅即将变成茶馆。而林佶的朴学斋和许友的米友堂，一起归为一个名称土而豪、明显跟风晋地文旅产业的"刘家大院"，想从中寻觅些许当年的书香砚韵自然是徒劳的……

　　黄任、林佶生活的康乾时期，距今不算久远。砚史地位不说，黄任诗称"八闽巨手"，是清代闽地最有成就的诗人；林佶小楷书"林佶四写"称名一时，也在清代书史占有一席之地。但在当代的影响力，相较林则徐、沈葆桢乃至严复、林徽音等近现代福州籍名人不可同日而语，致使其故居遗址也有争议。其馀林氏、许氏诸人更已少为今人所知。

　　虽然诸人旧居之类遗构大多湮灭于历史的尘埃之中。幸运的是，石寿千年，尚有不少遗砚流传至今。

　　古名人砚、铭文砚及历代制砚家所制砚，一直是本人古砚收藏、研究中的重点，清中前期闽地爱砚家的传世遗砚皆属于此范畴。该群体所藏砚，因其审美品味较高，材、艺大多精美，故遗砚为后世所宝，因此传世遗砚也有一定的数量（林在峨《砚史》所收只是其中的一部分）。历年来，本人先后入藏高兆、余甸、李馥、谢士骥、杨洞一等该群体诸人遗砚约十方，其中有一方为林在峨所刻罗汉、许遇小楷书《心经》端砚。更偶得一方余甸"青花砚"，见载于林氏《砚史》。可谓与该爱砚家群体的砚缘非浅。

鉴于上述原因，本人对于清中前期闽地爱砚家群体的关注，以及对林在峨《砚史》的研究较早，十年前由文物出版社出版的拙著《名砚辨》，就已收入《清代中前期闽人玩砚圈考略》《十砚轩"十砚"及黄任诸砚事、艳事考实》《吴门顾氏制砚世家初考及顾二娘"一寸干将"砚探赜》三篇文章，论述该群体的砚事、砚学。在写作过程中，对林氏《砚史》不仅反复研读、考索，也做了一些笔记、注释，这为撰写本书打下了一定的基础。当时北京图书馆（现国家图书馆）古籍馆虽有《砚史》藏本（朱文钧先生原藏本），但系善本书，未能借阅。而且当时网上可检阅的古籍极少，故可资参考的只有手边1994年上海科技教育出版社缩印本《说砚》书中所收《砚史》，阅读颇感不便。

《名砚辨》出版后，美国哥伦比亚大学汉学家、砚学家高彦颐女士来访，赠我上海图书馆所藏《砚史》抄本复印本，后遗失。前两年，文友李守亮先生传我经其录入并已初步断句的邵茗生抄本《砚史》，对本书的完稿多有助益。此外，老友文化学者刘德水兄和砚友潘畅华兄，都各从不同的角度对书稿的校对尽有心力。中国文史出版社秦千里先生，不仅是本书的编辑，还玉成了此书的出版。对于各位的襄助和支持，例当在此致以诚挚的谢意！

由于林在峨《砚史》只有抄本传世，传世的初稿本和定稿本尚有一些自相矛盾的地方，这些问题且留待日后再进一步挖掘研究。

吴笠谷

壬寅十月初七于北京斫云楼，时西历万圣夜